广播电视创新规划教材

电视文本解析

主　编　石长顺

副主编　周　莉

WUHAN UNIVERSITY PRESS

武汉大学出版社

图书在版编目(CIP)数据

电视文本解析/石长顺主编. —武汉：武汉大学出版社,2015.10
广播电视创新规划教材
ISBN 978-7-307-16735-3

Ⅰ.电… Ⅱ.石… Ⅲ.电视节目—分析—高等学校—教材 Ⅳ.G222.3

中国版本图书馆 CIP 数据核字(2015)第 209571 号

责任编辑:韩秋婷　　　　责任校对:汪欣怡　　　　版式设计:马　佳

出版发行:**武汉大学出版社**　　(430072　武昌　珞珈山)
　　　　　　(电子邮件:cbs22@whu.edu.cn　网址:www.wdp.com.cn)
印刷:湖北睿智印务有限公司
开本:787×1092　　1/16　　印张:19.75　　字数:464 千字　　插页:1
版次:2015 年 10 月第 1 版　　　2015 年 10 月第 1 次印刷
ISBN 978-7-307-16735-3　　　定价:36.00 元

序

2003 年，为适应迅速发展的广播电视新闻学专业本科教学需要，我主编了一套"广播电视新闻学"丛书（华中科技大学出版社出版），其中包括《电视文本解读》，"市场"反应良好。2008 年，应武汉大学出版社要求，将该书修订出版第二版。又一个五年过去了，新兴媒体的崛起改变了传统媒体格局，电视传媒也在各种议论声中转型发展，如今的电视不再是"那个"电视。电视真人秀的热潮将年轻人再次拉回到屏幕前，视听新媒体将电视延伸到网络视频、手机电视、移动电视和互联网电视。电视媒体的可塑性地位再次得到强化，互联网时代的全媒体转型似乎也验证了电视文本的持久生命力。当然，电视文本的创作理念及成果也在社会的进程中不断更新，佳作迭出。正是在这一背景下，准备应出版社之需第三次修订。然而在选定电视优秀作品时发现，文本量已超过 50%，文本类型也进行了调整和增补，于是在征得相关部门意见后，将原书《电视文本解读》更名为《电视文本解析》，以示区别。

一、电视文本的选择与结构

电视作品作为媒体传播的核心内容，一方面建构出媒介化事件的文本，对社会产生巨大影响，同时又以受众为中心的认知性需求为导向，不断调整改版、创新创优，以充满个性化的电视节目去吸引"眼球"。为了开阔视野，特选择国内外优秀视听作品，并通过科学的文本解读，抽象出电视文本的精髓和要点，使其变为观赏者的经验、研究者的经典、创作者的经传。

《电视文本解析》考虑到社会发展和电视媒体的变化，对"文本"篇目进行了甄选与重构。

在作品类型选择上，按照电视媒介的主要类型结构全篇，如电视新闻、电视专题、电视纪录片、电视评论和电视谈话节目，同时增加了电视真人秀和数据新闻代表作品。"真人秀"是我国电视媒体近几年热衷引进并取得巨大社会反响的热播节目。作为一种电视节目模式，真人秀一方面将参与者的行为和心理以真实记录的方式呈现；另一方面，这种呈现又以"秀"的方式使观众得到娱乐。本文选择了我国目前比较活跃的两种类型，一种是真实游戏秀类电视真人秀，如《爸爸去哪儿》；另一种是技能竞赛型真人秀，如《中国好歌曲》。《爸爸去哪儿》正是由于其"真"与"秀"达到完美的平衡和融合，为观众建构了一种"类真实"的亲子生存体验，让观众在不受特定道德规范约束的情况下满足了自己的好奇心和窥视欲望，同时引发了社会对代际沟通、亲子教育等深层次意识形态的思考。

在作品来源选择上，除了选择中国广播影视大奖中的新闻节目、社教节目一等奖作品外，还特别注重选择中国新闻奖一等奖作品。中国新闻奖是全国性年度优秀新闻作品最高奖，其中广播、电视类设消息、评论、新闻专题、系列报道、新闻性节目编排和新闻现场直播等项。本书选入了近几年获奖的 9 篇一等奖作品，包括电视长消息《一堆木头与一连串车祸》、电视连续报道《走基层·塔县皮里村蹲点日记》、电视专题《老兵，回家》、电视评论《聚焦医患"第三方"》、电视谈话节目《天河一号：速度背后的较量》等。其中《老兵，回家》通过对远征军老兵个人命运沉浮的报道，穿越时空的真实记录，展示历史与现实的厚重感，节目真实、感人、文本细腻、画面优美，看后令人感动落泪。

在作品题材选择上，注重体现主流媒体价值的"常规报道题材"。其中《右玉精神》主要讲述了右玉县的各届领导班子带领群众，在艰苦的环境中防风固沙、植树造林，让这个"不毛之地"逐渐演变成了"塞上绿洲"，扭转了"举县搬迁"的局势。故事似乎很简单，但是右玉县的党员干部和群众本着艰苦奋斗、不计眼前、不计名利、功在长远的精神，创造出的右玉奇迹却深深地打动了每一个人。这是一场生存之战，更是信念的力量！

二、电视文本的解读与解析

文本，就字面意义而言，指的是纸质媒介，是用书面语言表达的书籍、文学作品或文件之类。而电视的本质是用口语表达的视觉媒介，类型为电子媒介，所运用的是视听符号与素材。然而，如 Nicholas Abercrombie（1996）所说：就某种意义来说，使用电视"文本"这个词更适当，相互对照之下也可能更贴切。电视节目有点像是书籍，因为它们是生产出来让观众"阅读"、接受与诠释的。电视节目创作的"内容"并非完全与书本相异，电视观众观看时所要利用的某些技巧、期待和态度，同源于阅读中的许多乐趣，照样追随着故事事件与情节的发展。因此，许多文学批评中所使用的分析观念与方法，在电视研究中仍可找到它的归宿，就像这些观念与方法在文化分析中的运用一样。

格拉多尔（Graddol，1994）认为，如果依据"文本"的最初定义，那么就应当坚持其书面形式，而排除口头的和非言语的形式。但同时他也指出了广义"文本"的两种物质属性，即指"那些能够进行传播的人工制品"，"那些能够进入社会和经济关系当中的商品"和"符号化的物质属性"。从这个意义而言，将电视作品称为电视文本是可行的。

电视文本是意义的载体，是经由创作者选择，并以各种形式，出于各种"想法"而编辑起来的。对文本的解读，既要掌握科学的解构方法，又要注意文本的语境变化。

按照格雷姆·伯顿（Graeme Burton, 2005）的观点，文本分析存在多种语境：物质性语境（文本是某个阅读流程的一部分）、环境性语境（观赏环境）、社会性语境（社会性成规与观赏的成规）、体验性语境（受众解读）和意识形态语境（文本文化背景的主导价值观）。这些语境对文本的解读具有积极的意义，这表明电视节目的制作者虽然能创造出具有"意义潜力"的文本，但他并不能任意生产意义，或任意阐释并强加于受众。相反，解读者也并不缺乏对文本进行批判性解读的能力，而正是受众实现了文本的"意义潜力"。

"文本"只有经过观众的感悟解读才能最后完成，而文本的解析则是以理性的观点批评分析。格雷姆·伯顿在《媒体与社会：批判的视角》（2005）一书中所介绍的文本解构方法，似乎也可以作为电视文本解析的借鉴：

一是文本分析，旨在探索文本的运作和构建及其生产意义的方式，并且最终确定文本的多种意义。它包括语言学分析，聚焦于文本表达方式可能产生的影响；内容分析，关注某些反复出现的特征、出现的频率及可能具有的意义；意识形态分析，聚焦于权力的意义。

二是符号分析，"这一取向把文本视为在不同符码的界限之内运作的符号（范式）与可能具有的意义的集合。"符号由两个元素组成：所指，它使符号具有某种"意义潜力"，所指涉的是真实世界的层面；能指，它代表了符号所具有的多种可能意义。如《西藏的诱惑》，伴随着主题曲反复出现一组画面：三代宗教僧侣虔诚地跋涉在朝圣路上，一步一叩首头，向拉萨朝圣而去。这时的画面，并不是单纯地"能指"西藏朝圣僧侣的宗教信仰，而是作为一种符码，"所指"西藏人的那种坚韧不拔的意志——登山不到极顶，人生遗憾；溯流不到源头，抱恨终身。对这组画面，也可引申"所指"为抒发了创作者对"朝圣精神"的赞美之情——人人心中有真神，不是真神不显圣，只怕是半心半意的人。

三是形象分析，它关注的是视觉符码的意义，是对文本的画面或镜头从视角、摄像技巧及形象方面所代表的意旨。符码自身所具有的"象征力量"及与其他符码之间的关系都会影响到观众对其意义的理解。例如电影《战舰波将金号》中，三个仪态不同的石狮形象连续闪现：躺着的、坐着的、站着的，它们一旦并列在时间中，就能使观众感到一头睡狮在炮声中惊起，以此"象征"人民从沉睡到觉醒到反抗的思想主题。

四是话语分析，"是通过对语言和符码的识别来对文本进行分析，从而揭示其所包含的话语及其意义"，"话语分析的另一个目标是揭示文本背后蕴藏的意识形态，它旨在对某个话语对象进行某种特定的读解。"① 这里所说的话语，涵盖了语言的、视觉的或其他任何一种符码。

五是叙事分析，侧重于文本的结构或读者的定位。叙事在媒体文本中无处不在，无论是静止的图像还是一系列运动的影像，都存在某种叙事。"我们在电视上看到的世界是由叙述话语规则构成的世界。"通俗地说，"媒体文本就是讲故事"，而"叙述"则包含了讲故事的过程及故事的意义。在电视文本中，最为常见的叙事结构是"主流叙事"，即经典

---

① ［英］格雷姆·伯顿：《媒体与社会：批判的视角》，史安斌译，清华大学出版社2007年版，第53页。

写实主义文本，它具有以下一些特征："随着时间推移而出现的一系列事件；人物之间的冲突；主人公的一些难以解决的问题；一系列戏剧化的转折等。整个故事朝着大结局和问题的最终解决发展。"① 经过大量的文本分析证明，这种主流叙事结构在大多数新闻、专题、纪录片、谈话节目和电视剧中运用。

以上文本解读方法，可以从不同角度帮助我们解构文本、理解文本的本义和社会意义。

三、电视文本的体例与说明

本书所选文本，绝大部分为近年来在国际、国内广播电视节目与新闻评选中荣获一等奖的作品，个别节目虽未参评，但其社会影响较大，因此，所选文本的代表性是毋庸置疑的。少数作品虽出品时间较久，但经过数次修订都得以保留下来，说明其具有经典性，其中缘由留待读者细细品味。

本书体例依每篇作品、评析和（部分）编导阐述的顺序编排。同时，在每类作品分析前，"贴"有各类文本体裁的导论，便于非专业和此前未先修有关专业基础课的学生理解文本。导论包括电视新闻导论、电视专题导论、电视评论导论、电视纪录片导论、电视谈话节目导论、电视真人秀导论和数据新闻导论。导论主要从解读电视类型及其特点出发，介绍一些相关的专业知识，这是文本解析所必备的专业知识，也是读者解读文本、完成文本意义构建的"成规"。这种编排体例同时也考虑到部分高校的课程设置情况。按常规，"电视作品赏析"应在先修"电视新闻"、"电视专题与专栏"等课程的基础上开设，以奠定电视作品赏析和解读的基础。但有些高校则是在广播电视专业课程计划前期安排"电视作品赏析"，这就为作品的解析带来了一定的难度，本书的体例正好缝合了这一课程安排上的"缝隙"。同时对已有广电专业基础的学生来说，也是一种简要的复习，可谓一举两得。

电视作品不同于纸质媒介作品，它既包括文字解说，也含有画面提示。在文本格式中，电视新闻作品采用画面提示加解说词的编排方式，而对于电视评论、电视专题和电视纪录片等作品，限于教材篇幅，只好略去画面提示和部分段落，留下一个遗憾。好在学生们上"电视作品赏析"课时，可通过观看相关节目录像弥补这一缺憾，而文本解说则用于更深入地分析、研究。

电视媒体在发展，电视节目也会相应地发展变化，这为将来的再版留下了修订的空间，但"经典"的文本是永恒的，是具有永久价值的。

部分老师、博士和硕士参与了本书的文本记录与评析，他（她）们是：周莉、石永军、徐锐、姚洪磊、王畅、张慧、梁媛媛、郑素素、田小春、王秋童、吴柳林、郝硕、徐媛媛、刘贤、王妍、张娇、曹霞、樊国庆等，在此一并感谢！

华中科技大学广播电视与新媒体研究院院长、博导

石长顺教授

2014 年 12 月于武汉

---

① [英] 格雷姆·伯顿：《媒体与社会：批判的视角》，史安斌译，清华大学出版社 2007 年版，第 55 页。

目录
CONTENTS

目录
CONTENTS

目录
CONTENTS

1 电视新闻类作品

电视新闻导论

电视新闻是电视三大支柱节目（另两种为电视社教、电视娱乐）之一，它伴随着电视媒介的诞生而产生，并随着电子技术的发展而发展。电视新闻从模仿广播新闻播念文字稿的方式开始，承袭了新闻电影的摄制手法，在长期的实践中，众采百家之长，逐步探索出具有电视特色的新闻报道形式。

电视新闻是以现代电子技术为传播手段，以多元素的图像、声音为传播符号，对新近或正在发生的变动事实的报道。这个定义表明了电视新闻的两个最重要的特征。一是双重信息传播，即电视新闻是利用声音语言和图像语言两个通道传播信息的，声画并茂、形声兼备，使电视新闻在大众媒介中具有独特的优势。报纸能看不能听，广播能听不能看，它们所传达的信息是记者、编辑对新闻事件的存在方式和运动状态的陈述，传播给受众的是一种间接信息。而电视新闻传达的信息，既有通过感官直接影响理智活动的间接信息，又有通过感官引起知觉活动的直接信息。就是说，观众在接受电视新闻信息时，是通过音像符号直接诉诸感觉，无需在视觉中再做符号的"解码"还原。电视新闻的第二个重要特征是即时现场传播。即时，是从传播的时效上来看特性；现场，是从传播的真实感上来看特性。当代新闻媒介的竞争主要是时效性的竞争，而电视新闻的现场直播则将时效性发挥到极致。与事同步的传播，使电视新闻的参与感、悬念性大为增强。日本新闻学者曾说，电视新闻已使新闻时效由"TNT"（Today News Today）变成了"NNN"（Now News Now），即由"今天的新闻今天报道"变成"现在的新闻现在报道"。

电视新闻有狭义和广义之分。狭义的电视新闻是指消息类新闻，它迅速及时、客观简要地报道国内外最新事态，如《新闻联播》类的新闻。广义的电视新闻是指荧屏上各类新闻性节目的总称，按不同的作用和任务可分为三类：消息类新闻节目（如上所述）、专题类新闻节目和言论类新闻节目。对后两类节目将在后面专章介绍。

电视新闻按报道形式划分，有影像新闻、口播新闻、图片新闻、字幕新闻、现场报道和访谈新闻。屏幕上大量的电视新闻都是影像新闻。影像新闻是采用电子摄录系统（ENG）在新闻事件现场摄录画面和声音，并结合文字稿，对新闻事实进行报道的形式。它以生动形象的画面为主要表现手段，是电视新闻中运用较早，也是迄今为止最常用的报道形式。影像新闻要求画面、音响和语言有机的和谐统一，如《"最美司机"吴斌》。

电视新闻现场报道是最能体现并发挥电视传播特点与优势的新闻报道方式。它是电视新闻记者在新闻事件现场，面向摄像机（观众），以采访记者、目击者或参与者身份做出图像的报道。现场报道应当是记者在现场随着事态发生或发展的过程边观察边报道，现场音响效果和同期声是现场报道不可缺少的因素，报道应当在现场基本完成。如《巴格达遭空袭纪实》就是中央电视台记者水均益在伊拉克巴格达市中心的新闻中心二楼的平台上所做的现场报道。从画面上看到，记者以炮火为背景作现场口头报道，给观众以身临其境之感。新闻中巡航导弹划过夜空，巨大的爆炸声震耳欲聋，这是中国记者首次在战火纷飞的战场冒着生命危险摄制的现场报道。

电视新闻按播出形式划分有现场直播和录像播出。录像播出是指播出前把整档节目按播出要求编辑录制，做成完整的节目播出带，并按规定的播出时间和顺序进行播放。现场直播是在现场把新闻图像、声音及电视记者在事件现场的报道、采访等直接发射即时播出的方式。它让观众看到的是事件发生、进展的过程和现场情景。现场直播以其传播速度快，与观众的零距离现场感和记述过程的完整性等特点，充分体现了电视传播的魅力所在。如面对体育竞技结果的不可预知性，让悬念感一直伴随着观众的求解欲望，这也是其他传统媒体形式无法企及的。

电视新闻按报道方式分，除了单条消息报道以外，还有连续报道和系列报道之分。连续报道是对正在发生、发展中的新闻事件，进行及时、持续的报道。系列报道是围绕同一新闻主题从不同角度、不同侧面做多次连续报道的一种方式。二者的相同之处在于都具有新闻性，都是由多个独立报道构成，持续地、多次地、连续性地进行报道。二者的不同之处在于报道题材的差异，连续报道多为事件性新闻，而系列报道多为非事件性新闻；时效性差异，连续报道注重时效性，系列报道则注重时宜性；报道序列的差异，连续报道结构是追踪事态发展、不可更改的有序排列，而系列报道结构则是以横向联系为主的不同角度、不同侧面的各条新闻之间的无序排列；传播功能的差异，连续报道主要传播事态发展的最新信息，而系列报道则多是主旋律报道，具有很强的指导性。

以上介绍了电视新闻的基本知识，这是电视新闻作品赏析的基础。要想对电视新闻文本进行正确的解读，还必须熟练地运用电视理论的话语，按照优秀电视新闻作品的基本要求来衡量、欣赏、评析电视作品（文本）。

我们知道，新闻价值的基本要素是评析电视新闻作品的基本标准，比如"时新性"，几乎是所有新闻报道的首要追求，只要发生重大事件，新闻媒体都力争在第一时间赶到突发事件现场报道。像《巴格达遭空袭纪实》，是记者在最短的时间内用最快的速度所做的现场报道。"重要性"是衡量新闻价值又一重要因素。作为新闻媒体，必须紧扣时代脉搏，弘扬主旋律，深入报道题材重大的新闻，如《神舟九号返回舱成功着陆四子王旗草原三名航天员平安归来》等。除此之外，电视新闻记者、编辑还要善于发现、勤于思考，以新颖的视角提炼新闻，如《一堆木头和一连串车祸》，通过一堆木头引发的一连串车祸，反映某些部门之间责任不清、互相推诿的问题。"用事实说话"，是电视新闻客观报道的重要方式，有时对事件过程的充分展示和细微情节的巧妙编排，就会大大增强电视新闻的揭示力，取得令人意想不到的社会效果，像《刁娜：舍己一条腿，救人一条命》、《林蛙不归路》，不动声色的叙述起到了振聋发聩的作用。

1.1　电 视 消 息

1.1.1　刁娜：舍己一条腿　救人一条命

山东广播电视台　烟台电视台　韩信　郭志强

【导语】

近日，烟台龙口一名女子下班途中被车撞倒，南山旅游景区 24 岁女孩刁娜奋不顾身，从车流中舍身救人，感人事迹在齐鲁大地引发强烈反响，这位被人们誉为"最美烟台女孩"的刁娜，在这个冬天温暖了无数人的心。

【画面：医院，刁娜，腿伤，X 光片】

记者赶到龙口市人民医院，是在车祸发生半月之后，因为刁娜和家人的低调，她的故事直到今天才被大家了解。躺在病床上的刁娜笑容满面，但她腿上的伤疤和 X 光片见证了她经历的那个惊险时刻。

【画面：街道夜景，车流】

2011 年 10 月 23 日下午 6 点左右，龙口市民刁娜和丈夫开车经过龙海路时，突然发现路中央有一个黑乎乎的物体，当时天下着大雨，视线很差，小心绕过时刁娜才看清那是一名躺在血泊中的女子。

【同期声】

刁娜：我看到她时，我就想到了小悦悦那个事件，我就想我就这样走了的话，是不是就昧了自己的良心了。

【画面：车流】

此时，刁娜的车已驶出十多米远，她毫不迟疑地让丈夫停车营救。

【同期声】

刁娜：她当时头部严重受伤，满地是鲜血。然后我就下车帮忙，指挥过往的车辆往旁边绕行，怕她被第二次碾压。

【同期声】

刁娜丈夫隋美正：我就说太危险了。她就说，你去把车里那个三角指示牌拿下来。

【画面：车流，动画演示】

几分钟的时间里，许多车辆在刁娜的指挥下绕行，然而，当刁娜的丈夫回车上去拿警示牌时，危险发生了。一辆汽车因超车躲闪不及，重重地撞上了刁娜。

【同期声】

刁娜丈夫隋美正：我刚回头跑了三四步吧，我就听到"砰"的一声。然后我回头时间，看到她一下飞出去了。

【画面：急救车，医院，王园园】

120 急救车及时赶到，将刁娜和受伤女子一起送到医院。事后，刁娜才知道，被救起的女子叫王园园，当时被撞断十根肋骨，颅内出血，危在旦夕。

【同期声】

王园园丈夫戴勇业：没有她（刁娜）的话，就没有我们这个家庭。没有她的话，我们家庭就要破碎。

【画面：刁娜，骨折 X 光片】

王园园获救了，刁娜却被撞成右腿严重骨折。

【同期声】

刁娜：腿断了可以再康复嘛，这人命没了就没了。

【画面：医院，床头花束，司机的母亲】

在刁娜养伤的日子里，撞伤刁娜的司机多次到医院看望道歉，并提前交上足额医药费。他的母亲顾不上照顾怀孕的儿媳，天天来病房送饭陪床。

【同期声】

肇事者的母亲杜女士：在家坐不住了，一是为儿子，也是对小姑娘挺敬佩。

【画面：刁娜下床，坐手推车】

虽然刁娜和王园园住在一家医院，但是却无法见面。王园园的伤情一直让刁娜牵挂。经过半个月的治疗后，今天刁娜可以下床了，她要求去看看同在一个医院的王园园。这是十多天来的第二次相见。

【同期声】

王园园：我真的特别幸运，遇到了你。我希望所有的好人都一生平安。

王园园丈夫戴勇业：一定会的，一定会的。

【画面：市民看望刁娜】

刁娜用自己的爱感动了无数市民，许多人自发来到医院看望刁娜。

【同期声】

市民：怎么说呢，叫我真是竖起大拇指夸奖。

【画面：刁娜活动，刁娜特写，王园园特写，众人，床头鲜花】

一场车祸将原本不相识的三个家庭连在了一起，施救者、被救者、肇事者因此而结缘。刁娜救人的举动温暖了这个冬天。

（山东卫视 2011 年 11 月 10 日首播）

评析

用"温暖"的方式报道"温暖"

——评《刁娜：舍己一条腿 救人一条命》

看完电视消息《刁娜：舍己一条腿 救人一条命》，我们的第一感觉是温暖感人，这是一篇主题鲜明、构思精巧、话语朴实、"温暖"感人的报道，下面，我们从其主题、选材、话语方式等方面来看看它是如何围绕"温暖"展开新闻叙事报道的。

一、温暖的主题

主题是报道中体现出来的观点态度、价值倾向。这篇报道的主题是温暖——特别的救人之举给人带来的温暖，这个主题在导语和结束语中已经明确表明了："……在这个冬天温暖了无数人的心"，"刁娜救人的举动温暖了这个冬天"。

这个为救助车祸伤者而自己被撞伤的事件发生之时，正值"小悦悦"事件引发中国社会关于"救还是不救"的道德大讨论。记者敏锐地捕捉到"刁娜救人"所具有的重要新闻价值。"小悦悦"事件中人们展示出来的冷漠冷酷，几乎让世人对中国社会的道德良知产生了严重质疑，而这个救人事件与小悦悦事件形成了鲜明的对比，与冷漠相对的是温暖，这样，定位于"温暖"的救人助人报道，适时填补了社会正能量的缺失，有效缓解了人们对道德沦丧的担忧，让人们心里着实温暖了一下。

一个事件发生之后，新闻报道可以通过不同的角度挖掘出不同的主题，这样一场车祸，可以是救人的温暖主题，也可以是谴责肇事逃逸的主题或追究灯光安全设施隐患的主题。但是，如果一篇报道将主题切中社会热点，符合主流价值观，上升到道德的高度、人性的高度，就能够获得社会的广泛认同。

我们可以很容易联想到稍早两年的另外一篇报道——武汉"信义兄弟"的报道，也是一场车祸。透过车祸，记者挖掘出兄弟俩的"信义"——信守承诺，千里送工钱，即使车毁人亡也不失信。因为"诚信缺失"也是当时社会讨论的热点，而兄弟俩的信义无疑是强烈的对比，所以当时主题为"信义"的报道也引起了社会的强烈反响。

二、温暖的选材

刁娜救人被撞事件中涉及的场景、环节和人物较多，在一条消息中不可能面面俱到，如何选材，一定要符合主题的要求，即在真实性的前提下，有取有舍。

消息选择了倒叙的方式开始讲故事。因为采访报道的时候已经是事件发生多天以后。事发现场已经无法拍到，于是，报道由刁娜的伤痕和 X 光片作为切入口，对事件进行回顾。

报道按照"刁娜发现伤者—给予救助—自己撞伤—送医院—医院会面—众人称赞"这样一个基本框架来展开。

为了充分体现主题，报道中强调了重要的场景和细节，特别是发现伤者时的细节回顾，救助的细节、被撞的细节、施救者与被救者相见的场景，这些场景和细节无疑能够增加报道的温度。这些部分基本上是以"解说+同期声"的方式来进行着重描写。

细心的人可能会注意到，消息没有关于王园园为什么会被撞伤、撞伤王园园的肇事者、为什么主马路上灯光不好等问题的报道，这就体现了对素材的选择。如果把这些材料放进来，一方面不符合新闻一事一议的要求，另一方面也会冲淡救人助人的温暖主题。与温暖无关的问题，如果确实能够引发观众关注，可以另外开篇进行报道。

三、温暖的话语

为了强化温暖的主题，在话语使用和选择上，该消息也是用心良苦。报道中大量篇幅是关于车祸、重伤，但是整篇报道没有一句一词表达抱怨、责怪、追究的意思。相反，为了体现温暖，报道使用了表现勇敢、大度、感恩、赞美的话语与词汇。当然，选择的这些话语与词汇比较朴实，能够在叙事的过程中让受众自己去体会，从而自然接受。

为体现刁娜的勇敢，报道使用了刁娜和刁娜丈夫的采访："……我就想我就这样走了的话，是不是就昧了自己的良心了。""我就说太危险了。她就说，你去把车里那个三角指示牌拿下来。"解说词则是"……她毫不迟疑地让丈夫停车营救"。

为体现刁娜的大度，使用了刁娜的采访："腿断了可以再康复嘛，这人命没了就没了"。

为体现感恩，两次出现了感谢的话语。一句是王园园丈夫说的："没有她的话，我们家庭就要破碎。"另一句是王园园说的："我真的特别幸运，遇到了你。我希望所有的好人都一生平安。"值得指出的是，报道选用了王园园与刁娜见面的对话中的一段感激话语，而不是王园园接受记者采访的话语，这样让感激之情体现得更自然。

为体现赞美，用了这样的解说词：刁娜用自己的爱感动了无数市民，许多人自发来到医院看望刁娜。同时引用市民的话语："怎么说呢，叫我真是竖起大拇指夸奖。"

特别是，报道对肇事者母亲的话语处理也很有技巧："在家坐不住了，一是为儿子，也是对小姑娘挺敬佩。"将对刁娜的歉意转化为对刁娜的敬意。

节目结尾部分甚至用了"一场车祸将……施救者、被救者、肇事者因此而结缘"这种过于温情脉脉的话语，不过在这里却不会让人反感，因为有前文的铺垫，这样的话语似乎有水到渠成的效果。

（石永军）

附录 背景材料

刁娜救人被撞事件当时并没有媒体报道，而是事发三天后，一名当地记者到医院体验生活，在与救护车司机聊天时偶然得知了刁娜救人的事迹，便立即进行了报道。随后，从中央到地方，各级报纸、广播、电视、网络纷纷跟进报道，刁娜见义勇为、舍己救人的事迹引起了社会各界的广泛关注和强烈共鸣。广大网友盛赞刁娜"不但人长得美，心灵更美"，并亲切地称她为"最美女孩"。刁娜由此获得当年"全国道德模范"称号。此篇电视消息也获得了 2011 年中国新闻一等奖。

1.1.2 神舟九号返回舱成功着陆四子王旗草原 三名航天员平安归来

内蒙古电视台 菅海霞 梁兆峰 石藤正一 韩 巍

【导语】

今天上午 10 点 03 分，历经 13 天航空飞行的神舟九号飞船平安、顺利返回，本台记者在主着陆场——内蒙古四子王旗草原，见证了这一激动人心的时刻。

【实况现场报道：记者】

现在是上午的 10 点整，现在我们看到神舟九号飞船正在徐徐降落，在我这个位置可以看到九号飞船的降落伞，那么刚才我听到了很大的一个响声，就应该是降落伞打开的声音，在神九的旁边，现在我可以看到有四架直升机正在神九飞船旁边盘旋，应该是正在迎接神九的归来。我们看到神九飞船马上就要降落了。神舟九号飞船已经降落了，它已经顺利落在了地平线上。

上午 10 点 25 分，我们现在到达了神舟九号飞船的返回落点。现在我们可以看到神舟九号飞船的舱门已经打开，现在有五位工作人员，外面有五位，里面应该还有一位，正在对神舟九号实施检查。

现在是 11 点 02 分，我们可以看到第一位航天员出舱了，这应该是景海鹏，他在向大家挥舞着双手，可以看到他的身体状况应该是非常良好。11 点 08 分，第二位航天员也出舱了，刘旺。第三位航天员，这是一位女航天员刘洋，这是我国的第一位女航天员，她也顺利出舱了。

在现场我们也了解到，曾经承担过神舟一号到神舟八号开舱手的李涛，今天再次打开了神舟九号的舱门。

记者：今天舱门打开得顺利吗？

李涛（航天科技人员）：非常顺利。

记者：用了多长时间？

李涛（航天科技人员）：一分钟也就是，不到一分钟时间。

记者：跟前几次有什么区别吗？

李涛（航天科技人员）：这一次和神五差不多，他们在里面也同时在开舱，我们同时内外联动的。

记者：在航天员出舱前为什么要先进去一名工作人员？

航天科技人员：主要是检查一下航天员的身体状况首先是否良好。

【实况现场报道：记者】

现在三名航天员正在我身后的这架飞机里进行体检。

现在是 12 点 50 分，我们看到三位航天员已经完成体检，正在陆续走出医保医监飞机，第一位出来的是景海鹏，从表情来看，他们的状态还是非常好的，每个人脸上都挂满了灿烂的笑容，热情地向周围的工作人员和媒体记者挥手致意。

现在，工作人员把三位航天员分别送到三架直升机上。

现在是中午 1 点 10 分，三位航天员分别乘坐三架直升机，另外还有一架指挥机和一架通信机，共五架飞机护送航天员前往毕克齐机场。

内蒙古台神舟九号四子王旗主着陆场报道。

（内蒙古电视台 2012 年 6 月 29 日首播）

 评析

精心策划的现场纪实报道
—— 评《神舟九号返回舱成功着陆四子王旗草原 三名航天员平安归来》

神舟九号返回舱的成功着陆作为一则具有重大历史意义的新闻题材，内涵极其丰富。如何全面、生动、及时地透过电视画面向全国人民报道"神舟"飞船起飞和着陆的过程，是各大电视台自 1999 年的无人飞船"神舟一号"一直到 2013 年"神舟十号"载人飞船发射十几年间最重要的报道任务之一。

内蒙古电视台制作的电视消息《神舟九号返回舱成功着陆四子王旗草原 三名航天员平安归来》（以下简称《神舟九号返回舱成功着陆》），将镜头对准神舟九号返回舱的着陆，记录下了航天员的出舱、技术人员的检查以及现场众多工作人员的忙碌场景，向全国人民传递了鲜活、及时而又生动的画面。这条消息由两组记者协同完成，拍摄中大量运用长镜头记录新闻事件的进展，解说以记者目击的形式全部在现场随机录制完成，同时使用了欢呼等大量的现场声音，增强了新闻的现场感；对现场航天科技人员的采访增加了信息量。而且，内蒙古电视台克服了草原没有网络的困难，保证了消息在神九返回当天播出。试从以下几个方面解读：

第一，前期策划。在神九返回舱着陆之前，内蒙古电视台新闻中心的工作人员就在飞船返回舱落地的外围做了大量细致的工作。新闻综合频道提前 10 小时就将直播车开到了主着陆场，尽管没有获准进入核心地带，但他们对飞船落地前外围的安保情况以及各个职能部门对飞船即将降落所做的准备工作了如指掌，这些都是对现场处理的工作细节进行捕捉的前提和基础。

古人云："凡事预则立，不预则废。"要把一件事情办好，如果没有事前的周密计划和准备，是很难成功的。新闻要出精品，也是如此。

新闻是客观事实的报道。新闻事实是不可能通过"策划"制造出来的，但新闻报道是可以而且应该被策划的。策划包括战略策划、战役策划、内容策划、组织运筹等。具体的如选择何种题材，确立什么报道角度，怎样提炼报道主题，采用什么表现形式，选择什么时机发表等，都是可以策划，也是应该策划的。在《神舟九号返回舱成功着陆》这篇报道中，内蒙古电视台新闻中心的工作人员可谓精心策划、报道到位，全面、生动、细致地反映了神九返回舱着陆这一历史壮举和我国航天工作人员的辛勤工作。

第二，现场报道。以记者目击的方式，记录了神九返回舱落地、航天员出舱等一系列活动，通篇报道没有一句解说词，全部采用同期声来完成，节奏紧凑、现场感强、真实性强。

一般而言，具有高度浓缩性的电视消息，多采用同期声与解说词串联成篇的方式对消息进行报道，但是《神舟九号返回舱成功着陆》却反其道而行之，舍弃了解说词。它以记者出镜报道同期声作为开头和结束，对现场技术人员的采访增加了信息量。神九着陆后，四子王旗草原上的现场音响，包括飞船的轰鸣声、人群的欢呼掌声甚至细小的杂音都清晰可闻，几乎未曾中断。记者出镜的"我在场"报道，采用无解说的现场实拍，引导观众"体验"现场。通过记者的解说带出画面，使记者出镜的同期声与现场人群的同期音响声交相辉映，给人以身临其境之感。

同时，该消息运用众多长镜头对神九的着陆进行了连续的拍摄，用摄影机的推、拉、摇、移、跟等运动拍摄的方法形成多景别、多角度拍摄（方位、高度）的变化长镜头，也即运动长镜头，再现了事件发展的真实过程和真实的现场气氛，具有时间真、空间真、过程真、气氛真、事实真等特性，排除了一切作假、替身的可能性，具有不可置疑的真实性。如用一系列的长镜头捕捉到神舟九号飞船的徐徐降落、工作人员检查返回舱、航天员出舱等场景。在灿烂阳光的映衬下，降落伞打开的声音，四架在神九飞船旁边盘旋的直升机，神舟九号飞船顺利落在地平线上的情景都显得格外耀眼。它们与同期声相结合，增强了新闻的现场感。

第三，时间结构。同时，本条消息以清晰的时间线串联起整篇报道，节奏明确紧凑。报道中运用"今天上午10点03分"，"现在是上午的10点整"，"上午10点25分"，"现在是11点02分"，"现在是12点50分"，"现在是中午1点10分"等准确的时间记录各个阶段神九返回舱的状况，真实生动。通过在拍摄中大量运用长镜头记录新闻事件的进展，以及通过对航天员风采的记录展示、神九返回后不同时间节点的跟踪报道进展，反映了我国载人航天技术领域的又一重大突破。

第四，追求时效性，注重细节。内蒙古电视台新闻中心在《神舟九号返回舱成功着陆》的创作体会中谈到，神九着陆当天下午两点，现场采访结束，下午六点前这则新闻必须传回台里。神九飞船返回舱的落点距离四子王旗大概有260公里，路面崎岖、寸步难行。为了争取时间，报道组硬是在返程的车上，不顾艰难道路的颠簸，于途中的三个小时车程内将新闻片子剪辑完成，顺利赶上了当天晚上六点半的《内蒙古新闻联播》。

电视消息《神舟九号返回舱成功着陆》深入实际，用第一手材料说话，用生动的情节和细节说话，"在神九的旁边，现在我可以看到有四架直升机正在神九飞船旁边盘旋"，"现在有五位工作人员，外面有五位，里面应该还有一位，正在对神舟九号实施检查"，"三位航天员分别乘坐三架直升机，另外还有一架指挥机和一架通信机，共五架飞机护送航天员前往毕克齐机场"等平实简单、细节完整的解说词将报道对象——神九返回的情况凸显出来，让受众亲身感受到神九返回的真情实况与激动时刻，这样一篇电视消息获得中国新闻奖实至名归。

（王　畅）

1.1.3　林蛙不归路

黑龙江电视台　王英泽　赵国辉　吴　玮

画面	解说词
（中景）林蛙游向河中石头	今年入秋以来，被誉为"森林环保卫士"的国家级保护动物林蛙，由于具有极高的营养价值，在黑龙江省伊春林区遭到偷猎者大规模捕杀。昨天，记者在大西北岔林场拍到了林蛙前往冬眠地路上的悲惨境遇。
（中景）林蛙游向岸边	
（近景）偷猎者捡拾林蛙	
（特写拉）水桶内的林蛙	
（特写）两只手抓住几只林蛙	
（移）蜿蜒千米长的塑料布屏障	
（跟）一只林蛙在塑料布前来回跳窜	林蛙有着固定的迁徙路线，春上山捕食，秋下河冬眠。在不足千米的回归路上，林蛙要闯过三道生死关。由塑料布做成的数千米矮墙将一个个山头围得严严实实。
（移）塑料布前数个陷阱	林蛙在矮墙前蹦来蹦去，一不小心就掉入了捕蛙人事先挖好的陷阱里。
（近景）几只落入陷阱的林蛙 　　　　林蛙搭阶梯逃生	而另一些林蛙只好挤在一起搭阶梯，为逃生拼死挣扎。
（中景）潺潺小溪 　　　　河中网箱	这是一条从山上流下的不足500米的小溪，捕蛙人设置了十多个这样的网箱，逃过矮墙从小溪下山的林蛙多数又被收入这样的网箱中。
（移）河中网箱	
（全景、摇）捕蛙人手持电棍 　　　　　电击河中林蛙	有幸逃过前两关的小部分林蛙进入山下冬眠的深水区，就进入了死亡之渊。同一条河的两百米内，两伙捕蛙人的电棍所到之处，强大的电流使林蛙遭到了灭顶之灾。
（近景）挑选袋中林蛙 　　　　剥皮、洗净的林蛙 　　　　林蛙被下锅，淋上酱油	回家冬眠不成的林蛙最终出现在农贸市场和人们的餐桌上。目前，伊春林区林蛙密度已由过去的每平方公里1万只下降到不足1000只。今年，伊春林区发生大面积森林病虫害。
（移）大片遭虫害的森林	
（近景）虫迹斑斑的树枝一角	

（黑龙江电视台 2000 年 10 月 13 日首播）

评析

巧选角度说环保
——评电视新闻短消息《林蛙不归路》

清朝学者李渔在《闲情偶寄》中曾说过这样一句话："千古文章无定格，唯'脱窠白'也。"李渔认为，"人唯求旧，物唯求新，新也者，天下事物之美称也"。环保新闻《林蛙不归路》就是这样一篇不落窠白、立意角度新奇之作。它通过被誉为"森林环保卫士"的国家级保护动物林蛙在黑龙江省伊春林区遭到偷猎者大规模捕杀的悲惨境遇以及由此带来的森林虫害，揭示出爱护自然、保护生态平衡的重大主题。

环保问题是世界性的大问题，对于处在社会主义初级阶段的中国来说，如何兼顾发展与环境的矛盾，防止以破坏环境为代价发展经济的倾向，实现可持续发展，是新闻工作者一直关注的问题。但是，一般环保新闻多流于数字罗列、现象展现，缺乏深度的理性思维，而且立意、角度陈旧，难出新意。譬如一些此类新闻直接表现沙尘暴、硫酸雨、大气污染、水源污染的严重后果，最后大声疾呼保护环境、爱护自然的主题，显得直白、浅陋。电视环保新闻《林蛙不归路》把一片林蛙作为报道的主角，充分结合画面与解说词和同期声，着重表现了林蛙回家冬眠途中的三道陷阱，以林蛙的被捕杀和森林大面积虫害间的因果联系表现主题，匠心独运，颇见功力。

短短1分29秒的新闻中，作者使用了大量的近景镜头并与最能表现氛围的同期声有机结合起来，着重描述林蛙回归路上的三道生死关：蜿蜒近千米的塑料布制成的屏障和屏障前间隔数米的陷阱、小溪中随处可见的网箱、手持电棍残忍电杀林蛙的偷猎者，这三道生死关一道更比一道防范严密。面对冷酷、残忍的人们设置的重重机关，回家路上的林蛙几乎在劫难逃，踏上了不归路。尤其值得一提的是，本片中跟镜头的运用也增强了视觉冲击力。片中，摄像机镜头跟随一只林蛙拍摄了十几米远，林蛙在塑料布屏障面前拼死跳跃、前后挣扎的画面让人备感它的弱小和人类的残忍。伴随着画面的还有林蛙凄惨的叫声、刺耳的电击声、农贸市场讨价还价声……同期声与画面二者合一，共同冲击着观众的视听感官。

营养美味的林蛙佐餐，在许多观众心中早已司空见惯、习以为常，因此，普通的表现角度，必然难以造成强烈的心理震撼力，也就难以深化主题。本片不同寻常之处在于，通过林蛙不归路上的三道生死关，将少数人的残忍、愚昧表现得淋漓尽致。尤其是片尾，将遭到病虫害侵蚀的大片森林毫不夸张地展现在观众眼前，造成触目惊心的视觉效果。惟其如此，才能使观众造成强烈的心灵震撼，让他们对那些为牟蝇头小利残忍捕杀林蛙的偷猎者感到万分愤慨，对不注意保护动物，造成生态失衡严重后果悚然一惊，有效地体现了环保大主题。由此可见，角度、立意新奇，才能不落窠白，这也是本片获奖的重要原因。

精彩的解说词也为该片增色不少。该片的解说词有两大特色：简洁利落；平实中见犀利。古人云："头难起，尾难落。"为了写好文章，千百年来，先辈们进行了漫长的探索，总结出六字要诀："凤头、猪肚、豹尾。"第一段导语，寥寥几句就道出新闻的"五W"

要素：何时——入秋以来，何地——伊春林区，何事——林蛙被捕杀，何故——由于林蛙具有极高的营养价值，被谁捕杀——偷猎者。简洁利落，堪称"凤头"般漂亮。

第二段第一句介绍林蛙的生活习性：林蛙有着固定的迁徙路线，"春上山捕食，秋下河冬眠"。10 个字将林蛙的迁徙路线、迁徙时间、迁徙地点交代得一清二楚，也为后文偷猎者为什么能在林蛙回归路上设置固定的关卡、成功捕杀到林蛙埋下了伏笔。接着，配合画面着重介绍了偷猎者设置的三道生死关，以及林蛙在每一道关口前拼死逃生的挣扎和最终难逃敌手的悲惨结局。林蛙在塑料矮墙前拼命蹦跳逃生的镜头、挤在一起试图搭阶梯的镜头、不留神坠入陷阱无望等待宰割的镜头、炒菜锅中被烹成一道菜肴的镜头、被虫害侵袭的大片的森林……具有强烈视觉冲击力的镜头与精彩的解说词相得益彰，共同构成了丰实浩荡的"猪肚"。

结尾的解说词也颇见功底。此片结尾只有三句话，冬眠不成的林蛙出现在餐桌上，林蛙密度下降，林区今年发生大面积病虫害。三句话层层递进，特别是最后一句画龙点睛，揭示出捕杀林蛙的严重后果，发人深省，真像豹子的尾巴一样响亮有力。

整个解说词没有浓墨重彩的抒情，也不见辞藻的华美动人，却在平实的叙述中让观众猛然警醒人与自然和睦相处的重要性，平实中见犀利。

（张　楠）

1.1.4　循环经济使济钢实现全国同行成本最低

山东电视台　刘仁超　段艺军

【导语】制冷不用电，废水零排放，火力发电不烧煤，对于一个企业来说，你相信吗？这一切，济南钢铁集团都做到了。他们用自己的实践告诉人们，什么是循环经济。

【解说】制冷不用电，用的是企业生产过程中产生的余热蒸汽。这种废气在生产中已经不能使用，过去冬天可以用来供暖，夏天全部白白地放掉。但济钢经过一种叫溴化锂的化学品简单一转化，热气就变成了冷气。

【同期声】济钢集团公司常务副总经理温燕明：

大家看到的这个管道，就是我们给办公区送冷气的。我们办公区所有的电用空调已经全部拆除了，这个空调所用的蒸汽如果用煤烧的话，一小时将要消耗 32 吨煤。

【解说】这一项简单的技术，一年就可以给济钢节约资金近亿元。钢铁行业是耗能大户更是污染大户，余热蒸汽、煤气、钢渣和工业用水是它的四项主要污染物。而现在，济南钢铁集团通过技术改造，这四项污染物全部消化掉了。

在炼铁炼钢时，除了产生蒸汽外，还有大量的煤气。过去因煤气热值较低，几乎都排放到大气当中。而现在，经过蒸汽进行预热，煤气达到一定的热值就可以发电，产生的电力又可以投入生产。这就是济钢在世界上首创的"煤气蒸汽循环发电技术"，它使整个济钢实现了电力自给，不用外面一度电，一年就可以节约电费 3 亿多元。而废渣经过筛选之后，一部分重新炼成钢铁，一部分用来制造水泥，污染物全部变成了资源。钢铁行业是用水大户，济钢一年用水量一亿多吨，几乎相当于整个济南市区的居民用水量。过去，这些水用一遍后就排放掉了，而现在全部循环使用。目前，济钢的钢产量比 1995 年提高了两倍，耗水量却只有原来的一半，生产一吨钢消耗的水从 21 立方米减少到 4 立方米，达到世界一流水平；这 4 立方米水全部是蒸发掉的，实现了零排放。2003 年，济钢全部的利税是 25 亿元，而投入 2 亿多元建成的四套节能降耗循环系统当年减少消耗就在 10 亿元以上，社会效益更是不可估量。正是依靠这些节能降耗技术，济钢的主导产品中厚板成本创下了全国同行业最低。而依靠最低成本，今年上半年，济钢厚板出口量实现了全国最高。

【同期声】山东省经贸委员会资源处副处长王德力：

像济钢这样年耗标准煤万吨以上的企业，山东省共有 750 家。如果每一个企业将来都能够达到济钢这样的能耗水平，山东工业的耗能将比现在下降一半以上。济钢的这种循环经济模式对于山东落实科学发展观，实现可持续发展，具有很强的指导意义。

（山东电视台 2004 年 7 月 28 日首播）

 评析

视角独特　把握时代特征
——评《循环经济使济钢实现全国同行成本最低》

2004 年中央经济工作会议提出大力发展循环经济，强调要把发展循环经济放在突出位置，使环境保护与经济建设相互促进。这说明，面对经济发展中如影随形的高消耗、高污染和资源环境制约问题，中国开始寻求经济增长模式的全面转变，走节约型发展道路。循环经济是一种以资源的高效利用和循环利用为核心，以"减量化、再利用、资源化"为原则，以低消耗、低排放、高效率为基本特征，符合可持续发展理念的经济增长模式，是对"大量生产、大量消费、大量废弃"的传统增长模式的根本变革。同时也说明，缓解我国资源全面紧张的状况刻不容缓；同时，如同"知识经济"一样，"循环经济"已经融入中国主流经济概念当中，将对中国未来经济发展产生深远的影响。

科学发展、循环经济是本届中央政府执政的核心理念之一。钢铁作为国家宏观调控的重点行业，必须顺应国家产业政策的要求。第 15 届中国新闻奖获奖作品、电视长消息《循环经济使济钢实现全国同行成本最低》以济钢废气、废水和废渣的综合利用为例，用最生动的事实、最鲜明的细节诠释了循环经济的内涵及其为企业发展开辟的广阔空间，生动地展示了循环经济实现可持续发展的时代主题。在钢铁行情最好的形势下，济钢没有一味扩大规模，而是致力于经济增长方式的根本性转变。特别是在最近进口铁矿石价格狂涨71.5%的情况下，济钢的做法对国家进行宏观调控的意义提供了最生动的诠释。

作品播出以后，引起了广大观众的热烈好评，山东省委发出通知，要求把济钢作为山东科学发展的重大典型、作为山东循环经济的重大典型进行集中宣传，全省掀起了学习济钢的热潮。稿件在山东电视台播出以后，又被中央电视台《新闻联播》栏目采用，在全国引起了强烈反响，中央各大新闻媒体又以不同的形式报道了济钢的经验。为什么一篇电视新闻会收到这样好的效果呢？仔细解读，有以下几个原因：

一、典型事例抓住时代主题

2004 年中央经济工作会议明确地确立了"循环经济"的地位，强调要把发展循环经济放在突出位置，使环境保护与经济建设相互促进，为大力发展循环经济带来了大好机遇。"循环经济"是时代的主题，那么经济报道如何体现这一主题呢？

众所周知，钢铁材料是人类社会最重要的基础性、功能性材料，也是最易于回收和可再生的资源，钢铁企业通过实施清洁生产和物质循环，能够生产出更多性能好、使用寿命长和符合环境要求的优质产品，有利于构筑钢铁产业链和非钢铁产业链的有机结合，推动相关行业向高效化、绿色化发展，与环境友好，成为循环经济的重要组成部分。但是钢铁工业也是高能耗、高水耗、高污染的产业，是能源、资源消耗和污染物排放的大户。目前，钢铁行业的能耗占全国总能耗的 10% 以上，钢铁行业水耗占全国工业水耗的 9% 左右。而且，我国钢铁工业的能耗、水耗指标大大高于国外的先进水平。生态环境问题已成为影响钢铁工业发展的根本性问题，发展循环经济是钢铁工业可持续发展的唯一出路。

记者敏锐地看到了这一点，"制冷不用电，废水零排放，火力发电不烧煤，对于一个企业来说，你相信吗？这一切，济南钢铁集团都做到了。他们用自己的实践告诉人们，什么是循环经济。"导语把发展钢铁企业和循环经济巧妙地结合到了一起，点明主题，使经济报道与时代特征完美结合，突破了一般经济报道的框框，极富时代特征。

二、细处着眼，立意深刻

2004 年夏天，记者到济南钢铁集团采访，发现了一个"奇怪"的现象：虽然济南夏天很热，但在济钢的办公楼上却没有一台空调。而更"奇怪"的是，他们的中央空调制冷用的不是电，而是生产过程的余热蒸汽。一种平常人的好奇心使记者隐约感觉到这背后蕴藏着巨大的新闻价值，随即深入了解，采制了这篇报道。

在随后的报道中，记者又解释了"奇怪"现象产生的原因："制冷不用电，用的是企业生产过程中产生的余热蒸汽。这种废气在生产中已经不能使用，过去冬天可以用来供暖，夏天全部白白地放掉。但济钢经过一种叫溴化锂的化学品简单一转化，热气就变成了冷气。""这一项简单的技术，一年就可以给济钢节约资金近亿元。钢铁行业是耗能大户更是污染大户，余热蒸汽、煤气、钢渣和工业用水是它的四项主要污染物。而现在，济南钢铁集团通过技术改造，这四项污染物全部消化掉了。在炼铁炼钢时，除了产生蒸汽外，还有大量的煤气。过去因煤气热值较低，几乎都排放到大气当中，而现在，经过蒸汽进行预热，煤气达到一定的热值就可以发电，产生的电力又可以投入生产。这就是济钢在世界上首创的'煤气蒸汽循环发电技术'，它使整个济钢实现了电力自给，不用外面一度电，一年就可以节约电费 3 亿多元。而废渣通过筛选之后，一部分重新炼成钢铁，一部分用来制造水泥，污染物全部变成了资源。钢铁行业是用水大户，济钢一年用水量一亿多吨，几乎相当于整个济南市区的居民用水量。过去，这些水用一遍后就排放掉了，而现在全部循环使用。目前，济钢的钢产量比 1995 年提高了两倍，而耗水量却只有原来的一半。生产一吨钢消耗的水从 21 立方米减少到 4 立方米，达到世界一流水平；这 4 立方米水全部是蒸发掉的，实现了零排放。2003 年，济钢全部的利税是 25 亿元，而投入 2 亿多元建成的四套节能降耗循环系统当年减少消耗就在 10 亿元以上，社会效益更是不可估量。正是依靠这些节能降耗技术，济钢的主导产品中厚板成本创下了全国同行业最低。而依靠最低成本，今年上半年，济钢厚板出口量实现了全国最高。"使观众一目了然，道出了"制冷不用电，废水零排放，火力发电不烧煤"的原因。

三、结尾画龙点睛，深化主题

为文虽无定法，但都讲究起、承、转、合。一则新闻有了好的开篇和完美的主体语言，还应有个回应开篇，或留下思索的结尾，以强化全篇的传播效果。姜夔在他的《白石道人诗说》中有这样的精辟论："一篇全在尾句。"中国文学创作从来强调有头有尾，这与它最初从说书发展而来有关。抓结尾正像抓开篇一样，体现了电视新闻稿件创作的规律。抓结尾对增强整个电视新闻的艺术效果更直接、更有力，往往有画龙点睛的作用，耐人寻味。因此，抓电视新闻结尾和抓电视新闻主体语言以及电视新闻开篇一样，都要紧扣主题，具有鼓动性和启发性。

《循环经济使济钢实现全国同行成本最低》的结尾十分引人深思。它的结尾并不是落在交代故事上，而是由具体的故事引出了一种生活的哲理：

像济钢这样年耗标准煤万吨以上的企业，山东省共有 750 家，如果每一家企业将来都能够达到济钢这样的能耗水平，山东工业的耗能将比现在下降一半以上。济钢的这种循环经济模式对于山东落实科学发展观，实现可持续发展，具有很强的指导意义。在这里，记者和观众们一道回味着，当电视的画面结束后，观众却还在继续回味、继续咀嚼最后那段话："济钢的这种循环经济模式对于山东落实科学发展观，实现可持续发展，具有很强的指导意义。"这里所说的发展观，语意双关：既是说"济钢"降低能耗，提高经济效益的发展观，又是讲运用科学的技术和理念，实现长期、稳定、积累资金的发展观；既是眼前看得见的，又是眼下所看不见的。同样，从这里引出的哲理，像生活一样明朗，又像生活一样含蓄，耐人寻味。它真正做到了"结句当如撞钟，清音有余"。这就是含蓄启发式结尾的特点，很好地深化了开篇的本意。

经济领域是新闻题材的"富矿"，社会性重大事件不可能经常出现，而经济领域深层次的重大问题层出不穷。关键在于善于发掘，善于捕捉和选择内涵深刻、显著独特、符合时代特征的经济领域重要问题，以加强经济领域的探索性、创新性深度报道，深入剖析合乎经济规律和带有社会普遍意义的经济现象，总结经验推而广之，这是电视经济新闻成功的一个重要途径。

（朱静池）

1.1.5　巴格达遭空袭纪实
中央电视台　冀惠彦　董志敏　水均益

【导语】巴格达当地时间 19 日凌晨 1 点 30 分，伊拉克首都巴格达遭到美英第三轮大规模的巡航导弹袭击，巨大的爆炸声震撼了整个城市，这是三天以来美英对伊拉克最为猛烈的一轮导弹袭击。请看本台驻巴格达记者发回的报道。

【同期声】观众朋友，我现在是在巴格达市中心的新闻中心二楼的平台上，现在是伊拉克时间 12 月 19 日凌晨的 4 点多，也就是北京时间 12 月 19 日上午的 9 点多，我们听到整个巴格达市区爆炸声响彻夜空，我们可以看到我们的身后有很多防空火炮和高射机枪在对空射击，爆炸声音在我们附近响得非常强烈，在我们周围各个方向都有爆炸的声音，还可以看到强烈的火光，在我们的正前方刚才已经有三颗炸弹落了下来，巨大的火光使得整个天空都染红了；在我们的楼顶上，我们可以看到有一个高射机枪不断地对空射击；在我的右侧就是伊拉克的国防部，大家可以看到远处又红了一片。我们马上可以听到爆炸声，根据声音的反馈应该有将近七八公里的样子。我们可以看到一枚巡航导弹横着飞过去。这个地方可以说是巴格达比较具有战略意义的一个地方。因为在我的右前方这个位置就是萨达姆总统的总统府，在总统府的旁边一点就是总理府，总理府再这边一点就是国防部，在我的后面是它的外交部。这次空袭一共持续了 45 分钟，到目前为止空袭的警报还没有解除。而与此同时，巴格达清真寺的祷告声已经传出了，这就标志着一年一度的穆斯林的斋月从今天正式开始了。

这是中央台记者从伊拉克首都巴格达报道的。

（中央电视台 1998 年 12 月 19 日首播）

 评析

追着炮弹走
——评战地报道《巴格达遭空袭纪实》

战争新闻是世界人民普遍关心和迫切需要了解的，也是最能引起世界舆论注目的新闻之一。战地新闻采访，也就是要捕捉那些真实的现场和能通过战争充分反映一定精神的新闻事实。中央电视台驻伊拉克记者在空袭现场摄制的战地新闻《巴格达遭空袭纪实》（以下简称《空袭纪实》），是中国央视记者首次在一线战场的现场报道。它使用了无解说的现场实拍，由记者出镜充当主持人，引导观众了解现场。新闻中真实的战场同期声、记者水均益以空袭炮火为背景的现场解说以及画面中精彩的长镜头运用，最大限度地保存了现场的真实情况。

战争是残酷的，战争中的危险伴随着记者的每一步。《空袭纪实》采取现场采访报道的形式，迎着呼啸的炮火，通过记者出画面，边拍摄边解说，主持人的同期声与隆隆的炮火声相互叠加，给人以身临其境之感。

值得一提的是，该片除了充分利用现场声、同期声等语素外，还尽力挖掘和使用了出镜记者的形体、表情语言，以便增强现场效果和真实感。水均益一身的防弹衣和迷彩式的头盔，把巴格达遭空袭时导弹的危险和战争的紧张气氛表现得一览无遗。在现场报道时，他焦急的语调和凝重的表情同样烘托出这则新闻的基调。我们从中深切体会到战争的残酷和伊拉克人民所遭受的痛苦，同时也看到战地记者追着导弹走的大无畏精神，对他们的敬意油然而生。

此外，一系列长镜头还捕捉到轰炸机、导弹和高射机枪的踪迹。在漆黑的夜幕映衬下，轰炸机诡异的飞行轨迹、导弹爆炸的巨大火光、高射机枪密集的火舌显得格外刺眼。它们与真实的战场同期声结合，将真实的战场展现在远方的中国观众面前，让人打心底里厌恶战争，从而更加珍惜我们今天的和平与幸福生活。

在新闻的最后，记者又对当时的现场做了进一步的报道，空袭过后的静谧与适才震耳欲聋的战场景象形成鲜明对比。战争虽然破坏了伊拉克人民的宁静生活，却无法摧毁他们的信仰与意志，清真寺的晨祷与斋月活动的照旧，折射出被损害者的坚韧与顽强。

从这部两分多钟的新闻片中，我们可以看出记者做了大量的准备工作。首先，任何采访都要有充分的准备，对于战地记者来说，这一点尤为突出。"不打无准备之仗"，准备是战地记者采访成功的一半。对于战地记者来说，在战地生活本身就是一种准备：了解战争进行中的人民生活，体验战争的残酷，解释战争背后的罪恶与正义。记者身处战争阴云密布的伊拉克，与当地人民一起经历了频繁的空袭，通过这种体验，努力使自己克服对爆炸的恐惧，悟出自己对战争的见解。其次，对报道地点的精心选取也是采访成功的必要准备。它必须能够对战场进行直接、细致的观察，有利于记者掌握战场情况，并具体映射出战略和战局的宏观形势。《空袭纪实》中记者的现场观察点选在四周战火纷飞的新闻中心二楼平台，既有一定的相对高度，又有开阔的视野，能够对轰炸做一个较细致的全景拍摄。另外，新闻中心毗邻伊拉克的权力中心，本身具有重要的战略意义，自然也是导弹袭击的重要区域，"不入虎穴，焉得虎子"，记者深入轰炸的一线，才能抓拍到撼人心魄的空袭场面。

《空袭纪实》表现出我国记者以传播新闻、追寻正义为己任，活跃在战场这个特殊舞台上，在新闻的采集中表现出的专业素养与采访技能，作为战地报道的精彩一页，为研究者瞩，为后起者鉴。

（杨　珍）

1.2　电视长消息

1.2.1　一堆木头与一连串车祸

荆州电视台　江　虹　艾　冀　李　佳　报道

画面	解说词
主持人演播室串联词	【导语】 　　今天下午4点多钟，在荆州荆监一级公路江北段，一辆满载木头的货车突然冲出公路，一头栽进路边的树林，木头散落在公路上，天色渐暗，这些木头成为一个个路障，非常危险。

跟着一辆行驶中的车，从地上的木头摇到公路远端
从出事路面摇到出事货车，推进货车，轮胎特写
带着血迹的土块和玻璃碴
一个人形的大坑

【画外音】

记者赶到事发现场看到，来往车辆只能从一条狭缝中驶过。那辆运送木头的肇事货车挡风玻璃破碎，前轮也被撞掉，草丛里还留有血迹。受伤的肇事司机已被送往医院救治。

从远处环境推进到散落在路上的木头
路面上零零散散的木头
记者打电话

记者意识到这些散落在路上的木头就是危险的路障，如不及时清理，很容易发生二次事故，赶紧拨打了110报警。

一辆轿车从木头"丛"中过
跟着一辆行驶中的大货车，从地上的木头摇到公路远端，货车的车速较快
从出事货车的变形的车位摇到车头，再推到车厢内还在闪烁的指示灯

接警的110值班民警说出事地在郊外，让记者找辖区派出所。但记者联系当地的窑湾派出所，却被告知：道路故障必须找交警处理。

记者再次焦急地打电话报警
出事货车散落在草丛中的残渣
一个简陋的红色三角形警示标志，天色也渐暗了
采访车的远光灯不停闪烁
几辆车缓行经过路障

记者随即拨打122报警，没料想值班交警还是要记者找辖区派出所。无奈之下，记者只好在离木头50米处设立警示标志，打开采访车的警示灯提醒司机减速缓行。可就在这时候，事故还是发生了。

司机诉说险情

【同期声】

事故货车司机：吓死了，吓死了！（记者：没看到木头是吧）

事故货车司机：哪里看得到？下雨，哪里看得见？眼睛看到了来不及刹车。这边（又）有车。

货车撞坏的挡板
司机检查破损的油箱
天降大雨，镜头上都是雨水，远处的警车闪灯

【画外音】

货车挡板被撞坏，油箱受损，幸好人没受伤。

	在接到记者报警一个小时后，窑湾派出所民警来到现场，他们一边联系交警来清障，一边和记者一起，将散落在路中间的木头抬到路边。不料想，又一起车祸发生了。

闪着的警灯
民警清扫路障
来往车辆在高速行驶

一辆面包车与货车相撞瞬间
货车司机下车看情况，讲述刚刚的险情

【同期声】
　　事故面包车司机：没看到，走到眼前才看得到。看到时已经来不及了。

记者走到面包车门，查看情况
乘客面部受伤

【画外音】
　　面包车车门被撞凹了进去，车上一名乘客的眼角被玻璃碎片划伤，鲜血直流。
【同期声】
　　记者：坚持一下，您坚持一下。

货车被撞面也受损严重
俯拍地上摩托车倒在路障中
医护人员在抬摩托车司机上担架

【画外音】
　　这边事故还在处理，那边又有车祸发生，一辆摩托车撞到木头上，司机直接飞出了好几米，当即不省人事。

司机被抬上救护车

【同期声】
　　医生：这里压着了，脚脚脚，往前推，往前推。帮忙把血止一下。家属，家属！赶紧上来！

天下着雨，摩托车被卡在路障中
黑夜中，一个交警在指挥交通
散落的木头和警灯闪烁
两个交警在指挥交通，路上比较畅通

【画外音】
　　在现场先后发生了四起车祸后，交警终于赶到了现场。由于漆黑一片，木头散落范围较大，交警随即又调来两辆警车挡在公路两头，着手清理木头。

一辆摩托车倒在木头中
三个人倒在路上

　　由于黑暗，视线太差，从黑暗中冲来的又一辆摩托车，接连撞上了好几根木头，车上三人当即倒地。

被撞的一人诉说车祸原因
受伤腿部伤口
医护人员将伤者抬上救护车
救护车呼啸而过

【同期声】
　　伤者：哪个知道这里有树呢？

工人搬运木头

出事大货车、摩托车

清除路障的工程车

黑夜中，路障没了，交通终于恢复正常

主持人演播室评论

【画外音】

为了避免更多的车祸发生，交警喊来了工人搬运木头。直到晚上9点钟，现场的木头才被完全清除，道路通行得以恢复。这起连环撞车祸共计5辆车受损，6人受伤。

【编后】

发生在眼前的一连串车祸，让我们现场采访的记者心惊胆颤，同时也有些自责和纠结。他们说也许多设几个醒目的警示标志，也许不先忙于拍摄采访，而是将精力放在对来往的车辆进行提醒上，这5起事故说不定能减少一些。在这起连环交通事故中，110、辖区派出所、交警的值班民警相互推诿、反应迟缓，很让人恼火！要说，像这样的工作作风和服务态度在许多职能部门都存在着，我们平常已见怪不怪了。只是，平常这样的不作为、慢作为带来的最多只是办事效率低下，惹办事的一肚子气而已。可人命关天的事故就这样发生在漫不经心的拖沓和推诿中，相关部门看了作何感想，还可以无动于衷吗？真的希望这血淋淋的镜头能够唤起他们的警醒，让类似一堆木头引发一连串车祸，让人民群众生命财产遭受重大损失的事情不要再发生了！

（荆州电视台2010年10月26日首播）

评析

一次跌宕起伏的现场记录
——评电视消息《一堆木头与一连串车祸》

在电视消息报道中，车祸、路障、有关部门互相推诿责任而不作为等事件屡见不鲜。但很少有像《一堆木头与一连串车祸》一样，将以上事件融进一条新闻中，还具有真实感、现场感和故事性。

《一堆木头与一连串车祸》讲述的是荆州荆监一级公路江北段，一辆满载木头的货车出现事故，散落在公路上的木头导致一连串车祸的发生。尽管片长不超过4分钟，但该条消息却极具叙事色彩，堪称民生新闻类似题材的典范。作为地市级电视台选送的新闻作品，它获得了第21届中国新闻奖电视消息一等奖真是难能可贵。"该新闻有现场、有故事、有冲突、有介入、有评论，是难得一见的现场好新闻，是一次记者充满社会责任的媒体作为，是对那些作风疲沓、推诿、不作为、慢作为的职能部门进行舆论监督的带响力作。"（《中国新闻奖参评作品推荐表》评价意见）具体来说，它的文本创作具有以下特点：

一、人文化的强烈的"以人为本"的记者职业责任感

作为一名记者，其职责不仅仅是要报道新闻，更应该为老百姓考虑，推动事件向好的方向发展。在这则报道中，记者接到线索后，便不断和交管、路政、当地派出所联系，在民警未到现场时，记者便用采访车作警示灯、设立警示标志，发生车祸后及时安抚受伤人员，积极地参与施救和劝导……这些行为不仅是整个报道的有机组成部分，而且作为新闻叙事的关键节点推动整个事件的发展，呈现出电视报道的现场感，这还充分体现了民生记者的人文情怀和责任意识。将事件真实地记录下来并报道，以此警醒其他人，是记者作为传播者的专业素养的表现；同时，为老百姓着想、尽其所能防止更糟糕的意外发生也是身处事件发生现场的记者作为公民的一种责任。

在发现险情后，记者没有随意地拍摄已倒地的木头和发生车祸的现场，而是及时联系相关部门，坚守现场4个多小时，把公路上一堆木头引发的惨案一一记下，直到路障完全清除。这样一种对现场事态发展的把握、对老百姓生命安全的真正关心，是这一消息极富活力的核心原因。

二、戏剧化的新闻故事结构，紧凑的剪辑节奏

由于整个消息呈现的是接连不断的车祸，为了加强新闻的故事性，记者巧妙地结构事故本身具有的戏剧性情节，让新闻"意外"不断呈现，事故叠加，上演了一场惊心动魄的"追踪"大片。为了制造紧张气氛，剪辑节奏也十分紧凑，一般镜头多为2~3秒，最多不超过7秒。在近4分钟的电视消息中，镜头的快速切换一方面增强了文本的叙事节奏，还迎合了观众紧张的收视心理。

《一堆木头与一连串车祸》以发生的一连串车祸为主线，中间穿插进记者致电有关部门解决险情、清扫工作……事件有起有落，有停顿有悬念。新闻开头介绍事发现场是"起"，记者电话寻求解决未果是"落"；记者设立警示灯后事故发生是"起"，随后窑湾派出所民警出面解决是"落"；另有车祸发生是"起"，医生救助、交警赶来清理是"落"；又一摩托车撞上是"起"，清理完毕道路通畅是"落"，也是最终结局。四起四落不仅完整地展现了木头从散落到处理完毕过程中所引发的重重血案事故，还形成了一种跌宕起伏、极具故事性的现场事实呈现。每当观众以为该事件要结束时，又立刻发生了车祸，挑动起观众的心绪，增强了清理路障过程的艰辛和完全清理完毕的成就感。一次次悲剧发生后，最终恢复的平静也就格外让人珍惜。

三、细节化地展示现场情景，巧妙地运用同期声

同期声和细节是最能够增强现场感的电视新闻要素。在这一则新闻中，它们都充分发挥了作用。除了运用全景和推拉摇移反映现场的状况外，该消息的画面还注重抓取车祸发生的转瞬即逝的细节场景呈现，如带着血迹的土块和玻璃碴、一个人形的大坑、面部受伤的乘客等，用接踵而至的车祸镜头、血淋淋的现实让观众感受到事故的严重程度，并通过与公安等职能部门的推诿报道比较，给人带来一种身临其境的疼痛感和无奈感；记者多次

神色焦急地拨打电话要求有关部门处理，增强了事件现场的紧张感，突出了险情的严重性。

此外，消息还用了五次同期声增强现场感。第一次、第二次和第五次由发生事故的不同受伤司机胆颤心惊地解释自己因看不见木头而发生车祸。这是通过当事人的语言叙述呈现车祸发生情景。第三次是记者鼓励受伤的乘客要坚持忍耐，第四次是医生的救助过程。此外，消息还收录了撞击声、油门声、警笛声等现场音响。这些同期声包含了整个事件发展的多个主体，从不同的侧面还原了事实真相，强化了真实感。

四、提纲挈领的编后评论

现场拍摄的消息播完，演播室的主持人通过编后评论的阐释，与消息融为一体，将整个消息新闻的立意提升。这不仅仅是一条普通的车祸事故的应急报道，记者还报出了新意，透过现象看本质，反映有关部门不作为的不良作风，引起反思。

"发生在眼前的一连串车祸，让我们现场采访的记者心惊胆颤，同时也有些自责和纠结。他们说也许多设几个醒目的警示标志，也许不先忙于拍摄采访，而是将精力放在对来往的车辆进行提醒上，这5起事故说不定能减少一些。"这样从记者角度出发的自责感慨，不仅道出了记者的职业道德，也反衬了有关部门的"不作为"、"慢作为"。这一事件报道的舆论导向十分明确，符合主旋律的宣传，也是观众所希望看到的。因此，很容易在观众中引起共鸣，树立媒体公信力，扩大传播影响力。

一则好的民生新闻，是真正能够走进老百姓心坎里的报道。《一堆木头与一连串车祸》因记者以人为本的职业责任感，对现场事态发展和细节把握的专业素养，对社会习以为常的事件的批判思维而获得成功。总的来说，由记者介入事件、现场同期声和镜头节奏性地跳转，真实再现了现场，这一电视消息短小却精致。这也正是未来电视民生新闻改进的发展方向。

（张　慧）

附录一　采编过程

这条新闻的线索来源于观众报料，虽然路程较远，但记者还是和救护车先后到达，在长达4个多小时的现场采访中，记者不断和交管、路政、当地派出所联系，参与施救和劝导。荆州电视台在当天的各档直播新闻中，也不断提示着现场的路况。在现场安全隐患全部处理完毕后，记者赶回电视台，赶在当天的最后一档新闻中进行了播出刷新，并配发评论。

附录二　社会效果

荆州电视台《江汉风》从第二天开始，继续对这一连串的车祸进行了追踪，得到了市公安局、安监局的高度重视，对相关人员启动问责。同时，针对出警流程特别是城乡结合部和农村车祸第一时间的处置，重新制定出警流程，规定此类车祸由"110"统一调度、就近警种第一时间出警，杜绝"慢作为"的行为。

1.2.2 一次成功的迫降

上海东方电视台 陈梁 姜澜 程兆民 汤捷 赵华生（特约记者）

【导语】

昨天晚上，因一架麦道-11大型民航客机前起落架发生机械故障，使虹桥机场上空出现了惊险的一幕，由于机组人员沉着应变，地面指挥果断正确，最终使飞机成功迫降在虹桥机场。上海市领导黄菊、徐匡迪、陈良宇、孟建柱等亲临现场，部署指挥了这次成功的迫降。请看东视记者今天凌晨发回的报道。

【解说词】

昨晚23点07分，因前起落架突发机械故障而在空中盘旋了3个多小时的一架麦道-11大型民航客机根据地面指挥系统的果断指令，毅然将机头对准了虹桥机场的跑道，在没有前起落架的情况下开始了迫降，顿时，从指挥塔台到宽大的机坪，无数颗心悬到了嗓子眼……

【实况：飞机迫降，跑道上擦出耀眼火花】

强行迫降的飞机滑过500多米长的预先喷洒的泡沫带，因机身与地面的强烈摩擦而产生的烟雾和火花散息之后，麦道-11庞大的机身终于缓缓地停在了虹桥机场的跑道上。在这同一时刻，停机坪上警灯闪烁多时的抢险车成群地围了上去，10多辆一路跟进的消防车立即向倾斜的机身喷出一根根巨大的泡沫水柱，各种抢险车辆也迅速就位。机舱的紧急救生门打开了，在地面营救人员和机组人员的指挥下，100多名乘客迅速滑出了舱门。在整个迫降撤离疏散过程中，除9人轻伤外，机上137名乘客以及机组人员全都安然无恙。至此，一场事故终于化险为夷。

在险情出现后，立即亲临机场指挥中心组织指挥，实施应急预案的中共上海市委书记黄菊、市长徐匡迪，以及陈良宇、孟建柱、韩正、刘云耕、宋仪侨、黄跃金等市领导很快来到了遇险旅客和机组人员中间，一声声亲切的问候给受惊的旅客以极大的宽慰。此时，在空中盘旋了三个多小时的乘客们显得十分平静，他们没有抱怨，却向领导同志和前来采访的记者表达了一个同样的心声：应该好好地嘉奖全体机组人员，他们的表现太出色了。

【实况：MU586航班乘客】

乘客一：机组表现非常出色，应该给他们庆功，非常感谢！

乘客二：我们觉得应该给机组人员庆功，这是不幸中的万幸，他们尽了最大的努力，保证了所有人的安全。

【实况：MU586航班乘务长 徐焕菊】

我们要求所有旅客听从我们的指挥，广播的时候，我们所有的乘务员都站在各自的区域，向旅客介绍这种防冲击的知识，让旅客都看清楚需要用什么样的姿势来保护自己。更值得一提的是，在选择飞机迫降地点的关键问题上，虹桥机场指挥人员做出了果断而准确的决策。当时，在飞机没有前起落架的情况下，可以选择在草坪上迫降，然而其结果很可能是巨大的地面阻力造成飞机解体；选择在跑道上迫降，又很可能因巨大的摩擦力造成飞机起火，甚至爆炸。决策关头，虹桥机场总经理杜春才和东方航空公司总经理李仲明凭着丰富的飞行经验果断地选择了后者，曾在空军指挥过战斗机类似排险事故的机场指挥中心主任侯文设根据决策沉着指挥，加上机长临危不乱、娴熟的驾机技巧，终于成功完成了一次迫降。

虹桥机场在飞机安全着陆后很快组织了善后工作，巨大的飞机很快被牵引出了跑道，机场营运很快恢复了正常。

【实况：虹桥机场副总经理 李德润】

清场工作半个小时就可以结束，这次飞机事故对今天的虹桥机场正常运行没有影响。东视记者报道。

（上海东方电视台 1998 年 9 月 11 日首播）

评析

"抓" 来的好新闻
——评电视长消息《一次成功的迫降》

对突发性事件的新闻采访，要求记者具有良好的新闻素养：第一，扎实的基本功，机敏的判断力和快速反应能力；第二，广辟新闻信息渠道，及时得到突发性事件发生的信息，快速做出反应；第三，现场采访要全面、细致，突出现场感；第四，力争对突发性事件进行追溯报道和延续报道，同时把握对突发性事件采访的正确舆论导向。正是具备了上述四点，东方电视台的记者才能成功地捕捉到长消息《一次成功的迫降》（以下简称《迫降》）。

《迫降》是中国电视新闻中罕见的表现重大突发性事件的新闻，全片结构紧凑，在不到 4 分钟的篇幅里，完整地叙述了飞机迫降的整个经过。可以说，它是一条不可多得的"抓"来的成功新闻报道。试从以下几点分析。

一、题材的抓取迅速敏锐

所有的新闻报道都是对人类社会生活的反应，社会生活沿着时间单向向前发展，这就决定了绝大多数的新闻事件具有不可重复性，突发性事件尤其如此。东视记者能够抓到客机迫降这样难得的新闻题材，很大程度上归功于他们高度的新闻敏感和迅速的机动反应。险情发生后，记者从观众的热线中得知虹桥机场交通出现异常后，立刻觉察到机场出现了意外，他们抢先赶到现场，为了解情况赢得了时间与空间，也为其后的拍摄报道抓到了先机。

二、现场的抓拍全面、细致，突出现场感

电视新闻具有记录现场声、像的优势，在采访突发性事件时借助这些音像手段突出现场感非常重要。

《迫降》长短镜头相互穿插的手法，是片中的一个闪光点。在新闻片的开头，使用一个近一分钟的长镜头清晰、完整地向观众展示了从飞机着陆到所有旅客和机组人员平安撤离的全过程，没有错过任何关键环节，使观众仿佛身临其境，产生极大的震撼和共鸣；惊魂过后，则用一组短镜头表现了乘客们的平静和乘务员的欣喜。漫长的、略带晃动的长镜头夺取了所有人的呼吸，将观众的心揪到了嗓子眼，而轻快的、具有跳跃性的镜头仿佛脱险之后的心情。

从屈指可数的几个镜头中，我们不难看出记者在现场抓紧时间抢拍镜头的努力——力求多角度、多景别、多侧面捕捉即时场景，对关键细节要充分使用特写镜头，使原始素材更具纪实感。对于飞机冒险着陆这样后果不可预知的事件，当然无法对每个镜头都进行准确调焦，记者凭经验将景别拉至最大，全程开机，抓拍到极具现场感的震撼性一幕。

三、抓紧时间对突发性事件进行追溯报道，抓住时机正确引导舆论

突发性事件发生过程非常短暂，需要对其进行追溯式采访。尽管飞机已经安全着陆，事件发生的过程已经出现，但是如果信息量仅限于此，观众会觉得意犹未尽。记者要完整报道重大突发性事件，有必要在现场捕捉到相关场景，同时加上目击者或事故处理者、当事人的描述，追溯事件中尚未叙述清楚的部分。《迫降》的后半部对飞机紧急迫降方案的提出过程所做的简练的追溯报道，既是生动的新闻，又可以用做对事件的补充报道。

像迫降成功这一类突发性事件，其发生具有一定的偶然性，但往往从其发生的原因和造成的结果来看存在一定的必然性。可以说，追溯报道是把新闻信息由感性向理性转变的一种重要途径，也是提高电视新闻质量的必然趋势。记者的追溯报道，揭示出迫降成功的必然性，赞扬了上海市领导和机场指挥人员的沉稳果敢，弘扬了积极向上、健康进取的精神，把握了正确舆论导向，实现采访主题的升华。

正确、及时地对突发性事件进行报道，对推动广播电视业的改革，锻炼和培养记者的综合能力具有积极的意义，有助于充分发挥电视传播媒介的优势，更好地服务于广大受众，使电视新闻在竞争和改革中不断前进。

（杨 珍）

1.3 电视连续（系列）报道

1.3.1 走基层·塔县皮里村蹲点日记

中央电视台 何盈 汪成健 李欣蔓 谢岩鹏 新疆电视台 王永强

一、双脚走出的上学路

【导语】

从 8 月底开始，本台"走基层"记者来到了新疆喀什，在塔什库尔干塔吉克自治县蹲点采访。塔县在距离新疆喀什 300 公里的帕米尔高原上，这里平均海拔 4000 米以上，和塔吉克斯坦、阿富汗、巴基斯坦三国接壤，拥有 800 多公里长的边界线。全县总面积 2.5 万平方公里，人口只有 37000 人，平均每平方公里不到两个人，全县人口的 90% 以上都是塔吉克族。这里群山耸立，许多半农半牧的塔吉克族老百姓生活在偏僻的大山里，出入非常不方便。现在全国各地的中小学都开学半个多月了，可在塔县寄宿制小学，有的孩子刚刚坐进课堂，因为他们的家在距离学校 200 多公里的大山里，没有路。夏天河水大涨，连高大的骆驼都会被水冲走。为了让孩子们能够安全返校，每年 8 月底的时候趁着洪水稍微退去一些，当地乡干部都要徒步进山，把孩子们接出来上学，本台记者跟上了这支接学生的队伍，记录了这条用双脚走出的上学路。

【字幕】8 月 31 号 新疆喀什塔什库尔干塔吉克自治县

（画面：日记本，双视窗）

【画外音】

今年 5 月是我第一次到塔什库尔干县采访，整个县城修得最气派最漂亮的是塔县寄宿制小学，在这所两年前国家投资 3000 万元建成的小学里，总共 3000 多个孩子中 2000 多人都是寄宿生，因为孩子们的家都很远，最远的有 200 多公里。最近的，也要走十几公里的山路，快开学了，这些孩子能安全及时地赶回学校吗？我们再次来到这所小学。

【画外音】

到塔县这一天正赶上新学年开学报到，我们在学校里到处找三个月前认识的那些孩子。

【同期声】塔什库尔干县教育局工作人员 王建生

王建生：古迪米热·古拉曼提。

家长：对、对！

王建生：要是没有电就明天过来好吧，好，现在可以回去了。

记者：现在皮里村是不是都没来？

王建生：嗯，皮里村那边没电话，那边不通电话。

记者：那像这样的学生怎么办？

王建生：这样的（学生）当地政府会过去通知的，会组织他们过来的。

【画外音】

报到的花名册上，所有皮里村的孩子都没有画勾。皮里村是离县城最远的一个村子。

【同期声】塔什库尔干寄宿制小学 学生

记者：有没有马尔洋乡的？

学生：有，我也是。

记者：你也是？

学生：我就是马尔洋乡的。

记者：皮里村能去吗？

学生：能去，特别危险，掉到水里（人）就不会站起来了。

【画外音】

县里负责教育的领导说，因为塔什库尔干地处高原，条件艰苦，外面来的老师留不住，而本县的老师尤其是能进行汉语教学的老师严重短缺。过去分散在各个乡村牧区的马背小学、帐篷小学，因为老师教学能力有限，有些孩子小学毕业了连自己的名字都不会写。无奈之下，2008 年起塔县实行集中办学，把有限的师资整合起来，再把全县 3 到 6 年级的孩子都集中到县城寄宿制小学读书。可塔县大部分是牧区，乡村距离县城大多路途遥远，马尔洋乡的四个行政村全部都不通路，其中最让人担心的就是皮里村的 80 多个孩子，因为皮里村距离县城 200 多公里，其中 130 公里的碎石路只通到乡政府，剩下的 80

公里没有路只能靠走。每年 8 月底 9 月初，马尔洋乡所有乡干部都会全体出动，分头把各个村的孩子送到县城上学。因为路最远也最险，皮里村的孩子一般都是乡政府的主要领导带队去接，这次带队的是马尔洋乡党委书记郭玉琨。

【同期声】马尔洋乡党委书记 郭玉琨

第一个呢，这次主要任务是把我们皮里的 80 多个中小学生全部接出来，最主要的一个就是安全问题，路上昨天我把绳子都买了，买了 20 米绳子，有些攀悬崖啊，咱们一定要一个一个按照秩序，一定要安全，安全是第一。现在洪水很大，咱们来回最少得六天时间，去两天，中途做工作两天，还要给农牧民召开个动员大会，做一些宣传工作，可能我们的有些家长还不愿意把学生拉出来，这就要我们干部好好讲一些道理，国家的政策这么好，把这些道理给老百姓讲通，把我们的学生安安全全地拉到我们的乡政府，送到县城。

【画外音】

接孩子的队伍在乡政府集结出发后，前面的山路一下子变窄了，坐在车里感觉更加颠簸了，20 公里之后车突然停了下来。

【同期声】

记者出镜：因为今年的洪水特别大，洪水把这里的一座桥已经冲垮了，现在也有一些施工的大型机械在这对河水进行改道在维修，也就是说，我们车最后能够到的路就是这里了，马上我们要跟着马尔洋乡的郭书记和乡里的干部还有老乡们一起徒步翻山进到里面的村子，能不能够把孩子们接出来，我们也只能试试看，尽我们最大的努力。

【画外音】

因为所有的行李都必须靠人背进去，每个人只背上最最必要的东西，有经验的乡干部劝告我们随身的水都最好只带一瓶，带多了会背不动。而我们发现他们宁可少带水，也要带上一样"秘密武器"。

【同期声】马尔洋乡党委书记 郭玉琨

记者：书记，我看你还带着一些东西？

郭玉琨：榨菜啊这些东西。

记者：还有酒呢？

郭玉琨：酒是路途上太累的时候大家闷上一口，喝上一点，太累的时候喝上一口。

【画外音】

出发时觉得这秘密武器有点夸张，没想到后来它确实发挥了作用。

（画面：三维地图示意）

大伙走了近三小时之后，来到离乡政府最近的一个村子，因为这里果树长得好，尤其杏树最多，村子有个好听的名字——杏花村。除了杏树，这里特有的沙枣树也挂满了果子，可奇怪的是宁可烂在树上老百姓都不去采摘。

【同期声】马尔洋乡党委书记 郭玉琨

郭玉琨：这（沙枣）没有虫子，因为平原地区的它都打农药，这个地方它（不打），到 10 月晒干，老百姓走个亲戚带上一点礼品。

记者：但是有这些东西运不出去？

郭玉琨：运不出去。路修好都可以变成钱。

【画外音】

因为没有路，山里的宝贝转化不成财富，而老百姓改善生活需要的东西全都靠人背马驮运进来，其他地方早就普及的电视在这里是半年前才出现的新鲜玩意。

【同期声】马尔洋乡杏花村 学生

记者：喜欢看电视吗？

学生：喜欢。

记者：最喜欢看哪个节目啊？

学生：汉语……

记者：看汉语啊，你可以学里面的人说话是吧？

学生：是。

【画外音】

离开这个村子后路越来越难走，因为山洪的冲刷，很多地方原本不宽的羊肠小道也被泥沙滑坡体覆盖，过这样的路段必须腿脚灵活、迅速通过。

这一天的行程队伍一直沿着马尔洋河峡谷穿行，不过中间要横穿两次马尔洋河，虽然水面不算太宽，只有20多米，可因为是冰川融水，水刺骨的冰冷，水流非常急，下面全是硌脚的乱石，过河时眼睛要紧盯着前方，找大一点的石头落脚，一旦崴脚整个身子就会掉进冰冷的河水里。

【同期声】马尔洋乡党委书记　郭玉琨

记者：就过来这么一下脚就红了。

郭玉琨：就是水刺骨得很，太刺骨。拧干了再穿上走。

记者：前面还有什么危险地段？

郭玉琨：这还算不危险的，过去还有比这危险的。

【画外音】

果然，沿着河边的山路行进了半小时之后，一段涨起来的河水把半山腰的路淹没了，只能往更高处爬。

【同期声】马尔洋乡党委书记　郭玉琨

记者：我看没有路啊？

郭玉琨：我们只能从悬崖上爬过去。

（画面：攀悬崖现场，村民帮助记者）

【画外音】

继续前行，附近牧民放养的几头骆驼挡在我们的前方，郭书记说在这里骆驼比汽车更实用。

【同期声】马尔洋乡党委书记　郭玉琨

郭玉琨：这个骆驼是主要的交通工具，现在它就闲着，喂得肥肥的，到10月国庆节以后，它就开始驮一些面粉、茶叶、蜡烛、火柴、盐巴，还有衣服就是农牧民正常的一些生活用品。

记者：光靠人背背不进去？

郭玉琨：光靠人背背不进去。它的主要任务嘛，一头骆驼可以驮上5袋到6袋面粉，一直到 5 月份以前就把东西全部运进去，冬天我们一个骆驼上可以坐两个娃娃到三个娃娃，大人走着，我们干部都走着，这个季节比冬天困难多了，冬天起码娃娃可以骑骑骆驼，现在娃娃出来完全靠徒步。大人背一段，走一段，换着那样背嘛。六七岁以上的娃娃都靠走路，就是五六岁的背一下。

【画外音】

唯一的交通工具骆驼此时也没有用武之地，因此，每到这个季节去皮里村接孩子们上学，是最让乡干部们提心吊胆的。

这个地方叫大河口，是马尔洋河汇入叶尔羌河的地方，接下来通往皮里村的路全都要沿着这条奔腾汹涌的叶尔羌河前进，正值丰水季，再加上今年气温偏高，雪山融水源源不断地流进叶尔羌河，新的难题又出现了。

【同期声】马尔洋乡党委书记 郭玉琨

郭玉琨：你看通过 5 天的时间，今天 31 号（水位）就一下涨了好多了。再不能等了，因为再等的话娃娃按时上不了学了，哪怕我们艰难一点，危险一点，把我们的娃娃按时间接出来就行了。

二、踏上艰辛上学路

【导语】

这些天《走基层·塔县皮里村蹲点日记》我们一直在关注新疆塔什库尔干塔吉克自治县皮里村孩子们的上学路。这些孩子住在距离县城 200 多公里的大山里，其中 80 多公里的山路充满艰险，需要攀悬崖、趟冰河。每学期开学前乡干部都要从村子里把孩子们接到县城上学。今年 8 月底记者跟上了接孩子的队伍，抵达了皮里村。而就在孩子出发的前两天下了一场连夜雨，叶尔羌的洪水还会涨，经过跟村民的反复商量，为了娃娃们的安全，乡干部决定这一次先把 4 到 6 年级和上中学的孩子接出去，小一点的娃娃再等十几天洪水退一些再出去。孩子出发前，家家户户忙碌了起来，孩子们在路上怎么应付涨水的大河？能够平安到达县城吗？这些都让我们牵挂，一起翻开今天的《走基层·塔县皮里村蹲点日记》。

【字幕】9 月 3 日 马尔洋乡皮里村

（画面：日记本，双视窗）

【画外音】

我问过很多皮里村的孩子他们长大以后的理想，听到的回答基本上只有两种——老师或医生，问原因，孩子们说："因为我的家乡没有老师"，"因为我的家乡没有医生"。偏僻的皮里村有一群热爱家乡的孩子，为了上学，他们除了要走完一条漫长艰险的上学路，还要从小学会远离父母独立生活。送孩子上学，是皮里村家家户户最重要的事。

【字幕】9 月 2 日 出发前一天

（画面：晚上在库拉西家，村民、乡干部和记者挤在土房子里唱歌跳鹰舞）

【画外音】

一支鹰笛，一张手鼓，一把面粉，一撮羊毛，这是一个贫穷却不缺少快乐的村庄。在皮里村的两天，我们和乡干部住在村支书库拉西家，这里天天挤满了大老远赶来的村民，每天晚上都像过节一样热闹。

　　拉克夏是今年5月我在县城寄宿制小学采访时认识的那些孩子中的一个，他是库拉西的大儿子，有两个弟弟，阿不都拉肯木很安静，库尼最调皮。他们18岁的姐姐读完四年级就辍学了，因为那一年妈妈得病去世了，爸爸除了种地放牧还要当好村支书，所以全靠姐姐撑起这个家，那年之后，姐姐再也没有离开过皮里村。

【同期声】皮里村学生　木布拉克夏（16岁）

记者：（姐姐）干这么多活累不累啊？

拉克夏姐姐：不累。

记者：那她想不想上学呢？

拉克夏：想啊。

记者：也想啊？

拉克夏：她上过维语班四年级，马尔洋。她现在忘了吧，她现在很想去趟塔县。

记者：她很想去，这次她能跟我们一块去吗？

拉克夏：不能吧，奶奶一个人在家。

记者：她还要照顾奶奶是吧？

【画外音】

　　出发前一天，离别的气氛开始在村子里弥漫。爸爸带着三个儿子去河边洗头，这里的孩子很少有机会认认真真地洗个头，因为洗头膏得省着用，这里小到一根针大到一袋面都得从县城背进来。姐姐从早上开始一刻都没闲下来，要给三个弟弟准备路上的吃的。路太难走，孩子们最好能穿上一双结实的鞋，库拉西去村里唯一一个小商店，要给小儿子买双新鞋。

【同期声】皮里村村支书 库拉西

库拉西：太大了，不行，小号的没有……

记者：没有小号了？

库拉西：夏天水太大，运不进来，骆驼也走不了，啥办法也没有。

【画外音】

　　去趟县城一走就得四五天，地里的活要在出发前干完。黄昏前，拉克夏帮爸爸把家里最后一块还没有犁的地犁了，他们三兄弟一走，这些农活全都得爸爸一个人干。

【字幕】9月3日 北京时间早上7:00　孩子们跟奶奶告别

【画外音】

　　库拉西不光要送自己的三个儿子，作为村支书，每次村里的孩子去上学，他都得护送到县城。

（画面：村口集合点，突然一个女孩冲过来扑向记者怀里）

【同期声】皮里村学生　巴哈丽姑丽

巴哈丽姑丽：你怎么不住我家呢？

记者：我不知道你们家住哪，我还问呢！

巴哈丽姑丽：我爸爸说了（你来了）。

记者：早知道我就去了，弟弟呢，布里布里呢？

巴哈丽姑丽：在那边吧，你跟我去吧。

【画外音】

　　我和巴哈丽姑丽第一次见面是三个月前在县城的小学里，那时候她还是个小姑娘，好像一下子突然长大了。这次她要和弟弟布里布里一起去上学。今年3月，是妈妈跟着乡干部带的骆驼队把他们姐弟俩送到县城的，这次轮到爸爸去送，妈妈知道这条路夏天比冬天更危险。

　　【同期声】马尔洋乡党委书记 郭玉琨

　　郭玉琨：第一个索道那边我们注意安全，抓紧时间过，可能过索道要用三个小时，我们走的时候，我走在前队，萨部长在中间照看，前后照应，麦书记在负责后面收尾工作，后面一个都不能丢。

　　【画外音】

　　每次去上学，村里的家长都会轮流选出代表跟乡干部们一起把全村的孩子护送到县城。前一天的连夜雨，村口的溪流变成了河，这是我们的第一道难关。

　　（画面：骆驼过河现场紧张的气氛）

　　（背景声：水声，骆驼的嘶鸣声）

　　【画外音】

　　这次乡干部一共接出了42个孩子，最大的17岁，最小的6岁。我们惊喜地发现前一天被一双鞋难倒的姐妹俩也在骆驼上。

　　（背景声：这水太大了）

　　【画外音】

　　放寒假的时候三个弟弟才会回来，一个家的重担全落在姐姐一个人身上了。过了这条河就是一段悬崖，这个季节，骆驼最多只能把孩子们送过河，今天的40公里路全要靠娃娃们的两只脚走完。看着孩子们拥挤在河边的悬崖上，我们开始担心，后面的路孩子们怎么走。

　　这条十几年前修建的索道完全靠人力来拉，一次最多只能装下五六个娃娃，花了三个多小时，所有人才过完200多米宽的叶尔羌河。

　　（郭书记点人数）

　　走起来没多久，一个孩子的哭声让队伍停了下来。

　　【同期声】

　　郭玉琨：你怎么了？哪个地方疼？疼就不要走了，你们看看怎么样，如果觉得不行就不要带，如果说能坚持咱们就坚持到乡里医院咱们再看一下。

　　老乡：这个地方没有医生，回到村里还是没医生。

　　郭玉琨：坚持一下吧。

　　老乡：坚持一下，坚持到乡政府医院看看。这是开水，这是早晨打的，慢点、慢点。

　　（画面：郭书记喂孩子吃药）

　　【画外音】

　　因为过索道耽误了时间，刚爬完几公里的山路，太阳已经挂在头顶上了。

　　【同期声】

　　郭玉琨：小孩已经跟不上了，走慢一点。

　　【画外音】

四分之一的路程还没走完，孩子们又热又渴，好多人随身带的水已经喝完了。

【同期声】本台记者　何盈

记者出镜：我们来的时候这一汪清泉还可以饮用，由于这两天的暴晒，这里的水已经非常少了，而且还很混浊，基本也是不能喝的，这也是我们今天要走的40公里路中唯一有饮用水水源的地方，但现在看来也不行了，但是我们今天会一直沿着叶尔羌河走，由于洪水非常大，叶尔羌河翻腾的洪水也是不能饮用的，当地人说这个水含碱量非常大，喝下去又苦又涩又咸，只会越喝越渴。

【同期声】皮里村学生　巴哈丽姑丽

（画面：孩子们在喝浑浊的水）

记者：渴不渴？

学生：嗯。

记者：洗了个头？

学生：是。

【画外音】

守着哗哗作响的河水却喝不得，这水声听起来变成了一种煎熬。又走几公里之后，孩子们实在忍不住了。（画面：喝洪水）我们远远看见背着水壶的拉克夏也在河边，问他原因，他说要把家里带的茶水留给我们。一边感动一边想到他还有两个弟弟，我们只好骗他说其实这洪水也不像他们说的那么难喝。（画面：记者喝洪水）

【同期声】本台记者　何盈

记者出镜：从早上8点半出发到现在我们已经整整走了将近7个小时，沿途一直都是烈日当头，经受着高温还有口渴没有水的考验，因为一路上没有一棵能够乘凉的树，现在大家在这找到一块大石头，所有人都挤在这块大石头的阴凉底下稍微休息一下。

【画外音】

这块石头虽然大，可也装不下所有人，另外的人只能再想点其他办法。

一路上，大人们的双手成了孩子们的路。我们在悬崖峭壁间看到了人间最美的亲情、最重的责任。

晚上7点半，我们到达了上学路上的唯一一个中转站，今天孩子们整整走了12个半小时、40公里路。

入夜以后，医生成了最忙的人。

【同期声】马尔洋乡卫生院医生　阿依甫

记者：她也有点不舒服。

阿依甫：她有一点……

【同期声】马尔洋乡武装部部长　萨旦

萨旦：今天一路上特别热。

记者：太热了今天。

萨旦：我们那个索道一过去时间太慢，3个小时我们过去了，后面嘛，快中午了，中午以后天气太热了。

记者：小孩可能太劳累了。

萨旦：太劳累了。

阿依甫：也有一点中暑的情况。

记者：这里其他孩子没问题吧？

阿依甫：其他没问题。

【画外音】

热茶还没上，有的孩子就已经睡着了，我们和娃娃们挤在一张炕上，看着这一双双小脚，我们又开始担心明天孩子们能坚持走到县城吗……

三、大手牵小手共闯上学路

【导语】

继续我们的"走基层"系列报道，从17号开始，我们的《走基层·塔县皮里村蹲点日记》已经播出了4天，不少观众说，他们的心都被皮里村的孩子们揪着。皮里村位于新疆喀什塔什库尔干塔吉克自治县，这里平均海拔超过4000米。这里群山围绕，从皮里村出来要攀爬的悬崖几乎是垂直耸立，长度动辄几百米，要趟过的河流冰冷刺骨，水流湍急，像这样没有路的路超过了80公里，为了把村里的孩子接到县城，接受良好的教育，当地的乡干部会在每个学期开学的时候、结束的时候进出皮里村，接送孩子们，行程异常艰苦。今天这个村的蹲点日记，我们继续孩子们在上学路上的故事。

【字幕】9月5日 新疆塔什库尔干县马尔洋乡

（画面：日记本，双视窗）

【画外音】

我有一个四岁的小侄子叫堂堂，小家伙的玩具堆积如山，每次出差我都要绞尽脑汁给他买一样以前没买过的玩具，有一次实在因为忙空着手回去，堂堂憋红着小脸儿一脸的委屈，这事让我内疚了很久。上学路上，我像问堂堂一样问皮里村的孩子最想要什么？孩子们的第一反应都愣住了，我想是因为他们从来没有要求过什么，我又追问了几次，终于孩子们开口说，想要一双磨不坏的鞋，一条好走的路。

【字幕】9月5日 早上8：00

【画外音】

这是皮里村的孩子们上学路上的第二天，只有顺利走完剩下的40公里路，孩子们才可以到车能到的地方。今天的路从爬行开始。

（现场画面）

同样一条路，可我们的心情跟几天前徒步进村的时候不太一样，恐惧少了，担心多了。70多人的队伍里，有42个孩子，最小的才6岁。大人们担心孩子，孩子们也会担心我们，在不好走的地方，突然会闪过一个小身影，一只小手伸过来拉我们。

回去的这一路，我们这几个接孩子队伍中的新队员也勇敢了许多，一是不想在孩子面前露怯，二是想让乡干部们多腾出一只手去保护孩子们。大手牵小手，共闯上学路，这是在80公里的求学路上最让我们感慨的一幕。

【画外音+现场同期】

萨部长：抓住我的手，这个娃娃胆子小一点。

（画面：过 500 米大悬崖现场）

因为人多，走着走着经常会停下来，只要队伍突然停下来，就意味着前面一定又到了危险地段，停顿的时间越长意味着那道关越险，这一次等待的时间特别长。

这段 500 米长的悬崖，最窄的地方只能搁下半个脚掌，300 米高的悬壁下就是翻滚的叶尔羌河，可这个时候绝对不能朝下面看，最好也别往前看，看了会把自己吓住，只能紧盯着自己的脚，想着下一步一定要踩实。这段路每个人都屏住呼吸。

（画面：小女孩惊叫声转场，过悬崖现场）

看着小女孩平安了，我们总算松了一口气。

【同期声】

（画面：过悬崖现场）

老师：现在你看着一个（孩子）松开手了，再接一个，不然你两个手同时工作，那不行……身体好一点的，三个人把绳子抓住！慢点慢点，她下了再接一个，不能连着接。

（画面：老师背不敢自己走悬崖的孩子，来回送了好几个孩子）

【画外音】

一路上，大家都叫他"老师"。老师过去是皮里村的一名乡村教师，老师改行在乡上负责后勤工作，虽然离开了讲台，孩子们在他眼里还是学生，每次接学生他都会参加。

【同期声】皮里村学生

学生：我太害怕了，一个汉族的叔叔抓住我，紧紧的，我就走过去了。

记者：一个汉族叔叔抓住你了？

学生：他抓着我，我就不怕了，我就轻轻地叫，我就不哭，我哭也不行。

记者：哭也没用。

【同期声】马尔洋乡武装部部长 萨旦

萨旦：昨天我出发前我们很担心很担心，（如果）出一点问题，我们回答不了他们的家长，有些人的爸爸妈妈还没有来送，我们就是带头送来的，如果出一点事我们也回答不了家长，也对不起政府，对不起他们的父母。

【画外音】

午饭很简单，但得吃饱，前面还有 20 多公里的山路等着我们，这顿饭吃得有点沉默，好像大家还没从刚刚 500 米大悬崖的步步惊心中缓过劲儿来。

看着孩子们在大人们的保护下有惊无险地闯过了最大的难关，我们的心情很复杂，有脱险后的喜悦，乡干部总算把皮里村的娃娃们带出来了；又有对孩子的心疼，在路修通之前的几年里，除了这条路，他们仍然别无选择。郭书记说，皮里村的路虽然难，但是还能走，只要走得到，就能把孩子接出来，而在马尔洋乡，还有这个季节走不到的地方。

【同期声】马尔洋乡党委书记 郭玉琨

郭玉琨：这是我们的米斯坤，靠近叶城，现在就从这过，从 2 月份到 4 月份可以走，平时都不能走，到米斯坤要过上 38 次河，我是去年 4 月份去过一次，人骑骆驼骑得屁股疼，走上五六百米就要过河，反正这样绕上 38 次才能过去，平时根本没办法联系，那个地方电话也没有，那个地方的娃娃暂时还接不出来，只有等到 12 月份，现在没办法接。

【字幕】9 月 5 日 下午 4：00

【画外音】

经过一道道难关之后，我们眼前出现了一汪清水汇入叶尔羌河，沿着清澈的马尔洋河走，还有最后 10 公里孩子们就能坐上车了。

（画面：孩子们被背着过河，有现场声）

这样过了四次河之后，终点离我们越来越近了。两天时间，跟孩子们一起闯过一道道难关，这时候我们很想知道孩子们的愿望。

【同期声】皮里村学生（红衣姐姐）

记者：如果能实现你的愿望，你想要什么？没事，大胆地说。

（画面：学生在想，看着记者笑，羞涩不回答）

【同期声】皮里村学生

记者：你跟阿姨说，你最想要什么？

学生：要啥？

（画面：想不出来）

【同期声】皮里村学生

记者：如果能够实现你的一个愿望，现在你最想要什么？

学生：我，我害羞。

记者：没事，想要什么都可以。

（画面：学生沉默）

【同期声】皮里村学生

记者：最想要什么？

学生：要啥……

（画面：看着天空想）

【画外音】

我们怎么也想不到，这个对城里孩子来说很容易回答的问题却难倒了皮里村的娃娃们。也许是因为孩子们从来没有要求过什么，一再追问下，孩子们终于开口了。

【同期声】皮里村学生

学生：你给我买啥都行。

【同期声】皮里村学生

学生：鞋子。

记者：为什么？

学生：在路上我的鞋子撕掉了。

记者：鞋子坏了，是吗？

学生：嗯，坏了。

【同期声】皮里村学生 巴哈丽姑丽

巴哈丽姑丽：好走的路。

记者：要一条好走的路，为什么？

巴哈丽姑丽：因为我喜欢去很多地方。

记者：走得脚都疼是吗？

巴哈丽姑丽：是。

【同期声】皮里村学生 木布拉克夏

拉克夏：就是走的路吧。

记者：一条路？

拉克夏：嗯，这条路太难走了。

【画外音】

同样的问题我们也问了护送队伍中的大人们。

【同期声】马尔洋乡皮里村 老师

老师：（塔吉克语）想去北京看看。

【同期声】马尔洋乡卫生院医生 阿依甫

阿依甫：继续读书，给我机会。

【同期声】马尔洋武装部部长 萨旦

萨旦：快一点我们的路通以后，我们的学生好好地上学，考大学到北京，到内地，好的地方去，我的愿望就是这个，培养我们很好的后代。

【同期声】本台记者 何盈

记者出镜：经过两天的艰苦跋涉，我们在这第一次听到了机器的轰鸣声。这是从马尔洋乡政府通往皮里村的路。

【画外音】

自治区目前投资了8000万元，今年7月正式开工建设，不过因为施工难度大，目前只修了不到5公里，道路正在一点点向山里艰难推进。

（画面：郭书记把孩子和家长集合起来，点人数）

【画外音】

两辆卡车要把孩子们连夜送到县城的学校，郭书记说，从这到县城的130公里碎石路虽然通车，但路也不好走，很多司机不愿意来，没办法只租到两辆卡车，孩子们还得再委屈一下。可挤在车里的娃娃们已经很满足了。（车搭着孩子们远去）

【字幕】9月6日 北京时间 上午10：00 塔县寄宿制小学

（画面：拉克夏三兄弟在学校的课堂上上课的现场）

【字幕】木布拉克夏 六年级二班

阿不都拉肯木 五年级三班

库尼 三年级六班

（画面：读书声，学校，结尾留白）

（中央电视台新闻频道2011年9月17日至9月22日首播）

评析

用心贴近　让悬崖里开出花朵

——评《走基层·塔县皮里村蹲点日记》

《走基层·塔县皮里村蹲点日记》电视系列报道自 2011 年 9 月 17 日在央视新闻频道《朝闻天下》栏目中连续播出 7 集，引起了社会各方的热烈反响。每集时长约 12 分钟，记者以"蹲点"的贴近性体验和"日记"式的深层代入感，一路跟随乡干部、塔吉克族老乡同吃同住同翻悬崖。记录了 42 个皮里村的孩子如何在乡干部的劝学、护送下跋山涉水、历经艰险，最后安全抵达学校的故事。《走基层·塔县皮里村蹲点日记》成为当时新闻战线"走转改"报道的优秀注解，也给我们解读电视系列节目提供了一篇良好的范本。（以下简称《蹲点日记》）

一、"走基层"的现实意义

基层是最能体现我国国情的集合体，也最需要引起国民的关注。基层也是给新闻提供最多养料的地方。《蹲点日记》客观地反映目前我国仍有像马尔洋乡皮里村这样贫困落后的地方，同时真实反映了一批像郭玉琨这样朴实勤勉的基层干部。艰苦的环境愈发衬托出孩子们的求知若渴和乡干部们的尽职尽责，传递给人们一股民族和谐的正能量。

深度践行"三贴近"原则。贴近实际、贴近生活、贴近群众，是作为党和人民喉舌的新闻媒体从事新闻报道过程中必须遵循的原则之一，"三贴近"不是空洞的政治口号，而是贯彻和落实以马克思主义新闻观为其内核的科学的方法论。2011 年 8 月 9 日中宣部、中央外宣办、国家广电总局、新闻出版总署、中国记协五部门联合倡议，在全国新闻战线组织开展"走基层、转作风、改文风"活动。这是深度践行"三贴近"原则的体现，活动涌现出一批优秀成果，足以证明，好的新闻是记者在基层走出来的。新闻工作的根在基层、源在群众。《蹲点日记》以其真实性、思想性和贴近性，从众多走基层报道中脱颖而出。

二、"走基层"的参与式报道

一般体验式的采访包括观察式、验证式、参与式。本片记者采用了最深入而直接的体验式采访——参与式。通过参与整个接孩子们上学的过程，记录下更多真实的素材，真正深入到采访对象的内心世界，从而触动自己的灵魂与思想，进一步感染电视机前的观众。

皮里村孩子上学路上的艰辛与惊险程度让人无法想象，这也正是大多数观众经验里从未有过的。本身就是好题材，加上记者贵在"参与"的深度采访，这部片子基本成功了一半。但是，在众多同类题材、同种采访手法的"走基层"系列节目中，这部片子的成功奥秘，还在于记者采取极具"现场感"和"人情味"的参与式报道，用心地为观众讲述了一个动人的故事。

极具"现场感"的参与式报道。记者在"走基层"的过程中，不是做一个旁观者，远远地观察这次"冒险"；也没有仅仅当一个记录者，去探访事件背后的故事。而是赶上接学生的队伍，从而用一种"正在发生"的语态。脚下的路充满未知，更让观众的心紧紧相随。在整个报道中，处处给人一种正在发生的"现场感"：记者卷起裤管深入到刺骨的河水中，徒步行走在烈日的炙烤下，喝着又苦又涩的洪水，攀爬陡峭的悬崖……只有记者"亲身上阵"，才能写出："水刺骨的冰冷，水流非常急，下面全是硌脚的乱石，过河时眼睛要紧盯着前方，找大一点的石头落脚，一旦崴脚整个身子就会掉进冰冷的河水里。""这段 500 米长的悬崖，最窄的地方只能搁下半个脚掌，300 米高的悬壁下就是翻滚的叶尔羌河，可这个时候绝对不能朝下面看，最好也别往前看，看了会把自己吓住，只能紧盯着自己的脚，想着下一步一定要踩实。这段路每个人都屏住呼吸。"这样的现场感，让人心揪到嗓子眼。众所周知，现场直播最能体现电视的优势，就在于它的不确定性，让悬念迭起。本片成功运用了电视的这一特性，抓住了现场最真切的瞬间感受，营造出紧张的"现场感"，此间精妙，胜过千言万语的事后评说。

充满"人情味"的参与式报道。本片的成功之处还在于它真诚的"人情味"，具体体现在记者与片中人物的互动：与塔吉克小姑娘三个月后相遇时热情的拥抱、徒步口渴时谦让茶水的小伙子、爬悬崖时突然伸出的一双小手……看得出来，记者是在用心与他们交流，才换来了采访对象的真诚回应。记者何盈说："这次采访难度最大的是语言交流……我从一开始就告诉自己不要让我们的片子只是成了一个探险片，如果交流不了，就需要一路上体会和观察，光细致不行，需要用心。"① 通过与片中人物用心地交流，记者一行敏锐地捕捉到了丰富的人物情感，塑造了鲜活的人物性格，表现出了温馨和谐的父子情、手足情、师生情等。在一组大人们牵着孩子爬悬崖的镜头之后，一句朴实无华的解说直戳人心："一路上，大人们的双手成了孩子们的路。我们在悬崖峭壁间看到了人间最美的亲情、最重的责任。"

只有记者将情感投入到文本中，才能写出真情实感的句子，无需华丽辞藻也能打动观众。记者把孩子们看成自己的亲人一般去关爱，于是有了一段特殊的"留白"——在记者问孩子们要什么，而孩子们却用沉默来回答。记者完全可以只选择回答的那部分，而正是这种留白，才深深地触动了记者，也打动了观众。此时无声胜有声。片子里这一组沉默之后娓娓道来："我们怎么也想不到，这个对城里孩子来说很容易回答的问题却难倒了皮里村的娃娃们。也许是因为孩子们从来没有要求过什么……"短短的一句话，道出了孩子们的纯真，触动了记者的心灵。

本片的成功，还在于其对细节的捕捉。在"踏上艰辛上学路"中，爸爸给三个儿子洗头，洗头膏都要省着用，爸爸给儿子准备上学穿的鞋，儿子们帮爸爸犁完最后一块地……这些细节不仅体现了路不通给皮里村村民们带来的不便，也刻画了父慈子孝的舐犊情深。在"大手牵小手共闯上学路"中，"大人们担心孩子，孩子们也会担心我们，在不好走的地方，突然会闪过一个小身影，一只小手伸过来拉我们"。试想摄影师一方面自己也在陡峭的悬崖上，还能敏锐地捕捉到这动人的一幕，实属不易。还有问孩子们想要什么时，那些害羞的脸庞、稚嫩的眼神，以及回答"一双磨不坏的鞋"后闪烁着泪光的大眼睛，都被镜头敏锐地捕捉下来。这一个个的细节表现，构成了积累式蒙太奇，给观众造成

① 何盈：《一条"路"一个村子 42 个孩子——〈走基层·塔县皮里村蹲点日记〉采写背后》，载《新闻与写作》2013 年第 1 期。

强烈的视觉印象和心理冲击，从而深化主题。

三、"走基层"的精神升华

《蹲点日记》带给我们最大的启示是，将镜头对准基层，用心聆听基层的声音。当下很多媒体工作者对"主旋律"不以为然，因为在他们看来"主旋律"就是歌功颂德的代名词；也有另一些人打着"新纪录片"的旗号，扭曲地将镜头对准"底层"和"边缘"，刻意地渲染颓废和阴暗。其实，这两种做法都存在误区。深入基层，贴近基层百姓，体验基层生活，是为了客观反映中国的国情，不是为了渲染一种负面情绪，只有让人们更深刻地认识国情，才会有更明确的方向，将更大的努力化为具体的行动，改变我们的困境。《蹲点日记》中的皮里村人虽然贫穷但乐观；上学路虽然艰险无比，但有扎根基层、以郭玉琨为代表的乡干部，一年 4 次劝学、接送孩子上学的行动；路虽然还没通，但自治区已经投资 8000 万元，路正在一点点向山里推进……所以观众感动之余看到的是希望！这就是"主旋律"。因此，《蹲点日记》有赞扬、有深度，也有泪点，最终效果是让全社会增进共识、凝聚力量，让这支"主旋律"演奏得更加动人。

无论是文字，还是镜头，都只是一种工具。所有的元素运用都是为了能够更好地贴近观众、贴近实际、贴近生活。正如本片的一名记者所言："我想新闻人需要重拾'两脚泥'的好传统。在群众当中报道群众，反映群众呼声，把那些为国家、为社会发展进步默默无闻做基石的人和事反映报道出来，不要以为坐在农家炕头上、帮农民们割几镰刀麦子就是'走基层'了，要沉下去，才能采访报道出反映真实民情、国情、区情的好新闻。"[①] 用心贴近，悬崖里也能开出花朵，用心贴近，才能谱出一支充满人文主义韵味的"主旋律"来。

（梁媛媛）

附录一　记者自述采编过程

"在这个过程中我们总共拍摄了 30 多个小时的画面素材，然而最危险的地方拍不到，许多路段因为太险需要双手抓牢旁边的悬崖辅助度过，可摄像记者还是以卓越的敬业精神涉险拍下了许多后来成为经典画面的瞬间。这里的老乡对'路'的理解跟其他地方不一样，搁下一只脚就算一条路，两名女记者、三名摄像记者用绳子攀悬崖，趟过多条冰冷的河，用镜头记录下皮里村孩子们的艰难上学路，记录下基层干部的劝学过程。"

——节选自《走基层·塔县皮里村蹲点日记》中国新闻奖参评作品推荐表

"《蹲点日记》的首播是在每天早上 7 点的《朝闻天下》，7 集日记每天都是前一天一睁眼就开始赶第二天要播的节目，一天做出一条 10 分钟的片子，这在以前是不可能完成的任务，这一次却做到了，每一集的稿子大多一气呵成，因为没时间细斟酌，所以写下的反倒都是自己最直接、最真实的感受……这条路上令人感慨感叹的人和事太多，我只想老老实实地给大家讲故事。"

——节选自《一条"路"一个村子 42 个孩子——〈走基层·塔县皮里村蹲点日记〉采写背后》

---

① 王永强：《走基层——记者与皮里村的感动》，新华网，2011-10-14。

"体重 100 公斤的央视年轻摄像记者谢岩鹏凭着坚强的意志走出了皮里村，体重下降了 5 公斤，当他面对镜头谈感受时，他终于忍不住流下了泪水，他说孩子们太不容易了，是孩子们的坚强给了他动力！我们徒步 3 个半小时，爬到皮里村一个叫迭的村民小组采访时，当乡干部走进一家农户，发现阿依苏汗、玛尔江姐妹因为没有一双鞋而放弃上学时，谢岩鹏留下身上装着的唯一的 100 元钱。记者李欣蔓感冒发烧，但她还是坚持徒步到村民小组迭，晚上下起了大雨，屋顶四处漏雨，大家用碗、盆接水，用塑料布遮挡住脸继续睡觉，一只癞蛤蟆爬在小李脸上，刚睡着不久一只猫又爬在了她身上！由于雨大，屋子漏得厉害，床上无法睡人，冻得瑟瑟发抖的记者何盈、汪成健在凳子上熬到天亮，层出不穷的困难考验着大家！"

——节选自《走基层——记者与皮里村的感动》

附录二 社会效果

节目播出期间引发了观众在微博上的热议，有许多网友还在百度贴吧开设了专门的"皮里村吧"，以互联网为平台，网友们自发行动起来献爱心。

皮里村《蹲点日记》播出后，不光皮里村的孩子们，塔县小学 3000 多个孩子需要的鞋、冬衣、文具源源不断地从全国各地寄往塔县。多名老师自愿去塔县支教。据悉，当地政府在 2013 年 8 月修通了公路。

《走基层·塔县皮里村蹲点日记》获得首都女记协好新闻特等奖（2011 年）；

《走基层·塔县皮里村蹲点日记》获得国家教育部颁发的"2010—2011 年优秀教育新闻特等奖"；

《走基层·塔县皮里村蹲点日记》获得第 22 届中国新闻奖（2012 年）。

1.3.2 "最美司机"吴斌

杭州电视台 袁也 蒋学栋 袁帅 车诚 李文 夏茂松

一、76 秒、8 个动作、司机吴斌临危保护 24 名乘客

【导语】

5 月 29 日，中午 11 点 39 分，杭州长运司机吴斌驾驶客车从无锡返回杭州。一块铁块突然击穿挡风玻璃，撞击吴斌的腹部。危急关头，司机吴斌强忍剧痛，用职业坚守，在 76 秒时间内完成了 8 个动作，确保了车上 24 名乘客的生命安全。

【解说】

这段就是事发时大巴上的行车记录：

铁块撞击吴斌腹部。他忍住剧痛，双手控制住方向盘，松开左手去打转向灯；点刹踩下刹车；换空挡；客车靠边停稳；按下双跳灯；拉上手刹；站起身说明情况，告诉乘客不要随意下车，保证安全。从 11 点 39 分 24 秒到 11 点 40 分 40 秒，76 秒时间里，吴斌用信念、坚守完成了这 8 个动作，确保了整车 24 名乘客的安全。

经医院检查，吴斌当时四分之三肝脏碎裂，三根肋骨骨折。

【同期声】

杭州长运集团客运二公司安机科科长陈一波：抢救吴斌的医生说，这种疼痛是一般人难以忍受的。他的一系列操作非常规范，真的很不容易。

【解说】

飞进来的铁块初步判断是对向车道某车辆的零部件，出事时，吴斌驾驶的客车时速为每小时 90 公里左右，没有超速。

【同期声】

杭州长运集团客运二公司安机科科长陈一波：如果停车迟 1 秒、2 秒，多开 100 米、200 米，后果是不堪想象的，也许 24 位旅客的性命就没了。但是吴斌用自己的生命，护住了整车旅客的性命。

【解说】

今天凌晨，吴斌因伤重去世。

二、全城挥泪送别"平民英雄"吴斌

【导语】

今天是吴斌出殡的日子。经杭州市政府特别批准，出殡路线绕行西湖。沿途 30 公里，普通市民自发夹道等候。今天，这座拥有 870 万人口的城市以一种前所未有的方式，送别"平民英雄"。

【同期声】

市民一：手把稳，开到边上停好。

市民二：方向灯打出，后面的车子都会注意了。方向灯不打，后面的车子撞上来，闯大祸了。

市民三：这一下真的不容易，真的不容易。他主要头脑清醒。任何人都做不到。刹车不刹，好了，里面的人全部完了。他刹车刹住。

邻居：隔壁邻居老大爷老大妈叫一声，阿斌，帮帮忙。哦，他说，他有力气。

【解说】

下午 1 点刚过，从吴斌家楼下，到小区门口，两三百米的路，人越聚越多。

【同期声】

邻居：我们邻居全部都来了，吴斌，一路走好。

同事：是我们单位的同事。最后一程一定要送他，对。

市民（齐喊）：吴斌走好，吴斌一路走好。

【解说】

夹道等候，让我们送他最后一程。

警车开道，这是我们对英雄的最高礼遇。

【同期声】

亲戚：吴斌，我们到西湖边了，到六公园了。西湖边到了。丽珍在后面的车里陪你，悦悦也在这里陪你。

【同期声】

警察（致敬）：吴斌吴斌，一路走好。

【字幕】"平民英雄"吴斌追悼会，明天上午8点半在杭州殡仪馆举行

三、全城"送别"，爱心背后的价值观

【导语】

"最美司机"吴斌的报道到今天已经是第8天了。吴斌走了，但是因此而引发的感动还在继续。下面是一则本台评论。

【解说】

吴斌用76秒诠释了责任与担当，完成了从凡人到英雄的嬗变。

今天，我们关注"平民英雄"，但我们的关注点绝不仅仅停留在吴斌的英雄事迹上。需要特别指出的是：杭州给吴斌英雄礼遇——全城送别——这同样值得我们关注。它折射出来的意义，非同寻常。

【同期声】

浙江省社科院公共政策研究所所长杨建华：多少万人自动地去为他送行。场面之大，人数之多，完全是一种自发的。而且，送行的队伍绵绵长长，望不到尽头。这是让人感到，这是一条人的河流，爱的河流，善的河流。这是我们全体市民的高度认同。

【字幕】中央文明办专职副主任王世明

浙江相继出现了"最美妈妈"吴菊萍和"最美司机"吴斌这样让全体中国人为之叫好的道德楷模，不是偶然的。浙江确实是一个道德高地。

【解说】

从"最美妈妈"吴菊萍到"最美司机"吴斌，"最美"是社会公众对平凡而又出人意料的善举的赞赏和赞美，体现了百姓内心的一种社会理想和价值期许。作为中国经济转型最早的浙江杭州，这里的人民在享受先富裕起来的生活的同时，不断地在发现"最美"，关注"最美"，传播"最美"。这场"送别"本身就昭示世人，当今时代，社会主义核心价值观的"长城"依然坚强挺立在公众心中。

【同期声】

浙江省社科院公共政策研究所所长杨建华：这段时间以来，什么三聚氰胺，什么诚信丧失，让人感到非常痛苦，非常难受。我们这个社会为什么变得冷漠了？但是，我们这个社会其实有爱，我们这个社会有善。在于我们发掘，在于我们每个人去做出他们这样一种善举，形成善的爱的大潮。

【正文】

平民吴斌成英雄，全城自发送英雄，这是事物的两个侧面，既相对独立，又相互关联。它从两个侧面印证了杭州人的爱心，也印证了经济高速发展的中国，精神文明也在同步成长。让我们致敬吴斌！致敬杭州！致敬中国！

（杭州电视台综合频道2012年6月1日至6月8日首播）

评析

关注"最美" 传播"最美"
——评系列报道《"最美司机"吴斌》

人是社会生活的主体，是现代电视传播表现的重要内容。而典型人物的报道就是对富有典型意义的人所做的重点报道，电视记者通过捕捉人物身上的闪光点，精心提炼当代社会主流价值观，传递正能量。2012年6月，杭州电视台综合频道采制的系列报道《"最美司机"吴斌》就充分发挥了电视的特性，用画面同期声吸引人，用细节描写感动人，并多角度、多侧面地对吴斌的事迹进行挖掘延伸，不仅报道了吴斌舍己救人的场面，更记录了报道播出后，杭州这座城市所做出的反应，产生了良好的宣传效果。

一、层层递进，升华主题

该电视系列报道的成功之处就在于力求多角度、多侧面展现事件，并将所要表达的"善"的主题升华。片中三个部分不仅有吴斌及其家人，更有杭州千千万万个普通市民；不仅反映了一个人正确的价值观，而且还反映了整个杭州市民的价值观。第一篇报道中，吴斌在短短76秒时间里忍住伤痛，沉着冷静地完成8个动作，成功保护了24名乘客，如果说第一篇报道把镜头对准的是吴斌，那第二篇报道则把镜头对准了普通民众，全城数万人自发夹道为英雄送别，这就是普通民众对蕴藏的社会主义核心价值观的最大认同。这篇报道不仅仅在于吴斌用76秒诠释责任与担当，诠释职业精神的含义，而更在于报道播出后，这座城市所做出的反应：全城送别，是一座城市"向善"的特殊表达。第三篇《全城"送别"爱心背后的价值观》是一则评论。平民吴斌成英雄，全城自发送英雄，这是事物的两个侧面。同时报道还联系到"最美妈妈"吴菊萍等典型人物，"它从两个侧面印证了杭州人的爱心，也印证了经济高速发展的中国，精神文明也在同步成长"，报道将个人上升到集体，再上升到国家层面和时代精神的高度。这条短评，恰如其分，由小到大，与报道中众多市民满含深情的感性表述相互配合。总的来说，三个部分一环扣一环，从对吴斌舍己救人的客观事实的描述到全程送别及市民对事件的反应，再到社会主义精神文明建设的短评，层层递进，夹叙夹议，使人物具有了很强的感召力。由此，我们可以看出，典型人物的报道不仅仅是宣传他的事迹，更重要的是让他的精神感染到观众，使其形成一股善的力量，去净化我们的社会。这样我们的新闻报道才能够激励人。

二、深入挖掘，用细节说话

美国记者修·马利根曾说过："生动的细节描写可以使纸面上的文章留在人们的心灵上，渗透到人们的情感中去。"① 同样，运用电视的镜头语言抓取细节，让人物在屏幕上有血有肉、有筋有骨，也会给观众留下深刻印象，因此，电视人物报道应该充分发挥电视声画同步的优势，用细节来吸引人、感动人。

---

① 李抚生：《细节描写让人物通讯绽开生命之花》，载《新闻传播》2010年第3期。

　　《"最美司机"吴斌》报道中最让人感动的细节就是吴斌用8个动作挽救乘客的车内监控录像：在遭受铁块严重撞击、生命垂危的危急关头，吴斌强忍剧痛，将车缓缓停下，拉下手闸、开启双闪灯；完成一系列完整的安全停车措施后，又从驾驶室艰难地站起来，告知车上旅客不要慌，然后打开车门，安全疏散旅客，最终成功挽救了24名乘客的生命。画面中，吴斌在遭受重击的那一刻因疼痛手不可控制地颤抖了一下，但他迅速握紧方向盘，按照正规的操作程序稳稳当当地将车缓慢减速靠边，76秒的时间，对很多人来说太短，但对一个身受重伤的人来说，绝对是难熬的时长。但他在生命最后一刻并未自我保护，而是不顾自己的伤痛，忍受着无法形容的痛苦，牢牢地把持住全车人甚至身后高速行驶的其他车辆上乘客的生命罗盘。电视画面将一位司机用生命捍卫职业操守的最后一刻清晰完整地展现出来，不仅真实感强、直观性强，而且表现力极其丰富，让人动容。另外，报道还结合"如果停车迟1秒、2秒、多开100米、200米，后果是不堪想象的，也许24位旅客的性命就没了"等表述，进一步强调吴斌英雄壮举的可贵之处。

　　报道中另外一个细节是群众自发送别英雄的场面。吴斌出殡当天，吴斌家楼底下聚集了大批从各地赶来的市民、网友、乘客，临时棚里摆满了花圈，路口也挤满了来送别英雄的市民，市民还手拿"向平民英雄致敬"、"小斌走好"的标语。当载有吴斌遗体的灵车要出发时，很多市民抹着眼泪，一声又一声呼喊"吴斌走好"、"吴斌别走"时，整个片子的哀伤氛围达到高潮。当载有吴斌的灵车在西湖边驶过时，沿途路人纷纷伫立，默默拿出手机拍下送行车队，共同祝愿英雄吴斌，很多市民泣不成声。30公里的西湖路，市民们不停地呼喊、不停地致敬，"一座城市送别一个人"的动人电视场景反映了平民英雄吴斌的巨大影响力。

三、运用同期声，增强感染力

　　电视同期声在新闻节目中是很重要的一个组成部分，其目的是为了保证节目的真实性和客观性，增强感染力和说服力。在系列片之二《全城挥泪送别"平民英雄"吴斌》的报道中，编导对同期声的运用就十分有技巧。第一，同期声成为该片的"重头戏"。片子中除去导语、解说词和字幕外，剩下四分之三的篇幅都是同期声，编导就是用这种极具感染力的形式，展现了全城送别英雄的场景，给观众一种很强的现场感。同时，记者用摄像机去真实地记录，让广大市民亲口诉说出他们的感动，再配合电视画面，对观众的心灵产生强烈的震撼。第二，同期声内容集中，有针对性。片中主要包括两个部分，一方面是市民对吴斌临危救人场景的讨论，再一次把观众拉回到事发现场，同时从"真的不容易"、"任何人都做不到"等同期声可以看出吴斌给广大市民带来的感动；另一方面则是人们在送别英雄吴斌的过程中反复出现的"吴斌一路走好"的同期声，配上哭泣、齐喊、敬礼等表情和动作，将杭州市民对吴斌的不舍之情展现得淋漓尽致。第三，同期声涉及的采访对象多。短短两分钟的片子有邻居、同事、亲戚、警察、陌生人五类采访对象，将更多的声音展露在镜头面前，让观众自己去感受、去加深对新闻事件和人物的理解，该片同期声不仅展现了吴斌舍己救人的高大形象，更表现出市民对吴斌的敬仰和不舍之情。

　　社会生活中孕育着生生不息的新闻人物，在人物报道过程中，无论是大人物还是小人物，只有让观众感到可信、可亲、可敬、可爱，才能引起人们心灵的共鸣，从而产生广泛的社会影响。典型人物系列报道《"最美司机"吴斌》通过电视画面和声音，再现现场，用生动的细节来展现平民英雄吴斌的伟大。同时，这组报道层层递进，夹叙夹议，深入挖掘这一感人事件中蕴涵的巨大精神力量，发挥主流价值观的舆论引导作用，发现"最美"，关注"最美"，传播"最美"，这也正是电视新闻报道应彰显和传递的社会担当。

（郑素素）

1.3.3 关注农民工 讨回打工钱

黑龙江电视台 李东时 周国梁 李刚 温菲 等

一、我省农民工工资被大量拖欠

【导语】

春节将至，按照传统习俗，在我省农村，农民们正在杀年猪、买年货，迎接新春佳节的到来。然而这几天我们编辑部却接到了很多进城务工农民打来的电话，反映他们因为拿不到打工钱，没有办法回家和亲人团聚。为此我们编辑部派出了多路记者，进行了调查采访，请看报道。

【画外音】

今天，哈尔滨市的最低气温达到零下 30 多度，可是在南岗区一片新楼最底层的车库里，还有 40 多个农民工住在这里，车库里没有暖气，他们睡的地方就是这样用木板搭起的简易床。依安县农民李金刚、杨喜来等 40 多人从 2001 年 3 月就来到这处哈尔滨市建筑七公司第四分公司的工地打工，工程主体在 2001 年 9 月就完工了，但是直到现在他们也没有拿到该得的 7 万多元工资。入冬以后，想回家的农民工连路费都没有，这些农民工只能在严寒中盼望着他们的打工钱。

【同期声】

依安县农民工李金刚：当时来的时候吧，都是欢天喜地的，说来能挣回俩钱儿，这老婆孩子送的都哭天抹泪的，回去时是一场空啊。没承想打工到了现在这个地步，心情真难受了，说说眼泪都要下来了，太苦了，真的。这打工的滋味是真难受啊。

【画外音】

走进哈市大正建筑公司一处工地的工棚，凄惨的景象更让人触目惊心，50 多名来自肇源、巴彦等地的农民工正看着空盆为下一顿饭发愁，农民工单德林已经病了十几天，面容憔悴地躺在床上，几十个农民就这样苦苦等着多次讨要还没有拿到手的 6 万多元打工钱。

【同期声】

肇源县农民工单德林：有时候两天吃一顿，饿昏了好几回了。

【画外音】

在大庆市，来自克山县河北乡的周刚等农民工也在创业建筑公司外苦苦地等着他们的打工钱。2000 年，他们在安萨路工地干活的 5 万多元工资被拖欠了一年多，他们也要了一年多，到现在，他们连返程的路费都凑不出来。正是寒风凛冽的深冬，他们住在一处废弃的工棚里已经等了整整 7 天。

【同期声】

克山县农民工周刚：我说你看给我们弄三万两万的，我们能回去家，能给工人一家发百八（十）的吃顿饺子。

【画外音】

记者根据农民工提供的线索，走访了各地的多个工地，看到的情况同样触目惊心。我们了解到，仅在哈尔滨、佳木斯市、大庆市三地就有至少1万名农民工滞留在城市，讨要着他们的辛苦钱。正是数九寒冬，这些身无分文的农民工的生存状况令人担忧。在哈尔滨建筑七公司等待打工钱的四十几个农民，因为无钱吃饭，只能在附近的一家小馒头店靠赊馒头维持生计，他们讨工钱从秋天讨到腊月，没有拿到一分钱，馒头已经赊了2万多个。

【同期声】

依安县农民工才凤珍：我们吃，我们就拿点馒头吃，我要说这句话眼泪都要掉下来了。就吃点馒头，连咸菜都没有，菜也没有。回家路费都没有，一分钱路费也没有啊，有病连买片药钱都没有。

【画外音】

在佳木斯市宏信建筑公司一处早已完工的工地，来自宾县、汤原等地的20多个农民，为了讨要自己的打工钱，在简易的工棚里等了2个多月。

【同期声】

宾县农民工董春成：现在烧的，我们就烧这塑料袋，就捡这塑料袋烧。大米就剩这一斤了，该卖的东西，自行车什么换吃的，都卖得差不多了，锅什么也都卖了。

【同期声】

宾县农民工李兴国：给我们饿得没有啥吃的，上垃圾站捡这个冻橘子、冻苹果，我们吧，就是为了解决饿的问题，没有钱。

【画外音】

农民工因为工资被拖欠所遭受的厄运还不止这些，来自肇源县二站镇大腰窝棚村的农民工王玉兴在大庆市一片建筑工地打工的工资被拖欠了2年，为了要回辛苦钱，他长期居住在阴冷潮湿的地下室中，导致肾病复发，患上了尿毒症，他和妻子只能借住在亲戚家，等着讨要回工钱再去治病。

【同期声】

农民工王玉兴：这种情况你也看着了，身体感觉一点劲没有，上趟厕所都没劲去了。

【画外音】

据了解，每年在我省各城市打工的农民在200万左右，他们主要分布在建筑、餐饮等劳动密集型产业中，目前全省各地到底有多少农民工正在遭遇难讨打工钱的困境？又是什么原因导致农民工的工资被这样大规模拖欠？本台新闻节目将继续予以关注。

本台报道。

【编后】

一批批农民从农村来到城市，辛勤工作，干着最苦最累的工作，他们满怀希望，为的就是那原本就很微薄的工钱。如今正是三九严冬，他们却因为打工钱被拖欠而无法返乡过春节，不得不在工棚里忍饥挨饿。我们希望那些拖欠农民工工资的雇主尽快支付农民工应得的工钱，我们希望全社会都来关注农民工，帮助农民工，维护他们的合法权益。

二、农民工讨工钱遭遇野蛮对待

【导语】

几天来，我们报道了大量农民工被恶意拖欠打工钱的事件，引起了社会各界的关注，在城市辛苦工作一年的农民工，讨要应得的工钱却要遭遇难以想象的困难，他们的生存状态令人忧虑。农民讨工钱到底有多难？记者在采访中也和农民一起感受着其中的艰辛，请看报道。

【画外音】

宋万江是兰西县红星乡的农民，去年夏天来到牡丹江广厦建筑公司的工地打工，然而施工结束后，包工头赵永海却不见了踪影，打工钱也无从讨要。为了讨要赵永海欠同村20多名农民6个多月的2万元打工钱，农民工宋万江已经从兰西往返牡丹江十几次，今天，宋万江终于在牡丹江的一处劳务市场找到了雇佣自己的包工头赵永海。

【现场】

（农民和包工头冲突）包工头赵永海：你还能咋的，你咋的啊？

【画外音】

今天，他要回打工钱的梦想再一次破灭了。与在牡丹江市讨要工钱的农民遭遇相似，也是在今天下午，记者随同靠赊馒头度日的依安县农民李金刚等十几名农民工来到哈尔滨市建（筑）七公司四分公司讨要工钱，即使面对摄像机镜头，欠钱的依然理直气壮。

【同期声】

哈尔滨市建（筑）七公司四分公司经理仇永利：出去这个屋，出去，赶紧出去！

【画外音】

面对农民工，欠账比要账的还要理直气壮的不止这一位。去年秋天，因为家乡遭遇旱灾，双城市的唐树学等48名农民来到哈尔滨市中盛建筑公司亚东分公司打工，28000多元的工资一欠5个月，今天这些农民再次来到这家建筑公司。

【现场】

哈尔滨市中盛建筑公司亚东分公司工作人员：出去，出去！

【画外音】

几乎在同一时间，来自依安县、青冈县的农民工刘春林、杨依峰等5人也在齐齐哈尔市同样经受着讨工钱的艰难。他们从2001年7月12日开始在齐齐哈尔瑞翔饺子城打工，当他们干满到3个月之后，店主先以各种理由拒付工资，并且把他们打出饭店，店主共拖欠5个人工资5700元。今天，刘春林等人再次来到瑞翔饺子城要工资。

【现场】

齐齐哈尔市瑞翔饺子城店主赵瑞梅：我现在没有工夫答对你，知道不？我现在一大堆活呢，我没跟你说吗，后天你就过了饭口来，你就随便找，黑道白道你就随便找，知道不？但是我告诉你，我只给一把机会，你好使了就好使，不好使我跟你说……我让你走你不走，不让你走你非走，你啥意思呢，是不是惯的你，出去！我让你出去听见没有！（说着打了农民工几个耳光）

【画外音】

一个个雇主就这样把讨要工钱的农民工赶出门外，对曾经为他们辛苦工作的农民工非打即骂，理直气壮地拒付工钱，是什么原因使这些雇主如此嚣张？农民工讨回属于自己的打工钱为什么会这么难？据了解，由于劳动力市场供大于求，雇主往往拒绝与农民工签订劳动合同；同时保护农民工的法律法规目前还不完善，这就使得一些不法雇主通过拖欠工资的方式肆无忌惮地盘剥农民工。面对恶意拖欠工钱的雇主，农民工处于弱势地位，无法保护自己的合法权益。目前全省 13 个地市的劳动部门已经开始抽调专人受理、查处农民打工钱被拖欠案件，以帮助滞留在城市的农民工能够顺利返乡过春节。

本台报道。

三、为农民工讨回打工钱工作取得进展，130 万打工钱回到农民手中

【导语】

从 1 月 9 日开始，我台各档新闻节目连续进行了帮助农民工讨回打工钱的报道。17 天来，许多观众打电话声援农民工，并表示愿意捐款帮助他们摆脱困境。同时，劳动监察部门积极介入，一些拖欠农民工工资的单位受到了查处。在众多关注的目光下，一些农民工终于讨回了打工钱。请看报道：

【画外音】

据不完全统计，连日来，本台编辑部接到了 1000 多个农民工打来的热线电话，反映被拖欠工资的问题，在我省的 13 个地市，有 43000 多名农民工来到劳动监察部门或法院反映自己被拖欠工钱的遭遇，有关部门也抽调专人接待、处理，积极帮助农民工维权。目前已经有 425 起拖欠农民工工资的事件得到了解决，130 多万打工钱顺利地返还到农民工手中。今天，劳动监察部门的工作人员护送刚刚为农民追讨回来的打工款赶赴肇源县等地。

【现场】

记者李刚：这里是黑龙江省劳动和社会保障厅，一会儿呢，劳动监察部门的工作人员将从这里出发，护送一笔 17 万元的巨款赶赴肇源县的二站镇，为那里的 100 多名打工的农民送去追讨回来的打工款。

【画外音】

这笔巨款是肇源县二站镇希程村的 120 多个农民 2000 年在哈尔滨市第四建筑公司一年打工的工资款，农民们数着千辛万苦讨回来的打工钱，喜悦之情溢于言表。

【同期声】

肇源县农民工陈永财：真是高兴了，说不出啥玩意了。

【画外音】

今天，经过 5 个小时的奔波，哈尔滨市太平区劳动部门的工作人员赶到了拜泉县中新村，将 37000 元钱送到了张彦林等 27 名中新村农民的手中，这些钱是哈尔滨市宏盛房地产公司拖欠这些农民工的打工钱。

【同期声】

记者：你领了多少钱？

拜泉县农民工徐树生：得了 1400 块钱，心情相当好，把钱给我要回来了，我们过个年挺高兴的。

拜泉县农民工张彦林：血汗钱没有白搭，付出的力气已经得到回报了。

【画外音】

今天，在劳动部门的努力下，集贤县八岔乡的潘新民和他的两个侄子也实现了讨回打工钱的心愿。从2001年3月起，潘新民等人在佳木斯龙胜建筑工地做瓦工，但是一直没有领到工钱。今天他们终于在佳木斯市劳动局从工作人员手中拿到了6000元辛苦钱。

【同期声】

集贤县农民工潘新民：我现在就可以回家过春节去了。

【画外音】

在前不久的节目中，我们曾经报道过农民工王玉兴在讨要打工钱时患上了尿毒症无钱救治，今天劳动部门的工作人员赶往大腰窝棚村，为王玉兴送去讨要回来的2300元救命钱，谁知意外的情况出现了。

【现场】

王玉兴的妻子失声痛哭：我的儿子10岁就没爹了，我睡不着觉啊……

【画外音】

原来，讨债无门的王玉兴不得已从哈尔滨回到了家乡，因为无钱医治，王玉兴的病情迅速恶化，就在几天前，王玉兴带着遗憾离开了人世。打工钱被拖欠，给王玉兴家带来了无法挽回的悲剧。

一些农民终于拿到了被拖欠的工资；带着遗憾离开人世的王玉兴在天之灵今天也许会得到一丝安慰，但是在我省各地还有数不清的农民工奔波在讨要打工钱的路上。由于没有签订劳动合同，由于目前法律法规尚有空白，农民工维权仍有很长的路要走。目前，省委、省政府、省人大常委会及有关部门已经就维护农民工权益问题展开了专项调研，我们的节目也将继续予以关注。

本台报道。

（黑龙江电视台2002年1月9日首播）

 评析

动之以情　晓之以理
——评连续报道《关注农民工 讨回打工钱》

黑龙江电视台的《关注农民工 讨回打工钱》获得了2002年度中国电视新闻奖连续（系列）报道类一等奖。这篇连续报道就是采取横向联系的报道方式。在春节前期，黑龙江卫视四档新闻节目联动，根据春节将至，但大批农民工的工资仍然被拖欠，导致农民工无法回乡过年这一新闻由头，报道了一系列包括关注农民工生存状态，农民工讨回工钱艰难的历程，最后帮助一些农民工讨回工钱的报道，这是一次大规模的、全景式的连续报道。拖欠农民工工资是一个热点的问题，媒体上经常有农民工工资被拖欠的报道。这种报道很容易做成政府部门的政绩宣传新闻，而忽略了真正的主人公。《关注农民工 讨回打工钱》这一连续报道将重点放在了农民工的身上。从他们的生存状况和讨工钱难的问题入手，在讲述农民工难处的同时给观众带来一次又一次的心灵触动，从情与理的角度为观众讨论了农民工的工资问题。

在此次连续报道中，分别采用了《我省农民工工资被大量拖欠》、《农民工讨工钱遭遇野蛮对待》、《为农民工讨回打工钱工作取得进展，130万打工钱回到农民手中》的题目，从每个新闻报道的题目可以看出整个连续报道逻辑严密、丝丝入扣，按照事件发生的起因、发展和结果编排新闻报道，让观众对整个事件的发展一目了然。首先介绍了农民工工资被拖欠的事实，农民工在没有工资的情况下艰难生存。然后讲述了事情的发展，就是记者在隐蔽采访的情况下，跟随农民工找到自己当时的雇主、索要工钱的过程。最后拿出了农民工工资被拖欠的解决方案，也就是在政府部门的大力打击下，130万的工资回到了农民手中，大家终于可以过一个祥和、快乐的新年了。

这篇连续报道最大的亮点在于《农民工讨工钱遭遇野蛮对待》中的隐蔽采访部分。由于电视是一种声画并茂、真实直观的媒介，所以电视将雇佣者拒绝付工资时，那种恶劣的态度和丑陋的嘴脸暴露无遗。在《农民工讨工钱遭遇野蛮对待》中，两名农民工在记者的陪同下，在曾经打工的齐齐哈尔市瑞翔饺子城索要工钱时，受到了店主极为恶劣甚至是暴力的拒绝。店主当时就表明了自己的态度，不管是找黑道还是白道，工资是绝对不会给的。在索要工钱无望的情况下，农民工准备离开，却被店主拦住了。店主嘴里一边骂骂咧咧，一边伸手打其中一名农民工的耳光。这名农民工面对比自己矮小许多的女店主只能束手无策。一般来说，一个男性是绝对能够将一名女性制服的，但是他却不能还手，并不是他没有能力，而是店主手里握着他回乡过年的血汗钱。他只能忍气吞声、灰头土脸地离开。摄像机把站在昏暗角落里的农民工，女店主理直气壮拒付工资的神态，"上管天、下管地、中间管空气"，不把国家法律放在眼里的嚣张气焰忠实地记录下来，加上现场的同期声，更加真实地凸显了当时的场景，这些都深深地震撼住了每一个观众，对女店主的行径咬牙切齿，对农民工的悲惨境遇表示同情。

在第一集中，为了讨回打工的工资，农民工王玉兴长期居住在阴冷、潮湿的地下室中，导致肾病复发，患上了尿毒症。王玉兴的妻子用手按压王玉兴的皮肤，久久不能弹回来，说明王玉兴浑身肿胀、病入膏肓。记者用这一小细节紧紧地抓住了观众的心。第三集当政府部门出面要回了王玉兴的工资，记者兴致勃勃地随同政府人员去送还工钱。这本来是件皆大欢喜的好事，却没想到噩耗传来，王玉兴因为无钱治疗，带着遗憾离开了人世。仿佛只有死亡能才引起人们心中的波澜。王玉兴的死亡将农民工工资问题上升到生存问题，加重了问题的严重性，为后来有关部门解决问题留下了感情上的铺垫。农民工拿到属于自己的血汗钱时喜笑颜开的表情，让人有大快人心的感觉。

揭露问题并不是为了曝光而已，而是在曝光过程中拿出解决方案，提出解决方法。在连续报道的最后，记者理性地分析了造成农民工工资被拖欠的原因，提出劳动部门应该加强对农民工的维权管理，法律部门应该完善法律法规的漏洞，农民工自身应该加强保护意识，与雇主签订合同等建议。

在情与理的讨论中，连续报道《关注农民工 讨回打工钱》做到了有情但不滥情，理性地看待这一困扰农民工的问题，为决策者出谋划策，也传达了人民的声音，取到了良好的效果。

（龙 丹）

1.3.4 抢救石缝中的家园

广西电视台　林旭乔　庞通　刘竺；中央电视台　刘东华　陈英才

陈琴　汪洁；云南电视台　贵州电视台

一、石漠化正在吞噬我们的家园

画面	解说词
演播室主持人	【导语】 　　我手里这张照片是我们的记者刚刚从西南山区采访时拍回来的，照片上可以看见整座山都是光秃秃的石头，这种地貌就是一种危害不亚于沙漠化的荒漠形态——石漠化。石漠化正在吞噬着我们的家园，专家已经把它与西北地区的沙漠化、黄土高原的水土流失一起，并称为我国三大生态灾害。而一项最新调查显示，现在石漠化还在以惊人的速度扩张。接下来，就让我们跟随记者的镜头，一起去看看那里的情况。
贵州水城县石漠化土地镜头	【正文】 　　贵州水城县是石漠化的典型地区，记者在这个县杨梅乡采访时看到，当地农民要爬 50 多度陡坡才能在石缝里仅存的一点土地上种蔬菜和粮食。大伙把这种地叫做"草帽地"。
采访村民	【同期声】 　　记者：你们家在山上这样的地有几窝？ 　　贵州水城县杨梅乡抬沙村村民李兴学：有百十窝了。数不清了，一个坡上都是，最大的栽了七窝洋芋，最小的栽了一窝洋芋，连锄头都放不下去，一顶草帽就可以把它盖起来。最小的就这样大小。
一组贫瘠的石漠化土地镜头	【正文】 　　这样的"草帽地"每亩单产只有 100 多公斤，"种了几片坡，还不够一锅"是这里秋收的写照。但就是这样的地，这几年也越来越少了。 【同期声】 　　李兴学：我们开始挖地在这个地方，现在在这个地方，从这个地方降到这个地方来了。10 年的功夫就下去这么多了，再过 10 年连这个都没有了，全部变成一坡石头了。

采访村民	**【正文】** 　　"草帽地"只是水土流失的一个缩影，沿途还随处可见这样一片片像被人用牙刷刷得干干净净的大石山。
记者现场出镜	**【记者现场】** 　　当地老乡告诉我们，这片大山几年前还种着庄稼，我脚下这一片片鱼鳞状的石坎就是当年他们垒来种庄稼用的，后来由于水土流失的加剧，山上的土被冲光了，现在我们看到，整座山已经彻底荒废了。
石漠化镜头 石漠化地区 贫困村和村民镜头	**【正文】** 　　像这样植被遭到破坏，水土流失造成岩石大面积裸露，土地退化成像沙漠一样的"石质荒漠化"现象，被称为石漠化。这样的地区在我国有大约 7 万平方公里，主要集中在贵州、云南、广西等喀斯特地区。有 40 多个民族的 1 亿人在这里生活，而在这 1 亿人中就有 2500 万人属于贫困人口，是我国贫困人口最集中地区，不少农民年人均收入不足 400 元。在这里，一些村民的家是四面透风的木棚，家里最值钱的家当就是这些玉米。
一组灾害镜头	石漠化既是贫困之源，又是灾害之源。严重的石漠化不仅使泥石流、山体滑坡频繁发生，冲走本来就少得可怜的土壤和农作物，冲毁山下的大量耕地，还威胁群众的生命财产安全。这是贵州盘县淤泥乡双龙村新建起来的双龙桥，老乡告诉我们，就在离新桥二十几米的地方，原来有两座老桥，现在都被淤泥淹没了。
采访村民	**【同期声】** 　　贵州盘县淤泥乡双龙村村民瞿彩虹：原来的桥现在就在这个位置，水底下，已经淤了，现在在水下有十来米深。没有植被那个时候，山上到处是光秃秃的，一下雨，泥巴全下来了。泥沙逐步逐步来，河床逐步逐步高，就把桥淤了。

画面	解说词
红水河电站开发 沿江水土资源状况	【正文】 　　石漠化带来的泥沙淤积还给不少水利设施造成危害。穿越云贵高原的红水河是我国第三大河珠江的上游，也是一个水资源的"富矿"。我国规划在这里建设 10 座梯级水电站，而石漠化带来的泥沙淤积问题已成了工程的心腹之患。已经建成的广西大化水电站下闸蓄水才 20 年，坝前淤积的泥沙已经有 20 米深，电站设计 100 年的发电寿命和泄洪能力都大打折扣。而由于泥沙淤积，目前仅广西、云南两省就有 20 座水库已经报废。
一组石漠化地区镜头	更令人担忧的是，石漠化的扩张日趋严重。最新调查显示，过去 10 年，喀斯特地区增加水土流失面积 3062 平方公里。照这个速度，再过 25 年，石漠化的面积将翻一番。特别是在贵州，石漠化正在以每年 900 多平方公里的速度推进。 【同期声】 　　贵州省水利厅水土保持处副处长曾信波：石漠化一年吞噬一个县的面积。
采访	【正文】 　　专家称，再不及时治理，按照现在的速度，50 年后贵州将无地可耕。
采访	【同期声】 　　中科院院士袁道先：如果不治理，整个会制约西部大开发，制约人民群众生活的改善和小康社会的建设，到了非常紧迫的程度。

二、石漠化——人类与自然不和谐发展的必然结果

画面	解说词
演播室主持人	【导语】 　　昨天我们在节目中看到了饱受石漠化之苦的西南大石山区，可是记者在采访中听老乡说得最多的一句话就是，几十年前这里还是一片片青山绿水，那么是什么原因使这些原本树木繁茂的大山变成了白花花的石头山呢？专家称它的产生既有天灾，更有人祸，人类不合理开发土地是导致石漠化的主要原因。

中国西南喀斯特地区地貌

【正文】

　　受地质、地貌条件影响，中国西南喀斯特地区的自然条件可谓先天不足，这里的碳酸岩成土极其缓慢，生态环境脆弱。再加上山高坡陡，雨水集中，冲刷力强，在森林系统遭到破坏时，很容易引起水土流失，导致土地石质荒漠化。

采访

【同期声】

　　水利部珠江水利委员会水土保持处处长杨德生：喀斯特地区的土壤厚度非常薄，一般是30到50公分，形成1厘米的土壤是需要2500年到7500年左右的时间，可以说是寸土寸金。如果上面的植被遭到破坏，往往一场雨下来，就容易把这个土壤冲得精光，使下面的基岩裸露出来，形成石漠化。

一组人类开荒、毁林、种粮等不合理开发行为的镜头

【正文】

　　专家介绍，形成石漠化的原因除了自然条件先天不足外，人类不合理的开发也是"雪上加霜"。据测算，我国喀斯特地区的环境承载能力为每平方公里100人，而在部分地方每平方公里人口密度竟达到300人。为了生存，人们不得不上山开荒毁林种粮食，形成"人增—耕进—林退—水土流失—石漠化—贫困"的怪圈。

　　调查数据显示，短短的几十年间，仅贵州每年就净增人口50万，森林覆盖率由45%锐减到12.6%，而现有耕地中，25度以上坡耕地占到四成，甚至六七十度的陡坡上也被开垦出了耕地。"一坡耕到顶，玉米比山高"景象在这里随处可见。

采访村民

【同期声】

　　记者：在这么陡的坡地上种地你怕不怕？

　　村民1：怕，颤得很，这要掉下去不要想爬上来。

　　村民2：哎呀，没得种还不是乱种。管它好也好，孬也好，乱种的嘛。

村民烧柴生火煮饭
植被缺乏的山头

【正文】

　　吃饭的人多了，烧柴的量也就大了。据调查资料显示，一个四口之家的农户，生活用材需要6亩

画面	解说词
	左右的林地才能保障。贵州省每年的薪柴消耗就占到森林资源消耗总额的一半以上。除了吃饭烧柴，一些地方还靠山吃山发展生产。云南省马龙县阿扯麦地村，全村38户人家有36户以种植烤烟为主要收入，而烤干烟叶需要大量的木柴。这里家家户户的门前都有这样的柴火堆。
采访村民	【同期声】 记者：今年烤烟用了多少柴？ 马龙农民：没有多少，一炉800公斤，六七炉，五六千公斤。 记者：你家里烤烟用柴在村里算多的还算少的？ 农民：我家一般在中下等。 记者：你这个村砍柴多少年了？ 农民：我记事那天会砍就拎着砍。 记者：家家户户都上山砍树，怕不怕把山砍光了？ 农民：砍光有什么办法呢。
大片岩裸露还在放牧的山头 石头山、乱石堆 农民在石缝中艰辛地耕种	【正文】 雪上加霜的还有过量放牧，尽管这里已经有大片岩石裸露了，而满坡的山羊还在啃着石缝中仅有的一点灌木和杂草。专家说，人类这些不合理的开发活动远远超出了环境的承受能力。 青山变成了石头山，良田变成了乱石堆，无地可耕的农民为了生存不得不把锄头伸向了那点石缝中仅存的泥土。眼前这座山已经完全石漠化了，但就在山腰上仅存的一小片地上，还有人在耕种。

三、点石成金　重建家园

画面	解说词
演播室主持人	【导语】 前两天我们栏目连续关注了西南喀斯特地区石漠化的状况及成因，难道这片茫茫大山真的山穷水尽了吗？令人欣慰的是，我们在采访途中，除了见到白花花的石头山，还看到柳暗花明的绿洲。大石山区一个个点石成金的杰作，使我们看到了石漠化治理的希望。

贵州农民在技术人员指导下实施砌墙保土工程	**【正文】** 　　眼下正是农闲时节，贵州省安龙县的村民们正在技术人员的指导下实施砌墙保土工程，炸掉25度以下缓坡地里的石头，再用这些碎石垒成防止水土流失的屏障。
采访村民	**【同期声】** 　　贵州安龙县农民：把石头取掉了，田平整了，免得水土流失，保土保肥。
种满金银花的山头	**【正文】** 　　25度以下的缓坡地经过砌墙保土，原来那些跑土跑水跑肥的"三跑"田将变成旱涝保收的高产田，25度以上的坡耕地则实施退耕还林。在贵州贞丰县国家九五科技攻关重点项目基地，山上的金银花像层层绿毯，既适合在石缝中生长，又可以护山保土，还给当地农民带来了可观的收入。
采访村民	**【同期声】** 　　贵州贞丰县黑桃村村民唐劲学：啊，你看，全在石头上，它又不占土地的面积，哈哈。 　　记者：种这个花好吗？ 　　唐劲学：种这个花收入大嘛，我去年光是收花籽都有3000多块。
林木幽深、溪流淙淙、鸟语花香的景象 广西马山县治理后的石漠化山头焕然一新	**【正文】** 　　不管是砌墙保土工程，还是长在石缝里的金银花，都改善着石漠化地区的生态环境和当地村民的经济状态，是石漠化治理的有益探索。在广西马山县的弄拉屯，我们更是见证到了石漠化治理的成果。看着眼前这层峦叠嶂、林木幽深、溪流淙淙、鸟语花香的景象，恐怕没有人会想到30多年前这里也和我们前面看到的那些白花花的石头山一样，是严重的石漠化地区。在村口我们遇到了今年72岁的李义康老人。
采访村民	**【同期声】** 　　广西马山县古零村弄拉屯村民李义康：过去这山也是这样密密麻麻的，60年代把它砍光了。

广西马山县弄拉屯新貌

【正文】

老人告诉我们，随着屯子周围 25 座山头的树木被砍尽伐绝，水土流失越来越厉害，全屯 23 户人家没剩一分好地，村民连饭都吃不上，全靠国家救济。一些村民被迫迁移他乡。可是穷家难舍，故土难离，转了几圈，迁出去的人又回来了。他们下定决心改造石山、重建家园。首先把山管起来，山顶部分实行死封，各个进山的通道都派人把守，不许任何人进山砍柴，在山腰上则发动大家种那些既能在石缝里生长又可以护山保土的药材和果树。

采访村民

【同期声】

李义康：我们自己定村规民约，16 岁以上的人按照规定要管山，每人一年一定要种 10 棵树，你种你管你要了。

村民修水柜、建沼气
郁郁葱葱的山头
富裕起来的村民家里家电镜头一组

【正文】

山封了，饭还要吃。村民们把山脚下的石旮旯地里的石头挖出来，砌成田埂，建成高产田；缺水，又修起水柜积雨水；不能上山砍柴了，就建起沼气池。经过 30 年坚持不懈的努力，当年种下的小苗苗如今已长成大树，森林覆盖率达 72%。如今山顶有了林，山腰生了钱，山脚产了粮，这种山地立体生态经济治理模式给弄拉屯带来了巨变，村里通了电，修了路，家家户户用上了彩电、冰箱，有的还开上了汽车。

石山变宝山，催生了山里人爱山护山的热情。在采访途中，我们碰到这样一群戴口罩的山羊。

采访村民

【同期声】

记者：为什么要给羊戴上竹的口罩呢？
村民：不让它乱吃山上的草。

戴口罩的山羊

【正文】

原来为了不糟蹋林草，他们把漫山遍野散养的山羊圈养起来，但为了保证肉质鲜美，每天还要让小羊遛遛弯，这样山羊们出门就得戴着口罩了。

采访专家	【同期声】
	袁道先：从石漠化地区的现实情况来说，整个来说还是恶化，局部是改善，现在点还是点，还没有形成燎原之势。
石漠化地区治理镜头一组	【正文】
	专家指出，尽管目前石漠化治理已有不少成功尝试，但相对于 7 万平方公里的石漠化面积来说，现在治理的速度远远低于扩张的速度。作为我国最贫困的地区，这里急需国家加大治理的投入力度。同时，石漠化治理是一个复杂的系统工程，必须治土、治水、治贫多管齐下综合治理，水利、农业、林业、科技等多个部门联手行动，有机结合才能事半功倍。
采访专家	【同期声】
	袁道先：现在还要更多的示范，还要设立石漠化治理专项，做出更多的典型的例子，石漠化治理任重道远。

（2003 年 12 月 18 日首播）

 评析

梳线索于逻辑说理　化细节于宏大主题
——评《抢救石缝中的家园》

　　针对我国西南部分山区盲目开山，造成水土流失，山区日益"石漠化"的严峻状况，中央电视台联合广西、云南、贵州三省区电视台联合勘访，推出系列报道《抢救石缝中的家园》，以触目惊心的画面，向世人敲起警钟。节目真实再现了珠江上游石漠化地区恶劣的自然环境和生存环境，以及当地人民群众特别是少数民族群众极度艰难的贫困生活，生动地揭示了珠江上游喀斯特地区水土流失造成的土地石漠化问题，它已成为制约当地社会经济可持续发展，导致该地区群众贫困的主要根源之一，反映了广大群众对于加大水土流失治理力度，防止石漠化扩张的强烈愿望。《抢救石缝中的家园》系列报道分三个部分："石漠化正在吞噬我们的家园"、"石漠化——人类与自然不和谐发展的必然结果"、"点石成金　重建家园"，分别解释什么是石漠化、石漠化产生的原因以及石漠化的治理。

　　第一部分，选取典型事例——"石漠化正在吞噬我们的家园"。

　　首先，主持人以一张石漠化的照片入题，具体形象地介绍"石漠化"。其次，选取两个事例：一是选取某县石漠化典型地区的农民显示"石漠化"恶劣状况，一家有十几户

"草帽地"、"种了几片窝还不够一锅"等；二是选取当地被"石漠化"侵蚀的石山，说其"像用牙刷刷过一样"。最后，用科学概念简单解释"石漠化"，以及其形成原因、分布、所在地区人口生活状态等。并引申出"石漠化"的危害——人口贫困、泥石流、山体滑坡，并且运用历史图片、录像资料证明"石漠化"的危害性。

第二部分，"石漠化"成因分析——"石漠化——人类与自然不和谐发展的必然结果"。

此篇由"人类"和"自然"两部分构成。从自然方面看，"石漠化"的形成条件是喀斯特地区地形，该地形形成土壤慢、水土保持难度大，是"石漠化"形成的必要条件；从人类方面看，人口密度大、人口数量多严重超出了该地区的承受能力，固然造成了"人增—耕尽—林退—水土流失—石漠化—贫困"的恶性循环，并以当地农民过度砍伐为例，用事实证明造成"石漠化"的原因。

第三部分，"石漠化"的治理——"点石成金 重建家园"。

新闻采用图示的科学研究方法、运用实验成功的事例、权威人士分析三个部分阐释"石漠化"的治理。以"弄拉屯"为例，采取科学管理方法达到了"山顶有林，山腰生钱，山脚产量"的繁荣新景象。并且借权威人士之口提出"石漠化"治理任重道远。

《抢救石缝中的家园》系列报道三个部分片长虽不足5分钟，但短小精悍、逻辑清晰地解释了"现象—成因—治理"三个部分，宏观地把握了"石漠化"这一复杂的生态灾害。从微观上看，采用以小见大、以点到面的方式体现"石漠化"的严重性，例如：一家十几户"草帽地"，"像用牙刷刷过一样"的石山，还运用当地谚语形容"石漠化"，使观众对新闻具有一种亲近感。从电视制作方面看，画面拍摄、解说串词都很考究。本系列报道成功之处在于其社会影响力，反映了广大群众对于加大水土流失治理力度、防止石漠化扩张的强烈愿望。

（赵 莹）

2 电视专题类作品

电视专题导论

电视专题节目是指主题相对统一的电视节目，它与综合节目相对应，是电视节目中的一种主要类别。由于电视专题节目在内容上能对某一主题做较全面、深入、详尽的报道，在形式上可以运用各种电视表现手法，因而它被认为是最有电视特色、最能发挥电视优势的节目形态之一。

按照《中国电视专题节目界定》的分类，电视专题节目可分为报道类（含纪录片，将在以后专章介绍）、栏目类和非栏目类等。

报道类专题节目是以报道的方式对社会政治、经济、军事、文化等方面的某一主题进行较为系统、全面而又深入的探究与表现的电视节目，它是电视专题节目的主体。报道类节目是深度报道最常用的节目形态，在选题时往往偏重那些能反映事物实质和发展规律的具有典型意义的人和事。对这类专题报道，电视界俗称"专题片"。

专题报道注重于题材的挖掘和提炼，并适当引入有关背景资料，就事实进行分析、解释，力求内容丰富，材料充实，主题深刻，立意新颖，从而引起观众的思考和共鸣。专题报道类根据制作风格和报道方式，又可分为纪实型、创意型、政论型、访谈型等节目形态，分别对应于电视纪录片、电视专题片、电视评论和电视谈话节目等。

关于纪录片与专题片的联系与区别，曾在理论界有过争论，至今也未统一认识。概括这些争论，可归纳为："等同说"，即认为电视纪录片与专题片只不过是一种节目形态的两种不同称谓而已；"从属说"，即认为两种节目形态互为从属；"独立说"，即认为电视纪录片和电视专题片是两个独立的概念，它们构成了两种不同的电视节目形态。事实上，在如今的电视屏幕上，电视专题片与纪录片是泾渭分明的。

中国传媒大学教授高鑫先生认为，电视纪录片与专题片难以准确区分的主要原因是二者确实存在许多相同之处，它们都取材于真实的现实生活，又都以真实性作为创作的生命，都需要运用纪实主义的创作方法。但它们毕竟是两个不同概念的节目形态，各自都表现出鲜明的构成特征。首先，反映生活的方式不同。纪录片是社会生活的客观纪录，主要是再现生活的具体情境，较多地采用长镜头、同期声展现生活的真实，不允许创作者主观意识的直接表露。而专题片在反映社会生活的时候，有较强的主体意识的渗透，它能直接表现创作者对生活的看法和主张，允许采用"表现"的手段，艺术地表现生活。其次，结构作品的形式不同。纪录片强调反映生活的原生形态，注重展现生活的完整过程，故而纪录片多是"纵向结构"。而专题片则不那么注重展现生活的完整过程，它在事实真实的基础上，多以创作者的主体思想为依据，片断式地截取生活的画面，允许对生活本身进行较多的艺术处理。

中国传媒大学朱羽君教授在其《现代电视纪实》一书中，则"旗帜分明地把电视专题节目（片）与电视纪录片分开了"。她认为，在现阶段电视纪录片与专题片明显分野的特征越来越多，两者各自独立的时机已经成熟，将两者分开已经有了许多约定俗成的共识。

电视专题节目经常通过固定的栏目与观众见面。它有固定的专栏名称、时间长度、包装形式、播放时段和相对稳定的栏目风格，以适应观众收视的选择性和随意性。

电视栏目主要有两种形态，一种是单一专题型栏目，即每期栏目由一个专题节目承担，栏目与节目融为一体，如《焦点访谈》、《新闻调查》；另一种主要形式是杂志型，即每期栏目由若干板块组成，在统一栏目的集成下构成一个播出单位，如《东方时空》。本书所选编的电视专题类作品侧重于专题报道型。

2.1 右玉精神

山西广播电视台 李占鳌 张海燕 孙海军

【解说】

上世纪 50 年代初，一位摄影家在山西省右玉县拍下了这样一组照片，当时的右玉被人们称为"不毛之地"。

本世纪初，同样是在右玉，还是这位摄影家拍下的却是这样一组照片，此时的右玉被人们称为"塞上绿洲"。

一年一场风，从春刮到冬。

白天点油灯，夜晚土堵门。

山岭和尚头，十年九不收。

男人走口外，女人挖苦菜。

这首流传于当地的民谣，真实地再现了解放初右玉县境内树木少、风沙大、灾害多的自然条件和老百姓艰难的生存状态，一位当年到这里考察过的德国专家就曾断言：右玉不适合人类居住，建议举县搬迁。

60 多年过去了，如今再走进右玉，放眼望去漫山遍野到处都是苍翠的绿色，蓝天、白云、青山、绿水、古堡、牛羊，这里被旅游专家誉为是"夏天的绿翡翠，冬天的白玉石"。人们在这里生活得安居乐业、幸福安康，恐怕就连当年的那位德国专家看到眼前的景象，也会连声惊呼"上帝"的。那么这个曾被断言不适宜人类居住的地方，是如何由一个不毛之地变成如今的塞上绿洲的呢？这个塞外古城又究竟经历了一场怎样的时代变迁呢？

【片花】

右玉精神

【解说】

1949 年初夏的一天，两个外地人模样的年轻人急匆匆地行走在通往山西省右玉县的羊肠小路上，他们是即将上任的中共右玉县委第一任书记张荣怀和他的通讯员，这个刚刚 35 岁的年轻人在抗日战争时期，就曾在右玉一带打过游击，右玉对他来说并不陌生，但令他没有想到的是，就在他上任的头一天，迎接他的除了憨厚朴实的 4 万右玉人民，竟然还有一场漫天的黄风狂沙。

【采访】

右玉县第一任书记张荣怀的打字员王玉明：那时白天刮风刮得就得点灯了，就啥也看不见。我小时候记得我们村里头把一群羊刮得就找不到了，最后（在）第二天找到仅有的几只羊，把一群羊要刮没了，这个风沙要大到这个程度。

【解说】

山西右玉县地处塞北高原，西北与内蒙古交界，距毛乌素沙漠仅有 100 公里，自古以来这里风沙肆虐，土地沙漠化严重，被称为"不毛之地"。由于地处边关要塞，自秦汉以来右玉这块土地上，金戈铁马，狼烟四起，经年战火不断。

【采访】

右玉县原政协主席王德功：在明代中后期，还采取了一个什么政策呢？就是放火烧荒，放火烧荒就是在长城内外，要求驻守在这一带的将士每年到了秋天，一定要放火把长城内外 200 里以内的树木都要烧光，连续不断地烧，使这个地方的生态环境受到了严重的破坏。

【解说】

数千年的征战讨伐，加之明代大量地焚烧树木，让右玉的树木植被遭到了毁灭性的破坏，1938 年以后，右玉作为老革命根据地，再次经历了抗日战争和解放战争血与火的洗礼。至解放初，右玉全县 1967 平方公里的土地只有不到 8000 亩的树木，森林覆盖率仅仅只有 0.3%，也就是说在方圆 100 平方公里的土地上，竟然连半棵树都看不到，而沙化面积却占到了全县土地面积的 76%，这块本就贫瘠而沧桑的土地，常年风沙肆虐环境极为恶劣，翻开清《朔平府志》，随处都可以看到这样的记载："二十九年三月二十二日辰刻，左卫黑风自西来，白昼如夜，人物咫尺不辨……至酉刻始复如旧，房屋多推人畜亦伤。五十七年七月二十二日未刻，左卫有风自东南来，有于姓者刮起数十丈。"人畜亦伤，能把一个成年人抛起数十丈，当时的风会有多大可想而知，风沙已经严重影响到了右玉老百姓的正常生活，成了许多右玉人一辈子刻骨铭心的记忆。

【采访】

右玉县造林模范尹小秃：刮起风来堵天堵地的，一年一场风从春刮到冬，河湾里的风不是清风，是拉骆驼风呼呼的。

右玉县当地群众王官虎：那就是天连地地连天，就好像是起雾了，就连河湾的树林畔也瞭不见，大概能瞭个十来米。

【解说】

1949 年翻身做了主人的农民，烧毁了祖祖辈辈压在他们身上的封建地契，分得了自己的田地，全国各地的人民都沉浸在拥有土地的喜悦之中。然而对于右玉的老百姓来说，这种喜悦随即就被一种新的担忧所代替，严重沙化的土质让庄稼很难下种，春天种到地里的种子，常常一夜之间就会被风刮跑，正如当地谚语所云："春种一坡秋收一瓮，除过籽种够吃一顿。"

【采访】

右玉县造林模范尹小秃：过去我们村种 2000 多亩土地，打不下粮食，常常是种上山药，一黑夜刮的风把山药籽一个个的露出来。

【解说】

拥有成片的土地却面临着吃不饱肚子的困境，如何让翻身的右玉人民吃饱饭、生存下去，成了摆在张荣怀他们面前的最大难题。这个当过武工队长区委书记，经过战火洗礼的共产党人没有退缩、没有畏惧，在他上任后的第二天，就和县长江永济两个人背着水壶带着军用地图，开始了对全县的徒步考察，在赵望坡区曹村，张荣怀遇到了当时在山沟里植树的农民曹国权，这个当年在山沟里植树的小伙子，如今已是 92 岁的耄耋老人，遗憾的是老人因重病卧床无法接受我们的采访。

【采访】

右玉县文联主席郭虎：今年夏天咱们省里边来了一位作家，给咱们写一部关于右玉精神的报告文学，我陪他去做的采访，采访了咱们曹村的一位省林业劳模曹国权老汉。他当时谈起一件事，在新中国成立初期，他有一天正在地里的沟口栽树，过来两个人就问他你为啥就不种地就栽树呢？他就说这儿要不栽树地就种不好，你看他们的地都长得不好，你看我这一沟山药就长得都挺好，这两个人听了笑了笑走了。事后曹国权老汉才知道这两个人其实就是当时的右玉县委书记张荣怀和他的通讯员。

【解说】

这个从二十几岁就开始植树，一直到他 90 岁仍然在植树的老人怎么也不会想到，就是当年自己随意的聊天，竟然会让县委书记做出一个改变右玉山河面貌的决定。看着满沟的树，看着沟里那一片没有被风沙淹没的土豆，一个想法在张荣怀的心里逐渐明晰起来，就在60多年前的那个深夜，就在这间简陋的办公室里，张荣怀挥笔写下了这样一行字："人要在右玉生存，树就得在右玉扎根。"

1949年10月24日，就在新中国刚刚成立后不久，张荣怀就在一次县委工作会议上，面对全县干部提出了一个通俗而响亮的口号："右玉要想富就得风沙住，要想风沙住就得多栽树，想要家家富每人十棵树"，也就在这次会议上，县委领导和全县干部一起发出了坚决与风沙抗争到底的庄严誓言。在后来根据右玉人民自强不息、绿化山河的故事改编的电视剧《西口长歌》中，就真实地再现了当时的一幕："同志们，朔北要想富就得风沙住，要想风沙住就要多栽树，要想人在朔北生存，就要树在朔北扎根，从今天起，我们要把植树造林防风治沙作为朔北县的长远战略目标，我们全县的干部群众，每人每年至少要种上10棵到20棵树。"

【解说】

就在这次大会开完后，张荣怀领着全体县委干部，冒着风沙来到西门外的苍头河畔，带头种下了这改变右玉生存环境的第一棵树。这棵树成为右玉后来60年植树造林的奠基树，成为右玉此后漫漫60年生态建设之路的奠基石。如今的苍头河两岸植被郁郁葱葱，自然环境优美，已经成了晋北地区少有的省级湿地保护区和令人赏心悦目的休闲胜地。这就是一个中国共产党人、一个县委书记在贫瘠沧桑的右玉大地上，经过艰辛的徒步考察，深入群众调查研究，实事求是，以人民利益为出发点，以执政为民的坚定信念为右玉人民寻找到的一条改变命运的根本出路，这条出路被后来60年的实践证明，是符合右玉实际情况的，是切实可行的，是一条可持续发展的科学之路。

【片花】

右玉精神

【解说】

这里是右玉县的右卫镇，在上世纪70年代之前，这里一直是右玉县的县城。就在离县城不远的崇刚山上，有一座当地百姓用来祈求风调雨顺的风神台，风神台究竟建于何时，今天已无从考证，但是把风神台建在这样一个地方却是颇有讲究。从台上往西南俯瞰，右玉老城像扇面一样徐徐展开，而风神台恰恰位于扇柄之上，意在请来风神镇住风沙，但是千百年来任凭右玉的百姓如何虔诚地祈求风神，他们的这个愿望不仅没有实现，肆虐的狂风反而把与风神台仅有几步之遥的黄沙洼的沙尘吹向了县城。黄沙洼，这道宽8里长40里的流动沙丘，由于地处大风口，每年都会以十几米的速度在向一公里之外的老县城逼近，大有流沙压城城欲摧的态势。

【采访】

右玉县右卫镇村民倪振华：这一片都是黄沙洼，我家就在黄沙洼（附近）的城内，在我小的时候，黄沙洼都是沙子，一来就插半鞋拔子土，根本就没有一苗草，更没有树了，当时我小的时候城墙上还能掏雀儿，有城砖。

【解说】

40里的黄沙洼就像是悬在右玉县城头顶的一颗定时炸弹，如果不及时治理，随时都有掩埋右玉县城的可能，时任县委书记马禄元把植树造林防风固沙的突破口就选在了最难的黄沙洼。就在这年春天，右玉生态建设史上轰轰烈烈的黄沙洼战役就此打响。

【采访】

右玉县原政协主席王德功：1956年的4月份，突然叫我们到右玉城的北门外开会，把机关干部都召集到右玉城的北门外，敲锣打鼓地扛着红旗，我们出去一看才知道是植树造林的动员大会，县委书记马禄元讲了话，县长讲了话，同时工商各界的都表态、发了言，这实际上就是全县向黄沙洼进军的一个动员大会。

【解说】

从1956年到1957年，连续两年时间，右玉县的机关干部和数万名群众就在40里黄沙洼摆开战场，书记、县长以及机关干部与普通群众一样，带着干粮喝着冷水，春秋两季奋战在植树工地上，没有钱买树苗，他们就用钩镰从200里外的大同采集回杨树枝条扦插，为了保证树的成活，他们用毛驴驮水，用扁担挑水浇树，工地上根本分不清干部和群众，每个人的脸都是一样黑，每个人的手都是一样的粗。然而，令人没有想到的是，上万人种了两年的树到最后却是枯树遍野，活下来的仅仅只有少数的几棵，两三米高的树连树梢都被风沙淹没了，有的甚至被大风刮得树根都朝了天。眼前凄惨的一幕，不禁让付出无数艰辛却壮志未酬的马禄元泪湿衣襟。

【采访】

右玉县原县委书记马禄元：他们都说马书记你不要费劲了，咱们费那么大劲也栽不成树，徒劳无功，不要那么干了，咱们往别处栽吧。

【解说】

如果放弃，黄沙洼这个移动的沙丘可能就会很快越过城墙，掩埋了整个县城，看着县城里祖祖辈辈生活在这里的老百姓，马禄元不忍心看着他们流离失所，他不相信在黄沙洼就种不活树，人难道就要这样活活地被风沙逼走吗？马禄元不甘心，他下决心要打下这场硬仗。1958年的春天，马禄元和继任书记庞汉杰带领着全县的干部群众，寻找着科学的种植办法，开始了二战三战黄沙洼的战役。

【采访】

右玉县右卫镇村民倪振华：那会儿的黄沙基本就是一插插半腿，水分少，栽一苗这树也不容易呢，栽上百十来苗活上十来苗，这就挺高兴了。

【采访】

右玉县原政协主席王德功：树也长，风沙也长，沙丘也长，这算是成活了，好多树就是由于它生长的速度没有风沙增长的速度（快），就被风沙吞噬了，年年有活的有死的，年年进行补栽，过去咱们有句俗语说什么呢？说一分耕耘一分收获，事实上在右玉这块土地上一分耕耘远没有一分收获，甚至于是几分十几分的耕耘，才能有一分的收获。

【解说】

正是靠着一种百折不挠的精神，一股为生存而战的信念和实事求是、尊重科学的态度，右玉的干部群众终于将这一座流动的沙丘变成了一片绿洲，一辈子都生活在右卫镇里的倪振华不仅不用再担心自己的房子会被风沙掩埋，而且还在院子里盖起了五间宽敞明亮的大瓦房，一家人过着幸福的生活。

【采访】

右玉县右卫镇村民倪振华：我们现在剥玉米主要是喂猪喂羊，在过去人吃的还没有，过去在没栽树以前保持不住沙土，都是黄沙，种不了庄户，结果是人吃这还不够吃，通过植树造林改良土壤，我们现在庄户已经丰收了，现在我们都改成吃成白面了，和过去比起来相差几百倍，这会儿自行车也不骑了，骑摩托呀。

【解说】

今天残破的风神台依旧伫立在崇刚山上，但是黄沙洼已然不是当年的黄沙洼，这个曾被预言种树根本不能成活的沙丘，如今已经变成了一道防风固沙的绿色屏障，而创造这一奇迹的不是那个被人们朝拜供奉的风神，而是所有右玉干部群众的信心和决心，是右玉人民一把铁锹加两只手的顽强拼搏的干劲。这一抹来之不易的绿，让右玉人看到了希望，让每一个后继的共产党人得到了启迪，只要艰苦奋斗、百折不挠，就没有办不成的事，只要心忧天下、造福一方，就能把政绩印在山川大地，刻在老百姓的心上。

2007 年在"山西十大记忆人物"评选晚会上，台上演的一个小品让全场的观众都为之动容，潸然泪下。小品取材于一个真实的故事，而故事的主人公就是右玉县威远堡的村支书——毛永宽。

"永宽，我的孩子，今天是你的忌日，爹带着孩子又来看你了，你做得对，死得值，你是为乡亲们活着的，也是为乡亲们死的，孩子啊，你带领乡亲们种的树如今已经成林了。"

【解说】

1972 年，22 岁的毛永宽就当上了威远堡的村支书，22 岁的年纪在今天也就只是一个刚刚走出大学校门的学生，但就是这样一个年轻村支书，却在一张牛皮纸上画出了威远堡道路、绿化、灌溉的规划图，画出了他心目中的威远堡。在此后的 7 年时间里，毛永宽带领群众打下了七眼浇地用的大口井，平整了几百亩土地，修起了灌溉渠网，在堡子里栽下了十几万株农田林，堡子外栽起了几道防风林，还修起了就连现在的农村都很少见到的二环路三环路、办起了村办企业，建起了卫生所，盖起了大礼堂，办起了敬老院，威远堡老百姓的生活在他的带领下一天天变好了，可他却累倒了。

【采访】

毛永宽的妻子戴桂华：晕得不行，就那样还要天天拿上张铁锹出去，平地呀烧荒草呀，要么割莜麦和人家割的一样样的，割到前头晕得厉害了，就躺在莜麦垛上睡着了。

右玉县威远堡村原妇女主任王月兰：当时割得就晕在地里了，倒在地里，众人就把他送回去。

【解说】

毛永宽是为威远堡而累倒的，1978 年 12 月 2 日，他们的好书记毛永宽带着他对威远堡美好未来的憧憬，带着他未完成的事业，遗憾地离开了这个世界，这一天距离他 28 岁的生日仅仅只有两天。

【采访】

右玉县威远堡村原妇女主任王月兰：烧纸扎呢，（毛永宽的）女人就提出来了，说折上张铁锹吧，他活着一直离不开那张铁锹，意思是死了，下了地底下还要铁锹呢，当时毛永宽的妈他们挺反对，说活着就使唤这张铁锹，死了还要铁锹呢，他女人哭着说他活的时候爱见这，再给他烧上吧。

【解说】

给他烧把铁锹带走吧，没有人比毛永宽的妻子更了解他了，没有私心、一心为公，这是我们在这次采访中听到最多的话，也是老百姓对毛永宽最高的褒奖，这个年轻的村支书虽然仅仅只活了28岁，但他却用自己短暂的一生践行了一个共产党人、一个基层干部造福百姓、为人民服务的忠诚诺言，毛永宽走了，在他的身后是一座绿意渐浓的村庄，是一个按照他的规划正在走向富裕的村庄，这一株株挺拔的杨树，一片片平整的土地，一条条宽阔的马路，就像一块块无言的丰碑，永远矗立在威远堡的大地上，毛永宽这个普通的名字，也将深深地铭刻在右玉人民的心中。

在右玉，提起"树书记"无人不知、无人不晓，树书记下乡三件宝，哪里有树哪里跑，这位树书记就是常禄。树书记的三件宝是剪刀、卷尺和望远镜，剪刀是用来修剪树枝的，卷尺是用来检查树木生长情况的，而望远镜则是用来监视有没有牛羊啃树，有没有人偷偷砍树，当年因报道三北防护林而到右玉采访的新华社记者池茂华，至今还记得他第一次见到常禄时的情景。

【采访】

原新华社摄影记者池茂华：我是1982年接触了常禄书记，到他办公室给我印象最深的就是地下也都是铁锹、镐头，然后是胶鞋，对了，还有破脸盆，破脸盆里也都栽的是各种树苗榆树、柳树，他说当地哪些树能活，哪些树不能活，我采访过多少县委书记，他这个办公室和其他人的都不一样，一进去以后满眼都是和树有关系的东西。

【解说】

"我们是飞鸽牌的干部，但一定要做永久牌的事。"这是常禄常挂在嘴边一句话，他说干部经常调整就像是飞鸽，可在右玉植树造林、防风固沙是符合百姓长远利益的事，是永久牌的事。然而半个多世纪风云变幻、时代更迭，期间经历过"有水快流"求富热的冲击，也经受过以GDP论英雄的政绩观的干扰，那一任又一任的飞鸽牌干部，真能把这件永久牌的事永久地做下去吗？

【片花】

右玉精神

【解说】

上世纪70年代末，一个新的词汇出现在了中国老百姓的生活中，那就是改革开放。中国经济体制正在进行着探索和改革，有水快流、快速致富成了当时各级领导工作的主导思想，山西这个煤炭大省也在这个时候出现了村村开矿、处处冒烟的繁忙景象。1983年右玉县县委书记袁浩基上任了，《山西日报》刊出一则喜讯，山西右玉发现了储量34亿吨的煤田，此时的右玉森林覆盖率已由解放初的0.3%提高到了27.8%，风沙带给右玉的危害已经基本得到了遏制，是转身挖煤还是继续种树，成了这届县委县政府面临的一个艰难抉择。

【采访】

时任右玉县原县委书记袁浩基：我1983年到了右玉的时候，少部分人有绿化到顶的思想，也有些厌倦情绪，当时还是以粮食和农业为主，这种情况下干部群众都很急。

【解说】

作为当地的父母官，谁不愿意为老百姓找到一条更快捷的致富之路？谁不愿意在自己的任期内，为右玉摘掉贫困县的帽子呢？上任之初，袁浩基就请来各路行家为右玉的发展问诊把脉，然而行家们开出的药方还是种树，并制定出了"种草种树发展畜牧，促进农副尽快致富"的 16 字方针。

此后近 30 年的事实证明，这是一个符合人民长远利益，经得住历史考验的科学发展方向。从上世纪 50 年代开始，为了保护植被改善生态，右玉就已经开始大力推广沙棘、柠条等灌木种植，到 90 年代，全县的沙棘种植面积已超过了 50 万亩，每到丰收季节，漫山遍野的沙棘林被沉甸甸果子压弯了腰，如何给当地丰富的沙棘资源找到一条出路？如何把右玉群众几十年的奋斗成果变成经济效益？这是摆在时任右玉县县委书记靳瑞林面前的一道难题。

【采访】

时任右玉县县委书记靳瑞林：我去之前人均只有 520 块钱，当然那个时候大家都穷，我们的生态优势没有变成一种经济优势，更没有把绿化的资源当成一种经济资源来开发，我在的时候搞的事情就是没有资源来培植资源，特别是用生态资源的开发来让地方的经济有所发展，让老百姓能够致富。

【解说】

将近 60 万亩的沙棘林让靳瑞林发现了商机，他瞄准了著名饮料企业汇源果汁，他想要把汇源引进右玉，合作开发沙棘饮料，但是当靳瑞林带着相关人员，兴冲冲地赶到北京汇源果汁总部后，一连等了七天，却连汇源老总的面都没有见着。

【采访】

时任右玉县县委书记靳瑞林：肯定很委屈，对右玉的发展是一件大好事情，那么我自己个人在那儿受点儿委屈，甚至丢点儿面子，那根本算不了什么，那算什么。你如果不坚持，那么你自己定的奋斗目标就实现不了，你如果不坚持，可能你履职就履不到位，所以它实际上最终还是一种责任。

【解说】

正是因为靳瑞林有着为老百姓谋利益谋幸福的责任心，三个月后汇源饮料果汁有限公司右玉分公司在右玉建成投产，一箱箱包装精美的沙棘果汁从右玉远销全国各地，右玉闲置了几十年的沙棘资源终于得到开发。当初为改变生存环境种下的沙棘，如今实实在在地给农民们带来了经济效益，实现了生态效益、社会效益、经济效益三个效益协调发展，几十年的生态建设由此产生了质的飞跃。

2005 年 7 月 16 日，一个让右玉人永远铭记在心的日子，这一天，中国·右玉首届生态健身旅游节隆重开幕了。来自全国 15 所高校的大学生和全国各地 21 支独轮车代表队，上千名运动员齐聚右玉，从中央到地方的 50 多家媒体，100 多名新闻记者云集右玉进行采访报道，来自各地的数十万名游客观赏比赛，游览右玉美丽的生态风光，一个山川秀美、生机勃勃积极开放的新右玉，展现在了世人面前。开发生态旅游发展新型服务产业是当时的右玉县县委书记赵向东为右玉未来发展找到的一个新的突破口。

绿和富不应该是对立的，而应该是和谐发展的，右玉该是从人与自然的顽强抗争到与大自然和谐相处共生共存的时候了，这是曾经担任过三年右玉县长、时任书记的赵向东，经过深刻思考得出的结论。明代的长城古堡、杀虎口边关、西口古道等历史遗迹和右玉独特的生态风光让赵向东看到了右玉新的发展前景，在右玉发展旅游业让旅游成为拉动经济的新型产业。

【采访】

时任右玉县县委书记赵向东：我的前任们为了解决老百姓的生存问题，那是一种责任，我接过他们的接力棒，我感觉到解决富裕问题也同样是一种责任，也是一种使命，尤其是我感觉到绿并不是和穷相连的，不是说老百姓在我们党的带领下，50多年来坚持不懈地植树，最终仍然还是处在贫困状态下，我感觉到如果我们不解决富裕问题，绿化的成果也不一定能够巩固，因为50多年来老百姓付出了很多，应该是享受绿化成果的时候了，所以我们提出要在右玉实现富而美。

【解说】

首届旅游节的成功举办，给右玉开创了一条新的强县富民之路，今天，右玉已经成为4A级旅游景区，右玉每年来的游客从过去不足1000人跃升至每年五六十万人次，许多祖祖辈辈在土里刨食的农民都放下了锄头，在自家门口做起了生意，吃上了旅游这碗饭。

【采访】

右玉县杀虎口村村民杨再茂：过去白天点灯，那现在就成了绿树成荫，是相当好的环境，相当优美，空气也新鲜了。

右玉县杀虎口村村民王小花：现在开饭店挺不赖，全国各地的人也多，旅游区搞得好，房也盖得整齐，尽人来看。

右玉县杀虎口村村民杨再茂：想也不敢想，过去那是吃点白面，我们农民都不容易，现在是白面还不想吃，还想吃点比较有营养的，肉蛋奶这一类的。

【解说】

保护生态是为了让人们生活得更舒适，发展经济的目的是提高人民的生活水平，如何将发展的成果更好地回报给右玉的人民，这是现任县委书记陈小洪上任后对右玉未来发展更深层次的思考。近年来右玉加大招商引资力度，全面推进经济社会跨越发展，由于右玉独特的生态环境与知名度的不断扩大，一些对生产环境要求高的食品加工、生物制药、新能源产业等企业相继落户右玉，给右玉经济发展奠定了坚实基础。

【采访】

现任右玉县书记陈小洪：怎么样传承好右玉精神，对于我们现任领导班子来说，就是要坚持这种不计眼前、不计名利，要有功在长远、时时处处为民谋利的政绩观，要多做打基础、立长远、符合老百姓根本利益的事情。

【解说】

最初右玉人是为了改变生存环境而植树，如今这漫山遍野的绿树不仅让人们生存了下来，而且还过上了幸福的生活。对植树造林、对绿色，右玉的老百姓有着一份特殊的情感。王占峰，一个在深山里一待就是20多年的新时期植树模范，20多年前，他扔下了在大城市经营得红红火火的旅馆，回到村里承包了荒无人烟的石泡沟。从人人羡慕的大老板变成了住山沟里埋头种树的农民。20 年来，荒凉的石泡沟在王占峰的辛苦努力下绿起来了，在右玉，像王占峰这样承包治理荒山的治沙造林大户，已有 30 多户。几十年间，改变家乡生存状况的热情，从一代又一代、千千万万右玉老百姓的心底迸发。

余晓兰，这位从云南嫁到右玉的姑娘，和丈夫一起承包了南崔家窑的 4000 亩荒山和 30 亩乱石滩。十多年来，每天往返 40 多趟挑水上山，种下了 15 万株果树、600 多亩沙棘林和檩条林，被评为"中国杰出青年农民"，当上了党的十六大、十七大代表。

韩祥，一位年近古稀的老人，退休后便一头扎进山里，通过家庭股份制合作，埋头治理荒沟近 20 年。如今，有人出 800 万买他种的这些，但被他拒绝了，他舍不得这片自己一手栽起来的树。

【采访】

右玉县植树模范韩祥：现在这沟里，春天山花烂漫，各种花都开了，夏天梁上坡下绿树成荫，特好的景色就是到了秋天，层林尽染，那个景色非常好。

【解说】

从不毛之地到塞上绿洲，从生存危机到幸福生活，右玉人走过的是天翻地覆的 60 年，创造的是令人惊叹的人间奇迹。

【采访】

时任右玉县县委书记赵向东：右玉老百姓在长期的实践过程中感觉到听党的话见到了春光，所以右玉老百姓是最愿意跟党走的。

时任右玉县县委书记靳瑞林：真正的右玉精神是右玉人民创造的。

现任右玉县县委书记陈小洪：我不能不说右玉人民很伟大。

【解说】

正如历届右玉县委主要领导所说的那样，右玉的人民群众是奇迹的真正创造者，是右玉精神的真正缔造者。

回眸 60 年历史，右玉奇迹其实就是千千万万个像毛永宽那样忘我无私、不怕牺牲的共产党员和人民群众共同创造的，这些鲜活的面孔被永远地定格在了右玉绿化纪念馆里的这面雕塑墙上，他们当中或许就有 50 年代的曹国权、60 年代的伊小秃、80 年代的王占峰、90 年代的韩祥、21 世纪为植树献出生命的张一、党的十六大、十七大代表、全国"三八"绿色奖章获得者余小兰。这些为改变右玉生态环境而不懈努力，甚至不惜牺牲生命代价的党员干部，与人民群众用生命、用血汗、用奋斗、用拼搏创造了伟大的生态奇迹，创造了右玉人民今天的幸福生活，创造了伟大的右玉精神，他们是右玉精神真正的缔造者与践行者。而我们的历任县委和政府的主要领导以自己求真务实的作风，以执政为民的理念，实践了我们党为人民服务的崇高宗旨，他们与人民群众血肉与共，他们用实际行动在群众中树立起党的形象、党的威信，他们同样是右玉精神的缔造者与践行者。

（山西卫视 2011 年 6 月 29 日首播）

评析

<h1 style="text-align:center">沙丘变绿洲：信念的力量</h1>

——《右玉精神》赏析

《右玉精神》主要讲述了右玉县的各届领导班子带领群众，在艰苦的环境中防风固沙、植树造林，让这个"不毛之地"逐渐演变成了"塞上绿洲"，扭转了"举县搬迁"的局势，右玉人民保住了家园，过上了幸福的生活。故事似乎很简单，但是右玉县的党员干部和群众本着艰苦奋斗、不计眼前、不计名利、功在长远的精神，创造出的右玉奇迹却深深地打动每一个人。这是一场生存之战，更是信念的力量！

《右玉精神》（以下简称《右玉》）获得了 2011 年第 22 届中国新闻奖新闻专题类一等奖。但它的成功之处绝不仅限于展示出了历史的丰功伟绩，制作者以时间为经，以历届领导班子带领群众治沙为纬，选取一个个典型人物故事和影像资料鲜活地呈现在观众眼前，一步步展现出右玉县自然环境、社会经济的推进式变化，以及在长期艰苦卓绝地奋斗中形成的右玉精神。

一、明晰的叙述主线

"叙事主线是电视编导在对节目素材进行剪辑时所要遵循的逻辑思路，是制作一个电视节目的具体依据。节目的后期剪辑必须以明晰的叙事主线为逻辑依据，这样声画元素的组接才能顺利流畅，节目的思想内容才能紧紧抓住观众的心。"《右玉》在整体上遵循时间顺序，将创造右玉奇迹的历史过程娓娓道来。影片分四个段落，横向和纵向同时铺开，在右玉变化史的时间轴上，将历史、生态、经济等各方面的变化完整地融合呈现出来。

（1）向贫瘠宣战。影片开篇就用两组强烈对比的照片，展现出右玉县从"不毛之地"演变成"塞上绿洲"的奇迹。历史上战火不断，右玉的植被遭到了毁灭性的破坏，右玉百姓生活在极度恶劣的自然环境之中。直到 1949 年，中共右玉县委第一任书记张荣怀提出"右玉要想富就得风沙住，要想风沙住就得多栽树，想要家家富每人十棵树"的口号，并带头种下了改变右玉县生存环境的第一棵树，这也成为了右玉此后 60 年坚持生态建设的奠基石。

（2）黄沙洼攻坚战。右玉县生态治理已经有了十几年的时间，而治理不能一把抓，要实事求是、具体分析。黄沙洼是右玉县防风固沙最难攻克的地方。时任县委书记马禄元带领右玉人民几战黄沙洼，终于将黄沙洼攻下。右卫镇村民倪振华是"黄沙洼战役"的见证者，他看到了黄沙洼治理前的恶劣，见到了治理中的挫折，更是治理胜利后的受益人。作者通过倪振华这位"在现场的人"，把右玉县的改变更加真实、生动地呈现在观众面前。毛永宽、"树书记"常禄等右玉县领导接过植树造林的接力棒，为改变右玉奉献了一生。

（3）自然环境保护持久战。时值改革开放之初，是转身挖煤，还是继续种树？这是摆在右玉县领导面前的难题。右玉煤田丰富，开发煤田一定能够创造巨大的经济效益。可几任县委书记——袁浩基、靳瑞林、马向东都选择了生态致富的道路。袁浩基继续种树，靳瑞林引进汇源饮料果汁公司，马向东开展生态旅游发展新型服务业。他们将右玉县逐渐丰富的生态资源转变成了经济资源，由此创造了巨大的社会效益，实现了经济效益、生态效益、社会效益三个效益的协调发展。

（4）人民群众之战。毛泽东同志曾说："人民，只有人民，才是创造世界历史的动力。"历史雄辩地证明，任何实践活动，都离不开人民群众的参与和支持。右玉奇迹是右玉人民在党员干部的领导下创造出来的，人民是右玉精神的真正缔造者。影片最后，三任县委书记关于"人民"的讲话，肯定了右玉人民在右玉的改变和发展中的伟大作用，将《右玉》这部片子的主旨升华到了一个新的高度，也是整部片子的要义所在。

二、感人的典型故事

典型报道是"对具有普遍意义的突出事物的强化报道"，"在中国它是一种用来引导舆论、指导工作、催人奋进的常用报道形式。"①《右玉》充满着典型报道的色彩，让典型人物和典型事件在节目中穿插，使得右玉精神更加鲜活，更加令人信服。

（1）宏观上，《右玉》本身就是一个典型报道。《右玉》的主体是"右玉县"，右玉县的事迹和精神在中国改革发展史上具有重要的典型意义。右玉县的党员干部和人民群众坚持崇高理想和共同信念，自力更生、艰苦奋斗几十年，终于成就了右玉县"塞上绿洲"的奇迹。"右玉精神"是伟大民族精神和先进时代精神相结合的结晶，是激发民众奋发向上、追求进步的重要精神动力。学习和发扬"右玉精神"是践行社会主义核心价值体系的重要选择。

（2）微观上，《右玉》用多个典型事件和人物丰富内容。在影片的每一个段落都有典型的人物和事件穿插。例如，改造黄沙洼之苦，村支书毛永宽累倒在岗位，"树书记"常禄的三件宝，靳瑞林艰难引进企业等事迹，曹国权、王占峰、余晓兰、韩祥等种树模范，作者在每一个典型上都下足笔墨。右玉党员干部和人民群众的奋斗史在荧幕上得到真实重现，他们百折不挠、为生存而战的信念感染着所有人。

（3）"反对绝对化，反对人为贴金、反对典型万能。"典型报道在中国的诞生具有特别的政治背景，因为常常被贴上政治标签，中国式典型报道的"高、大、全"时常与人民真正关心的话题脱节。《右玉》从干部到群众选取多名典型人物，讲述了他们在植树造林过程中遇到的挫折，配合造林的成果，以及他们的日常生活和生死，正是这些有血有肉的普通人创造了右玉奇迹。和一些同题材的影片相比，《右玉》脱离了"高、大、全"窠臼，还原了一个个真实可信的普通人物形象，做到了典型事物的"非绝对化"和"非万能"。

三、鲜明的时代精神

在中国特色的政治环境下，新闻报道也具有中国特色。新闻工作者的心中都有一把尺，丈量报道什么和不报道什么的尺度。翻阅优秀的新闻作品目录，可以发现这些优秀作品一般都能反映出一定的社会、政治、经济等方面的现实，引起人们的反思。《右玉》的诞生和2011年中国重要的政治背景有无法割裂的联系，同样《右玉》对指导现实生活也具有重要意义。

---

① 甘惜分：《新闻学大辞典》，河南人民出版社1998年版，第154页。

2011 年 6 月 29 日《右玉》在山西卫视播出，而 7 月 1 日就是中国共产党成立 90 周年的纪念日。山西省是中国革命的重要根据地，也是新中国建设的重要基地。"'右玉精神'是中国共产党 60 多年来执政为民、践行宗旨的一个缩影，是党的科学发展理念的质朴诠释和成功实践。"《右玉》的适时推出，是对中国共产党先进性形象的最忠实诠释。

中国共产党第十七届四中全会强调"加强党的作风建设，保持党同群众的血肉联系"。《右玉》是顺应了中国政治社会发展规律的电视作品，其宣传价值不能被忽略。右玉县历届党员干部，不计眼前，不计名利，功在长远，时时处处为民谋利，和群众一起齐心协力办大事汇聚而成的"右玉精神"，是时代的呼唤，也是我们每一个人都应该具备的信念，只有信念才能赋予我们改变的力量。

（田小春）

2.2　老兵，回家

广东电视台　阮拥军　张琳玥　邝雯珊

【字幕】

2012 年 5 月 24 日

云南盈江县昔马镇黄伞坡村

【解说】

这里是云南盈江县昔马镇黄伞坡村，距中缅边境只有 10 多公里，95 岁的邱联远老人在这个村庄已经生活了 30 多年。大部分时间，老人就这样独自坐着。一间四处透风的竹屋、一个简陋的灶台、一张桌子、一把椅子、一个橱柜和几只鸡蛋，是老人现在全部的家当。

几十年来，村里人只知道他是外乡人，直到一个多月前，一名志愿者来到这里，老人心底尘封了几十年的往事才被一点点打开。

【同期声】

关爱老兵网志愿者滇西月：我看了很辛酸的，一个抗日的英雄，95 岁的时候，一身伤疤，还在透风的房里，难道你会不心疼吗？

【解说】

72 年前，只有 23 岁的邱联远从老家外出买米，这一去，便成了他与家人的别离。

【同期声】

远征军老兵邱联远：我离开家我去当兵，我的家人、我的叔叔、我的父亲都不知道，我的哥哥都不知道。

【解说】

1942 年，抗日战争进入最艰难阶段，邱联远加入了中国远征军，为保卫中国西南大后方和抗战"输血线"而出征滇缅印、抗击日本，他从昆明巫家坝乘飞机，飞越驼峰航线去往印度兰姆咖集训。

到达印度后，他被编入新 1 军 38 师 112 团 3 营 7 连，训练后与战友一起从印度打回缅甸，几次与死神擦肩而过。

【同期声】

远征军老兵邱联远：三枪，子弹打通了我的背包，子弹这样打过来，如果直直地过来，脑袋就开花了。

【解说】

中国远征军在滇缅战场上打得极为惨烈，在云南腾冲县城，87 岁的原远征军五十四军一九八师五九三团上尉黄应华生活已经不能自理，耳朵也很难听到东西。1942 年，腾冲被日本军攻陷时，他还不足 17 岁，是腾冲第一中学初三年级的学生。那时候，腾冲的百姓几乎倾城而逃，而他和李炳福、彭文德三人留了下来，他们结为兄弟，拍照留念，相约胜利后相见，而没想到这竟是三人最后的合影。

【同期声】

远征军老兵黄应华：我是腾冲人，我第一个冲出去。

【解说】

1944 年 9 月 13 日，也就是腾冲抗战胜利前一天。李炳福牺牲了，牺牲之地距他家仅有 500 米。

彭文德，是在攻城时在南门街遇敌人炮击身亡，虽然已经过了 70 年，但一想到兄弟二人，黄应华还是忍不住落泪。

【同期声】

远征军老兵黄应华：想念战友，这些人都是为国家牺牲，我现在就想好好活下来。

【演播室主持】

如今，当年的远征军们大多已离开人世，剩下的也都是像邱联远、黄应华这样已到垂暮之年的老人。而与他们曾经所付出的血泪极不相称的，是一些远征军老兵如今贫苦的生活状况。

【解说】

战后，邱联远定居云南瑞丽，与缅甸女孩阿兰结了婚，生了三个儿女，后来邱联远去农场劳改，阿兰就带着孩子回了缅甸。

从农场回来后，邱联远和妻子李林正结婚。2005 年，在邱联远 89 岁的时候，妻子去世，房子又在一场大火中烧毁了，那是他最为艰难的一段时间。

【同期声】

远征军老兵邱联远：过去我的东西很多，现在都烧完了。

【解说】

一场大火几乎烧掉了老人的全部，包括他曾经极为珍视的抗战时的证件和照片。如今，他只能靠低保维持生活。

【同期声】

云南盈江县昔马镇黄伞坡村村民李如强：公家一个月给我 50 元。

【解说】

靠着做点打铁的手艺活，邱老攒了点钱，在村里给妻子修了一个体面的墓碑。他说，日后，他会和妻子合葬在一起。

【同期声】

远征军老兵邱联远：她埋在这里，我准备在这里铺水泥，将这坟墓建成我们广东的样式。

【解说】

虽然，早已经考虑好了自己的身后之事，但对于 95 岁的邱联远来说，对故乡的离愁却是愈来愈浓烈。上次回家，已是 1971 年。对于已到垂暮之年的他来说，故乡近在眼前，却远在天边。

【同期声】

远征军老兵邱联远：我回去安排我的孙子孙女，找点我家乡顺德的口味，螃蟹和鱼生，我吃点家乡菜。

【字幕】

2012 年 5 月 24 日上午

广东顺德龙江镇

【解说】

顺德龙江镇南坑村，这几天的气氛有些不太寻常。村里人时常会聚集在一起议论着什么。因为有人过来打听，有个多年前出去抗战的老兵是不是曾经生活在这里，还能不能寻找到认识他的亲人。这里，就是邱联远魂牵梦绕的故乡。

70 多年过去，时光流转。村口的池塘已经不再，两棵大榕树却还是枝繁叶茂。曾经的农家院落已变成一栋栋崭新的楼房，邱联远曾经的故居也经历了多次修葺。

【现场同期声】

龙江镇南坑村村民：以前这里就是一条路，全部都是鱼塘。现在我们这里建设都挺好的，这间房子就是他们姓邱的，都知道这房子是他的。

【解说】

如今，邱家的后人仍居住在村子里。但与邱联远同辈的老人已经不多了。这位 80 多岁的老人是邱联远的堂弟。说起哥哥当年离家时的情景，老人依然历历在目。

【同期声】

堂弟邱俭有：那年日本人过来了，大家都各散东西了，鸡飞狗走，所以他就去了。

【同期声】

邱联远的侄女：以前有联系过，但是之后就没有联系了，现在个个都觉得很开心，他90 多岁了能认祖归宗。

【同期声】

南坑村村民：老人家 90 多岁，能够回到家里寻根，他一定很高兴。

【字幕】

2012 年 5 月 24 日上午 10 点

云南盈江县昔马镇黄伞坡村邱联远妻子墓碑

【同期声】

远征军老兵邱联远：你要好好保佑我，回家平平安安的，过几天我就回来了。

【精彩看点】

70 多年前，一次偶然的外出，他加入远征队伍。

【同期声】

为了抗日救国，保护老百姓，数十年坎坷飘零、颠沛流离，却割不断对故乡的思念。

【同期声】

我要回去找点我家乡顺德的美食。

【同期声】

一个抗日的英雄，95岁的时候，一身伤疤，还住在那个透风的房子里。难道你会不心疼吗？耄耋之年，95岁远征兵落叶寻根，这归家的路，会牵出怎样的人间冷暖？

《老兵，回家》，《社会纵横》正在播出。

【字幕】

2012年5月24日下午4点

【解说】

老人想要回家的消息在几天前就传到了顺德龙江镇的南坑村。村里人商量，要让老人体体面面地回来，他们派出了邱氏族人的代表来接他回家。

【同期声】

远征军老兵邱联远：高兴，相当的高兴，心情很激动。

【字幕】

云南盈江县昔马镇黄伞坡村

【解说】

邱联远要回老家了，黄伞坡村的乡亲们来到了老人的小竹屋，在乡亲们的心里，此地更是邱联远的家乡。老人远去寻亲，这淳朴浓郁的山歌，既是替老人欣喜、对老人祝福，更是期盼着他能顺利归来。

【同期声】

远征军老兵邱联远：我的想法是，自己一定要回来，个个群众对我相当的关心，他们也不舍得我。

【字幕】2012年5月25日上午9点

【同期声】

云南盈江县昔马镇黄伞坡村村民：保重，保重！在外面要注意身体啊，早点回来。

【字幕】

2012年5月25日下午3点

云南腾冲县国殇墓园

【解说】

2012年5月25日，在飞赴家乡前一天的下午，邱联远和云南腾冲县的三位远征军老兵一起来到国殇墓园，拜祭牺牲的远征军亡灵，这些为了祖国牺牲的热血儿女们，墓碑上或只一个名字，或只一个军衔，他们的故事似乎已经慢慢湮灭，只剩下这些当年共经生死的战友在墓前默默相望。

【同期声】

远征军老兵邱联远：很多人都不在了，我们团就我独一个了。

【同期声】

腾冲县黄埔军校同学会会长卢彩文：我们的老同学们，现在还健在的，只有15个人了，今天能够参加的人只有3个。

【解说】

时光无情，每年，都有远征军老兵死去，和邱老一样，他们中的很多人也都面临着生活的困境。

郭自益老人，今年90岁了，他身体残疾，老伴患病，一家六口都挤在这狭小的阁楼里，屋门口这个刻章的摊位，是他们生活的全部来源。

【同期声】

关爱老兵网志愿者贞妮：他今年已经有90岁了，这是他老伴。他老伴今年85岁，每个月就是靠低保，还有爱心人士志愿者的捐助过生活。

【解说】

关爱老兵网网友滇西月是抗战老兵的后代，正是他最先发现了邱联远老人的故事。近年来，他拜访了不少在滇西的老兵，老人们的境况令人担忧。

【同期声】

关爱老兵网志愿者滇西月：这个老兵他瘫痪在床，他孤身一人，他没有任何经济来源。这个是，四川籍的刘富有老兵，是四川大竹县的，到现在没回过家，爹妈怎么样，他的村子怎么样，他都记不住了。

【演播室主持】

回家，是这些远征军老兵们共同的希望。当年，他们从全国各地来到滇西为国奋战，如今很多人却只能带着一身的病痛孤独终老，对家乡只能在心里远远地遥望，也许永远也没有机会再踏上故乡的土地了。这样看来，邱联远老人是幸运的，他就要回家了，儿时的大榕树还在吗？乡音依旧，容颜已老，家乡的亲人还认得他吗？

【字幕】

2012年5月26日下午14:30

广州白云国际机场

【同期声】

远征军老兵邱联远：过去在昆明坐飞机到印度，现在坐飞机来广州，很感激。

【解说】

时隔40多年，双脚再次踏上了故乡的土地。近乡情更怯，此时此刻，老人安静地靠在座位上，他又在想些什么呢？

【同期声】（村里欢迎现场，亲人相见）

这个是我妹，我小妹，阿英。

阿英啊？

对对对（哭），你不要再走了，不要走了。

【同期声】

邱联远的外甥女：我一直以为他死了，我姐姐看报纸看到的，当时得知，他还在生的时候心情是怎样？

（哭）

【解说】

告别家乡40余年，故乡的景致已经大变了模样。家门前的两棵老榕树却是更加繁盛。

【同期声】

中国远征军老兵邱联远：我上次回来，我的家、庙堂都还在，现在回来，我认都认不得了。

【解说】

在这里，邱联远实现了一个多年来的心愿，吃上了顺德的家乡菜。

【同期声】

中国远征军老兵邱联远：你回来最想吃什么菜，我回来迟点就要去吃鱼饼，鱼啊，切鱼腩的地方。蒸点酱油拌一下就吃。

（一组老人画面，接歌曲《故乡的云》）

【主持】关键词：为了忘却的纪念

虽然顺德家乡亲人们希望他能在故乡养老，也表示愿意承担他的生活，但是邱联远老人说，他还是要回到云南，回到黄伞坡村。那里，不仅是他洒下热血的地方，更长眠着他的妻子。待自己百年之后，他要与妻子合葬在一起，生死相守。虽说落叶归根，但是他乡已是故乡。邱老的归乡之路，坎坷却也温暖，这已不仅仅是他一个人的回家，更代表着现在还活着的远征老兵的心愿。我们需要铭记的，也不仅仅是他们个人命运的悲欢离合，更有那些不能忘却的历史。让我们欣慰的是：现在有越来越多人，加入到关爱老兵的行动中。在此，我们祝福所有的老兵能够安度晚年，健康平安。

（广东卫视2012年5月31日首播）

 评析

历史在这里呼吸
——《老兵，回家》评析

专题报道，是对现实生活中某些具有典型意义和较高新闻价值的新闻人物、事件、问题、社会现象等，进行记录调查、分析、解释和评述。它深入系统而又生动反映其发生、发展和结果，以及影响的全过程，揭示主题的深刻意义。这种报道类似报纸、广播的通讯这一新闻体裁，是电视新闻深度报道的主要形式之一。

距离广东卫视的《社会纵横》栏目播出这则长达19分30秒的电视新闻专题《老兵，回家》时，中国抗战胜利已有60多年，然而在这繁荣太平之下，却有这样一群从抗战第一线退下来的老兵，他们没有办法如期回到他们的家乡，只能留在他乡，远离亲人，靠着国家微薄的救济金艰难地生活着。

《老兵，回家》通过对远征军老兵个人命运沉浮的报道，穿越时空的真实记录，展示历史与现实的厚重感。节目真实、感人，文本细腻、画面优美，看后令人感动落泪。

一、第一叙事者：真实讲述"我"的故事

邱联远，一位耄耋老人，作为报道中的主要人物，他从自己的角度，用自己对过去的记忆，用最质朴的语言，将其在这场战争中的所见、所闻和所感以一种内聚的视角，用讲故事的方式，向观众还原了那段随时间埋葬在原始森林里的历史。

70年前，在那国难当头的一个中午，他出门为家人买米，却一去不回，他被在街上巡游的便衣抓了"壮丁"。"我离开家，我去当兵，我的家人、我的叔叔、我的父亲都不知道，我的哥哥都不知道。"老人一边简单地说着，一边尴尬地笑笑，看似轻松的讲述，却是在掩饰内心的那份对家人的交代的缺失，同时也是在掩饰这么多年来积压在心里的对家人的思念。

"过去我的东西很多，现在都烧完了。""她埋在这里，我准备在这里铺水泥，将这坟墓建成我们广东的样式。"简简单单的心愿，毫无掩饰的淳朴，那依然无法脱去的军人的爽直。这发自内心的自述和面对记者时的倾情述说，一种常年积压在心里的强烈愿望，让人们也同样感受到了作为一个从滇缅战场上退伍回到地方的老兵真切、迫切的需求和不由自主的同情。邱老的内心世界，与外部环境的种种冲突完美结合，通过当事人亲自向我们讲述自己的经历，淋漓尽致地展露了这位抗日老兵的真实现状和内心真实想法。

此刻随着镜头的切换，画面已然是邱联远老人的故乡广东顺德，他含着泪哽咽着说："我回去安排我的孙子孙女，找点我家乡顺德的口味，螃蟹和鱼生，我吃点家乡菜。"离乡72年的他，脱不去那特有的乡音，割舍不掉那对家乡、对亲人的牵绊和思念，更难忘家的味道。拮据的生活、孤苦的守望，在大火里丧失的家园以及对亡妻不变的爱，都在这一位普通老兵毫无修饰的讲述中，我们看到了一种质朴的坚定和无怨无悔。岁月更迭，哪怕时至今日，哪怕他已口齿不清，但那份问祖寻根、遥想当年的自然情怀却未曾逝去。

二、镜头叙事：关注细节，回归本真

镜头特写，将远征军今天艰难的现实生活客观地展现在我们的视线里，同时也唤起了社会对他们的关注和关爱。邱联远老人，只是在那段特殊的历史里，众多失散在他乡的远征军中的一员。然而就是这样一个普通的广东佛山老兵带着他的乡愁，带着他浓重的乡音一路从印度战场打回缅甸，留驻云南。

我们的视线紧紧跟随镜头的移动，镜头所到之处我们不仅清晰地看到，也清楚地听到这样的一段述说："大部分时间，老人就这样独自坐着。一间四处透风的竹屋、一个简陋的灶台、一张桌子、一把椅子、一个橱柜和几只鸡蛋，是老人现在全部的家当。几十年来，村里人只知道他是外乡人，直到一个多月前，一名志愿者来到这里，老人心底尘封了几十年的往事才被一点点打开。"在这一场景中，通过镜头对细节细致入微的描写，通过对这间四面漏风的小屋里仅有的全部进行的真实采集，不漏过任何一个角落，让人更直观地感受到老人生活现状困苦的同时，也营造出一种凄凉的视觉与内心的震撼感。这种对环境的细节描写，在如今的专题报道中已经很流行，原因在于他更能引导观众自己的内心想法，让人们有身临其境之感。

这些不着痕迹的刻画，将一个个微小的细节真实地摆在我们面前。跟随镜头的真实"叙述"，可以更清楚地讲述这位年迈的远征军老兵在这样艰苦的环境下是如何顽强地在现实与理想中坚强走过了人生的四季。

三、异叙事者：牢牢把握整个叙事的节奏

本则报道中的异叙事者主要是画外音的叙述。他对整个事件（故事）的讲述，有力地掌控了整个事件（故事）的线索和人物的内心世界，同时也将现场聚焦人物的讲述与历史资料自然地衔接起来，整个事件（故事）的叙事节奏和发展都在异叙事者的把握控制之下。

在本报道中有这样一段叙述："1942年，抗日战争进入最艰难阶段，邱联远加入了中国远征军，为保卫中国西南大后方和抗战'输血线'而出征滇缅印、抗击日本……"叙事语言的自然过渡，将现场画面自然转场到了历史资料的展示中；异叙事者的叙事凌驾于整个故事之上，以故事之外的人物角色向观众全面而详尽地讲述故事中邱联远老人的经历以及当时的历史大背景。现场与历史的穿插衔接，更丰富了整个故事的内容，碎片化地重现了那无法让人遗忘的年月里老兵身上所经历的点点滴滴，重新将今天的我们带回那段让人无限感叹的岁月中。同时，异叙事者到位的语言叙述，也将邱老的现居地云南盈江县昔马镇黄伞坡村和他的故乡广东佛山这两个毫不相交的空间完美地连接起来，并自然地转换。

四、恰到好处的背景音乐

《老兵，回家》整个专题片中，适时的背景音乐更加重了整个节目的感情基调，也让电视机前的观众在画面的叙述和背景音乐的渲染下读出了一份来自他乡游子的思乡之情。

历史固然已经远去，战争诚然已经离我们而去，然而在这段真实的以人物为焦点的叙述中，通过现场画面与历史画面的交错结合，加之异叙事者的精准讲述，让整个节目都在一种情真意切的情感中呈现于观众面前，每一段关于人物的经历和事迹都紧紧扣住我们每一个人的心，让我们深感人生更迭的同时，也让我们不得不向这位在磨难中走出来的英雄人物致敬！

（王秋童）

2.3　胶囊里的秘密

中央电视台《每周质量报告》

【主持人】

大家都知道，药品安全，人命关天，党中央国务院一直高度重视药品质量安全，今年一月国务院印发了《国家药品安全"十二五"规划》，要求医药企业必须坚持安全第一、科学监管的原则，落实药品安全责任，确保药品质量，降低药品安全风险，并且要求有关部门依法严厉打击制售假劣药品的违法犯罪行为。今天，我们就来关注胶囊类药品。因为有些药品对人体的消化系统、呼吸系统有较大的刺激性，所以需要用胶囊包起来才便于服用，胶囊作为药品的重要辅料同样也会被人体消化吸收。在调查中我们栏目的记者发现，这小小的胶囊里却隐藏着大秘密。

【画外音】

儒岙镇位于浙江省新昌县，是全国有名的胶囊之乡，有几十家药用胶囊生产企业，年产胶囊1000亿粒左右，约占全国药用胶囊产量的三分之一。

药用胶囊是一种药品辅料，主要是供给药厂用于生产各种胶囊类药品。记者在当地发现一个奇怪的现象，这里的胶囊出厂价差别很大，同种型号的胶囊按1万粒为单位，价格高的每1万粒卖六七十元，甚至上百元，低的却只要四五十元。

在新昌县卓康胶囊有限公司，一名销售经理向记者透露，他们厂生产的药用胶囊主要供应东北、山西等地一些药厂，所用原料主要就是明胶，因此胶囊价格悬殊跟明胶原料有很大关系。

【同期声】

记者：材料不是一样的吗？

浙江省新昌县卓康胶囊有限公司销售经理王浩明：材料不一样。就不可能一样的，一个是2万多（一吨），一个是3万多。

【画外音】

在这家厂的原料库房，记者只见到了这名销售经理所说的每吨售价3万多的明胶，并没有见到所谓2万多一吨的明胶。

【同期声】

王浩明：2万的一般不放在这里，这里是有随时进行检查的。

记者：你2万的那个还怕检查吗？

王浩明：那个是不合格的胶，合格的胶现在最起码3万多（一吨）。

记者：3万多？

【画外音】

这种2万多一吨的明胶为什么要藏在别的地方防范检查呢？记者跟随这名销售经理，在另外一个原料库房见到了这种明胶的真面目。这种明胶用白色编织袋包装，上面没有厂名厂址等任何产品标识。

记者注意到，这种2万多一吨的便宜明胶同3万多一吨的明胶比较，外观非常相似，都是呈淡黄色颗粒状，肉眼几乎看不出有什么差别。

那么，这种没有厂名厂址等产品标识的白袋子明胶来自哪里？为什么厂家对外严格保密？这当中究竟有怎样的隐情呢？对此，这名销售经理不肯透露。

在随后的调查中，记者发现当地其他一些厂家也在暗中使用这种白袋子明胶生产药用胶囊。

新昌县华星胶丸厂是当地一家规模较大的胶囊生产企业，有20多条生产线，每天可生产几千万粒药用胶囊，产品主要供应吉林、青海、四川等省的多家药厂用来生产胶囊类药品。

在这家厂的一个原料库房里，同样存放着这种无任何标识的白袋子明胶。

生产线上的一名负责人介绍，这种价格相对便宜的明胶，用来加工药用胶囊能够大大降低成本，所以在当地非常畅销。

【同期声】

浙江省新昌县华星胶丸厂生产线负责人朱明光：像我们这个镇上，普通胶2万以上、3万以下的比较抢手。

记者：比较好卖？

朱明光：比较好卖。

【画外音】

对于这种白袋子明胶的来源，这名负责人同样守口如瓶。

【同期声】

朱明光：这个我们跟你说是商业机密，我们要保密的，因为价格上面有不同。

【画外音】

记者在新昌县走访的多家胶囊厂，都在暗中使用这种来路不明的白袋子明胶加工药用胶囊。一提到这种明胶的来源，厂家都非常警惕，不愿多讲。

随着调查的深入，记者发现，这种神秘的白袋子明胶一般都是通过经销商，偷偷卖给胶囊厂用来加工药用胶囊。

在华星胶丸厂，记者碰到一个前来送货的人，三轮车上装的正是白袋子明胶。他告诉记者，他是卓康胶囊厂生产线的一名负责人，卓康胶囊厂老板既生产药用胶囊，同时也经销这种明胶原料。

在这名负责人的带领下，记者在一个隐蔽的原料存放点见到了大量的白袋子明胶。这名负责人表示，这种白袋子明胶除了供应华星、卓康胶囊厂使用，还卖给其他一些相对熟悉的固定客户。

【同期声】

记者：你这个都是固定的客户要的？

浙江省新昌县卓康胶囊有限公司生产线负责人：固定的。

记者：固定的厂家都是华星那边的？

浙江省新昌县卓康胶囊有限公司生产线负责人：不是。上面（工业）园区也有。

【画外音】

在新昌县做药用胶囊的厂家圈内，大量的白袋子明胶通过地下链条暗中销售和使用已是公开的秘密。

【同期声】

记者：你这经销商多吗？你这边卖这个白袋子胶的经销商？

浙江省新昌县儒岙镇胶囊原料经销商：有。

记者：很多？

经销商：哎呀，你不知道，地下的。

记者：地下的，你老跟搞地下党似的？

经销商：那是。他们这种白袋子的不能拿出来卖的。

【画外音】

历时半年，记者十多次前往新昌县调查，终于摸清楚了这种暗中销售的白袋子明胶的来源。一名曾在新昌华星胶丸厂承包胶囊生产线的负责人向记者透露，这种神秘的白袋子明胶大多来自河北、江西等地。

【同期声】

浙江省新昌县华星胶丸厂生产线前负责人徐学明：哪里最多呢，我给你说，最多的是河北，他们说是叫衡水一带。

【画外音】

根据掌握的线索，记者随后来到河北省衡水市追查白袋子明胶的真相。

河北学洋明胶蛋白厂位于衡水市阜城县，具备年产上千吨明胶的生产规模，是一家获得食品添加剂产品生产许可证的企业。

在这家厂的库房里，记者看到了大量白袋子包装的明胶。据厂里的一名经理介绍，他们厂去年生产了 1000 多吨这种白袋子明胶，其中大部分都卖给了浙江新昌地区的药用胶囊厂。

【同期声】

河北学洋明胶蛋白厂经理宋训杰：有，都去新昌那边，头年我跟你说，我这百分之七八十的胶都跑那边去了。

记者：去年？

【画外音】

这名经理告诉记者，白袋子包装的明胶之所以便宜，是因为使用了一种价格低廉的"蓝皮"作原料，用这种"蓝皮"加工的明胶业内俗称"蓝皮胶"。浙江新昌儒岙镇一些厂加工药用胶囊所用的白袋子明胶，实际上就是这种"蓝皮胶"。

记者在这名经理的带领下，见到了所谓"蓝皮胶"原料的真面目。厂里的空地上，远远望过去像垃圾回收场，记者原以为这些堆得像小山一样的东西是厂里的生产垃圾和废料，走近一看才明白，这些都是各种各样的碎皮子，散发着刺鼻的臭味。

据这名经理介绍，这种碎皮子正是"蓝矾皮"，业内俗称"蓝皮"，实际上就是从皮革厂鞣制后的皮革上面剪裁下来的下脚料，所以价格便宜，每吨只要几百元。鞣制后的皮革通常被用来加工皮鞋、皮衣、皮带等皮革制品，这些便宜的皮革下脚料则被他们厂收购来加工成所谓的"蓝皮胶"卖给一些胶囊厂，做成药用胶囊供应药厂生产胶囊类药品。

《中国药典》规定，生产药用胶囊所用的原料明胶至少应达到食用明胶标准。按照《食用明胶》行业标准，食用明胶应当使用动物的皮、骨等作为原料，严禁使用制革厂鞣制后的任何工业废料。

那么，这种被明令禁止使用的工业皮革废料究竟是如何变成药用胶囊原料的呢？

在河北学洋明胶厂，记者目睹了整个加工过程。这些又脏又臭的碎皮子首先要进行前期处理。

【同期声】

记者：你们的话一般还加什么原料吗？

河北学洋明胶蛋白厂经理宋训杰：灰，加白灰。

记者：就是生石灰。

宋训杰：生石灰。

【画外音】

用生石灰处理后的碎皮子必须进行脱色漂白和多次清洗。

【同期声】

记者：你这个脱色工艺是什么工艺啊？

宋训杰：酸碱中和的。

记者：酸碱中和，强酸强碱呗？

宋训杰：对。

【画外音】

就这样，原本又脏又臭的工业皮革废料，经过生石灰浸渍膨胀、工业强酸强碱中和脱色、多次清洗等一系列工序处理后，变得又白又嫩，看上去跟新鲜动物皮原料没什么两样。

【同期声】

河北学洋明胶蛋白厂经理宋训杰：漂完了以后，你看不出是鲜皮蓝皮来，鲜皮洗完也是这样的。

记者：鲜皮洗完也这样？

【画外音】

在熬胶车间，清洗后的皮子被放入这口直径达三四米的熬胶锅里熬成胶液。记者注意到，正在熬制的皮子里面竟然还夹杂着其他异物。

【同期声】

记者：我看这是啥？这口罩这是，什么卫生？

宋训杰：里面脏东西啊熬完胶以后都清出去了，有没有脏东西没关系。

【画外音】

熬出来的透明胶液，再经过浓缩、凝胶、干燥、粉碎等工序，就摇身一变，成了淡黄色的所谓"蓝皮胶"。

厂里的经理承认，这种明胶实际上就是国家明令禁止用作食品药品原料的工业明胶，然而，他却信誓旦旦地向记者保证，这种工业明胶完全能够用来生产药用胶囊。

【同期声】

记者：胶囊的话能不能用？

宋训杰：百分之百没问题。

【画外音】

原来，在浙江新昌儒岙镇被用来加工药用胶囊的白袋子明胶，实际上就是使用这种又脏又臭的"蓝矾皮"生产的工业明胶。

"蓝矾皮"是工业皮革废料，由于皮革在工业加工鞣制时使用了含铬的鞣制剂，往往会导致铬残留，使用这种"蓝矾皮"加工的工业明胶，重金属铬的含量一般都会超标。

【同期声】

宋训杰："蓝皮"铬不用化（验），肯定超标。

记者：超标多少？有没有测过？

宋训杰：一般十五六（倍）吧。

【画外音】

在包装车间，记者注意到，这种工业明胶被分别装入两种包装袋，一种包装上赫然印着"工业明胶"的字样，另一种包装上则是一片空白，没有任何产品标识。

同样的明胶，最后被套上了不同的包装，标明工业明胶的卖给各种工厂作为工业粘合剂，无任何产品标识的白袋子胶，则卖到浙江等地的胶囊厂加工药用胶囊。

【同期声】

宋训杰：胶是一样的，说白了，蓝皮你们用也是自己后面用，不是说明目张胆地用。

记者：对对，你说做胶囊那一块吧？

【画外音】

随着调查的步步深入，记者又获得了新的线索。江西省弋阳县也有厂家在用工业废料"蓝矾皮"加工这种白袋子工业明胶。

龟峰明胶有限公司位于江西省弋阳县，是一家有着二三十年生产经验的老牌明胶厂，年产明胶 1000 多吨。公司董事长直言不讳地告诉记者，他们厂使用"蓝矾皮"生产的工业明胶也是通过白袋子包装，大量卖到新昌县儒岙镇用来加工药用胶囊，客户多达上百人。

【同期声】江西省弋阳县龟峰明胶有限公司董事长李明元：新昌儒岙镇那里跟我做生意的起码七八十个、百八十个人是有的。

记者：多少人？

李明元：100 个人是有的。

【画外音】

在明知这种白袋子明胶卖到胶囊厂是生产药用胶囊的情况下，这家厂竟然还专门拟定了一个工业明胶购销合同，并在合同中声称，厂方提供的明胶为"蓝矾皮"加工的工业明胶，不得用于食用和药用，购买方如违反则承担完全责任，提供产品的厂方不负任何责任。

【同期声】

记者：那儒岙那边买你这个胶做胶囊的还都跟你签这个合同了？

李明元：对。要不就不买，要买就要签合同。

【画音外】

据他透露，在浙江新昌县，业内使用工业明胶生产药用胶囊的现象非常普遍。

【同期声】

李明元：前两年反正也不讲什么蓝皮不蓝皮，在新昌我专门有个经销部。

记者：专门有个经销部？

李明元：对，全国 8 年，4 年 5 年（前），都是用我的这种胶。

【画外音】

《食用明胶》行业标准明确规定，严禁使用制革厂鞣制后的任何工业废料生产食用明胶。然而在河北、江西两地，这种使用鞣制后的皮革废料"蓝矾皮"生产的工业明胶，采用白袋子包装作掩护，通过隐秘的销售链条，最后流入浙江省新昌县儒岙镇部分胶囊加工厂，冒充食用明胶，生产加工药用胶囊。

那么，这种采用工业皮革废料做出来的工业明胶，又是怎么加工成药用胶囊的？调查中明胶厂和胶囊厂的人多次提到的重金属铬究竟超不超标？哪些药厂在使用这些用工业明胶做的胶囊呢？记者继续回到新昌县调查。

胶囊作为药品辅料，生产环境和加工过程必须卫生。但是在新昌县卓康、华星等胶囊厂，记者却看到了另外一幕：人员未经消毒，便可随意出入生产车间。负责挑拣整理的工人直接用手接触胶囊。一些掉在地上的破损胶囊被扫起来，连同切割下来的胶囊废料一起回收使用。

【同期声】

浙江省新昌县卓康胶囊有限公司工人：废料肯定是要放进去的。

记者：废料都要放进去？

工人：煮出的废料肯定要放进去。

【画音外】

记者看到，这种工业明胶原料在用来加工药用胶囊前首先要进行溶胶，并根据药厂需求添加各种食用色素进行调色。

由于这种明胶不卫生，在溶胶调色的过程中还要加一种名叫"十二烷基硫酸钠"的化学原料杀菌去污。

【同期声】

浙江省新昌县卓康胶囊有限公司销售经理王浩明：明胶比较脏，然后高温杀菌也可以的。然后就是加进去，然后把油脂什么的清洁掉。

【画外音】

就这样，这种工业明胶，掺入胶囊废料，经过色素调色及化工原料清洁，进行充分溶解，就成了加工药用胶囊的胶液。胶液再经过半自动胶囊生产设备成型，最后通过切割整理，便加工成了五颜六色的药用胶囊。

按《中国药典》规定，出厂检铬。但是这种胶囊没有对重金属铬进行检测，就直接包装成箱，贴上合格证出厂了。

在卓康、华星等胶囊厂，竟然连检测胶囊铬含量的设备都没有。

【同期声】

记者：你这设备有没有能检测铬的？

浙江省新昌县华星胶丸厂生产线负责人朱明光：铬的没有。

【画外音】

铬，是一种毒性很大的重金属，容易进入人体细胞，对肝、肾等内脏器官和 DNA 造成损伤，在人体内蓄积具有致癌性并可能诱发基因突变。

2010 年版《中国药典》明确规定，药用胶囊以及使用的明胶原料，重金属铬的含量均不得超过 2mg/kg。那么，这种白袋子包装的工业明胶，以及使用这种工业明胶为原料做出来的药用胶囊，重金属铬的实际含量究竟是多少呢？

记者在华星、卓康两家胶囊厂，分别对白袋子明胶原料和药用胶囊成品进行取样，送到中国检验检疫科学研究院综合检测中心。经过检测，这两家厂的白袋子明胶的铬含量分别为 62.43mg/kg 和 103.64mg/kg，按照国家标准中铬含量不得超过 2mg/kg 的规定，这两种明胶重金属铬含量分别超标 30 多倍和 50 多倍。两家厂的药用胶囊样品中铬含量分别为 42.19mg/kg 和 93.34mg/kg，分别超标 20 多倍和 40 多倍。

事实上，在新昌县儒岙镇，部分药用胶囊生产商对白袋子工业明胶铬超标的事实心知肚明。

【同期声】

浙江省新昌县华星胶丸厂生产线负责人赖三军：国家标准规定铬不能超过百万分之二，像这个百万分之十多一点。

记者：百万分之十多一点。等于超标四五倍了？

赖三军：超标五倍、六倍。

【画外音】

这种铬超标的药用胶囊，价格相对便宜，除了偷偷流入一些小药厂、保健品厂、医院和药店之外，还卖到了一些大药厂。

【同期声】

记者：你这有什么大厂子？叫什么，有名一点的。

赖三军：青海格拉丹东。

【画外音】

在新昌华星胶丸厂，生产线的另一名负责人还向记者透露了采购这种胶囊的其他药厂。

【同期声】

浙江省新昌县华星胶丸厂生产线负责人朱明光：像我这十几箱胶囊要发到吉林海外，海外制药集团都很大了吧，都在做啊。

【画外音】

随后，记者分别对青海格拉丹东药业公司和吉林长春海外制药集团公司两家制药厂进行了调查，发现这两家药厂的确都在使用浙江华星胶丸厂生产的药用胶囊。

青海格拉丹东药业公司总经理王应海声称，他们厂对采购的药用胶囊都进行了严格把关。

【同期声】

王应海：肯定正规。到达我们这一个要有资质，再一个每一批货进来必须经过我们药检，必须经过我们质量检验。

记者：你们那个空心胶囊还要检测啊？

王应海：肯定要检，我们都要检。

【画外音】

在吉林长春海外制药集团公司，记者看到，仅一张化验单上显示该厂所用华星胶丸厂的胶囊就达 2040 万粒。而检验人员未经检测就在铬的检测项目写上了合格的结论。

【同期声】

吉林长春海外制药集团公司检验人员：（铬）上原子吸收的（检测）它那比较麻烦，得安排时间才能上，所以先写上了。

【画外音】

厂里的生产车间主任告诉记者，药品生产所用的药用胶囊一般不检测铬。

【同期声】

记者：它（胶囊）的铬什么的都不检？

吉林长春海外制药集团公司车间主任程兆平：铬啊、含铅啥的都不检，正常应该检的，对身体都有害的。

【画外音】

在前后长达 8 个月的调查中，记者走访了河北、江西、浙江等地的多家明胶厂和药用胶囊厂，发现河北学洋明胶蛋白厂和江西弋阳龟峰明胶公司两家明胶生产企业，采用铬超标的"蓝矾皮"为原料，生产工业明胶，然后套上无任何产品标识的白袋子包装，通过一些隐秘的销售链条，把这种白袋子工业明胶卖到浙江新昌地区，这种铬含量严重超标的工业明胶由于价格相对便宜，被当地一部分胶囊厂买去作为原料，生产加工药用胶囊。这种被检出铬超标的药用胶囊最终流入青海格拉丹东、吉林长春海外制药等药厂，做成了各种胶囊药品。

随后，根据调查中掌握的线索，记者分别在北京、江西、吉林、青海等地，对药店销售的一些制药厂生产的胶囊药品进行买样送检。检测项目主要针对药品所用胶囊的重金属铬含量，经中国检验检疫科学研究院综合检测中心反复多次检测确认，9 家药厂生产的 13 个批次的药品，所用胶囊的重金属铬含量超过国家标准规定 2mg/kg 的限量值，其中超标最多的达 90 多倍。

这些药品分别是：

1. 青海省格拉丹东药业有限公司生产的脑康泰胶囊（产品批号：1108204），所用药用胶囊铬含量为 39.064mg/kg。

2. 青海省格拉丹东药业有限公司生产的愈伤灵胶囊（产品批号：1008205），所用药用胶囊铬含量为 3.46mg/kg。

3. 长春海外制药集团有限公司生产的盆炎净胶囊（产品批号：20110201），所用药用胶囊铬含量为 15.22mg/kg。

4. 长春海外制药集团有限公司生产的苍耳子鼻炎胶囊（产品批号：20110903），所用药用胶囊铬含量为 17.65mg/kg。

5. 长春海外制药集团有限公司生产的通便灵胶囊（产品批号：20100601），所用药用胶囊铬含量为 37.26mg/kg。

6. 丹东市通远药业有限公司生产的人工牛黄甲硝唑胶囊（产品批号：20111203），所用药用胶囊铬含量为 10.48mg/kg。

7. 吉林省辉南天宇药业股份有限公司生产的抗病毒胶囊（产品批号：091102），所用药用胶囊铬含量为 3.54 mg/kg。

8. 四川蜀中制药股份有限公司生产的阿莫西林胶囊（产品批号：120101），所用药用胶囊铬含量为 2.69 mg/kg。

9. 四川蜀中制药股份有限公司生产的诺氟沙星胶囊（产品批号：0911012），所用药用胶囊铬含量为 3.58 mg/kg。

10. 修正药业集团股份有限公司生产的羚羊感冒胶囊（产品批号：100901），所用药用胶囊铬含量为 4.44mg/kg。

11. 通化金马药业集团股份有限公司生产的清热通淋胶囊（产品批号：20111007），所用药用胶囊铬含量为 87.57mg/kg。

12. 通化盛和药业股份有限公司生产的胃康灵胶囊（产品批号：111003），所用药用胶囊铬含量为 51.45mg/kg。

13. 通化颐生药业股份有限公司生产的炎立消胶囊（产品批号：110601），所用药用胶囊铬含量为 181.54mg/kg。

【主持人】

明胶厂明明知道这些工业明胶被胶囊厂买去加工药用胶囊，却给钱就卖；胶囊厂明知使用的原料是工业明胶，却为了降低成本，不顾患者的健康，使用违禁原料加工药用胶囊；而制药企业呢，则没有尽到对药品原料的把关责任，使得这些用工业明胶加工的胶囊一路绿灯流进药厂，做成重金属铬超标的各种胶囊药品，最终被患者吃进了肚子里。接下来我们还有一连串的问号，还有多少食用明胶厂暗中生产销售工业明胶？片子当中这些明胶厂生产的工业明胶还流向了哪些胶囊厂？胶囊厂用工业明胶加工的药用胶囊还卖到了哪些药厂？我们新闻频道的记者目前已经到达浙江、江西、河北三省的事发地，随时给您带来最新的追踪报道。

（中央电视台新闻频道 2012 年 4 月 15 日首播）

 评析

暗访调查报道背后的舆论监督
——《胶囊里的秘密》评析

2012 年 4 月 15 日，中央电视台专题调查节目《胶囊里的秘密》在"每周质量报告"播出，节目曝光河北一些企业用生石灰处理皮革废料并进行脱色漂白和清洗，随后熬制成工业明胶，卖给浙江新昌县药用胶囊生产企业，最终流向药品企业，进入消费者腹中。这些胶囊重金属铬含量严重超标，对人的身体危害严重。节目播出后，反响强烈，全国各媒体纷纷关注"毒胶囊"事件，对事件进展进行报道，引发社会广泛关注。《胶囊里的秘密》专题节目策划选题重大，暗访方式独特，体现出新闻工作者良好的职业素养和严谨的工作态度，也体现了"依法监督、科学监督、建设性监督"的巨大威力，被评为第 23 届中国新闻奖电视专题类节目一等奖。

一、精心地选题

"正确的选题是成功的一半"。选题在某种程度上决定了一部专题片的价值，因此如何选择题材就成了专题片创作中的首要问题。"每周质量报告"栏目组经过大量论证，最终锁定了明胶。明胶是使用动物皮、骨等原料制成，按用途分为食用、药用、工业和照相四大类。其实明胶是一种生产原料，并不直接与消费者接触，而是被广泛用于各种产品当中，所以被消费者熟悉和关注程度都不是很高。如果单纯调查明胶，或者说节目内容只停留在明胶的层面上，这样选题形成的节目注定不会引起人们普遍关注。"每周质量报告"重点选题的原则是：被调查的产品，至少要跟上亿人有关联。在使用明胶加工的产品诸多类型中，必须找到一类跟老百姓息息相关的产品。工业明胶违禁用于食品药品是多年就存在的毒瘤，在这些毒瘤中，要找一个与所有人都相关的，就非"药用胶囊"莫属了。电视专题又被称为"发现的艺术"，发现题材的能力是编导的基本功。在"每周质量报告"

栏目制片人和调查记者的敏锐视角下，最终确定了毒胶囊这个跟老百姓生活息息相关的社会问题作为选题，堪称上等选题。

二、缜密地暗访

电视新闻采访中暗访方式的运用有利于挖掘事实真相，其获取的音像素材，可以更好地再现事件发生现场的图景和声音等实况，因而更具有说服力，批评也更具有威慑力，更能起到舆论监督的作用。如今大多数有真正新闻价值的报道，特别是揭露社会丑恶现象的报道，都是不同程度地通过记者的暗访得到的。央视"每周质量报告"作为一个以暗访调查报道见长的专题栏目，成为当今电视新闻界一座暗访调查的高地。在《胶囊里的秘密》节目中，记者通过长达8个月的暗访调查，行程数万里，用大量翔实的证据揭开了胶囊里隐藏的大秘密：在河北、江西等地，大量使用工业皮革废料加工重金属铬超标的工业明胶，通过无产品标识的白袋子包装作掩护，暗中流入浙江新昌部分胶囊厂，最终，这种被违禁使用的生产成药用胶囊，且重金属铬超标的"毒胶囊"被卖到一些药厂用来生产各种胶囊类药品。记者们从一粒胶囊药追溯到一块皮革废料，跨越制药生产、药用胶囊、明胶生产、皮革加工四大行业，成功运用暗访方式去调查求证真相，完成了对"毒胶囊"的揭秘过程。

三、敬业地制作

"毒胶囊"涉及的企业都是在中国药企名列前茅的，如修正药业、上市公司通化金马药业等。因此，面对一些社会经验和阅历都比较丰富的经营者，采访难度之大可想而知，对调查记者来说，查清事实真相并非易事。在长达8个月的调查期间，失眠、噩梦成了记者的家常便饭。记者承受着暗访调查的巨大压力，栏目组则承担着节目暗访所需的巨额经费、所耗的漫长周期甚至调查无果、节目失败等各种可能的压力。然而最终，栏目组记者们凭着较强的职业敏感性和忘我的敬业精神，实现了节目从采访、制作到播出的成功。

从2011年8月到2012年4月，整个节目组暗访制作耗时8个月。记者们从北京到浙江、江西、河北、吉林、青海、湖南、福建、上海、山东等地，行程几万公里，走了近半个中国。这个选题调查涉及的时间和地域，以及投入的精力和财力是以往同类节目所没有的。在节目前期暗访调查过程中，记者们经历了种种曲折和风险，困难挫折不断出现，但他们能默默无闻地坚持长达8个月的时间，俯下身子去调查每一次事件中的每一个细节环节，并将事实一一摆在公众面前。在节目后期制作中，记者们在将近3000分钟的素材中选材取料，最后做成一个不到30分钟的片子，记者听素材同期、做场记，写稿子、剪辑编片子，没日没夜地熬，最后把3000分钟熬成30分钟的精华。

四、敢于追踪报道，舆论监督力量大

新闻媒体作为舆论手段是一种社会利器，它能揭露社会丑恶势力和违法行为，对权力组织和整个社会起到批评和监督的作用。《胶囊里的秘密》专题节目体现了"依法监督、科学监督、建设性监督"的巨大威力。在节目播出的同时派出三路人马对播出反响进行追踪，使舆论监督和政府监管形成有效合力，剑指各种违法行为，这样不但实现了科学性监督和建设性监督目的，而且进一步巩固了舆论监督成果。毒胶囊事件曝光后，震惊全

国，党中央、国务院高度重视，中央领导同志多次做出重要批示，要求严肃依法查处，确保人民群众利益。针对央视"毒胶囊"节目曝光的问题，公安部、卫生部、国家药监局、质检、工商等部门纷纷展开行动，在全国范围内围剿"毒胶囊"，抓获犯罪嫌疑人 200 余人。此外，全国各媒体也纷纷关注"毒胶囊"事件，对事件进展进行追踪报道，引起社会广泛关注。

一部电视作品的完成，从确立选题到确定主题，继而构思、采访、拍摄、撰稿、配音、编辑直至最后合成，每一个环节都需要制作者的用心创作。尤其是成功的电视节目背后，更是凝聚了栏目组的心血与汗水。《胶囊里的秘密》节目的记者们付出了超常的智慧与勇气，整个调查采访扎实、事实准确，才使节目获得如此的震撼，在央视"每周质量报告"播出后，不但震动了明胶、胶囊、制药三大行业，还波及股市，节目影响如此之巨大，不失为一期成功的报道。

（吴柳林）

编导阐述

好节目背后的"笨"办法
——肖博（"每周质量报告"栏目主编）谈《胶囊里的秘密》创作体会

也许在一些同行和观众眼中，"每周质量报告"栏目比较特殊甚至有点神秘，这或许与我们长期关注产品质量和食品安全领域，并且采用了大量的暗访等特殊拍摄手段有关。但是从栏目操作层面看，我们并没有什么独家秘籍，制作流程和大多数栏目一样，如果非要从中找到一些不同，可能就是我们在每个环节设定了一些特殊的标准要求，而这些标准就是所说的笨办法。

一、好节目的选题来自哪里？

一个是关注生活，另一个是注意积累。以《胶囊里的秘密》为例，应该说毒胶囊这个选题的发现经历了两个主要阶段。第一个阶段我们关注的重点并不是胶囊而是明胶，明胶是一种重要的食品生产原料，很多食品生产过程都离不开明胶，比如果冻、糖果、酸奶等。而明胶又分为两种：一种是食用明胶，另一种是工业明胶。这两种明胶简单地说有这样的差别：食用明胶所用原料比较好，吃了以后对人体没有什么危害，但生产成本比较高；工业明胶所用原料比较差，如果加工成食品可能给消费者带来健康风险，但是生产成本比较低。会不会有食品企业使用工业明胶冒充食用明胶来生产食品呢？这是我们针对众多用明胶生产的食品的最初怀疑，但这只是一个基于生活常识的怀疑，如果要想把这个怀疑变成一个选题，那就需要去证实。没想到的是，把这个怀疑变成一个选题竟然用了 8 个月之久的时间。

首先，好选题必须具有独家性，要想成就一期好节目，那么就必须寻找到其他媒体未曾关注过的独家事实，或者是找到别人没有涉及的独特角度。其次，好选题必须具有贴近性，好节目必须关注的是公众关心的问题，必须反映时代脉搏和社会焦点。再次，具有普遍性，好节目反映的问题不能是片面的个案问题，而应该是能反映行业普遍存在的问题。从分析来看，问题明胶的选题具有这样的潜质，因此我们开始了对这个领域的长期关注和积累。在这期间栏目组也组织记者对明胶行业进行过调查，但是在调查过程中发现，与我们当时熟知的食品加工行业不同，作为中间环节的明胶行业更难接触、更难调查，在数次调查过程中，我们发现了越来越多的线索，但是始终没有取得最终的实质性突破。与此同时，我们还对与明胶相关的食品加工环节也进行了深入调查了解，但是随着食品原料的发展和工艺更新，我们没有发现更有价值的内幕。就在不断地调查努力陷入僵局的时候，记者得到了关于胶囊加工存在问题的线索，让我们看到了一丝曙光。2011 年记者在对药品质量调查过程中发现，药用胶囊的生产原料也是明胶，那么，我们多年怀疑的工业明胶流向食用领域的问题，会不会在药用胶囊生产过程中发生呢？带着这样的疑问，我们对药用胶囊行业展开了调查，从这开始的 8 个月时间，我们揭开了胶囊里的秘密。

二、好节目的调查怎么做？

如果说好选题是基础，那么把好选题变成好节目的过程就显得更为重要了，或者说这是做好节目的核心环节，对节目来说就是调查采访的过程。在毒胶囊这期节目的调查过程中，需要回答的第一个问题是，药用胶囊使用的明胶到底是不是工业明胶？记者首先对药用胶囊的生产厂家展开调查。经过前期调研发现，药用胶囊最集中的产地在浙江新昌，在业界号称是胶囊之乡，生产胶囊的历史长达 50 多年，最高峰时有 300 多家胶囊加工点，后来政府进行过多次整治，在我们开始调查的时候有 30 多家正规的胶囊生产企业，因此新昌成为调查第一站。

然而，记者在新昌的调查进行得并不顺利，由于胶囊厂的产销相对封闭和固定，对生人的戒备心理非常明显，记者和这些厂家的接触进展非常缓慢，效果一直不好。面对一个全新的领域，遇到这样的问题也在意料之中，栏目组和记者沟通之后，确定了稳步推进的调查原则。我们在 30 多家企业中筛选出两家规模较大的作为重点调查对象，并有意将调查范围控制在这两家企业身上，希望通过重点突破的途径找到问题答案。随着接触增多和调查深入，我们发现这些企业对于胶囊生产所用的明胶原料都比较敏感，只要谈到这个话题基本无法继续深入。虽然没有实质性进展，但是这些信号提示记者，怀疑是有道理的。因为根据以往的调查经验，一般企业不愿意让别人知道的信息，大抵只有两种可能：一种是核心技术，另一种就是不可示人的秘密。原料明胶没有技术含量，那就只有一种合理的解释，这背后有不可告人的秘密。

在人与人接触的过程中，时间有时能起到很重要的作用，随着时间推移，记者和这些明胶厂的老板和工人的交流也越来越多，对方的心理防线也在一点点放松。在交谈过程中，我们获得一个重要信息：他们把生产胶囊用的原料明胶叫做白袋子明胶。虽然无数次从这些人口中听到白袋子明胶这个名字，但是我们却始终没有看到白袋子明胶的真面目，更不知道这种明胶到底是不是工业明胶。在这个过程中不能着急，任何一点冒进都可能让好不容易积累起来的信任化为乌有，我们能做的就只能是耐心等待，不断寻找突破的机会。为探寻真相，记者多次前往新昌，多次前往这两个胶囊生产厂。功夫不负有心人，终于有一个偶然的机会，记者在其中一家工厂的门口遇到一辆车，车上装满了白色袋子，职业敏感告诉我们，这非常可能就是一直寻找的白袋子明胶。不由分说，记者立刻跟随这辆车进入厂区，结果发现这确实就是我们一直只闻其名而没有见过真面目的白袋子明胶！一旦捅破了这层窗户纸，接下来对明胶厂的调查就比较顺利了。通过这个运送白袋子明胶的人，我们不但拍摄到白袋子明胶被送到车间的全过程，而且还一点点摸清了白袋子明胶在新昌地区暗中销售的整个隐秘链条。

记者在发现"白袋子明胶"之后并没有罢手，而是沿着这条并不清晰的线索，继续展开更为艰难的调查。那么，这些白袋子明胶是哪里生产的，到底是不是我们怀疑的工业明胶呢？由于已经有了基本的信任，我们探听白袋子明胶的来源没有费太多功夫，很快就得知两个重要的来源分别是河北和江西。记者继续上路，又是几经周折，才有了节目中那些让人震惊、令人过目难忘、记忆犹新的精彩画面和事实真相。调查的结果与我们之前的判断一样，这些白袋子明胶就是工业明胶，在新昌的一些胶囊厂，这些工业明胶被加工成了药用胶囊。

接下来是更大的难题，前面的所有调查要想成立，需要最后的一个条件是，这些调查中证实了有问题的药用胶囊最终卖到了药厂，并被生产成胶囊类药品，如果这个环节不能突破，其他的调查就都没有意义。胶囊厂都信誓旦旦地说它们生产的胶囊卖到了很多大名鼎鼎的药厂，是真是假？在整个调查过程中，记者采用的又是笨办法，按照在胶囊厂得到的信息，一家接一家地对药厂进行调查，药厂因为特殊的管理要求，要想进厂了解其原料来源都是难上加难，而在这个过程中同样没有任何捷径可走，只能各个突破。吉林、黑龙江、青海、四川等十几个省份的药厂，就成了记者的调查对象，而且绝大多数药厂最终都被记者突破。记者在药厂发现了此前调查的问题胶囊厂的产品，从调查角度来讲，这样的证据是不会有任何争议的直接证据，但是我们觉得这还不够，最后需要证实的问题是药厂最终生产的产品使用的是用工业明胶生产的问题胶囊。一方面我们对药厂进行了更为深入的调查，另一方面我们对部分药厂的胶囊产品进行了检测，结果两条线索最终得到的结论都支撑了我们的判断，有相当数量的胶囊类药品所用的药用胶囊是用工业明胶生产的问题胶囊。

另外，在这个部分的最后必须强调一点，好节目的背后离不开好记者，尤其是调查栏目，记者的调查功力、职业理想、职业追求、调查态度以及对于真相的渴求程度叠加在一起，最终决定着节目的品质和水平。

总结"每周质量报告"的调查节目与其他调查节目的区别，我们认为调查手段有很大的不同，这种实证式调查无疑提升了记者调查采访的难度。随着栏目的发展，我们在这方面的要求还在不断提高。首先，我们要求证据链闭合，节目中所反映问题的证据链必须能互相证实，而且不能有证据盲点。其次，我们将记者调查采访中得到的证据分为两类，一类是直接证据，另一类是间接证据。直接证据是指有书面证明材料，或者记者直接拍摄到了造假现场等能直接证明节目中反映的问题的证据；间接证据是指采访对象的同期声，或者我们在调查过程中了解到的一些其他信息。直接证据在使用的时候基本没有限制，是可以采信的部分，但是对于间接证据就会比较谨慎，如果只有一个间接证据我们不会采信，这个时候需要记者继续寻找能够支持这一问题的直接证据，或者有多个不同来源的间接证据，才能确定采信。我们对于证据的严格要求对记者来说就是不断提升调查采访难度，尤其我们眼中的好选题和好节目，这样的硬性要求会更多。这就是为什么像《胶囊里的秘密》这样的节目，记者前期采访的时间会长达 8 个月之久，足迹踏遍十几个省份，行程数万公里。走了大半个中国，记者说最繁忙的 5 天，连续乘坐 6 次航班，每天至少有一顿饭是在飞机上吃的，经过这样的努力和奔波，记者拍摄的素材长达数十个小时；这一切的一切都是因为想要满足我们对好节目近乎苛刻的证据要求。

还有，随着调查节目的不断发展，我们面对的调查对象在量级上也发生了巨大变化，在栏目创办初期，我们主要报道的对象是一些小作坊或者小的造假窝点，但是发展到现在，我们反映的问题越来越多的是在某个行业具有普遍性的行业内幕，这就要求必须对行业中的一些大企业甚至是龙头企业存在的问题进行调查，对手量级的变化对于我们的调查采访难度的提高有非常明显的作用。

三、好节目怎样才能效果更好?

到底什么节目算是好节目，尤其什么样的调查报道算是好的报道呢？除了在专业和技术层面必须做到优秀之外，能否取得良好的传播效果，发挥良好的社会效益，是另外一个更高层面的标准要求。我们认为好的监督类报道应该是善意的，目的应该促进问题解决，促进社会发展，也就是说，像我们栏目宣传语所说的那样：共同打造高质量的生活。

像《胶囊里的秘密》这样的节目，怎样才能发挥更大的社会效益呢？节目播出前后栏目组和公安、药监、质监等执法部门进行了良好而又有效的沟通，在节目播出的第一时间，执法部门就对我们报道的问题企业进行了进一步调查，并在调查中进一步确认了节目中报道的问题，同时药监等部门在全国范围内展开了胶囊类药品的抽查检验，同样发现工业明胶加工药用胶囊的问题并非个例，并因此展开了全国范围的胶囊类药品整治工作。整个链条上各个问题环节的负责人都受到惩处，监管部门没有尽到监管义务的责任人也受到了处理，从某种意义上来说，《胶囊里的秘密》的社会效益直到现在还在延续，这就是我们心目中的好节目。

2.4 追沙溯源北行记

北京电视台 陈晔 张婕 杨蔚苣 孙湘源 蔡晶晶

【记者主持】

现在是 4 月 8 日的下午，我所在的地方是首都机场，在前天也就是 4 月 6 日的时候，曾经有一场大的沙尘暴袭击过北京，导致了几十架航班被延误。今天我看到秩序还是比较好的，但是天气还是有一点儿昏暗，据中央气象台的预告，在明天，也就是 4 月 9 日的时候，还会有一场更大的沙尘暴要袭击北京。其实这些沙尘主要是来自于内蒙古的一些沙地，其中离北京最近的一块大的沙地叫做浑善达克沙地。再过一会儿，我和我的两个同事就要坐上飞机，我们要到这个沙地去看一看袭击我们的这些风沙到底是怎么产生的。

【配音】

我们前往的浑善达克沙地，位于内蒙古自治区的锡林郭勒盟的南部，沙地东西长 450 公里，南北宽 50 至 300 公里，总面积 710 万公顷。从这幅地图上可以看出，它在北京的正北方，对北京形成了扇形的包围，沙地最南端距离北京只有 180 公里。因此，每当西北风刮向北京的时候，浑善达克沙地都是风的必经之路。

【记者主持】

现在是下午 5 点钟，我们已经到了内蒙古的锡林浩特机场。在下了飞机以后，第一个感觉就是风特别特别大。一个小时之前我们在北京的时候大概只有三四级，现在有七八级，而且天上有很多沙子，我说话的时候风往嘴里（刮），就吃进了很多沙子。最大的感受就是这块儿特别空旷，真是一望无际，什么建筑物都没有，基本上是草原，一片黄色的草原。我们要到的浑善达克沙地，距这儿大概还有一百多公里，我们待会儿要坐车过去。

【配音】

来接我们的是锡林郭勒盟林业局的局长和工作人员，他们说，我们是深入到这块沙地采访风沙问题的第一批记者。

【采访】

锡林郭勒盟林业局局长魏德平：这沙源头就在这里，这个地方沙子扬起来以后，顺着大风飞到北京。

【配音】

在路上，局长告诉我们，4 月 6 日袭击北京的沙尘暴就来自这里。当时由于受蒙古冷空气的影响，冷空气进入锡林郭勒盟境内后，在长达 1 050 公里的边境线上开始扬沙，途经浑善达克沙地后，大风输沙量加大转为沙尘暴，沙尘南下直逼北京城。在我们到达的当天，即 4 月 8 日，这场风整整刮了一天。据预报，这场风 4 月 9 日将到达北京，再次造成沙尘暴天气。然而随着夜幕的降临，这里的风却渐渐小了。

【配音】

第二天早晨，映入我们眼帘的不是预想中的狂沙满天，而是一片茫茫雪景。

【记者主持】

现在是 4 月 9 日早晨 10 点钟，我现在在的这个地方就是浑善达克沙地，今天的天气非常非常冷。昨天夜里下了一夜的雪，本来早晨的时候沙漠上覆盖着一层雪，但是现在由于风一刮，全部刮走了，这样的天气可能不会出现特别大的扬尘，因为上面覆盖着雪。

【配音】

与此同时，我们从天气预报中得知，4 月 9 日北京的天气是大风，但没有沙尘。正是由于锡林郭勒盟的这场雪，才使北京幸免了再一次被沙尘暴袭击。在桑根达来镇姚书记的带领下，我们向沙地内部前进。这时，一个孤零零存在的土堆吸引了我们的目光，从外表看，它的组成完全不同于周围的沙坑。

【采访】

记者：这位就是当地桑根达来镇的姚书记，他是学林业的，对这个比较了解。我想问一下，这块土堆是怎么回事呢？

桑根达来镇党委副书记姚东：历史上这个沙堆在几年前，也就是不超过三到五年前，整个沙坑跟它的地平线是水平的，当年的植被应该在有机质（土层），须根都能到这儿。

记者：它为什么会被风吹成这样呢？

姚东：主要来自两个因素，一个是多年的超载放牧，另一个是掠夺性伐木。当时对自然的索取，人们对自然的认识还不高，再加上致富的心切，所以导致原生植被破坏比较严重。

【配音】

这个土堆只是浑善达克沙地生态退化的一个缩影,在710万公顷的沙地里,像这样残存下来的土堆已经寥寥无几了。沙地中大部分土地已被沙化,而且沙粒细小,60%以上的沙粒都小于0.25毫米,因此,很容易借助大风迁移。

【采访】

姚东:这个沙子特别细,一旦风一刮就形成扬尘。

记者:现在我就感觉到这个风是往咱们这个方向来刮的,这是什么方向啊?

姚东:我们大家可以看出现在是早上10点半,我面对的方向正是太阳,我面对的正是我们伟大祖国的首都,我们这儿的沙子也跟我们祖国人民是一样的,心向北京。

【配音】

姚书记看似幽默的一句话却道出了一个惊人的事实。

【记者主持】

现在比刚才又过了10分钟的时间,这风是越来越大了,而且能见度也越来越低,真的是白茫茫的一片。这风大是一方面,扬起了沙子,因为这一片,我后面这茫茫的一片没有任何植被来遮挡,这所有一望无际的沙漠全都扬起了沙子,就往这边吹,没有任何遮挡地往北京那边飘过去的。

【配音】

经过一天的探访,我们发现正是因为沙细风大,沙地位于北京的正北方,加上北京春天经常刮西北风,便使浑善达克沙地成为京津地区的沙之源头。那么如此猛烈的狂沙,究竟是怎样产生的?接下来探寻的答案令人吃惊。

【配音】

在沙地的顶端,一棵已经枯死的断树出现在我们面前,残风中它默然伫立,有谁知道它曾经经历过什么,又曾经目睹过什么呢?

【记者主持】

在这片沙地上,我们几乎随处都可以见到像这样的树的残骸,特别是我们发现这个地方,在我身后就是一大片的树根,很多很多的树根,给人一种特别沧桑的感觉,但是这些树根已经枯死了。从它们身上我们可以看到可能在十几年前、二十几年前,这就是一片非常美丽的树林,可能很多树在这生长着,但是现在这些树都已经没有了。它们去哪儿了呢?

【采访】

锡林郭勒盟林业局工程师李梦友:原来这浑善达克沙地,整个都是前面看到的那种大榆树,特别多。还有灌木柳林、黄柳、红柳等的灌木也特别多。草的植被一般都是30到40厘米,整个的覆盖率是50%到60%,好的地方达到80%,是相当漂亮的。尤其是生长季节,要花有花,要草有草,要水有水,确确实实是美丽的锡林郭勒盟大草原,人们来了以后心情特别高兴。可是由于不合理的利用,乱砍滥伐,比如说树给砍了,像这个,都是原来我们的榆树,牧民砍了以后做围栏,把树就破坏了。乱砍滥伐、过度放牧、破坏植被,这是整个的浑善达克荒漠化的主要成因。风一大,把沙子都刮到首都北京去了,所以严重到以后一根草都不长，就像前面那一片，你们看看，一根草都不长。所以我们搞林的，我搞了一辈子生态，对这种破坏林木、植被的情况，看了以后心里头特别难受。我们把一棵树、一根草都看成小孩一样的亲切，破坏了，我从心里头特别的难受。

【配音】

近年来，浑善达克沙地的植被破坏严重，仅正蓝旗退化草场面积就达近 35 万公顷，占全旗可利用草场面积的 41%。植被的破坏有气候原因导致，但更多的是人为的破坏。乱砍滥伐、超载放牧、随意开垦这三大因素都直接导致了最终土地的荒漠化。

"天苍苍，野茫茫，风吹草低见牛羊。"生活在这块曾经美丽的草场上的牧民，怎么也不会想到，守着这样一块天赐草场，有一天却要靠买草来养活自己的牲畜。在沙地里，我们就遇到了这样一家人。

【采访】

记者：这些都是您家的牛吗？

浑善达克沙地牧民：是。

记者：您家养了多少牛啊？

牧民：20 多头。

记者：养了别的东西吗？

牧民：别的东西养不了，草地沙化的。

记者：以前还养过什么？

牧民：养过牛、羊、马、骆驼，都养过。

记者：现在只能养牛了是吗？

牧民：养牛都养活不了了，四五口人只能养活 20 多头。

记者：为什么呢？

牧民：因为都是买草。

记者：你们守着内蒙古草原，为什么还要买草啊？

牧民：这儿沙化得都没草了。

记者：你们家里现在收入怎么样？

牧民：这两年收入不高，可低呢，人均收入每年也就是二三百块钱。

【配音】

在浑善达克沙地中，有 80% 以上的居民以畜牧业为生，他们的生活收入主要来自于畜养牲畜。随着草场的快速退化，牧民的生活普遍受到影响。目前当地政府部门已经开始对过度放牧和随意开垦进行限制，但这并不能挽回植被破坏的现状。植被破坏带来的直接结果就是土地的荒漠化。目前浑善达克沙地沙漠化土地的面积已经达到了 43%，还有 20% 为潜在沙漠化土地，也就是说一半多的面积已经变成了荒漠。

【记者主持】

现在我到的这个地方特别有特色，跟刚才就不一样了。刚才地上还有一点儿草啊什么的植被，这块儿一点儿植被都没有。就在我后边，我觉得真是那种茫茫大漠的感觉。我就想起一首歌，叫做"你是风儿我是沙，缠缠绵绵到天涯"。其实当时咱们听着这歌的时候，觉得特别特别的浪漫，但是现在我就觉得还是有点儿沉重，为什么呢？当地的林业学家跟我们说，这种情况已经是完全沙漠化的表现了，让我们问问这个林业专家。

【采访】

记者：这个地貌属于什么样的状况呢？

锡林郭勒盟林业局高级工程师包海林：这就是典型的流动沙地。据调查资料，1960年，整个浑善达克沙地 310 万公顷沙漠化土地上，一共有这种流动的沙地是 1.7 万公顷，但是到目前它已经发展到 27 万公顷。这种流动沙丘意味着什么呀？意味着向前移动。

记者：破坏得更厉害了，是吗？

包海林：就是呀，就是没有生存的可能了。

【配音】

在沙地中，我们的镜头捕捉到了这样一组细节：无数颗细细的沙粒在风中悄悄地移动，无声无息，无休无止。看上去似乎很有趣，但真正的危险就隐藏在其中。就是在这样的移动中，从前的草场变成了今天的荒漠。40 年间，浑善达克沙地中流动沙丘的面积增长了 17 倍，今天，沙漠化土地在以每年 1 万多公顷的速度递增着。

【采访】

锡林郭勒盟林业局局长魏德平：据国家卫星监测，沙漠每年以 2% 的速度向前推进，也就是每年以 1.8 公里的速度向北京方向推进。如果再不采取根本性的措施，国家要不高度重视，加以治理，可能若干年以后，这个沙子可能就要推进京城，北京就有被沙漠埋没的危险。

【配音】

4 月 10 日是我们到达浑善达克沙地的第三天，我们的心情已经由最初的兴奋变得沉重起来。在前行的路上，车窗外不时掠过一幕幕让人触目惊心的景象，这再次加重了我们的忧虑。

【记者主持】

我们在沿途看到不少这样的死亡的牲畜，有牛、马、羊，特别是这段地方隔十几米我们就会看到一只或两只死羊，这样子真是惨不忍睹，让我觉得非常难过。以前从来没有见到过这样的景象，当地人说今年冬天闹了好几场大雪灾，这样呢加上草场退化，牲畜没有草吃，就这么活活饿死或者冻死。实际上生态的破坏给当地的牧民带来很多危害。

【配音】

严重的生态破坏，加重了牧民的生活负担，原本身处草原，靠天然草场来养活家畜的牧民，今天没想到一斤草需要花 3 毛钱去购买。

【采访】

牧民：所以买也买不起，太贵。

记者：买草特别贵，是吗？

牧民：特别贵，现在都 3 毛多钱一斤。

记者：现在外面基本上都没有草地了，是吗？

牧民：根本就没有草地，沙漠上草根都被打出来了。

记者：都被吃光了。

牧民：都吃光了。

【配音】

牧民闫林国告诉我们，在缺草季节，他家养的牛都不愿站起来，生下的羊羔用一张报纸就可以包住。更出乎我们意料的是，这些并不是个别现象。

【采访】

桑根达来镇党委副书记姚东：牧民收入的主要来源，目前还是依靠畜牧业，80%~90%来自畜牧业。在这种情况下，牲畜没有草吃，没有草场可放，牧民自然就逐步走向贫困，这就不是致富的问题，而是如何解决贫困的问题。为什么说贫困化呢？如果再这样下去，贫困已经成为不可避免的趋势。正因为有这个趋势，我们怎么样遏制住？怎么样摆脱贫困走向富裕？当务之急就是加强生态建设。

【配音】

姚书记告诉我们，当地政府采取了许多措施来治理土地沙化问题。但由于这里生态环境十分脆弱，地方经济又不发达，所以尽管锡林郭勒盟每年都要拿出 300 万元用于防沙、治沙工作，但治理的速度还是远远赶不上破坏的速度。

【采访】

锡林郭勒盟副盟长李魁：现在盟里面正在遏制，但是因为（资金）投入的问题，现在这个效果不太明显。我总觉得照这样下去，这个地方除了经济不能发展，时间长了连子孙后代安身立命之地都没法保证。除了这个地区经济不能发展以外，周边地区像北京，浑善达克沙地正处在北京的北部，是北京风沙源的一个主要源头，如果这个问题不解决，这个地区不治理，那风沙直接威胁北京城啊，北京的生态环境将要进一步恶化。所以从首都的经济发展，首都人民的安居乐业和我们地区经济的发展，从多方面来考虑的话，我们也感觉到治理浑善达克沙地势在必行。

【配音】

唇齿相依，唇亡齿寒。即使北京本地植被再好，毕竟作用有限，因此要真正使北京拥有一片蓝天，必须从沙之源头入手，从北京周边地区入手。联合治理，势在必行！

在浑善达克沙地短短的 4 天采访中，当地人对生态遭破坏后的痛惜，对尽早治理沙地的渴望，在我们脑海中留下了挥之不去的印象。带着他们的这片殷切期望，我们回到了北京。

【记者主持】

就在刚才，我们刚刚下了飞机回到北京，虽然是回来了，但是心里总觉得还有什么任务没有完成似的。刚才在飞机上我脑子里一直在想着采访这几天，他们对我们说的那些真诚的话，还有那些期待的目光，其实在他们心里最大的愿望就是希望我们记者能够把当地真实的情况、真实的信息能够带回北京，真正反馈回来。带着他们的这些嘱托，我们决定尽快赶往国家林业局。

【采访】

记者：我们此行到内蒙，发现浑善达克沙地是北京的风沙的一个重要的源头，那咱们中央是不是现在开始对这一块地方重视了呢？

国家林业局防治沙漠化中心综合处副处长罗斌：浑善达克沙地在我们最近编制的重点地区防沙治沙规划中也是重要内容，也是一个重要的部分，我们也把它作为一个重点的治理对象，作为北京的风沙源区是一个治理重点。

【配音】

罗副处长说，连续爆发的沙尘天气，使我们更加认识到，西部的生态环境不仅仅是属于西部的，它的好与坏将对全国和我们的未来产生深刻的影响。

【采访】

罗斌：西部开发应该像朱总理所讲的，要以生态建设作为切入点。这是非常正确的，这是高瞻远瞩，看到了问题的关键。因为西部地区的生态环境是非常脆弱的，一定的开发是必须建立在一定的生态保护基础上的。

【配音】

其实沙尘暴带给我们的不仅仅是灾害，更是一副清醒剂。刚刚起步的西部大开发应该以生态保护和建设作为根本点和切入点。大开发不是大开荒，一定要处理好眼前利益和长远利益的关系，立足长远，分步实施。

【采访】

记者：据当地对我们反映，他们觉得主要是资金匮乏的问题，这个问题你怎么看？

罗斌：因为国家非常重视这块工作，因此在资金上会考虑的。只要（防沙治沙）规划能够得到批准，能够得到执行，那么资金还是有保障的。

目前，国家已经把防风固沙作为西部大开发的重中之重。我国大规模的防沙治沙工程即将在东北西部、华北北部和西北的沙化严重地带展开，力争用 10 年左右时间，从总体上遏制沙化土地扩展趋势。国家有关防沙治沙的生态立法正在制定之中。

【记者主持】

从国家林业局的大门出来以后，我们终于觉得心里轻松了一些，因为我们毕竟把锡林郭勒盟人民的嘱托带回了北京。然而我们还是觉得身上的担子仍旧很重，因为关于治理西部生态和改善北京环境的话题都还远远没有结束，这些都还需要政策的扶持和全民的关注，只有这样才能使北京拥有更多像今天这样风和日丽的日子。

（北京电视台 2000 年 10 月 14 日首播）

 评析

在"新、真、实、要"上下功夫

看完《追沙溯源北行记》，每一个有良知的人的心灵都会被强烈地震撼：在闷雷似的风声和弥漫天空的黄沙中，我们都被推到一个重大的主题面前——绝不能让楼兰古城覆灭的命运在 21 世纪重现。

《追沙溯源北行记》的成功在于其在内容与形式上做到了完美的结合，具体说来，是在"新、真、实、要"上做足了文章。

一者"新"。一是表现手法新——主持人直接出面，即兴采访，声画并举，同期声大量运用，最大限度地压缩解说词和音乐，尽力隐藏自己的观点，看重的是整个表现过程；

二是切入的内容新——不是就沙尘暴谈沙尘暴，就环保谈环保，而是"追沙溯源"，在呼吁环保的同时，也充分展现了当代新闻人的人文关怀和批判精神。

二者"真"。这里的"真"指的是"形象真、声响真、场面真、情感真"。

形象真：人的形象和物的形象真真切切，没有任何矫揉和虚饰——主持人被风吹起的长发，在大风中略显狼狈的步履和面容；荒漠里渴死、冻死的牛羊，死亡的榆林；漫天飞舞的黄沙和向前移动的沙丘，一切的一切都原生态地呈现在观众面前。

声响真：像闷雷一般啸叫的风声贯穿片子的始终，大漠中孤零零的狗吠更增添了一种悲怆和无奈。自然的声响和主持人急切而焦急的语言更加烘托了一种凝重的氛围。

场面真：不管是没了任何生命迹象的大漠，还是重新陷入贫困的牧民，不管是曾经芳草萋萋的小土堆，还是林业专家面对荒漠化而痛心疾首的表述，录音机和摄像机都忠实地做了记录。

情感真：老工程师一句"我们把一棵树、一根草都看成小孩一样的亲切，破坏了，我从心里头特别的难受"令人泪下。整部片子，没有大口号，没有说教，但朴实的话语、真挚的情感都在猛烈地敲打我们的心灵。

三者"实"。即朴实、扎实、实在。其一，从开篇到结尾，一气呵成，朴实无华，没有留下任何雕饰的痕迹；其二，让专家说话，让画面说话，让生活在荒漠中的牧民说话。没有任何刻意的"升华"，主旨在"边走边说"中一步步显现。

四者"要"。这里的"要"指的是重要、需要，即在选题上，要选取富有价值的专题。前一时期，在经济飞速发展的中国，人们关注的是产值、利润，是鼓囊的腰包，是看得见、摸得着的利益，而对于可持续发展、环境保护、生态平衡等全局性、长远性的利益，人们往往视而不见，或者是"说起来重要，干起来次要，忙起来不要"。许多新闻媒体也曾对一些污染环境、破坏环境的小化工厂、小造纸厂、小煤窑进行了曝光，但这些就像一颗石子投入了海洋，瞬间就没有了声响。为什么呢？关键是选题过宽，表现形式过旧，不疼不痒，打不中要害。而《追沙溯源北行记》将环保这一重大主题与首都北京联系在一起，一句"沙漠每年以2%的速度向前推进……北京就有被沙漠埋没的危险"，就像在一池死水里扔进了一颗重磅炸弹，起到了振聋发聩的作用。专题的新闻价值和宣传价值也因此而找到了一个最完美的结合点。

（邹火明）

2.5 "百姓书记"梁雨润

山西电视台 朱海虎 许凌云 肖亚光 薛爱林 刘明 耿辉旺

【画面】
梁雨润与百姓在一起，穿插百姓访谈。

【同期声】
村民：我也想哪里有这么好的书记呀！

村民：清官啊，梁书记真的太难得。

村民：我们看梁书记是真正的共产党员。

村民：我们给梁书记起了个"百姓书记"。

【字幕】

"百姓书记"梁雨润

【解说】

梁雨润，现任山西省运城市纪检委常务副书记，1992年开始从事纪检工作。2002年受到中纪委通令嘉奖，被誉为优秀纪检监察干部的代表。

1998年开始，记者对梁雨润进行了持续4年的采访。从一个个急民之苦、解民之困的故事里，一位百姓书记走进了越来越多百姓的视野……

【字幕】

山西运城河津市上梁乡胡家堡村

村民畅春英家

拍摄于2001年10月20日

【解说】

这里是山西运城河津市胡家堡村，13年前一桩人命案使村民畅春英相继失去了儿子和丈夫，由于对法院判决不服，两具装着亲人尸体的棺材一直停放在家里。2001年10月20日，运城市纪检委副书记梁雨润踏进了这个几乎与世隔绝的小院，成了10多年中第一个走进他家的领导干部。

【同期声】

山西省运城市纪检委副书记梁雨润：他多大年龄去世的？

山西运城河津市胡家堡村村民畅春英：59岁？

梁雨润：59岁？现在人就在里面放着呢？

畅春英：嗯。

梁雨润：几年了？

畅春英：1995年没的。

梁雨润：你现在还在这儿住？

畅春英：嗯。

梁雨润：回来吃饭还在这儿？

畅春英：嗯，还在这儿。

【解说】

这个供着照片的小桌就是畅春英每天吃饭的地方，她日夜守着丈夫的棺材已经生活了7年多，而旁边一间屋里还有一副棺材，存放着他儿子的尸体，已经将近13年了。这就是畅春英的长子姚成孝，是个退伍军人。1989年3月15日因几句口角被村支书记的两个儿子无辜捅死，法院当时以故意伤害罪判了主犯12年、从犯3年徒刑，畅春英不服，认为自古以来杀人偿命，就把儿子的尸体停放在他生前的房间，和丈夫一起为儿子申冤。

【同期声】

畅春英：人一死啊就应该入土为安，我这个事情不能说，开庭没有通知我到庭就刑事判决了，我告的就是因为一审没有通知我到法庭去。

【解说】

因贫病交加，1995 年畅春英的丈夫在上访的路上猝死，她又把丈夫的棺材放在床前，不顾一切地继续上访。然而 13 年中虽然手里拿到的领导"批示"有二三十份，但一级一级落下来却仍然没人过问她的案子。而常年上访使她家一贫如洗，畅春英常靠捡破烂维持生计，家里是活人死人同处一屋，村里人也很少和她家来往。2001 年秋天梁雨润的到来震惊了整个村子，然而他面对的不仅是两口沉甸甸的棺材，还有这个受尽屈辱磨难的畅春英一家的怀疑和误解。

【同期声】

畅春英二儿子：你把我拷走。

村民：喝酒喝醉了。

畅春英二儿子：我家这 10 来年都没法过。

【解说】

他是畅春英的二儿子，为了给哥哥申冤曾多次找乡政府、法院拼命，10 多年来的失望，甚至绝望，使他几乎怀疑所有的人。

【同期声】

畅春英二儿子：我不出去。

（畅春英二儿子躺在车下）

山西运城河津市胡家堡村村民：出来吧，你就不听。

畅春英：梁书记，你可得原谅我。

梁雨润：没事，没事，这怕啥呢，他喝了酒了，我们不见怪。

【解说】

我觉得他并不是对我梁雨润个人有意见，而是对我们党的干部长期给他这个问题得不到解决这种作风有意见。所以两副棺材不能再在家里放了。如果继续放下去，那么对于我梁雨润来讲没有任何损失，损失的是党的形象，损失的是干群关系。

梁雨润经过调查发现，案件并不像畅春英所想的杀人就必须偿命，主犯当年从轻判决的主要原因是年龄还不满 18 岁，而且现在已经刑满释放了。为了切实解决这个历史遗留的问题，梁雨润一面向法院申请重新审理，替畅春英补回刑事附带的民事赔偿，一面协调各级政府给畅春英经济上的补助，还反反复复做畅春英一家的思想工作，劝说将棺材入土为安。

【同期声】

梁雨润：我们的工作没有做好，那么我们今天解决这个问题就是一种道歉，所以……

【解说】

在历时半年多的时间里，梁雨润和纪检干部先后 20 多次到小梁乡解决畅春英的案子。

【同期声】

梁雨润：我不解决你这个问题，我良心上过不去，因为我已经给你表了态，你这个问题我必须给你解决，所以我后半夜 4 点钟都睡不着觉，今天四级领导都在这儿，我说话算数，多少（钱）、什么时候来乡政府，还是我们这些人双方见面，把钱领走。

【解说】

在梁雨润真诚耐心的劝说和抚慰下，畅春英心中仇恨和冤屈的坚冰渐渐融化了，终于在协议书上签了字。

【同期声】

畅春英二儿子：哎呀，我 13 年来总算从这个阴影中出来了，梁书记能给我解决，我说梁书记，我啥话也不说了。

【字幕】

拍摄于 2002 年 5 月 8 日

【解说】

今年 5 月 8 日，梁雨润带领运城市纪委与河津市、乡村三级干部 50 多人早早来到畅春英家，在姚家停放了 13 年的棺材终于起灵了，这时候梁雨润冲上前去，抬起灵柩，亲自为死者送葬。

（抬棺镜头中间）

梁雨润：走，走，走，前头走。

为什么在很多人眼里像这样难以解决推来拖去甚至无人问津的案子，梁雨润却能把它扛下来呢？在我们对梁雨润持续 4 年的跟踪采访中曾做过一个统计，他仅在夏县两年零九个月里就处理群众上访 250 多起，平均每 4 天就要为老百姓办一个案子，而且其中大部分都是这种几年、十几年甚至几十年的难缠案，起初同事们经常劝他不要做这种自找麻烦的"夹生饭"，但他不仅有案必接，而且结案率高达百分之百。时间一长，同事们发现总结了他办案的四部曲："流泪听状子，承诺拍桌子，调查进村子，处理快刀子。"

【同期声】

梁雨润：我已经和医院做好了工作，今天我也再见你一次，给你表个态，10 天之内给你解决。

村民：6 年了，我跑腿都跑断了。

运城市夏县纪检委纪检干部胡根发：老百姓的事情解决不了，他好像感觉自己过意不去，对不起人家，几次跟梁书记出去，我都跟着梁书记掉眼泪，我看到他那种确确实实跟群众就是一条心……

运城市夏县纪检委纪检干部姜全成：梁书记他认为如果我们只给老百姓许个空头支票，或者签个"要办"，"坚决要办"，或者"严肃办"，或"尽快办"等等，往往落实不下来，所以梁书记说对老百姓一定要在时间上给个准确承诺，要几天解决就几天解决，或者 3 天，或者 5 天。

【解说】

残疾人李卫国反映县药材公司假药伤人一案，上访了半年多，梁雨润 3 天就圆满解决了；胡正来老汉反映县法警队非法侵占财产 5 年未果的案子，7 天就依法处理了；王典才住房被侵，流浪上访了 18 年，梁雨润现场办公一天一夜就拧住解决了……特别是这位叫做崔良娟的老人，为讨回被乡干部侵占的宅基地，整整上访了 32 年，满头青丝也变成了苍苍白发，可能铺满地的领导批示、法院裁定，没有换回她的宅基地，却换来乡干部变本加厉的打击报复，一次她点火做饭炉膛却塞着一挂鞭炮，顿时炸得衣裤都是窟窿和血迹。

【同期声】

运城市夏县上董村村民崔良娟：孩子说，妈妈，我奶奶已经死到这上面了，你一味告，咱惹不起人家，你也要死到这上面。我说死也得死，非要解决不行。

【解说】

1999 年夏天，崔良娟找到梁雨润，可对她的案子已经非常熟悉的纪检干部们悄悄劝他不要接手这个案子，一来担心这个陈年老账解决不了、不好收场，二来宅基地问题很琐碎，也不属于纪检委分内的事，可梁雨润一听却生了气。

【同期声】

姜全成：当时梁书记说你看崔良娟老太太已经告了 30 多年了，难道我们还忍心让她再告 30 多年。

【解说】

就在崔良娟见到梁雨润的当天下午，县纪检委、法院联合调查组就冒雨来到她所在的上董村，经过仔细调查，依法拘留了拒绝执行法院裁定的乡干部。第 6 天，这位乡干部就在人们的监督下，拆除了竖在崔家宅基地上的高墙，一座压在崔良娟肩上 30 多年的重负随之被推倒了。

【同期声】

梁雨润：农村有许多邻里纠纷、宅基地纠纷，可以说对我们这些当领导的，看起来是一些鸡毛蒜皮的小事，但对老百姓来讲就是天大的事情，这些问题的解决比我们自己个人的升迁、儿女的安置那些事的解决要好解决得多，为什么我们都能将自己的事情办好、办了，而解决老百姓的事就这么难呢？只要我们把老百姓的事，当成自己的事，就没有办不了的事。

【字幕】

山西运城市芮城县新村

【解说】

为什么梁雨润有这么深的百姓情结，在我们的跟踪采访中，曾不止一次来到这个黄河边上芮城县新村梁雨润的家乡。

【同期声】

梁雨润：我是喝着黄河水长大的，我 1956 年出生时就出生在这间窑洞里，小时候我们的生活太艰苦了，为了供自己上学，我就每天从黄河滩上背沙，攒够一平车，就是 1000 斤，拉到县城只卖 4 块 5 毛钱。今天农民找我，我就要想到，当年我是从他们中走出来的，我们今天拿的俸禄是他们给的，我们吃的喝的是他们给的，没有老百姓就没有我们。

【解说】

梁雨润的父亲已经 70 多岁了，至今要到十几里远的黄河滩上料理果园。在交谈中记者得知，他家里有三代共产党，祖父早年参加革命，40 年代入党，解决后一直留在四川；父亲是 50 年代的党员，为人耿直，当了一辈子村干部，在最困难的时候仍然把家里仅有的粮食分给更穷的人。

【同期声】

梁雨润的父亲：我父亲教育了我，我教育我的孩子，我们当官就是要为老百姓办些实事，办些好事，我们不是当官做老爷的。

（梁家吃饭情景）

梁雨润的妻子：还得端一碗，来。味道不错嘛，这咸菜是运城一个老汉给拿来的，我也不认识他，他说你给他啥办好啦，他自己腌的，里面就是萝卜和辣椒呀。

【解说】

梁雨润的妻子，一位中专教师，就是从老百姓大老远背来、说啥也要放下的这些咸菜、枣糕、红薯、玉米面、亲手做的月饼里品出"百姓书记"四个字里的感情的，然而她更清楚梁雨润作为一个普普通通的人为了给百姓一句承诺多年来独自忍受的难处，甚至危险。

【同期声】

记者：接到过这种恐吓电话？

梁雨润妻子：（哽咽）经常接。

记者：说些啥呢？

梁雨润妻子：他就骂吧，就说你孩子呀，丈夫呀，他在外面乱管，不叫你家里人活了怎么怎么的，反正很难听、不文明的话。

记者：你担心不担心他的安全呢？

梁雨润妻子：哪能不担心呢，有一次有一个人到他办公室拍桌子，很野蛮，我第一次担心就是这次。

【解说】

让梁雨润的妻子现在还感到后怕的这件事就发生在梁雨润 1998 年到夏县不久，他接到一位叫史英俊的农民的上访信，诉说 1996 年春节前，几名法警、武警持枪砸开他的果窖，把他铐走，打伤妻子，将他贷款买的 6 万斤苹果一抢而光。这是记者 1998 年底采访他家时的情景。

【字幕】

拍摄于 1998 年 12 月 3 日

【同期声】

运城市夏县胡张乡王村村民史英俊：当时我就在院子里跟他喊，我说共产党的天下，这是夏县人民的法院，你法律上哪一条有对待我这样的。

史英俊的孩子：我想念书，我妈妈不让我念。

记者：你妈不让你念呀？为啥？

史英俊的妻子：我娃没钱念书，怪可怜的，每天背上空书包到处跑。

【解说】

这场抢果案最初的策划者是同村人卫永康，他伙同县公安局刑警李将制造了已经付款收购史英俊苹果的假合同、假公证书，并通过县法院以强制执行的名义公然把苹果抢走。然而由于作案者强大的势力网，史英俊这个普通农民长达 3 年的告状、上访竟没有任何结果。梁雨润得知后，立即展开调查，将涉案的 10 多名公安、法院、公证处人员实行双规，然而这些昔日威风八面的执法人员不但拒不认错，而且威胁恐吓纪检干部。

【同期声】

运城市夏县纪检委纪检干部王武魁：让他们签字就不签，把墨镜顶到头上，拍桌子瞪眼的："你有什么了不起，你有什么了不起！"

梁雨润：我在全体人员会议上就曾经说过，我们的纪检干部就是共产党的一把钢刀，是斩除党和政府躯体上的毒瘤的钢刀，我们纪检干部宁叫人打死，不叫人吓死。

【解说】

梁雨润的态度镇住了这些有恃无恐的执法人员，但接踵而来的就是同僚朋友上下左右的说情，最让梁雨润头疼的是其中还有和自己从小耍大又曾一起在市委机关工作的最要好的朋友。

【同期声】

运城市政府机关事务管理局干部孙天管：梁书记是我多年的一个比较要好的朋友，这么好的关系，他不可能拒绝我，就满怀信心地去了，结果我们刚刚坐下，他就说，行，行，你马上走吧，让我走。我真不好意思，我带着个朋友怎么这么尴尬……

【解说】

因为这件事，两个好朋友很久不再来往，后来还是梁雨润主动将他请到家里重归于好。就这样，梁雨润顶住方方面面的压力，用了 20 天时间就彻底查清了这起"五顶大沿帽欺负一顶破草帽"的司法腐败案，涉案人员全部被依法公开处理，一年后史英俊的经济损失也被追回，在这个过程中，梁雨润先后拿出自己的工资 2000 多块钱帮助史英俊渡过难关。

【同期声】

史英俊：我原来都不计划活了，梁书记救活我的，梁书记比亲戚还亲，比亲兄弟还亲。

【解说】

1999 年，就是从史英俊果农案开始，一位百姓书记走进了越来越多的百姓视野。

【同期声】

山西省运城市市委干部黄勋会："百姓书记"是他党性的一种最高追求，他把老百姓的利益和党的利益紧密地结合起来了，他认为我为老百姓办事，就是维护老百姓的利益，维护老百姓的利益就是树立党的形象，维护党的利益。

【解说】

2000 年，《中国纪检监察报》的长篇系列报道引起强烈反响，全国各地纪检委自发发出向梁雨润学习的决定。

【同期声】

《中国纪检监察报》记者杨尧鑫：很激动呀，就是很激动，写的过程当中，写到那些感人的地方的时候，也是潸然泪下呀。

【解说】

2002 年，山西省委组织部、宣传部、省纪检委再次号召向梁雨润学习。

【同期声】

作家何建明：我们真正共产党员是什么样的，用我那句话，我就在寻找这种灵魂和信仰的强者。

【解说】

一本以梁雨润为原型的长篇报告文学《根本利益》再次震动全国。

【同期声】

著名文学评论家何西来：我觉得作为一个共产党人，一个共产党的干部，能够让百姓给他一顶"百姓书记"的帽子，我以为是最高的荣誉。如果我们党的干部都能像他那样，我们党和群众的关系还会不好吗？

（梁雨润与百姓在一起镜头，穿插梁雨润的自白）

【同期声】

梁雨润：假如他是我的姑舅婆姨，假如他是我的亲戚朋友，我该怎样对待？

一个什么样的人才配叫共产党员。

只要把老百姓的事当成自己的事，就没有办不了的事。

我就是要好好地为群众多说几句话，为群众主持公道，为群众伸张正义。

官可以不做，老百姓的事不能不办。

（山西电视台 2002 年 9 月 18 日首播）

 评析

事真、情深、动人
——谈《百姓书记梁雨润》的创作特色

典型人物报道就是对具有新闻价值和富有典型意义的人所做的重点报道。[1] 它是引导舆论、宣传先进、鼓舞人心的重要方式。但是由于过去极左年代"假大空"、"高大全"式报道模式深深地伤害了人们对典型报道的信任，直到现在，典型报道中的程式化和肉麻吹捧仍未能根除，致使读者在看过报道后反而对典型人物产生怀疑心理："这是不是真的啊，不知道又拔高了多少。"虚、空、假一直是典型人物报道的通病，而《百姓书记梁雨润》（以下简称《梁》）打破塑造典型人物的常规手法，以平民视角审视新闻事实、剖析思想根源，用细节和事实对典型人物进行个性化塑造，让人耳目一新，也正是这种真实感人至深。

首先，《梁》片给人强烈的真实感，这种真实不是空洞的语言褒奖和夸赞可以实现的，而是通过典型事例一步步展现出来的。在以往的宣传报道中，我们对先进人物的介绍和描述往往是建立在大量华丽辞藻的堆砌上的，好像无论用多少溢美之词都无以表现他们的崇高和伟大。空话、套话太多会给人强烈的不真实之感。而在《梁》片的解说中，没有一句记者或编导加上去的溢美之词，有的只是一个个发生在群众和纪委书记之间的真实

---

① 许明道：《解读"典型人物"可运用的表述元素》，载《新闻爱好者》2005 年第 10 期。

故事。家里停放着大儿子、丈夫两具棺材的村民畅春英，为了给儿子讨回公道，13年上访无果，梁雨润给她解决了。为讨回被村干部侵占的宅基地整整上访32年的崔良娟找到梁雨润，他毅然接下这个同事们眼中的"烫手山芋"，6天后村干部家的高墙被拆除了。在夏县两年零九个月里，梁雨润平均每4天就要为老百姓办一个案子。"事实胜于雄辩"、"用事实说话"，正是这些真实发生过的事实消弭了观众心中的怀疑和排斥，一个真正"疾民之苦、解民之困"的干部形象才得以走进观众的心房。

其次，《梁》片的真实感还建立在细节的表现之上。形象、真实、可信地表现人物，就得让细节说话。畅春英家简陋破旧的房子、赫然停放在屋内的棺材、事情解决以后的葬礼、冒雨拆除村干部非法建筑、史英俊妻女的泣诉、村民一摞摞的上访材料和火车票，以及字幕"拍摄于1998年"、"拍摄于2001年10月20日"等，这些事情、这些场面无不给人以强烈的真实感，叫人不得不相信。老百姓含泪的控诉、感激的泪水、绽放的笑颜、装红薯的袋子上绣的一颗鲜红的心、梁雨润听群众讲述感动到流泪等，百姓对梁雨润的爱戴之情和梁雨润的爱民之心在这些细微中得以展现和证明，一个"流泪听状子，承诺拍桌子，调查进村子，处理快刀子"的纪检书记形象跃然纸上。正是通过细节的描摹和渲染，才生动地刻画出了人物的个性特点，丰满了人物的神韵，增强了感染力。

除了内容上的真实打动观众，《梁》片在情绪的渲染上也是值得赞赏的。《梁》片对情感的渲染是通过故事、画面、音乐和其他技术手段共同完成的。首先还是得力于记者的前期采访，通过故事的讲述来传达百姓和书记之间深厚的感情，比如村民畅春英拉着梁雨润的手开怀大笑，畅春英的二儿子从开始对梁雨润的误解，躺在梁的车下不让他走，到事情解决后流着眼泪哽咽地说："我说梁书记，我啥话也不说了"，真是此时无声胜有声。因为有了前面事实的铺垫，老百姓的感情流露就十分自然和合理，"我也想哪里有这么好的书记呀"、"清官啊，梁书记真的太难得"、"我们看梁书记是真正的共产党员"、"我们给梁书记起了个'百姓书记'"、"梁书记比亲戚还亲，比亲兄弟还亲"，有了事实的支撑，观众相信这些话都是有感而发，是真情实感，因此虽然片中有很多这种溢美之词，也并没有让人厌烦和反感。老百姓如此自发地、不约而同地、众口一词地赞叹、表扬、感谢梁雨润，多么的难能可贵，让我们这些看客都不得不为之动容。慢动作重放的画面、老百姓的泪眼和笑颜配以深沉缓慢的背景音乐，在每一小节结束的时候重复出现，形成一种回环咏叹之感，在观众的心里一次次地激荡、共鸣，一次次地使观众震撼。

人物报道，特别是先进人物、英雄人物报道，很容易由于记者编导的刻意拔高而显得虚假，表现在片中就是解说词中赞美和说教远远大于事实陈述。著名记者纪希晨说："描绘一个人物形象，如果只限于用细笔描写他的眼睛、眉毛、衣服，写得不论多细，人物也活不起来。但是，如果从他的行动上写，人物立刻就可活起来。"无独有偶，克拉考尔也说："人们在越来越认识到摄像机的记录功能之后，也日益意识到摄像机的揭示力量。"延伸到电视中也就是，描绘一个人物，单靠旁白解说是苍白的、无力的，而事实能够立刻让人活起来、真起来。《梁》片的成功，就是在于选取和讲述了一个个真实发生且感人至深的故事，在于充分发挥了事实的力量。匈牙利电影美学家贝拉·巴拉兹说得好："艺术不在于虚构，而在于发现。艺术家必须在世界的广阔天地中发掘出最有特征意义的、最有趣的、最可塑造的和最有表现力的东西，并且把自己的倾向性和思想意图异常鲜明地表现出来。"为了这种发现，为了这种真实，从 1998 年开始，记者对梁雨润进行了持续四年的采访，从而积累了大量群活的音像资料，通过与当事人的充分交谈和对主人公的细致观察，较深刻地了解了主人公的个性特点、工作习惯和内心世界，惟其如此，才能制作出感动自己、感动观众的节目。

（敖俊杰）

3 电视评论类作品

电视评论导论

人们常说，评论是新闻媒介的旗帜。其实，这一观点用于报纸媒介是比较准确的，读者往往把社论、评论员评论文章看成是报纸的立场观点和政治倾向，是党的方针、政策的贯彻及政令的传达。电视媒介作为党和政府的喉舌，其导向作用主要体现在新闻的报道和编排上，而电视评论在很长一段时间内则处于低谷状态，远没有发挥它作为新闻媒介的旗帜和灵魂的作用。1994 年中央电视台《焦点访谈》的创办，标志着电视特色的评论节目形态诞生，其社会影响力大大超过了其他新闻媒介。

电视评论是评论者或电视机构对当前具有普遍意义的事件、问题或社会现象表达意见和态度的节目体裁。电视评论往往围绕特定的主题，在思想见解、价值取向、情感态度、道德判断等方面，观点鲜明、导向正确。它所提出、解答、阐释的问题多以探索性、启迪性、思辨性为特征。有时，电视评论只是评述客观现象，反映不同看法，以调动观众思考与分析，做出善与恶的判断。

《中国电视专题节目界定》在阐述电视评论的特性时指出，评述性、思辨性和论证性是其主要特色。

评述性节目采取"评论"和"叙述"的手段，客观报道与分析评判相结合。这种评述针对特定事件、问题，以及事件的进展、动向、问题的最新信息和发展态势，进行客观的评述。在形式上，采用纪实性的拍摄画面，辅之以一个访问接一个访问的调查采访谈话，对群众关心的现实问题进行有分析评价的报道，并对观众关注的热点问题，尽力做出有见识的预测。像《焦点访谈》的《"罚"要依法》，坚持"用事实说话"，由事阐理，以理评事，事理相连，相得益彰。这类节目以夹叙夹议的风格为特色，在相当程度上得力于记者的采访报道。

记者通过对不同人士的采访回答，从不同侧面、不同角度提出问题，让观众了解事件的来龙去脉。这种访谈的魅力就在于它通过记者步步紧逼的提问过程，推动事件调查的深入发展，使"对象"在猝不及防中暴露真情。有些老练的受访者，似乎左右逢源、精于善辩，但明智的人一眼就可看出其诡辩的伎俩，即使"访谈"不加任何评论，问题的是非曲直也会在访谈过程中展现出来。

思辨性是电视评论的另一个重要特色。节目根据某种客观存在，提出、分析、思考问题，带有强烈的思辨色彩。记者对所报道的事实，不满足于客观的叙述和表层的评介，往往对所提出的问题赋予探索性、启示性和多义性。这类节目并不侧重对问题做出结论，而是引导观众去思考问题，寻找问题的症结。像《是谁让我坠入黑暗》，编导透过新闻事件或现象，由表及里，深入剖析，在许多问题上表现出强烈的倾向，给人以巨大的震撼力和警示性。

论证性的评论节目，往往选取重大政治主题，从历史的视角表现当代的重大课题，通过对历史事件和社会文化现象的深刻剖析、论证，得出令人信服的结论。像政论片《复兴之路》等，带有强烈的主观色彩和论战气息，语言犀利、层层递进、逻辑严密，具有高屋建瓴的气势。

电视评论的形式主要有三种：

评论员评论，这是电视评论员或特约评论员，就当前群众普遍关心的问题或重大新闻事件、社会现象，直接面向观众表示意见、看法、立场和态度的节目。如凤凰卫视的《时事开讲》节目。

电视论坛，即由主持人邀请权威人士对当前国内外重大事件或群众关注的问题发表意见、看法、认识或态度的节目。

电视述评，即是电视新闻报道者一边报道事实的具体情况，一边又对事实做分析评论的夹叙夹议的报道节目。传统的评论节目以评为主，述的部分只是作为评论的依据。而《焦点访谈》类节目则根据题材内容的需要，不严格按照评与述的比例，而是该述则述，该评即评，述、评结合，开创了具有电视特色的评论。这类评论节目是目前电视台运用最多的形式。

电视评论节目制作成功的一个重要因素是巧妙选择切入点。只有找到了适合表达评论主题的最佳切入点作为突破口，才能把报道的"述"与评论的"评"紧密结合起来，达到引人入胜、据事论理的目的。

3.1 聚焦医患"第三方"

【演播室】

画面上的这个人叫吴升炫，28岁，今年8月6号，因为胸闷发烧被送到上海一家二甲医院治疗，在吊了四瓶盐水后的6小时不到，突然死亡，家属和医院的谈判陷入了胶着状态。就在这时，医疗纠纷第三方介入，这就是人民调解委员会的调解，他们介入死者家属和医院之间，反复调停。那么这个调解委员会究竟是个怎样的机构，它到底在维护谁的利益？最后结果的公正，又怎样保证呢？

【正片】

【字幕】

2011年1月 上海松江区中心医院 患者家属在医院设置灵堂

【字幕】

2011年8月 上海儿科医院 患者家属封堵医院大门

【字幕】

2011年9月 普陀区人民医院 患者家属用汽车封堵医院

【解说】

最近几年，医疗纠纷引发的暴力事件频频发生。医患矛盾已经成为最突出的社会矛盾之一。能否解决好医疗纠纷，直接关系到医患双方的合法权利，甚至是社会的稳定。那么这个社会难题应该如何破解呢？

（黑转）

（哭，实况）

【解说】

28岁的吴升炫已经去世两个多月了，他的家人内心依然难以平复。

【同期声】

吴升炫的妈妈：一下子没了，我们怎么过日子？我们也不知道，我们怎么活下去。

【解说】

今年8月6号下午，吴升炫突然感觉胸闷并伴有发烧，到上海普陀区人民医院就诊，被诊断为上呼吸道感染，在医院输液了抗生素之后，半夜12点回到家里。没想到第二天早上6点多，他突然感到呼吸困难，很快离开了人世。

【同期声】

吴升炫的妻子戴菲玲：他流了一滴眼泪，流了最后一滴眼泪，我知道他那滴含了很多意思，他很不舍得所有的一切。

【画面】

妻子与孩子玩。

【解说】

吴升炫今年28岁，是一名美发师，经过4年的打拼，已经在上海拥有了3家连锁店，事业有成，娶妻生女，生活安定。妻子戴菲玲原本以为这是一场意外，但是丈夫手机里的两张照片让他意识到，也许吴升炫的死并不那么简单。因为照片显示，在当天的输液过程中，吴升炫曾经因为发生抽搐而吸氧。

【同期声】

我觉得可能是心脏有问题。

你觉得不仅仅是发烧这么简单。

绝对不会。

【解说】

戴菲玲认为，很可能是医院在对丈夫的处置过程中存在疏忽和误诊，但医院并不承认治疗有过失，只愿意从人道主义角度出发，给3万块钱的赔偿。

【同期声】

吴升炫的妻子戴菲玲：一条命3万块钱，你觉得作为家属能接受吗？

【记者出镜】

吴升炫的家人曾经4次找到医院讨说法，但每次都是不欢而散。他们也曾找医院的上级主管部门投诉，但是却得到了和医院同样的回答。就在医患双方僵持不下的时候，一个民间的组织，普陀区医患纠纷人民调解委员会开始介入到这场纠纷的调查和调解。那么，这个民间组织的介入，能够解决双方的纠纷吗？

【同期声】

先生，我是普陀区医患纠纷人民调解委员会的。

你好！你们坐坐，你坐吧。

【解说】

吴升炫去世一个月后，普陀区医患纠纷人民调解委员会的工作人员上门来调解。成立于2006年4月的普陀区医患纠纷人民调解委员会，是全国第一家医患纠纷调解委员会，普陀区政府通过购买服务的方式，委托医调委员以第三方身份调解医患纠纷。这天，是医调委第一次到吴升炫家里上门调解，而为了这次见面，之前医调委已经和死者家属进行了20多次的电话沟通。

【同期声】

普陀区医患纠纷人民调解委员会主任任有余：患方认为我们是帮医院的，你政府购买服务，肯定帮政府有关部门。他是这样理解的。

吴升炫的妻子戴菲玲：说实话不太相信。因为觉得第三方并不了解我们现在的情况，我当时的感觉医院是把责任推给第三方的。

吴升炫的亲戚戴玲艳：因为我怕他又像卫生局一样的。

【解说】

像卫生局一样，是戴菲玲和家人最大的担心，因为在她们看来，医调委如果是和卫生局一样的机构，那等于是自家人管自家人，这让她们担心藕断丝连的关系会影响鉴定的公正性。

【同期声】

我们也不知道他是不是跟医院有关系，多多少少专家他毕竟也是个医生，会不会站在百姓的角度看问题。

【解说】

患者家属坦言，这样的不信任是来自于与医院交涉的心力交悴，因为在和医院的交涉中，双方的分歧很大。在家属看来，吴升炫在输液的过程中曾经出现抽搐症状，并吸氧，但医生却没有进一步地进行检查和治疗，所以医院对他的死，是负有责任的。

【同期声】

吴升炫的妻子戴菲玲：为什么不给他做心脏检查，做个心电图，这是很正常的检查，为什么没有建议他检查？

【同期声】

吴升炫的亲戚戴玲艳：中间在治疗的过程中不是一个小时不是十分钟，是几个小时，三四个小时都在你们医院打这个点滴，中间有这么多的症状，你医生在干嘛？

【解说】

但普陀区人民医院却坚持认为，输液过程中出现的抽搐症状，不足以让患者致死。

【同期声】

普陀区人民医院副院长黄德魁：家属认为病人在医院是有抽搐的症状。但是我们三个高年资的医生都没有在病程记录上记录有抽筋的现象，我们判断家属说的抽筋和医学上的抽筋是不一样的。我们感觉根据当时病人的情况不至于会致死。

【解说】

因为双方各执一词，这场纠纷的解决一度陷入僵局，一个多月下来，双方都耗费了大量的精力却不能说服对方。吴升炫的家人原本打算，只要医院适当提高点赔偿额，他们也就息事宁人，但是，医调委工作人员的一句话，却有些出乎他们意料。

【同期声】

吴升炫的亲戚戴玲艳：我就说如果说看医院，如果钱少一点我们能解决就算了，但是医调委主任跟我们讲你这样不划算，他说我会帮你争取最大的利益。

【解说】

正是这句话让吴升炫的家人开始相信，也许医调委可以为他们主持公道。而院方也认为也许医调委的第三方身份，能够有利于纠纷的解决。

【同期声】

普陀区人民医院副院长黄德魁：他能改善什么，至少说调解的场所不在医院里，到第三方去矛盾的激烈程度和对医院正常秩序的影响肯定都有好处。

【解说】

最终，在征得家属和医院双方的同意后，普陀区医调委决定启动专家咨询程序，邀请其他医院的专家对普陀区人民医院的治疗行为进行独立的第三方鉴定。

【同期声】

调解员任有余：处理纠纷难。难点在什么，就在责任程度上。过错含糊的医院都承认自己有过错，但你错到什么程度，是完全责任、主要责任，还是次要责任，还是轻微责任。即使认定了患方不一定信服，这样就由第三方来鉴定。他不代表你甲方，也不代表乙方，客观做出判断。

【画面】

长征医院和同济医院的两位教授对患者死亡的具体原因进行研判。

【解说】

9月27号,专家咨询会正式举行,两名第三方鉴定者分别来自长征医院和同济医院,他们是从上海市医调委的专家库中随机抽取的。在对吴升炫的病史进行仔细分析后,两位专家判断,普陀区人民医院在治疗过程中存在一定的瑕疵。

【同期声】

同济医院急诊科主任、医疗调解委员会聘请专家吴先正:如果出现呼吸的问题,是发烧的问题还是别的问题?当然现在是事后说从规范性来说量个血压,做些检查,比如说查个血气呀。

长征医院心血管内科主任、医疗调解委员会聘请专家任雨笙:医疗文书还是过于简单,告知制度不够,没有告诉患者。他离开的时候这个告知非常重要,如果你觉得还是有点不放心,作为医院,你可能需要一个继续留观。

【解说】

两名第三方专家同时也强调,吴升炫从回家到死亡的几个小时里,出现过胸闷的症状,这应该引起家属更多的注意。

【同期声】

长征医院心血管内科主任、医疗调解委员会聘请专家任雨笙:因为这5个小时一定应该有他的病理生理变化,应该有某些征兆,是不是病人不舒服应该去就诊而没有就诊,5个小时可能对生命来说非常宝贵。

【解说】

根据各自的专业判断,两位专家当场出具了咨询意见书,这份意见书将成为这场医患纠纷调解的关键依据。

【解说】

(出动画图示)

在医疗纠纷人民调解制度出现前,医患纠纷的解决一般有三种途径,自行协商、行政调解和走司法途径,也就是俗称的医患双方直接谈判、医疗事故仲裁和打官司。但是这三种途径都有各自的局限性。

【同期声】

普陀区医患纠纷人民调解工作办公室主任李建军:患者认为我是弱势因为我不懂医,所以和医院协商是很难的。要和行政调解和卫生部门申请行政调解,他也不相信。毕竟卫生局和医院、卫生局和医院是什么关系呀!他不信任的。打官司费时费力,像这些情况怎么来解决问题,让他有个说话的地方,有和医院对话的平台。

【解说】

如果缺少这个对话平台,让患者直接面对医院和卫生局,那么双方很容易扩大对立的情绪,在一些极端情况下,还会发生医闹等暴力事件。

【解说】

今年8月8号,儿科医院发生一起医闹事件,外地一名重病的儿童转院至上海儿科医院,抢救无效死亡。由于无法和医院达成赔偿协议,患者家属40多人到医院讨说法,整个事件从早上一直持续到下午。

【画面】

在医务科大闹的实况。

【同期声】

黄国英，上海儿科医院院长：我们医院一天有 6000 的门诊量，你算它千分之一的发生率算高吗？不高，很低。纠纷 1000 个里面只有一个对你有意见，那么一天 6000 个门诊量，它就有 6 起，6 起它就能把医院搞瘫痪掉。

【画面】

其他医闹画面。

【解说】

事实上，近年来医患纠纷不仅数量上升，还时常引发暴力冲突，这不仅让患者心力憔悴，也让许多医院感到难以应对。

【同期声】

华山医院院长助理、医务处处长马昕：按照你们一年的工作量来说有多少是用在处理医疗纠纷上的？在我们医务处大约 60%～70% 是在医疗纠纷上，这是一个正常的量吗？我们不希望这样。

【解说】

目前，每年上海三甲医院医患纠纷的发生量在 50 件到近百件，这些案件解决难度大，需要周期也长，关键原因就是医患双方缺乏信任，特别是遇到患者死亡的状况，哪怕诊疗过程没有过失，院方的解释也很难获得家属的信任。

【同期声】

上海市司法局副局长、市医调委副主任李和平：医院再解释患者不接受，因为它可能有专业知识不对等的，可能还有一种合理怀疑，他认为医院"手臂往里拐"。

【解说】

李和平告诉记者，为了保证第三方调解的公正性，各级医患纠纷人民调解委员会的属性为社会团体，所有调解员的工资，办案经费都是政府财政出资，调解工作属于政府购买，然后向公众免费提供的服务。而人民调解的首要原则是双方自愿，需患者家属和医院双方申请，才能介入，调解结果也是双方同意才能生效。司法局只对医调委进行组织管理，不参与具体的调解。

【同期声】

李和平：它本身是自愿平等的原则，它不带任何强制性，首先医患双方要自愿的，经过人民调解形成的调解协议也要双方自愿接受，一般不需要行政审批或者任何审批程序，只要双方接受，就可以生效。

【解说】

今年 6 月，上海市开始全面推广医患纠纷人民调解工作，目前，市、区（县）两级医患纠纷人民调解工作办都已成立，此外还组建了由医学、法学、心理咨询等三方面专业人员组成的 900 多人的专家咨询委员会，在调解纠纷的同时也对患者家属提供心理疏导和法律咨询等公共服务。而且，医调委实行医院属地化管理，无论医院是什么级别，一旦发生医患纠纷，只要赔偿金额超过 3 万元，患方都可以到医院所在区县的医调委申请调解。

【同期声】

李和平：应该讲社会组织有一种中立的特点和性质的特点。可以保持这样一种公正性、中立性。

（黑转）

【同期声】

专家为我们调解做出了咨询，大家都很认可。现在我们写了个协议，双方看一看，认同的话在后面签字。

【解说】

10月14号，经过一个多月的调解协商，吴升炫的家人和普陀区人民医院最终都在调解协议上签了字。医院尊重专家的意见，承认医疗行为存在一定瑕疵，承担相应的民事责任，一次赔偿吴升炫家属死亡赔偿金、丧葬费、被抚养人生活费等共16万元。吴升炫的案件在医调委的介入下，终于有了一个双方认可的结果。

【同期声】

吴升炫的妻子戴菲玲：当我再去医院的时候，我就感觉我本身是要给一个公道的。但是我觉得我很无力，当认识协调委后我感觉到他们是公正的，确确实实在了解一些事情，去解决一些事情。

【同期声】

李和平：我们人民调解更讲究的情理法三个字，讲情讲理讲法，当然"法"是应该放在第一位的。先在法的前提下讲理再讲情，但是我在操作过程中可能更多是情理法。

【解说】

上海自2006年开始试点医患纠纷人民调解，截至2010年底，共受理医患纠纷2129起，调解成功1627件，涉及赔偿金额4600万元。

【记者出镜】

在采访中，患者家属告诉记者，医患纠纷人民调解让他们体会最深的是沟通方式的不同。和医院谈往往是直奔主题，目的就是分清对错，但是当老娘舅介入后，往往首先是互相倾听、舒解情绪、消除误会，看似多了一道程序，其实是以柔化刚、以退为进，让矛盾双方回归理性，让调解得以继续。我们不能说第三方的出现就能马上治好医患纠纷中的种种顽症，但至少它提供了一个沟通的新渠道，一个重建信任的新平台，一个社会管理的新角度。

（上海广播电视台新闻综合频道2011年10月23日首播）

 评析

让评论成为社会矛盾的解剖刀
——评《聚焦医患"第三方"》

近年来，医患纠纷作为社会热议的话题，折射出社会管理中的困境和问题。处理这样一个受媒体持续关注的题材，考验的是记者长期的经验积累和对切入点的巧妙把握。而

《聚焦医患"第三方"》(以下简称《医患》)的记者就敏锐捕捉到了上海市政府处理医患矛盾的新举措——成立医患纠纷人民调解机构,由医院和患者之外的"第三方"对医患纠纷进行调解和处理。在速度至上和信息碎片的传播环境下,对复杂的社会矛盾进行条分缕析的说明,并对解决的方法进行探索和评析,这不仅反映了记者的专业素质,而且呈现了新闻评论的责任和力量。

一、精选案例切入矛盾

在医患纠纷逐年上升的背景下,对于《医患》片来说,可用的案例是较多的,但是由于本片反映的是"第三方"机构——医调委介入解决医患矛盾的新模式,其可用的案例又是少之又少的。对此,记者采取了对比的方式进行案例运用。将近年来由医患纠纷引发的群体性事件作为本片的背景,将医调委对吴升炫事件的调解作为贯穿全片的主案例。这个案例看似一起普通的医患矛盾,但记者将其运用于《医患》中,则是经过了精挑细选。

首先,摄制组完整记录了案例调解的全过程,结构完整,很有说服力。更为难得的是,记者充分采访了矛盾的双方——医院和患者家属,为引入和阐明"第三方"的作用和必要性做了充分的铺垫。其次,在这个案例中,患者家属和医院都保持了基本的克制态度,没有将医疗纠纷一味上升和扩大,为本片提供了基本的叙述态度和话语方式。《医患》片并没有将医患矛盾的激烈程度作为展现的重点,而是将矛盾解决的过程抽丝剥茧般呈现,这要求采访对象和记者都具备冷静的态度。最后,这则案例的解决过程具有典型性。在这则案例中,医院、患者家属和医调委三者之间都经历由信任缺失到信任重建的过程。通过此片,观众看到除了歇斯底里和对簿公堂外,医患矛盾还有冷静协商的第三条路径,其社会示范效应是不言而喻的。

二、逻辑严密展现矛盾

对医患矛盾进行展现的难度在于矛盾双方的信息不对称造成其缺乏共同的心理基础和话语体系。矛盾双方都用各自的逻辑来解读医疗事件,这使得记者要做到真实还原事实本身十分困难。对于具有复杂本质的报道对象,记者只能用自身严密的采访逻辑去层层揭开包裹在事实表面的枝蔓,从而接近真实。在《医患》片中,记者建立了完整而严谨的采访链条,使得全片从内容到形式都环环相扣,节奏流畅。

从图3-1的逻辑链条可以可出,《医患》片的深层逻辑始终围绕着医调委的作用层层深入,而医患矛盾只是剖析医调委作用的案例和手段。这使得《医患》片跳脱了逢医患矛盾必剑拔弩张的模式,记者将医患关系中纷繁复杂的头绪全部编织进自己严密深入的逻辑层次之中。

三、冷静客观解决矛盾

在娱乐化逐渐深入大众传播各个领域和角落的今天,面对激烈的内容竞争和受众口味的变化,记者越来越难以在新闻传播品质和大众接受心态之间找到合适的平衡点。于是,新闻也开始了娱乐化的进程,片面追求速度、夸张的表述方式、刻意提升节奏等都是新闻娱乐化的表现。虽然专业的传播视角要求记者采取冷静、中立的态度对新闻事实进行报道,但主观性在大众媒体和社会媒体的融合传播中越来越难以避免。今天的新闻记者要用新闻专业主义的要求传播新闻,需要比以往更强大的定力和更精细的技巧,这正是《医患》片难能可贵之处。

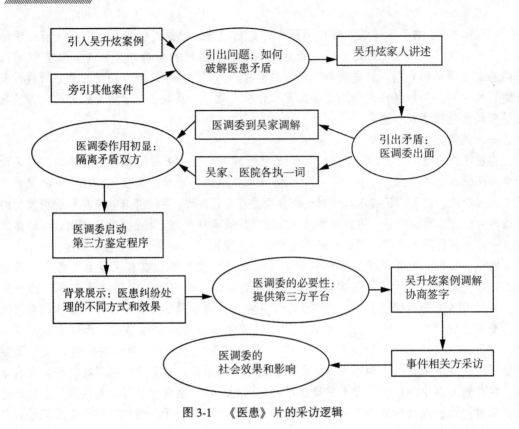

图 3-1 《医患》片的采访逻辑

医患关系是当前社会改革的敏感地带。面对这样一个问题，不同的记者会有不同的介入和处理方式。《医患》片对此问题报道的最大特点在于，记者不仅单纯地展现矛盾，而且还从解决矛盾的角度出发为医患关系的处理提供了样本。本片在完整记录一起医患纠纷的基础上，对专家咨询会的全过程进行了放大，而专家咨询会是第三方调解最关键的程序。同时，记者也没有局限在事件本身，而是提出医患纠纷的重要原因之一是双方信任的缺失，第三方调解是重建信任的新平台。这种不贴"对错标签"、不搞"道德救赎"，而是细致分析问题、解决问题的理性报道方式，最大程度地体现了媒体的社会责任和专业精神，也提升了本片的社会效益。

在社会利益多元化的今天，新闻评论也承担着更多的社会功能，比如揭露矛盾、呈现不同意见、引导社会价值等。而《医患》片用冷静客观的态度和严密的专业技巧为我们展现了新闻评论解剖社会矛盾、治愈社会心理的更深层的作用。

（周莉）

3.2 "罚"要依法

中央电视台 再军 白河山 方宏进

【演播室】

主持人：各位观众大家好，欢迎收看今天的《焦点访谈》节目。公路上"乱设卡、乱收费、乱罚款",所谓的"三乱"现象是个老话题。为了治理"三乱",上至党中央、国务院,下到各级政府都做了大量的工作。通过前一阶段的工作,各个部门"乱上路、乱收费"的现象得到了明显的好转。但是一些司机反映在有些路段,"三乱"现象还是非常严重。那么在"乱上路、乱收费"得到明显控制情况下,为什么有的司机还在叫苦连天?是什么人继续违反中央政策和有关的法律,在公路上制造"三乱"呢?最近我们的记者在山西省的309国道上,就亲身经历了这样的事情。

【现场画面】

贯穿山西、河北等几个省的309国道,是晋煤外运的主要通道之一,对山西、河北及相邻省市的经济发展发挥重要的作用。然而,近一个时期以来,很多司机反映这条公路上的乱罚款现象多了起来。这条国道上由于种种原因超载车辆的确不少,但有关部门执法的依据和态度,令很多司机感到不满。

【同期声】

记者:你们几位都是常跑这条路的吗?

司机:常跑的。

记者:跑了几年了,这条路?

司机:十来年了,一直跑这条路运煤。

记者:在309国道上,哪些路段不合理收费多一点?

司机:东阳关、慢流河。一般得拿20(元)。

记者:凭什么拿这20(元)?他说根据吗?

司机:他不说根据。就是空车也得拿钱,空车他都让你拿钱,他不说啥根据。

记者:他站在马路上,车过的时候,他就一辆一辆收钱?

司机:有的好一点,给你一个票,有的连个票都不给。

【解说】

11月15号,记者搭乘一辆运煤的空车,在309国道河北省涉县到山西省长治市230公里的路段进行了采访。正常行驶中的车辆,在山西省黎城县遇到这样一件事。

【同期声】

记者:多少?

刘代江(山西省黎城县交警大队民警):20。

记者:给10块算了?什么钱这是?这是什么钱?

刘代江:来来来,下来我告诉你。下来我告诉你。

记者:啊?

刘代江:下来我告诉你。

记者:你给我写上吧?

刘代江:我给你写的有啊。

记者:照顾一下吧。

刘代江:再来20。

记者:谢谢,谢谢。

刘代江:拿来!

记者：你照顾一下算了。

刘代江：快点！

记者：谢谢。

刘代江：40！

记者：多少？

另一交警：往前走一下好不好？往前走一下，不要你钱了，往前走，往前走，往前走一下好不好？

司机：算了，再说就揍你了。给他40算了，你不要再掏钱了，给他40算了。

【解说】

拿着这样一张罚款单，记者辨认了半天也没有搞清用圆珠笔写的罚款原因到底是什么。于是，记者来到了黎城县交警大队。

【同期声】

王联国（黎城县公安局交通警察大队副大队长）：七十五条三，七十五条三款。

记者：那么七十五条三款是什么内容呢？

王联国：不按规定超、让车。

记者：不按规定超、让车？

【解说】

那么让我们再来看一下，当时我们搭乘的这辆车有没有按规定超车、让车。

当天晚上，我们来到309国道山西潞城慢流河，看到这里也有民警像在黎城县一样，见车便罚。

【同期声】

记者：您好，我们是中央电视台记者。您在这是在罚款吗？

周宏（潞城县交警大队民警）：我们是在检查车辆。

记者：检查什么呀？

周宏：我们在检查灯光不全、防挡板不全，反正车辆违章。

记者：这辆车有什么违章吗？

周宏：这不是正准备检查吗？

记者：我们看到过去好多辆车，好像您都给罚款单子了。

周宏：我刚上，还没到三两分钟。

记者：刚才好像有车您给罚款了？

周宏：刚刚吗？刚刚没有。我才上两三分钟。

记者：那前面这些（单据）呢？您手里这么多钱是……

周宏：这个钱是……这不是领导在这呢，这是领导，领导在这呢，我给你叫一叫。

【解说】

当记者随后跟这位民警进屋时，他却不见了踪影。

【同期声】

记者：怎么黑屋里又不见了？

【解说】

第二天，为了慎重起见，我们专门请我们准备跟踪采访的运煤车过磅称重。

【同期声】

记者：多少吨？

司机：22 吨 9。

记者：车的自重是多重？

司机：9 吨车。

记者：9 吨。22 吨减 9 吨还剩 13 吨，煤的重量是 13 吨，你的车载重量是 15 吨，那么就是说还有 2 吨的富余。

【现场解说】

观众朋友，这里是山西省潞城县的慢流河。我身后呢，有一块路标，上面写着 309 国道，由慢流河至河北省界 34 公里，是文明路。

【解说】

那辆根本没有超载的运煤车，开到了头天晚上我们曾来到过的潞城县慢流河这一所谓的"文明路段"。

【同期声】

记者：我看您在这收费，是收什么费？

韩旭东（潞城县交警大队民警）：主要是罚款。

记者：罚什么款呢？

韩旭东：超载。

记者：前面有一辆车没超载，您也罚款了。

韩旭东：哪个车没超载？

记者：那咱们去看一下好吗？去看一下吧。

韩旭东：没有超载的？

记者：对，没有超载，但是您也罚款了。走，咱们去看一下吧，在前面，前面这辆车超载了吗？

韩旭东：这个车，你像他这个车，超……超载。再一个说这个灯光不全。

记者：是超载，还是灯光问题？

韩旭东：超载、灯光不全。

记者：这个车现在超载吗？

韩旭东：这个车现在不超。

记者：不超载。您刚才说超载，而且罚了款。

韩旭东：一般……反正都是超载。

记者：一般超载，那这辆车超载了没有？

韩旭东：这辆车它护网不全、防挡板不行，这都能处罚他。

【解说】

罚款单上的罚款理由只用一个对勾表示，这种"欲加之罪，何患无辞"式的罚款，自然找不到一个正当的理由。即便这辆车的灯光确有问题，根据《交通民警道路执勤执法规则》第十三条规定，民警在白天不得拦路检查过往车辆的照明灯。

【同期声】

记者：一般来说民警在上路执勤，或者是维护交通安全，应该具备什么样的警风警纪呢？

苗义河（潞城县交警大队教导员）：证件齐全，服装整齐。

记者：需要佩戴警号吗？

苗义河：需要啊。

记者：那您看这位民警佩戴这些东西了吗？

韩旭东：我这个坏了。

苗义河：时间长了，他就有丢失的东西。因为我们的服装就证明我们是公安交警，因为我们不是冒牌货。

记者：这块牌子上写着"执行政策，遵章守纪，文明执勤"。

苗义河：那不是我们的，那是煤站的。

记者：您觉得这个标语跟您没有关系？

苗义河：有关系，跟我们是相似的，我们也是"执行政策，遵章守纪，文明执勤。"

记者：你们这几条做得怎么样？这几条在这儿做得怎么样？

苗义河：这是抽象地讲，我觉得我们交警执勤还是比较规范的。

【同期声】

司机：这是 11 月 13 号至 11 月 15 号的出车日记。光空车一去，不管别的，就罚款 140（元）。

记者：在哪儿罚款的呢？

司机：都在山西。

记者：空车为什么还要罚款？

司机：哎，一停车，只要交警一指你，你就要停车，什么都不要说。

记者：空车 50（元），这 50 块钱是在哪儿罚的？

司机：一路上查到你哪，罚到你哪。哎，交警来了，我得走了。

【解说】

看来这位司机的担忧，并不是没有道理的。潞城县交警大队教导员苗义河等民警，看到没能以正当理由对没有超载的那辆运煤车进行罚款，于是开着警车追上记者的那辆车。需要说明的是，这时记者早已行车到黎城县境内，他们强行拦车已属越权执法。

【同期声】

民警：来来来，你们来这条路上采访的手续有没有？

记者：有。

民警：你拿个摄像机来了吓唬人，拍什么！拍什么！拍什么！拍什么！砸机器。告诉你们这些车，以后过来就是卸下他煤，告诉你说吧。

记者：你说要卸煤有根据吗？这是您执法范围的事吗？

苗义河：你说怎么办？罚款对不对？

记者：卸煤有根据吗？这是您执法范围的事吗？

苗义河：不要采访我，没意思。

【同期声】

村民：我感觉到这样做其实很不好，这个影响也不好。不管怎样，国家三令五申，一直强调不要这样搞，他们继续搞这个事。他们一个是不规范，老百姓反映，我也有切身体会，他们在这不是很规范的。

司机：中央领导同志让我们富起来，这些人根本不心疼我们司机，不符合中央的精神。

【演播室】

主持人：在采访的时候，我们的记者注意到，在山西省 309 国道的路边竖着一个大大的宣传牌。这个宣传牌的一边写着"有困难找交警"，另一边写着"视人民如父母"，我们现在这个身后的大屏幕放的就是这个画面。那么我们看到的今天节目中这几个交警的所作所为，难道是按照这个宗旨行事的吗？我们现在都清楚地记得济南交警、漳州 110 报警台，还有南昌的好民警邱娥国，他们正是因为遵照了"视人民如父母"，全心全意为人民服务，所以他们的所作所为赢得了全国人民赞誉。我们也知道，全国广大公安干警也是因为遵照这样的宗旨努力地工作着，所以才有了今天人民热爱人民警察、信任人民警察。我们相信今天节目中这几个交通民警的所作所为是极个别的，同时我们相信他们这些所作所为，不但是公路沿线这些司机们所无法接受的，也是全国人民不认可的，更是广大公安干警所无法容忍的。

法律是有尊严的。每一个司机在出车的时候呢，都应该考虑到自己要严格地遵守这些交通法规。因为只有这样呢，才是对自己，也对他人生命的最好的一种保护。同时，法律也要求执法者必须遵守这些法律。执法者必须先遵守法律，是公正、严格执行法律的一个最基本的前提。

好，感谢大家收看今天的《焦点访谈》节目，再见。

 评析

触角敏锐的"新闻眼"
——《"罚"要依法》赏析

新闻评论是否有价值的一个重要标志，就是看它的论题有没有触及现实，时效性和针对性强不强。触及现实，是新闻评论生命力之所在。一篇评论，如果能抓准要点，及时发挥作用，有助于现实问题的解决，能够推动工作的进展，那就是对新闻评论最高的奖赏，也是新闻评论工作者的最大快慰。

那么，对一个早就被别人报道过、评论过，可以说是"路人皆知"的"老话题"，值不值得报道或评论？回答应该"是"。如果这个选题在现实生活中不具有普遍性和针对性，则可大胆舍弃；反之，则很有必要弹弹"老调"。实践证明，"老调"只要"弹得好、弹得妙"，同样可以"弹得呱呱叫"。

比如，治理公路"三乱"，在 20 世纪 90 年代初，各类媒介利用多种方式就已"广而告之"。但无情的现实是"三乱"现象仍然屡禁不止，且在不少地区愈演愈烈。如何让这道"老题"做出新意？《"罚"要依法》进行了有益的尝试。

据此节目记者撰文介绍，1997年11月25日，《"罚"要依法》在中央电视台《焦点访谈》播出后，引起了极大的社会反响：中央领导曾多次打电话给公安部和山西省委、省政府，要求迅速查处；时任中共山西省委书记胡富国指示山西电视台从次日起至28日在《山西新闻》节目中连续3天播放《"罚"要依法》，表示出查处力度和决心；节目播出后，观众电话不断，最多时《焦点访谈》记者和编辑一天接到几百个观众打来的电话和传呼，认为这个节目题材抓得有普遍意义，报道有力度，有震撼力，体现了舆论监督的力量；同年12月6日，山西省委、省政府召开"治理公路'三乱'电视电话会议"，宣布将刘代江、苗义河等7名违纪民警清除或调离公安队伍，另给黎城县、潞城县10名有关领导给予行政处分；公安部向全国发出通报，要求整个公安系统要引以为戒，整肃纪律作风；之后，国务院纠风办发出通知，严防公路"三乱"反弹；一些常跑309国道的司机派代表赴京送锦旗……一年后，当记者又一次到309国道山西段回访时，当地老百姓燃放鞭炮迎接。

重看这件新闻作品，最大的特色是：得益于记者触角敏锐的"新闻眼"。具体说来，有以下四点。

一是巧抓细节。新闻评论必须评之有理、述之有据。作为评论的论据，有理论性论据和事实性论据两种。《焦点访谈》的片头语所说的"用事实说话"，指的就是注重事实性论据。所谓事实性论据，主要是现实中存在的客观事实，包括典型事例和概括性材料。典型事例大多是一人一事。这类事例只要具有代表性，在一定程度上体现事物的某种发展趋势，就能够雄辩而又生动地证明或说明论点。那么，事实性材料是不是越多越好？对此，毛泽东同志在讲到开会和写文件如何处理材料与观点时，强调指出，"要学会用材料说明自己的观点。"① 必须要有材料，但是一定要有明确的观点去统帅这些材料。材料不要多，能够说明问题就行，解剖一个或几个麻雀就够了，不需要很多。自己应当掌握丰富的材料，但是在会上只需拿出典型性的。

《"罚"要依法》节目留给观众印象深的原因之一是，记者睁大"发现"的眼睛，捕捉到一连串典型、生动的细节，而这些细节的捕捉与再现，既是确保新闻真实的灵魂，也是电视传播以少胜多的优势所在。比如，在公路上乱罚款的民警刘代江，见车就拦，开口"20"，问其理由，答复"来来来，下来我告诉你"。记者再问，罚款变成"40"，陪同记者暗访的司机对记者说，"算了，再说就揍你了……"这个细节的再现，民警刘代江的恶霸作风昭然若揭。民警周宏面对记者一会儿说上路"还没到三两分钟"，一会儿说"我才上两三分钟"；一边说他是在检查车辆是否违章，"刚刚没有（罚款）"，一边"手里这么多钱"。当记者请他解释时，他一头钻进黑屋，"不见了踪影"。这个细节，既为名不正言不顺的罚款行为找到一个最好的注脚，又活脱脱反映了这位民警做贼心虚的嘴脸。还有在慢流河路边的一块标语牌旁，记者与交警大队指导员苗义河的答问矛盾，将对方不敢面对自己的所作所为的心态表现得淋漓尽致。另一个情节是节目结尾部分，当正在向记者介绍情况的司机突然发现有警车时，马上对记者说"交警来了，我得走了"。这个细节，将

---

① 《毛泽东文集》（第7卷），人民出版社1999年版，第357页。

司机"一朝被蛇咬，十年怕井绳"的神情以及个别交警的恶劣形象活脱脱地反映在荧屏上。

二是明暗结合。《"罚"要依法》之所以取得良好的传播效果，得益于记者采取公开身份采访（明）和隐形采访（暗）相结合的采访方法。且该明则明，该暗就暗。比如，为了揭露民警"乱罚款"的恶霸作风，记者采用隐形随车采访；为了揭露个别民警做贼心虚的嘴脸，记者公开身份面对面采访，有力地揭露了"罚"不依法的实质。如果当刘代江得知坐在驾驶室里的是央视记者，恐怕乱罚"20"就不会立刻变成乱罚"40"了；如果周宏不知道前来调查的是央视的记者，恐怕他也不会语无伦次，更不会躲进黑屋"不见了踪影"。可见，采访批评报道，注意策略和方法是何等重要。

三是穷追不舍。这是《"罚"要依法》取得成功的又一个亮点。记者敏锐的"新闻眼"除了善于捕捉细节外，还善于发现破绽。一旦发现破绽，就一究到底，毫不"嘴"软。比如，对周宏、韩旭东和苗义河的追问，就问得对方张口结舌、漏洞百出，乃至恼羞成怒、黔驴技穷。这是新闻评论"打破砂锅纹（问）到底"的力量之所在，也是电视新闻评论具有独到的表现力和震慑力的优势之所在。

四是设计紧凑。有人说，由于新闻评论结构比较古板，不容易翻出许多花样来。而要设计一个紧凑的、引人入胜的布局，得花一番功夫。这显然是对报纸评论而言的，但其中的紧凑、引人入胜的要求，其实也是所有媒介的新闻评论的共同要求。对于线性传播的电视评论而言，其传播方式的基本要求是：说理层次宜少，讲究虚实结合，声画互补，节奏紧凑。观看《"罚"要依法》，就像观看一幕紧张、激烈的人间活剧。一系列细节的串连与剪接，开头和结尾的巧合和呼应，紧凑严密，引人入胜，具有强烈的现场感和说服力。

《"罚"要依法》还有一个特点是：把握适度，导向正确。记者现场采访过程中的不愠不火，体现出新闻记者客观公正的立场和良好的采访作风；主持人的开头语，肯定大局，处理好了一般与特殊的关系，避免了因以偏概全而导致受众的误解与偏见；结束语的对比论证，简洁有力。

（叶同春）

3.3　造林还是"造字"

湖北十堰电视台　校红　李光志　郭宠哲　周琼

【导语】

观众朋友，你们好，欢迎收看《车城全景》。一条标语长达5公里，一个字有两个半篮球场那么大，这样庞大的标语你见过吗？近日，记者在郧西县就见到了这样的标语。

【正文】

这样的标语就是郧西县的石头标语。为了了解建造这种石头标语的情况，11月13日，记者首先来到郧西县店子镇。

【记者现场】

观众朋友，我现在是在郧西县店子镇姜家沟村。我们现在看到我身后这座山叫太平寨山，这个山上清晰地写着"封禁治理"4个大字。这4个字的意思就是封山、禁伐、治理荒山。

【正文】

在村民的带领下，记者来到其中的一个"封"字跟前，由于字体太大，记者很难将该字完整地拍摄下来。

【记者现场】

观众朋友，我现在站在封禁治理的"封"字的一个大点上面，大家可以看到，这个"封"字的点是多么大，我估计了一下长大概有 6 米，宽大概有 2 米 5 到 2 米 8 这个宽度，而且这个坡度是非常陡峭的，现在我估计有 70°的坡度，可以想象当初村民在这儿建这个"封禁治理"的"封"字时是多么艰难。

【正文】

在姜家沟村，几位村民给我们讲述了当时造字的过程。

【同期声】

记者：当时你参与了没有？

村民：参与了。

记者：这个材料是什么材料呢？

村民：这个材料先开始是用石头铺的，后来用水泥和沙做浆，把它糊起来。

村民：开始先搬草皮子，搬完了之后把字打成印子，打成印子挖槽子，挖槽子以后搬石头上去齐齐排，排罢了之后，慢慢和水泥浆，往上抹。

【正文】

这位村民说，造字所用的石头、沙、水泥等都是从山下运上来的，从河中挑一桶水到"封"字跟前要四五十分钟。

【同期声】

郧西县店子镇姜家沟村村主任祝东平：当时我们七里整个是一个管理区，5 个村，在我们 5 个村的基础上，（镇上）给我们（姜家沟）村上划了一个"封"字。这个"封"字我们是按劳分配划的，我们全村是 185 户，210 个劳力，我们按人、按义务工划下去，按义务工划下去以后，我们全村整个那个字的义务工是花了 330 多个（工）。

【正文】

据村民讲，"封禁治理" 4 个大字分别摊派到 5 个村，2000 多农民前后干了一个半月，于 2000 年 5 月完成的，对造这几个字，镇上更是有严格的设计要求。

【同期声】

郧西县景阳乡林业站干部余秀武：开始设计的时候，我们是用林业用的水平仪，调平 4 个字的水平位置，然后又看在字与字之间的间距设计好以后再画方块，方块开始我们是按一亩地 667 个平方米设计，结果我们在真正施工过程当中，由于笔画不太好（搞），我们就按笔画的合理结构设计，就设计成每个字 362 米高、宽是 257 米，每个字是 93034 平方米。

【正文】

与国内标准篮球场 364 平方米相比，这里每个字都超过了篮球场的 25 倍。如此之大的石头标语，花费的人力财力是可想而知的。那么这里为什么要建造这样大的石头标语呢？

【同期声】

郧西县店子镇党委副书记吴在斌：当时我们做"封禁治理"4个字的标语的意图主要是由于我们这里农民对封山育林的意识比较淡薄，我们为了增强农民造林的意识，我们就做了"封禁治理"4个字。就是在全镇上下要掀起治理荒山大力开展造林这个声势，要掀起这样一个高潮。

【正文】

建造标语，提高农民造林意识，这无可厚非，而花费巨大人力财力造字，其效果又如何呢？在太平寨这个写着"封禁治理"的山坡上，记者看到，除这几个石头标语显赫外，大部分山体还是光秃秃的。这位村民告诉记者，石头标语建成后，他们村根本没上山植过树。其实这种大建标语的现象还得从1998年说起。

【同期声】

余秀武：原泥沟乡造了"泥沟乡退耕还林示范区"这10个用白河石抠的大字，受到了县委、县政府的表彰，在泥沟乡召开了现场会，要求各乡镇要迎头赶上，要做这个大字。

【正文】

泥沟乡石头标语受到表彰后，其他乡镇也纷纷效仿。

【同期声】

余秀武：所以每个乡镇都暗暗下了决心，他们的口号就是叫做"下定决心，不怕花钱，迎头赶上，去争取更大表扬"，就这样地互相攀比做大的。

【正文】

就这样，造林运动变成了造字运动。对于这种大规模的造字运动，村民们更多的是表现出无奈和不满，村干部则考虑的是如何完成任务。

【同期声】

祝东平：当时我们动员的时候，为建字动员的时候，我们是强制性地搞的，为什么呢？我们村级干部是服从党委、政府安排，下达的任务我们必须完成。

村民：我在当时搞不清楚他们造那字是啥意思，造那个字也是上级安排，跟政策一样的，它这从下边一直往上去的，他让你搞你能说不搞。

村民：有的还是不愿意你不愿意也不行呀。

【正文】

这种造字运动不但违背了村民意愿，而且花费的人力财力是相当惊人的。这位店子镇党委副书记给记者测算了建造"封禁治理"4个字所花的费用。

【同期声】

吴在斌：整个4个字的用劳力、用工大概是1800个。用了60方沙石，用了2吨水泥，总共字的成本价，就是5200块钱左右。要是按每个劳力10块钱折合，整个（4个）字花了12000块钱。

【正文】

而始终参与店子镇造字活动的林业站工作人员余秀武也给记者算了一笔账。

【同期声】

余秀武：店子镇前前后后上了 2000 多人，我们这么算了一个账，我们只按他们每个人只干了 10 天，10 乘以 2000 就等于 2 万个劳动日；2 万个劳动日每个农民每天只算 10 块钱的工钱，光人力店子（镇）4 个字就花了 20 万。你比方说太平寨那地方就做那几个大字，当初（县）林业局给店子镇 24000 块钱的奖金，这是县委领导授意的。给了 24000 多块钱的奖金，用 24000 多块钱买 1 毛 5 一棵的松杉苗子，大概要买 16 万株，16 万株就可以把这个山绿化 12 遍多。

【正文】

在采访中我们沿途看到，郧西的石头标语十分普遍。在与陕西交界的汉江边上，在景阳乡、羊尾镇等乡镇都可看到醒目的石头标语。在夹河镇腰滩河山上"做好水土文章、绿化湖北山川"12 个大字竟跨越 5 公里。据了解，郧西县共有 8 个乡镇建造了石头标语，一个字达 400 平方米以上的共有 66 个，占地面积近 400 亩，也就是说，有 400 亩荒山因为建造石头标语而不能再植上树了。

【同期声】

记者：这个钱如果用在真正植树造林方面会植多少树呢？

吴在斌：植树至少按照这 1 万多块钱，我们这个地方植树从树苗成活率的保证，大概可以植树 30 亩左右。

【同期声】

记者：你感觉花这么大的代价值不值得呢？

吴在斌：花这个代价我们认为还是值得的。因为我们做这几个字不仅仅是为了我们这一座山，而是为了整个全镇的农民，为了增强他们的造林意识。

【正文】

那么村民们是如何看待这种造字运动的呢？

【同期声】

村民：从（河）对岸可以看到这边一排字好看，它只能说在对面过车来去，当干部的看了好看。

村民：要依老百姓说都不值得，那山上啥东西都不长，搞了没意思。

余秀武：我认为造林应该是实打实地造林，不应该把这个造林运动变成一种造字运动。当时以为恐怕将来会有一个很好的宣传效果，可是 4 年过去了，山上荒山还是荒山，这么一看就是一个劳民伤财的工程，也是一种形式主义做法。

【编后语】

封山育林，绿化山川，是我们各级政府部门义不容辞的职责。郧西县部分乡镇加强封山育林的宣传本是可厚非，但是劳民伤财地去"造字"不造林，那也只能是违民意、毁民财、失民心了。郧西县是国家级贫困县，至今还有不少农民未解决温饱，花费如此浩大的人力、财力来建造这样的石头标语，说到底还是一种不注重实际、只做表面文章的形式主义。好，感谢收看本期节目，再见。

（十堰电视台 2002 年 11 月 15 日首播）

评析

用事实说话的力量
——《"造林"还是"造字"》赏析

电视述评是电视评论的主要形式之一，不严格按照评与述的比例，而是强调述、评有机结合，开创了具有电视特色的评论。要发挥电视评论的这一独特优势，关键是要找到一个巧妙的切入点，使得主题得以鲜明表达，同时也让论证过程能有力展开。

《"造林"还是"造字"》是一篇获奖作品，它获得了 2002 年度中国广播电视新闻奖评论类一等奖。评委铁城在点评时这样说："这个节目在评审中，大家认为它这个选题非常好，评论的论点非常鲜明，·论据非常扎实，论述过程中，脉络逻辑层次很鲜明。他选取的论点和论述的材料在记者采访过程中运用的镜头具有电视鲜明的特点。采访过程中采访的群众的语言也有鲜明的特点，都给这个主题的论述带来了很强的说服力。"

《"造林"还是"造字"》反映的主题是：要实事求是，不要搞形式主义；要踏实地为群众办事，不要搞"假、大、空"。这是一个早就被报道、评论过多次、大家耳熟能详的主题。但这篇获奖作品的独特之处在于，承载主题的事件让人耳目一新：第一次听说在山上造字；第一次听说造的字如此之大；第一次听说在当地造字还是一个普遍现象。

很多人认为，有了好的选题，节目就等于成功了一半。一个好选题，很容易让节目立起来，如同一个人具备了良好的精气神。显然，《"造林"还是"造字"》具备了这成功的一半。那么，该如何完成剩下的一半工作，使之形神兼备？《"造林"还是"造字"》也给我们提供了很好的经验。

1. 逻辑清晰，对比巧妙

记者从一个"探索发现者"的角度，按发现标语大字、介绍大字意思—回顾造字过程—讲述造字原因—估算造字成本代价—展示各方态度看法这样的一个逻辑顺序，如同剥笋一般将"造字"运动的前因后果呈现广大观众面前，脉络清晰并发人深省。

这篇报道中多处对比手法的巧妙运用增强了作品的理性色彩，用反差凸显了报道主题。造林与造字的对比是贯穿始终的矛盾所在，可以说是节目的基础所在。如郧西县景阳乡林业站干部余秀武给记者算的这笔账："用 24000 元买 1 毛 5 一棵的树苗，大概要买 16 万株，16 万株就可以把这座山绿化 12 遍多。"

除此之外，还有不同方核算的造字成本的对比、群众对造字的不满与干部的得意的对比等，都让人印象深刻。

郧西县店子镇党委副书记吴在斌："整个 4 个字的用劳力、用工大概是 1800 个。用了 60 方沙石，用了 2 吨水泥，总共字的成本价，就是 5200 块钱左右。要是按每个劳力 10 块钱折合，整个（4 个）字是花了 12000 块钱。"

而郧西县景阳乡林业站干部余秀武也算了一笔账："店子镇前前后后上了 2000 多人，我们这么算了一个账，我们只按他们每个人只干了 10 天。10 乘以 2000 就等于 2 万个劳动日；2 万个劳动日每个农民每天只算 10 块钱的工钱，光人力店子（镇）那 4 个字就花了

20 万。"

……

郧西县店子镇党委副书记吴在斌："花这个代价我们认为还是值得的。因为我们做这几个字不仅仅是为了我们这一座山，而是为了整个全县的农民，为了增强他们的造林意识。"

村民一："当干部的看了好看。"

村民二："要依老百姓说都不值得，那山上啥东西都不长，搞了没意思。"

……

不同侧面、不同层次的对比，将当地干部的形式主义问题剖析得丝丝入扣。同时，乡镇干部的官腔和群众质朴的语言，也形成鲜明的对比，展现了不同人物的不同态度。

2. 抓住细节，巧用数字

在电视述评作品中，细节交代对于展现电视特色至关重要。记者的观察能力、语言表达很大程度上体现在对新闻事件的细节处理上。在电视述评中，抓住关键细节才能使论点不落空，增强论述的说服力、感染力。

这篇报道中有不少细节处理值得学习。如记者在现场向观众介绍造字的规模时，就提到"封"字仅右边"寸"字里的那一"点"，就有约 6 米高、2.5~2.8 米宽，修建的坡度估摸着有 70°。在提到修建过程时，画外音补充了"从河里挑一桶水到封字跟前要四五十分钟"这一细节。这些数据再加上村民对造字的过程的描述，道出了村民"造字"时的艰辛，让观众对这种浪费人力、财力、物力的形式主义做法更加深恶痛绝。

细节的表现方法有许多，这篇作品中主要采取的是巧妙运用数字进行论证，使得论据扎实，给观众留下了深刻印象。"'做好水土文章，绿化湖北山川'12 个大字竟跨越 5 公里。据了解，陨西县共有 8 个乡镇建造了石头标语，一个字达 400 平方米以上的共有 66 个，占地面积近 400 亩。也就是说，有 400 亩荒山因为建造石头标语而不能再植上树了。"在准确运用数字论证的同时，也讲究数字的表现手法。此外，通过合理的打比方、做比较，使一组组枯燥的数据变得更具形象性。如余秀武提到一个字的面积有 930.34 平方米时，画外音接着补充道："与国内标准篮球场 364 平方米相比，这里每个字都超过了篮球场的 2.5 倍。"与"930.34"这个数字相比，观众对于"篮球场的 2.5 倍"具有更直观的理解。

对于电视评论，普遍认为比不上报纸深刻，因为电视画面很难像文字那样作抽象的论证。但是电视述评有着其他媒体不能超越的优势：用事实说话的力量与生动。《"造林"还是"造字"》的经验告诉我们，只要运用适当的表现形式以及合理的编排，电视述评节目是可以将生动与深度两者兼得的。

（向颖轶）

3.4　是谁让我坠入黑暗

上海东方电视台　孟立蓬　施军　夏国勤　宋炳明

【导语】

接下来是今天的东视广角专题。

家住浦东的小徐，是一位年轻的母亲。30岁做了妈妈，现在孩子虽然只有一周岁，但是她却感觉这一年仿佛有过了一辈子那么漫长，初为人母的喜悦早已被痛苦击得粉碎。那么，是什么让这位母亲这么痛苦呢？让我们走近这对母子以及与他们有着相同命运的人们，听一个有关黑暗与光明的故事。一起来看看记者孟立蓬的报道。

【采访】

东东的妈妈：心就像刀子割一样，讲不出来的难过，然后上了出租车，我老公坐在前面，就在那里使劲地哭，我坐在后面哭都哭不出来，抱着孩子，我想怎么会这样呢。不相信啊，接受不了。

【解说】

让这位母亲接受不了的事实是孩子的眼睛，那个时候孩子才5个月，竟然被医院确诊为双目失明。

【采访】

东东的妈妈：B超做下来以后，（医生）他就说你们不要看了，以后就上盲校吧，我们那时候呆住了。

夫妻俩冥思苦想也找不出答案，两人都是非常健康的人，为什么孩子会失明。因为孩子刚出生时，眼睛还是好好的，仅仅过去了几个月，孩子的眼睛怎么就坏掉了呢？

东东是个早产儿。正常人怀孕一般都需要38周，而东东却仅在妈妈肚子里待了32周零3天。孩子出生时的体重只有1470克。因此，孩子一出生便被放进暖箱里，吸氧整整11天。等到孩子四五个月大的时候，母亲发现了异常。

【采访】

东东的妈妈：一开始看灯光什么的都看的，拿个红铅笔他也看的。到后来就不看我了。床上都挂满红气球，他拿手拍，他不看。

【解说】

于是夫妻俩带着孩子开始四处求医，在求医的过程中，东东的妈妈逐渐开始明白，孩子的眼睛恐怕是要"盲"掉了。

【采访】

东东的妈妈：纤维增生，全部都网脱了，视网膜全都剥离了。剥离就是看不见，就是瞎的。

想到活蹦乱跳的儿子一生将生活在黑暗中，东东的父母心如刀绞。但他们不想放弃，在孩子5个月的时候决定为孩子的眼睛进行手术。手术后，东东的视力依然如故，只有一点点的光感，为了保持这一点点光感，在孩子10个月的时候，医院又为他做了一次手术。

【采访】

东东的妈妈：我所抱的希望就是让他能够看到影子，可以看得到门窗，不要撞到门上，不要撞到墙上，我只有这样来要求。我不一定要求他以后能自理，做菜做饭，我就想着他少吃一点苦，少摔一点跤，少撞一点墙。

【解说】

而就在四处求医的过程中，东东的妈妈才发现，与东东有着相同命运的孩子还有不少。

【字幕】

王顺顺，1岁，浙江台州人，早产，出生时体重1400克，吸氧10天，现在右眼失明，左眼仅有光感。

【采访】

顺顺的父亲：小孩子吸氧吸的，眼底不好。右眼已经全网脱了，手术的希望也不大，那一个眼睛还有一点光。

【字幕】

顾贝贝，2岁，江苏金坛市人，早产，出生时体重1750克，吸氧10天，现在左眼失明，右眼视力仅0.05。

【采访】

记者：现在孩子的两个眼睛视力达到多少？

贝贝的妈妈：零点零几吧。

记者：几乎是失明了？

贝贝的妈妈：有点光感，走路能看得见。

这些家长一交流，就发现，他们孩子的共同特点是：早产，出生时体重低，而且都长时间地吸过氧。这一发现，不得不让他们再回过头来追究孩子失明的原因。

【采访】

记者：医生有没有告诉你是什么原因造成的呢？

东东的妈妈：他问我，吸氧呀？我说吸氧，早产。

【采访】

复旦大学附属眼耳鼻喉科医院眼科教授王文吉：根本的原因是早产。

王文吉教授是我国著名的眼科专家，她说，一般医院妇产科和新生儿科十分关心早产儿的成活，给婴儿长时间地吸氧就是为了保住孩子的性命，但正是吸氧刺激了孩子视网膜周边异常血管的生长。

【采访】

王文吉：正常的血管没有长过去。异常的血管长出来，这些异常的血管就会增粗、牵引，最后就会把视网膜拽下来，就会形成我们说的视网膜脱离，婴儿就会两个眼睛都失明。

但同时王教授指出，失明并非突然发生，而是有一个发展过程。一开始，早产儿还是能够看得见的，如果在这个发展过程中，能够得到及时的检查和治疗，孩子的眼睛不至于失明。

【采访】

王文吉：对于早产儿我们就要强调眼科医生做两个眼睛的检查，发现他血管还没长上去，异常血管已经出现了，马上就应该进行手术干预。

记者：如果手术进行干预，最好的结果会是什么？

王文吉：视力会跟其他的孩子有区别，但不至于致盲。

【采访】

东东的妈妈：每个月都去医院进行一个随访检查嘛，医生都说挺好的挺好的。

【解说】

现在东东的妈妈一想起医生"挺好的"、"挺好的"的回答，就感到锥心的难受，她认为正是这句话，耽误了儿子最佳的治疗期。但医院并不这样认为。

【采访】

东东的妈妈：大夫也跟我解释，这个是很少很少的，几百个几千个人里面一两个，让你小孩碰上了。（医生）他说，这不是我们医院造成的，你不管到哪里去，去打官司也好，请医院鉴定也好，我们医院没有责任的。

早产儿吸氧导致失明真的只是个例外吗？在记者采访的过程中，天津的几个案例又进入了我们的视野。

记者出镜：我现在是在天津市的西郊西青区的杨柳青镇，也就是出年画的地方。一年多以前，就是在这幢住宅楼里，出生了两兄一妹三胞胎，但是现在这一母所生的三胞胎却面临着不同的命运。

三胞胎中唯一的女孩出生时只有 1350 克，在医院里吸氧 10 多天才抢救过来。5 个月后，孩子眼睛出现异常，先后接受了 6 次手术，依然处于失明状态。

【采访】

三胞胎的父亲小杨：是一步步发展起来的，如果医院告诉我们这个问题我们会及早地做检查。

【解说】

孩子的父亲认为，当初医院没有提醒他们孩子吸氧可能产生的后果，这让他无法接受，在他看来，医院的一句提示可能关系着孩子一生的健康和幸福。而事实上，没有被医生告知的不仅仅是小杨一家，在三胞胎出生半年后，刘小宝也出生在这家医院里，出生体重只有 1050 克的刘小宝，吸了一个多月的氧。

【采访】

失明儿童小宝的爸爸小刘：用氧用了 1040 小时，可能浓度上也没有注意。1040 小时相当于 43 天零 8 小时。

【解说】

在小刘给记者出具的中华护理协会的有关材料汇编中，记者看到了这样的明确规定：给早产儿"持续给氧，最好不要超过 3 天"。那么，医院为什么给了刘小宝长达 43 天的大剂量给氧呢？

【采访】

小刘：反正插上一小时你得给我一小时钱。

【解说】

在孩子的父亲看来，除了一些医生的不负责任和无知外，再一个解释就是片面追求经济效益。他曾经计算过，儿子吸氧 43 天，发生的吸氧费用占整个医疗费的十分之一，他甚至认为，孩子住进的暖箱一台成本就要十几万甚至几十万，医院要靠为孩子吸氧等手段来收回成本，谋取利益。

【采访】

小刘：按规定这种用氧不能超过 3 天，而且不允许连续用氧、高浓度用氧，用氧的时候必须进行血氧饱和等一系列仪器监护。（他们对）我儿子没有按规定去做。

【解说】

孩子父亲进行这样的推测并不是完全没有依据，记者了解到，就在同一家医院，一年半的时间里，出现了4例这样的失明儿童。

【采访】

失明儿童明明的母亲：一死一残，那个是小女孩，要不一个女儿一个小子应该是最幸福的吧？现在一个孩子死了，一个孩子一辈子看不见了。

【解说】

明明的妈妈和其他家长一样，在发觉孩子眼睛的情况后曾经与医院交涉过，这才发现，其实类似的纠纷医院早就接触过。

【采访】

失明儿童晨晨的父亲：在我们之前一段时间，已经有这样的病例，并已找到这家医院，而医院还没引起重视，以致造成我们的孩子还是出现这样的（状况），也还是这样。我觉得他们简直是在犯罪。

【解说】

在走过了为孩子求医，从希望到绝望的路程之后，孩子的父母觉得应该给孩子讨个说法，他们开始四处求证，广泛联络全国各地同类的案例。2001年4月，一个让这些家长们深受鼓舞的消息传了过来，在河南，一个名叫林毛毛的盲儿因吸氧失明状告医院的案件胜诉，法院判决医院赔偿529241元。记者通过电话联系上了负责办理这起案子的颛建立律师。

【电话采访】

洛阳焦点律师事务所颛建立律师：这个病例的根本原因就是氧中毒。氧的纯度太高，吸的时间太长。这是小孩双目失明的致命伤。鉴定委员会鉴定时定为"一级医疗事故"。

【解说】

颛律师介绍说，据他了解，林毛毛一案应该是此类案件的全国首例。生于1997年8月11日的林毛毛是早产、低体重婴儿。医院在为林毛毛进行一级护理时，为其连续吸氧18天，致使林毛毛双目失明。

颛律师还向记者透露了一个细节，当时林毛毛出生后是被劝着进入所谓条件较好的新生儿科的。

【采访】

河南律师：当时产科主任问你们家庭条件怎么样？如果可以的话就不要到产科里面再住了，到新生儿科去，那里条件比较好。因为从其他药来讲，维生素C、维生素E一个小时就是几块钱，收的是很低很低的。唯有输氧一个小时8块钱。

【解说】

颛律师说按照当时的价格，医院仅为林毛毛吸氧这笔收入就是3456元，这在当时是笔不小的数目。这一点更让小刘坚定了自己认为医院存在的人为失职的判断。

【采访】

小刘：只有两个说明，一个是作为医生你失职了，再就是你为了某种利益而疏忽这一点。

【解说】

林毛毛案的胜诉，给了天津小刘这些家长莫大的鼓舞，他们纷纷向法院提起诉讼，要求追查医院责任并赔偿损失。同时他们认为，这样的责任追查很有必要。

【采访】

小刘：避免再出现像我孩子这样的病例，那样的话，我也可以说为社会作了一点贡献，减少几个残疾孩子的出现。

【解说】

家长们的担心并非杞人忧天，记者进一步调查的情况显示：在全国的盲童中，早产致盲的比例要占到 6% 到 18%。而早产儿中眼睛失明的发病率也令人担忧。新生儿科专家陈超教授介绍说，失明主要发生在胎龄小于 32 周，体重小于 1500 克的新生儿抢救过程中。

【字幕】

出生体重小于 1500 克发病率为 30%，出生体重小于 1000 克发病率在 60%。

【采访】

陈超：胎龄越小，体重越小，发生率越高。

【解说】

陈教授介绍说，目前我国每年出生的新生儿达 2000 万，其中早产儿的比例在逐渐增加。在这其中，低体重，也就是 1500 克以下婴儿的比例又占到 1.6% 左右。而视网膜病变其实还只是早产儿多种常发病的一种，其他还有中枢神经发育不全导致的智力障碍、听力神经发育不全导致的听力受损等。为此，在上海，有识之士已经开始关注，并着手解决这类问题。

【采访】

复旦大学附属儿科医院院长桂永浩：我们临床上已经启动了有关的临床观察和临床治疗的一些研究的课题。

【采访】

复旦大学附属眼耳鼻喉科医院眼科教授赵培泉：今年我们申请了卫生局的一个课题，在上海建立起一个早产儿的视网膜病变的筛查，减少早产儿的致盲率。

在东东家的客厅里，一张东东与父亲对视的大照片特别醒目，东东的妈妈告诉记者，那是因为她想让人们知道，自己的孩子也曾有过一双明亮的眼睛。

【采访】

东东的妈妈：他很想看到，他就拿着小手这么挥呀挥呀，有时候都碰到眼睛上了，还在挥，他想看到，我知道他想看到，但他看不到。

【编后语】

随着对早产儿以及与早产相关问题更为深入的了解，相信观众朋友和我们一样，不仅仅是为这些孩子和他们的父母感到难过，更多的则是震惊。

是谁让这些无辜的孩子永远失去了五彩的世界？是谁把黑暗带给了他们？是无知？是渎职？还是冷漠？

我们承认人类对自身的认识还远远没有达到穷尽，我们也还有许多种疾病和医学难题等待攻克，比如 SARS，比如 AIDS。那么，像这样由于医疗手段而导致的早产儿失明，是否属于这种尚未认识到或者有所认识而尚未有解决方案的难题呢？

有数据证明，我国早产儿的存活率有了很大提高，在让每个早产的生命得到安全保障的同时，能不能给予他们更高的生命健康质量呢？毕竟，生命并不仅仅只意味着存活。

（2003 年 7 月 2 日首播）

 评析

光明与黑暗的抗争
——《是谁让我坠入黑暗》评析

一个看似好端端的早产儿，却眼睁睁地看着他在几个月里慢慢地失去光感，最后被确认为双目失明。这对孩子的双亲来讲是多么严酷的现实，而对孩子来讲，今后将面对的更是没有五彩斑斓的漫漫长途。这就是上海东方电视台新闻综合频道《东视广角》栏目新闻评论性报道《是谁让我坠入黑暗》开始时告诉人们的一个场景。

随着画面和伴音展开，报道告诉人们一个鲜为人知的信息：对早产儿来讲，不仅要抢救他们的生命，而且要使他们健康成长。如果在抢救过程中，长期连续吸氧，就有可能促使婴儿的视网膜剥离，而在最初的几个月里得不到及时治疗的话，那就会落下双目失明。这当然是家长包括医务人员在内的任何人都不愿看到的事实，然而，这不幸却一直降临在一些早产儿的身上。作者独具匠心，敏锐地抓住这一问题，在全国率先报道了这一现象，从而很好地引导人们特别是有关的医务工作者和家长来关注这一问题，尽其可能地避免发生这一切，进而为保障人口的质量，提高生活质量提供有益的帮助。这就是它的魅力所在。

纵观这则报道，有以下三个特点：

一是充分占有材料，用事实来为主题服务。

作者做了大量采访，光是病孩的家长就有 7 位，涉及的病孩达 11 个，还不包括一连串的统计数字。还采访了 4 位医务界的权威人士，通过他们的叙述和评说，使人们对病情的发展过程、病理过程以及要注意的问题清清楚楚，同时也告诉人们，只要认真注意，有的是可以避免的。至于那些一味追求经济效益的，更为大家所不齿。为了占有素材，作者不辞辛劳，不仅在上海，而且到外地；不仅跑大医院，而且深入到乡镇医院；不仅找病家、医生，还采访了有关的律师。正是占有大量材料，才为评述打下了坚实的基础。

在材料的运用上，也是层层推进，阐明问题。

第一层讲婴儿东东的病况，让人唏嘘不已。接着"就在四处求医的过程中，东东的妈妈才发现，与东东有着相同命运的孩子还有不少……"这些家长一交流，就发现"他们孩子的共同特征点是：早产、出生时体重低，而且都长时间地吸过氧"。很奇怪，这个道理应该是由医院讲的，但却给家长们琢磨出来了。的确，正如著名的眼科专家王文吉所讲："给婴儿长时间地吸氧就是为了保住孩子的性命。但正是吸氧刺激了孩子视网膜周边异常血管的生长。"失明"有一个发展过程",如果"能够得到及时的检查和治疗,孩子的眼睛不至于失明"。

第二层讲"早产儿吸氧导致失明真的只是个例外吗?"其实不然,作者又举了天津杨柳青镇的几个案例逐一加以分析。还举了河南省打赢这场官司的例子,比较有说服力。记者还进一步调查,"在全国的盲童中,早产致盲的比例要占到 6%～18%。"并指出,视网膜病变还只是早产儿多种常发病中的一种,其他还有中枢神经发育不全导致的智力障碍、听力神经发育不全导致的听力受损等。"为此,在上海,有识之士已经开始关注,并着手解决这类问题",还列举了两项正在进行中的课题。从而把这一问题又升华了一步,使人们进一步感到我们党和政府为改善这一情况所作的努力。这样,这一类病情的报道就有了纵深感,有了相当的深度、厚度,进一步烘托了主题。

二是恰到好处地评说,用事实来讲话,不强加于人。

全文列举了大量事实,但没有仅仅停留在叙事上,而是不露声色地加以评说。比如,东东的妈妈一想起产后每个月在医院进行随访检查时医生都说"挺好的"、"挺好的"的回答,"就感到锥心的难受,她认为正是这句话,耽误了儿子最佳的治疗期。但医院并不这样认为。"这个最佳治疗期不是作者叙说的,而是东东的妈妈讲的。这同时展开了第三层面的叙事。同理,天津杨柳青镇三胞胎的父亲小杨认为,"当初医院没有提醒他们孩子吸氧可能产生的后果,这让他无法接受。在他看来,医院的一句提示可能关系着孩子一生的健康和幸福",亦能说明问题。

此外,作品中,在小刘(失明儿童小宝的爸爸)出具的中华护理协会的有关材料汇编中,记者看到这样的明确规定:给早产儿"持续给氧,最好不要超过 3 天"。"那么,医院为什么给了刘小宝长达 43 天的大剂量给氧呢?""在孩子的父亲看来,除了一些医生不负责任和无知外,再一个解释就是片面追求经济效益。"然后小刘列举儿子吸氧费用占整个医疗费的十分之一。再比如,林毛毛案的胜诉给天津小刘等家长莫大的鼓舞,他们认为这样的责任追查很有必要。"避免再出现像我孩子这样的病例,那样的话,我也可以说为社会作了一点贡献,减少几个残疾孩子的出现。"类似这样的评说,作品中有好多段,均出自病人家长、律师之口,避免了作者的直接断言。

特别是编后语写得十分精到:"是谁让这些无辜的孩子永远失去了五彩的世界?是谁把黑暗带给了他们?是无知?是渎职?还是冷漠?"作者没有贸然下判断,实际上看了这则报道后的人们心中已有一定了解。看来,仅仅追究责任还是不够,更重要的是让更多的人加以认识,从而做到防范。所以文中的另一段亦精彩:"我们承认人类对自身的认识还远远没有达到穷尽,我们也还有许多种疾病和医学难题等待攻克……那么,像这样由于医疗手段而导致的早产儿失明,是否属于这样尚未认识到或者有所认识而尚未有解决方案的难题呢?"这真是发人深思的问题。而最后一句"毕竟,生命并不仅仅只意味着存活",讲得太好了。如果我们把一个病孩抢救过来了,但又成了残疾儿童,那么这种抢救对病孩、对其家庭、对社会又有多大意义呢?

三是抓细节,深掘细挖,给人以很强感染力。

一般的印象中,像这类新闻性评论报道,主要抓住问题要害,充分摆事实,阐发事理就行。但这则报道作者颇具慧眼,抓住细节,给人留下深刻印象,从而深化了主题。请看

"在东东家的客厅里，一张东东与父亲对视的大照片特别醒目"（这时画面是这张照片的大特写），"东东的妈妈告诉记者，那是因为她想让人们知道，自己的孩子也曾有过一双明亮的眼睛……他很想看到，他就拿着小手这么挥呀挥呀……我知道他想看到，但他看不到。"这让人心碎的镜头，深深地刻在观众的心里。

再比如，报道中有一组玩具狗的特写镜头，它先是在马路上走，然后碰到上街沿，那狗反复多次在街沿上撞击碰擦，有点无头苍蝇的样子，看起来似乎与报道并不搭界，实际上寓意着其看不见而在努力挣扎。这和东东母亲的那段话"我所抱的希望就是让他能够看到影子……不要撞到门上，不要撞到墙上……我不一定要求他以后能自理，做菜做饭，我就想着他少吃一点苦，少摔一点跤，少撞一点墙"，真有异曲同工之妙，看了叫人心酸。

总之，作者敏锐地抓住这个问题，深入开掘，刻画细节，并加以客观、公正的评说，给人以深刻的印象。当然，该作品也有不足之处，如有的评委认为，如果加上这些医院的回答或申辩似乎更好。这是有道理的。新闻作品同样也是种遗憾的选择，但瑕不掩瑜，这则作品仍不失其振聋发聩的魅力。

（陈乾年：系上海文广新闻传媒集团副总裁、上海市广播电视学会常务副会长）

4　电视纪录片类作品

电视纪录片导论

电视纪录片，是以摄像或摄影手段，对政治、经济、军事、文化、历史事件等做比较系统完整的纪实报道，并给人以一定的审美享受的电视作品。从定义的属概念看，纪实性对纪录片是具有质的规定性的品格。

纪录片具有一种无假定性的真实，它强调的是生活的真实，这点与电影故事片强调艺术的真实相区别。纪录的真实是屏幕上的真实与被表现生活的真实有着一种对应关系的真实，这种真实性是一种内容上无假定意义的事实真实。

纪录片的真实，就是不允许虚构，不允许造假，不允许导演摆布。它必须到现实生活中去发现和寻找具有艺术内涵的生活内容，表现真实的事件、真实的人物、真实的场景和真实的生活过程。

纪录片的形式特征是一体化的表形结构。在现实生活中，人的存在与活动，以及事物的存在与运动都是以形声一体化的完整形态进行的。形声一体化的影像结构还原了生活的原始面貌，赋予形象以运动发展的意义，使被拍摄的事物具有一种符合人们日常生活经验的逼真效果。

长镜头的运用是完成纪录片一体化结构的主要方式，它所表现的是一段生活过程的完整记录，注意表现事物发展的连续性。纪录片《达比亚》就是成功地运用长镜头，以不停机的连续记录手法，完整地记录了杀羊风波和饭桌风波，最大限度地展示出最具魅力的瞬间，确保了纪录片的真实性。

纪录片的创作模式，曾出现过多种风格样式，美国当代电影理论家比尔·尼柯尔斯将其归纳为四种：一是"直接宣导式"；二是"真实电影"式；三是"访问式"；四是"反射式"。

"直接宣导式"以英国格里尔逊为代表，被比尔·尼柯尔斯评价为：一种被彻底用滥了的纪录片形式。为迎合那些追求长篇说教者的口味，它使用了表面上权威味十足而实际上往往自以为是又脱离画面的解说。在许多影片中，解说明显地压倒了画面。他说，第二次世界大战后，这种方式失宠了。不过，这种形式在当代纪录片界，有再次活跃起来的倾向，而在中国，一直成为一种主流创作模式。

"真实电影"的创作模式，是从 20 世纪 50 年代末开始的一个以直接纪录手法为基本特征的电影创作流派，包括法国的真理电影运动和美国的直接电影运动。直接电影以美国的罗伯特·德鲁为代表，主张摄影机和摄制人员不与被拍摄者发生任何瓜葛，以求能拍出即使摄影机不存在时也会发生的情况（效果），同时，也绝不使用访问。这种企图捕捉事件客观真实的做法被称为"墙上的苍蝇"，我国的电视纪录片《八廓南街 16 号》就是这种风格的代表。与直接电影同时代产生的真理电影，以法国人类学家让·鲁什为代表，他们主张电影制作不应再是躲在摄影机后面的局外人，而是积极参与被拍摄者在被摄的那一刻的生活，促使被拍摄者在摄影机前说出及做出他们不太轻易说出的话或做出的事。如电视纪录片《我们的留学生活》。

"访问式"纪录片是在 20 世纪七八十年代美国和其他国家出现的，这种模式完全以访问为主，一个访问接一个访问，整个节目是建构在访问上面的。如电视纪录片《三节草》记录的是 50 多年前，一位 16 岁的四川女中学生肖淑明远嫁到最后一个母系社会泸沽湖畔，成为摩梭族土司夫人后的一段生活及命运的故事。该片主要是通过对肖淑明的访问，记录了其传奇的人生，折射出中国社会历史的沧桑变迁。

"反射式"纪录片，即把拍摄者与被拍摄者之间如何互相运作和互动的关系呈现出来，也就是被拍摄者像个镜子一样把这个拍摄的人给照出来，比如拍摄者在摄影机后面和被拍摄者讲话。这种类型的纪录片混合了观察、访问，以及摄影机前后人物之间互动等几种方式，现在这种方式在电视纪录片创作中运用较多。"反射式"的应用关键是培养摄影机与被拍对象之间的一种关系。《我们的留学生活》中的韩松边炒菜边对着摄像机说话，这是因为他已经同摄像机相处了一段时间，这是自然的流露，纪录片从开拍之初，就应当有一种培养这种关系的想法。这种创作方式给予了一个被拍摄对象参与的空间，也给予了观众一个在观看纪录片时的思考空间。

以上四种纪录片创作模式没有决然的优劣之分，每一种都产生了经典之作，所以，纪录片创作者选择何种形式不是最重要的，而是你有什么内容和思想要表达，这才是最重要的。事实上，目前的纪录片创作很少有单一模式，基本上综合了上述各种模式和手法。

纪录片的选题一般有两类。一是社会内容的题材，即那些同人们的社会生活联系紧密、同历史或现实有直接关系的题材。这类题材要求具有时代性、新鲜性、复杂性、形象性。就是说要选择那些纯粹反映时代风貌，触及时代矛盾，揭示时代本质，体现时代精神的题材；选择那些人们不熟悉，又普遍感兴趣的不平常的事情作题材；选择那些具有曲折经历的人物、深刻的思想内容和完整的事件情节，又适合电视形象表现的题材。二是以自然界为内容的题材。这类题材要求具有知识性、思想性、寓意性和欣赏性。这类题材与以社会内容为题材的纪录片的最大区别是，它应具有较高的审美价值、较强的形式感，用较高的艺术性给人以美的享受。

4.1　舌尖上的中国（第二季）·脚步

总编导：陈晓卿　　本集编导：李勇

不管是否情愿，生活总在催促我们迈步向前。人们整装、启程、跋涉、落脚，停在哪里，哪里就会燃起灶火。从个体生命的迁徙，到食材的交流运输；从烹调方法的演变，到人生命运的流转，人和食物的匆匆脚步从来不曾停歇。

西藏林芝，印度洋吹来暖湿的季风，植物正在疯长，又到了白马占堆最忙碌的季节。天麻和灵芝是重要的经济来源。但是，一个月后，它们将消失得无影无踪。从峡谷到雪山，7000 米的海拔高差，让林芝成为世界高山植物区系最丰富的地区。

弟弟高中毕业，白马得迅速挣够他读大学的学费。在此之前，他为弟弟准备了一件特殊礼物。西藏 80% 的森林集中在这里，白马占堆努力搜寻几天前发现的蜂巢，现在，他得想办法到达树顶。

在当地人眼中，蜂蜜是宝贵的营养品，值得为它冒险。听起来难以置信，但是这种风俗，已经延续数百年。

白马选了一根藤条使自己与大树相连，从现在起，这跟藤条关系性命，看起来进展不错，1 个小时过后，白马爬了很高，但还有更长的距离要爬。父亲放心不下，匆匆赶来。白马占堆已经不敢用双手砍树，速度明显慢了下来。

占堆父亲：千万别害怕，眼睛往上面看，抓结实别慌！

3 个小时过后，白马接近树冠，现在，他准备摆脱藤条。40 米高，并且没有任何保护，这是一次危险的行走。野蜂并不怕人，白马从长辈那里学会了点燃烟雾，迫使蜜蜂放弃抵抗，砍开蜜蜂藏身的树洞，就可以得到最甜美的蜂蜜。

占堆父亲：真是好吃又营养，好久没吃到了……

在与世隔绝的大森林里，甜食非常难得，而蜂蜜是白马能带给家人最珍贵的礼物。

甜是人最简单、最初始的美食体验。蜂蜜 80% 的成分是果糖和葡萄糖，作为早期人类唯一的甜食，蜂蜜能快速产生热量、补充体力，这对我们的祖先至关重要。和人工提取的蔗糖不同，蜂蜜中的糖不经过水解，就可以直接被人体吸收。在中国的厨房，无论烹饪菜肴，还是制作甜点，蜂蜜都是其他糖类无法替代的。

当然，白马家最喜欢的是酥油蜂蜜。获得蜂蜜，对藏族小伙子而言，要攀爬 10 层楼的高度，而对另外一些人来说，则要经过上万公里的艰苦跋涉。

油菜刚刚开花，谭光树已经准备启程。

谭光树：走嘛！

老谭是职业养蜂人，20 多年来，依靠这份工作，他养育了一双儿女。每年清明，老谭都要和妻子吴俊英踏上追逐花期的旅程。一昼夜，蜂箱已在 500 公里外的秦岭。花的味道决定蜂蜜的味道，地区不同，味道也完全不同，这正是蜂蜜作为美食的神奇之处。秦岭出产中国最顶级的槐花蜜，但是老谭心里毫不轻松，毕竟，养蜂是靠天吃饭的行当。4 月中旬，天气突变，大风伴随降雨，花期提早结束。没有人知道，糟糕的天气会持续多久。

谭光树：老黄历是不能翻的，你去年走去对，你今年走去不一定就对。究竟那个地方是如何，根本不知道。所以，前面的路是黑的。

20 多年前，老谭向未婚妻许诺，要带她从事一项甜蜜的事业。

谭妻：我跟老谭订婚的时候，他跟我说这个养蜂，出去旅游了，又好耍又浪漫，结果我跟他结了婚，风餐露宿的，辛苦得很！

交通不便的年代，人们远行时，会携带能长期保存的食物，它们被统称为路菜。路菜不只用来果腹，更是主人习惯的家乡味道，看似寂寞的路途，因为四川女人的存在，变得生趣盎然。

谭光树：慢慢地来。

谭妻：我晓得，慢慢地来。

谭光树：她的急性子，我的三炮火（坏脾气）……

妻子甚至会用简单的工具制作出豆花儿，这是川渝一带最简单、最开胃的美食。

谭光树：四川的巴耳朵（惧内），还是有一定的好处啊，女同志行嘛，不仅是半边天，可能是大半边天。

谭妻：离了你我就不能吃饭喽，掌握不到做饭。谭光树你想吃我给你做，还没做出来你就假模假样表扬我。

谭光树：的确是四川的女人能干。

通过加热，卤水使蛋白质分子连接成网状结构，豆花实际上就是大豆蛋白质重新组合的凝胶，挤出水分，力度的变化将决定豆花的口感。简陋的帐篷里，一幕奇观开始呈现。现在是佐料时间，提神的香菜、清凉的薄荷、酥脆的油炸花生，还有酸辣清冽的泡菜，所有的一切，足以令人忘记远行的疲惫。

谭妻：老谭你看着豆花，跟家里是一模一样的，汤都是清清亮亮的。

谭光树：大功告成。

谭妻：今天的豆花很漂亮。

谭光树：烫起吃（趁热吃）很舒服，巴适（舒服）！

谭妻：你平时冒我的火的时候，像今天吃豆花一样温柔就对了。

谭光树：贤妻良母。……四川基本上都是女人当家！

谭妻：老谭就是巴耳朵（惧内）！

丰盛的一餐，标志着另一段旅程的开启。全部家当，重量超过 10 吨，天黑前两小时必须全部装车。因为工作，每个养蜂人每年外出长达 11 个月。父母的奔波给两个读书的孩子提供了安稳的生活。

谭妻：养蜂的乐趣就是这一点，自由，不受人约束嘛。我们就是享受这点自由。

20 多年，风雨劳顿，之所以不觉得孤单，除了坚忍的丈夫、勤劳的妻子，相濡以沫的，还有一路陪伴的家乡味道。

养蜂人老谭和妻子携带蜜蜂一路迁徙，而另一种候鸟式的人群却轻装上路，只带着他们的双手。秦岭北麓，麦子熟透，机械收割的普及，不妨碍竞争者的存在。麦客，中国古老的职业割麦人，他们踩着麦子成熟的节奏，用双手挑战机械。

小麦，曾经改变人类文明进程的作物，拥有世界上最广泛的种植面积。从最日常的馒头、锅盔、面条，到肉夹馍、羊肉泡，再到花样百出的各色小吃，共同奠定了陕西这个面食王国难以撼动的基石。然而，要一尝最为原始古朴的面香，只有等到麦收的季节。小麦富含淀粉和蛋白质，而刚刚收获的新麦，甜度最高。

东家：不能哄你下苦的人，不能亏你。下了苦了，把这钱拿上。

麦客：可见了钱了，挣了钱了。

东家：下了苦了，应该的。

陕西人习惯把面加工成 3 厘米宽的形状，正是这样的宽度，加上合适的火候，才能彰显新麦筋道的牙感和清香的味道。老婆婆比谁都清楚做面的奥妙，风箱大柴，一灶旺火最让面条出彩。木耳、胡萝卜、嫩豆腐做成的浇头，陕西人称作臊子，浓墨重彩的油泼辣子是面条永远不变的忠实搭档。

东家：咱都是庄稼人，出门人，不客气哦！

麦客：好好。

东家：家常便饭。

麦客：行行，好。

善待麦客是祖辈的传统。大量碳水化合物可以维持重体力劳动后身体所必需的苷糖。如今手工割麦毫无优势，狭窄的山坡地块是最后的阵地，一天劳动 10 小时，每人割 1 亩多地，最多收入 200 元。

东家：现在最高的收割机才是 100 块钱，你要 200，哪有那个价钱。

麦客：收割机那是机器，那油一加就"嗵嗵嗵嗵"跑了，那人才是一把一把割的。

东家：关键你说这价钱，已经太离谱了。市场根本没有这个价钱知道不？

……

麦客：挣上两个钱，回去给孩子买个啥，回去还还账。挣下些钱，买些东西，吃一吃，喝一喝，花一花，咱们就开心了。

这次出来十几天，收入还不到 1000 元。在效率面前，麦客已经不属于这个时代，马万全一行，也许就是中国最后的职业割麦人。古老的职业和悠久的传说，正被机械们一茬茬收割殆尽。

眼前的食物，可能来自遥远的大海和高山。很久以前，人的生存习惯，已经从狩猎改为采集，但只有一个例外。海洋，人类最后的狩猎场，有科学家预言：50 年内，海里的鱼会被全部吃光。

而浙江渔民杨世橹认为，靠海吃海的日子，只能再维持 10 年。3 个月的休渔期过后，东海迎来开渔的第一天，这种小船称作夫妻船，它是渔民的双脚。4 小时行驶 60 海里，夫妻俩撒下第一网。三门湾位于浙东沿海，鱼类资源曾经极度丰富。临近农历十五，大潮将至，妻子身体较弱，开始晕船，但凡出海，除了打鱼，烧火、做饭等杂务都由丈夫包办，这是两人20多年的默契。白蟹油炸，水烧开放入挂面，一顿简单的晚餐后，将是6小时的繁重工作。

这是休渔后的第一网，至关重要。

杨世橹妻叶仙群：这海洋的钞票难挣，没有牛劲马力难吃海洋衣食。

起锚、收网，渔网已经在水下蛰伏20个小时，拉出水面，景象令人失望。终于发现一条鲳鱼，却挣脱了渔网。6小时过后，鱼，颗粒无收。幸亏有其他海获。大海又一次展现了它的慷慨。

杨世橹：我一家三口都靠这条船，没有这片海，没有我们讨海人的生活。

50公斤海获，是他们一昼夜颠簸的回报，10个小时内，这些海蟹将出现在大城市的餐厅。

食材的获得，需要超常的辛苦和耐心的等待，这样的法则同样适用于大山。

搜寻的时间超过半天，饶长清还是一无所获，为了一种特殊的菌子，老汉已经守候了8个多月，现在终于到了季节。脚下是青峰断裂带深处，湿气在海拔2400米的高处凝聚，催生出一种珍贵的食材。小花菇，枯树上寄居的真菌，香菇中的王者。如今，香菇已经实现人工培植，品相极佳，但老汉清楚，那些种植香菇，不是最顶级的美味。

饶长清：野生的，别看它长得颜色要差一些，外观要差一些，实际上它营养高，味道好，香。

低温环境中，香菇生长极慢，但肉质肥厚。剧烈的昼夜温差，导致伞盖龟裂开花，小花菇的问世，源自于天地之间的种种机缘巧合。

鲜花菇含有90%的水分，干燥过程暗藏玄机。炭火烤房里，是人工栽培的香菇。事实上，新鲜香菇远不及干香菇的味道，奥妙就在于，香菇在脱水过程中，会自动转化出大量鸟苷酸盐，有强烈的鲜味，因此，只有干燥之后，这种菌子才真正称得上香菇。至于野生花菇的干燥，老汉更喜欢最天然的方法。借助阳光和风，肥美的野生花菇慢慢散失水分，鲜美的味道一点点凝聚。和栽培菇相比，野生花菇品相不整齐，也很难卖出价钱，这些稀有的美味，饶长清打算留给家人。

无论靠山还是靠水，劳动者都有专属于自己家人的美味。

望潮，被赋予诗意的小章鱼，学名短蛸，潮涨时外出，潮落后躲藏。杨世橹正是捕捉望潮的高手。

杨莉莉：我一到家里，我爸妈就很忙碌的，然后去海边啊，抓跳跳鱼、望潮什么的，然后抓回家里，我们三个人就一起做饭了，这种感觉真的很幸福的。

望潮表层的胶原蛋白和调料相遇，形成浓油赤酱的自来芡。望潮肉质脆韧弹牙，是东海渔民最拿得出手的看家菜。然而，女儿最喜欢的美食，仍然躲在海滩上。弹涂鱼又名跳跳鱼，是能够在陆地上生活的鱼类。不要妄想抓住它们，除非舍得用5年时间练就一门绝技，使用5米长的钓竿、6米长的鱼线捕捉10米开外仅5厘米长的猎物，其难度和精准度的要求，不亚于20米外投篮。

杨莉莉：十几岁，我喜欢吃跳跳鱼、望潮，那时候我爸爸还不会弄这些，然后就去学了，学了好多年。

从发力到捕获，仅需八分之一秒，高速摄影机可以帮助我们看清整个过程。

杨莉莉：爸爸，你太厉害了。

杨世櫓：当爸爸的很能干的。

几尾跳跳鱼，便能成就一锅靓汤，肉质细嫩、汁液浓郁。用稻草反复熏烤，渗出鱼油，晾晒风干，便是最好的增味品，跟其他海鲜和菜肴搭配，提鲜的同时，最大限度地保持食材的本味。

独居的老人也要犒劳一下自己，越是弥足珍贵的美味，外表看上去，往往就越是平常无奇。辛苦劳作，给全身心带来的那种幸福，从来也是如此。

东山到上海的鲍鱼，珠海到成都的石斑，广西到北京的蔬菜，昆明到新疆的菌类，今天的物流和今人的胃口，大大加快了食材迁徙的速度。路途之上，行色匆匆的已经不只是人，食物也在传播流转，聚散之间，衍化出不同的形态和风味。

这口大锅，当地人称作鏊子，直径两米，加工的是山东人的标志性主食，煎饼。不过，要领略制作煎饼的原始工艺，必须回到最接近自然的地方。盛夏，雨水充沛，沂蒙山进入最湿润的季节。爷爷垒好了土灶，搭上鏊子，这是烙制山东煎饼的工具。

奶奶：你好好划啦划啦，好好地弄弄，弄得滑溜点。

爷爷：妇女享福的，男人做难的，重活累活都得男人干。

奶奶：我腿不方便，方便的时候我用你？自己我就办了。

爷爷：给她出一辈子力没赚到好，嘿嘿……

制作煎饼的主料，是用白薯干碾成的粉，当然也可以用大豆、小麦、高粱、玉米等五谷杂粮来碾粉。椿树沟，地处蒙山深处，古老的风俗顽强地留存。今天是奶奶的生日，小惠一家已经忙碌了好几天。鏊子烧热，面糊均匀摊开，杂粮面糊快速成型，蒸汽弥散，空气里浸润着朴素的甜香，那是谷物特有的气息；火力至关重要，太旺容易焦糊，太小，煎饼潮湿黏牙。有60多年经验的奶奶手艺最棒，火候全靠她一手拿捏。刚出锅的煎饼又脆又香，彻底放凉，就慢慢回软变韧。

今天，从大鱼大肉到家常小菜，煎饼几乎能包裹任何食物，丰俭由人，多寡随意。但对地道的山东人来说，最适合被卷在一张煎饼里的，似乎还是大葱。山东人最看重煎饼的质地和口感，煎饼入口回甘，但对人的咬合力是一个挑战。

饼卷的演化一路精彩，向南1700公里，广东潮州的春卷，坠碾提拉，速度飞快。绿豆畔、葱头白、虾干鱼露，油炸后表皮焦酥、内瓤软糯。再向西1600公里，丝娃娃是贵阳女孩儿的最爱。烫面烙熟，个头小，却能装下20种素菜和4勺蘸水。

从形态到内容，从神到形，饼卷的变化千姿百态。这看似食物们的自助旅行，追根溯源，其演变终究离不开人的流动和迁徙。

云贵高原的一条溪流里，上至年过七旬的老人，下到不满十岁的孩童，翻开溪流底部的每一块石头，不厌其烦，为的是寻求一种神奇的美味。贵州省东南部最偏僻的村庄，苗族女孩李建英等待着一个幸福时刻。

李建英的母亲：高兴啊！

这是半年来父母第一次回家，现在，流水线旁的打工妹重新变回苗族母亲。正值稻花盛开，来不及休息，余高里准备给全家制作腌鱼。吃腌鱼首先要做甜米，糯米淘洗干净，上灶蒸，等糯米熟透，加酒曲发酵。鲤鱼吃饱了稻花，正是最肥最甜的时候。与其说是捕获食材，不如说更像是一场户外的亲子游戏。稻花鱼剖净内脏，在灶上摆放整齐，用微弱的炭火熏烤一夜。现在需要借助空气和风的力量，风干与发酵，将共同制造出特殊的风味。糯米布满菌丝，霉菌产生了各种酶，使淀粉水解成糖，最终得到爽口的酸甜。甜蜜混合盐和辣椒，一同塞进鱼腹中。稻花鱼，可以直接吃，也适合蒸或油炸。不管用哪种做法，都掩盖不住腌鱼和糯米造就的迷人酸甜。

然而，最具吸引力的食材还藏在水底。每年 8 月，桥港村不分老幼、全体出动，大家都在寻找同一样东西。爬岩鱼，制作雷山鱼酱最关键的原料，出人意料的美味。鱼酱一年只能做一次，必须用最新鲜的辣椒，二金条最好；生姜新鲜肥嫩，主要用来去腥；木姜子又名山胡椒，西南地区特有的佐料，带有浓郁而神秘的香气；大量的食盐，保险提味，食材混合搅拌，装进坛子密封，美味慢慢酝酿。

余高里夫妇在广东一家制衣厂工作，此次回乡，是因为自家的 8 亩玉米到了收获的季节，他们是家中的主要劳动力，加上房屋修缮等杂事，夫妻二人可以与家人团聚半个月的时间。半个月也是制作鱼酱的周期，乳酸菌和酵母菌促进香气的生成，挥发性有机酸滋生出鱼酱独特的酸味，苗家最骄傲的调味品就是这样炼成的。一勺鱼酱，足以让最平常的食材陡然变得酸楚动人。这是一年中最美味的团聚，也注定是一顿百感交集的晚餐。

李建英：爸爸他们回来我很开心，但是我知道他们又要走，我没有办法让他们留下来。

中国农村，6100 万孩子的成长没有父母的陪伴，这个数字相当于英国人口的总和，他们被称为留守儿童。李建英和哥哥给父母准备了一小坛鱼酱。清晨 5 点，分别的时刻到了。

李建英的母亲：你在家不要想我们，要多吃饭，记住啊。再见啊……

一坛家乡味，将被带往 1000 公里外的广东中山。也许有一天，它会以新的形式在他乡重现。千百年来，食物就这样随着人们的脚步不停迁徙、不断流变。无论脚步走多远，在人的脑海中，只有故乡的味道熟悉而顽固，它就像一个味觉定位系统，一头锁定千里之外的异地，另一头则永远牵绊着记忆深处的故乡。

离开 40 年后，华侨程世坤回到家乡。隆重的祭拜，完成了他对家族的回归。在这里，宴请乡邻被称作摆桌。任何重大事项，只有通过摆桌，才能顺理成章地宣告确立。一顿归乡宴，穷尽乡间名厨的全部手艺，中断几十年的相识和旧情重新接通，瞬间让一切回到从前。过去几十年，程世坤在美国农场做工，这次老人决定回乡定居，召唤他的，不仅仅是亲情，更有熟悉的味道。在泉州，在福建、台湾，甚至东南亚的华人中，这种味道被称作古早味。

少年熬成白发，故乡变了模样，但各种老味道历久弥新。

大厦村海边的沙土地，有一种著名的特产，它们貌不惊人，但几乎全部出口海外。沙土萝卜，含水量接近 90%，入口润嫩幼滑，毫无纤维感。猪肉八分肥两分瘦，带皮最好，切寸段，与香菇、海蛎、虾干同煮。肉的丰腴、萝卜的清甜、米粒的饱满，这就是最让泉州人欲罢不能的萝卜饭，一种简朴而丰饶的主食。

半生闯荡，带来家业丰厚、儿孙满堂，行走一生的脚步。起点，终点，归根到底都是家所在的地方。这是中国人秉持千年的信仰，朴素，但有力量。

　　甘肃山丹牧场，老谭夫妇准备向下一站进发，又是一次千里跋涉。宁夏固原，回乡的麦客们开始收割自家的麦子。东海，夫妻船承载着对收获的盼望再次起锚。这是巨变的中国，人和食物，比任何时候走得更快。无论他们的脚步怎样匆忙，不管聚散和悲欢来得有多么不由自主，总有一种味道以其独有的方式，每天三次，在舌尖上提醒着我们：认清明天的去向，不忘昨日的来处。

 评析

家乡的记忆·生存的真理·生活的诗意
——纪录片《舌尖上的中国》的观照与呈现

　　公元 2012 年，传说已久的"世界末日"没有到来，国人却迎来一场美食文化的影像盛筵。中国第一次使用高清设备拍摄的大型美食类纪录片《舌尖上的中国》（以下简称《舌尖》）第一季在央视首播，给了观众一个惊喜。自从开播以来，收视率一路飘红，甚至超出同期热播的电视剧和综艺节目。有媒体感叹："在电视节目泛娱乐化倾向凸显的今天，这样一部深夜播出的纪录片能这般挑起观众和市场久违了的热情，在中国实属罕见。"该片成为近 20 年来国内关注度最高的纪录片之一。在国际交流当中，有外国专家表示，通过《舌尖》，"不仅从中看到了中国悠久的历史文化，也看到了一个富有活力的中国。"

　　一贯收视冷清的纪录片因此成为空前热点，引起业内及全社会的强烈兴趣，这已成为不可忽略的"舌尖现象"。2014 年，《舌尖》第二季在万众期待中隆重登场，虽然观众收视激情依然高涨，但是争议也随之而来。不少人指责片中故事偏多，内容过于煽情，导致"口水与泪水齐飞"。美国《华尔街日报》旗下媒体亦刊发文章，批评在第二季中"食物的制作者和食用者成了主角，而不是食物本身，有喧宾夺主之嫌。"虽然因为观众的呼声而在播出过程中对节目内容作了相应的调整，从而加大了美食的比例，总编导陈晓卿依然强调他的观点："人情比美食更有嚼头。"

　　本文选择从叙事母题、生存论现象学、诗意美学三个维度对该作品进行解读与评析。

　　一、激活味觉经验，观照"家"与故乡

　　说到中国饮食文化，鲁菜、川菜、粤菜、闽菜、淮扬菜、浙菜、湘菜、徽菜此八大菜系名满天下，烹饪大师不胜枚举，精品菜式琳琅满目，一部传统的美食纪录片该如何选材，似于有着现成的答案。但是《舌尖》主创人员却坚持一个创作理念：不拍名厨名菜，只拍普通人的家常菜，且要通过各色美食，展现普通中国人的人生百味，展示人和食物之间的故事，并且透过美食来看这个社会。

　　顾名思义，家常菜，就是普通家庭生活常态中所吃的那些菜品。对于"家常菜"的内容限定，就把本片叙事聚焦于"家"这一母题当中。在文艺作品当中，每一个叙事母题，都是人类生存方式的体现，代表着一种独立且自我圆满的精神现象，它拥有自身独特的结构功能和叙事模式。这个母题下的各种题材或主题都具有内在的意义联系，其外在形式上也具有某种明显的共通之处。"家"母的确立，实际上也界定了该片的风格基调和价值取向。

生活于现实中的每一个人，其身体都连接着一个外部世界，世界因个体的感知而被明确其存在。在生命的初始阶段，我们所能感知的最近和最温暖的世界就是家。我们渐渐成长，和全家人最通常的交流平台就是饭桌。从生下来的那一刻起，和生命最紧密的知觉对象就是食物，感知食物及其味道的，是我们的舌尖与味蕾。家常菜的味道，就是家的味道。一个家庭的所有成员，不会穿同一件衣服，但是肯定会在同一桌吃饭。所以，吃，永远是正常的家庭生活中每个成员共同一致的经验。长期相濡以沫的血缘亲情，是天下任何情感无法替代的一种纽带，一种归属。

在《相逢》中，生活在浙东沿海的退休船老大张士忠，今年已经76岁，少年时因为国民党部队从大陆南迁，他与家人永隔两岸。如今，在海峡这头，他是父亲、丈夫、张士忠；在海峡那头，他是儿子、兄弟、许郎秀（张士忠的曾用名）。年迈的张士忠决定带着家乡的美味——壳菜，前去探望对岸的亲人。而在对岸的大嫂，为了迎接他的到来，也特意准备了金针炖猪蹄，那曾经是张士忠姐姐的拿手菜。舌尖上所能体会的，不仅是食物的味道，更是家的味道。但是，在社会经济飞速发展的今天，一家人围在一桌吃饭的时间越来越少了。《主食的故事》当中，宁波四代同堂的顾阿婆一家，在岁末之时又要迎来一次难得的团聚，顾阿婆早早开始制作全家人爱吃的年糕。奶奶和面，孙女做帮手，两人相互配合，一边制作美味，一边期待着即将的团聚，喜悦的心情油然而生。在中国，一个家庭的幸福莫过于老少齐聚，吃着香喷喷的团圆饭。吃是一种美味，更是一种仪式，它代表着家庭幸福与圆满。正如解说词中所说："当众多手工食品被放到流水线上复制，中国人，这个全世界最重视家庭观念的群体，依然在各自的屋檐下，一年又一年地重复着同样的故事。这就是中国人，这就是中国人的传统。"

在《舌尖上的中国》中，几乎所有关于美食的故事，都被置入关于家庭情感与伦理的框架之中。食物已不仅仅是食物，而是一种亲情的表达，是一种心灵的寄许，更是一种割不断的思念。

"家"的含义，狭义上指家庭，广义上指家乡。家乡正是原初家庭的方位所在。在那个叫做家乡的地方，往往每个家庭的饮食习惯、口味偏好都是一致的。《三餐》当中，湖南籍打工仔徐磊、文菲夫妇，身在外地，却无时无刻不在惦记着家乡腊鱼的味道。工作之余，在家开火，以家传手艺做家乡菜，熟悉的香味"可以把他们暂时带回遥远的故乡"。在电视机前定然不乏千千万万背井离乡的观众。身处异乡的人们，总是想方设法寻觅或烹制家乡美味，那种感觉与片中主人公是何其相似。

《舌尖》所做的探索，在乡土中国与现代社会之间，给观众提供了一条与文化根源相连的味觉纽带，通过激活观众记忆中的味觉经验，从某一个侧面去深情观照本源性的家与故乡。

二、探究人与食物的关系，揭示生存的真理

纪录片是人类生存之镜。镜中透射的是人类生存之境。

"生存"这个词，意义不仅仅等同于"活着"。探究"生存"的终极问题，需要从两个方面着手，一者，人何以生存于这个世界？它事关生命延续与否。二者，人如何生存于这个世界？它事关生活幸福与否。

关于"生存"真理的探寻，在本片中有一个宏观的路径，即对人和食物关系的揭示。纵观人类自诞生至今的每一步，可以得出这样一个结论：关于人与食物的关系的演变史，就是人类生存进化史。

人和食物的关系分解开来，又可以引申为四种关系：人与美味的关系、人与自然的关系、人与人的关系、人与社会的关系。这四种关系相互交叉，相互作用，不可分割，相互映照。

春季的鄱阳湖水边，人们喜欢采摘鲜嫩的野芹菜和藜蒿，以改善家常口味；而北方的人们，则习惯于腌制一罐木兰芽，或是蒸一锅榆钱饭，或是采下刚刚长出来的香椿芽儿，或蒸或炸，品尝它的鲜香无比的味道。这些无与伦比的美食，无不是来自自然的馈赠。人与美食的关系，在这时就是人与自然的关系。人类与其说是在品尝美食，不如说是在用舌尖与自然对话。

《自然的馈赠》中，松茸出土后，卓玛立刻用地上的松针把菌坑掩盖好，以保证菌丝不被破坏。这个小小的动作，表达着对自然界生长规律的尊重与呵护。《时节》中，台湾兰屿，达悟族的青年在每年飞鱼季节，会发起激情飞跃的捕捞行动。但是，在巴布的爷爷看来，年轻人的狂欢是对大海的不敬。老人担忧过度的工业捕捞会使生态恶化，人类再也享受不到来自大海的美食。吐鲁番巨大的昼夜温差，创造了中国最甜的葡萄。从大自然中获取葡萄，当地人制作出美味的葡萄干、玛仁糖、手抓饭。人们相信，只要对自然和时序怀着不变的信任和尊重，每一道菜，每一家人，总会得到最甘甜的回报。《舌尖》通过感性的讲述道出这样一个真理：人与美食的关系，密切联系着人与自然的关系。人固然可以从自然当中获取食物，但是只有对自然怀有感恩之心、敬畏之心，食物的来源才不会枯竭。否则，人类生存就会成为问题。

在"家"母题的叙事框架下，所有的美食无不联系着亲情。《脚步》当中，林芝青年白马占堆爬上40米高的大树去采集蜂蜜，除了要为家人提供甜食，还要为即将上大学的弟弟攒够费用。《时间的味道》中，一位香港大澳的老奶奶，与丈夫共同做了几十年的虾酱。在老伴过世后，她并没有停下来，每天坚持制作同样的虾酱。观众从片中可以领会到，虾酱已经不是简单的食物，而是她生活和情感的寄托。她对于虾酱的坚守，表达的正是对老伴的思念。以上两个例子，讲的是人和食物的故事，但是归根到底，还是人和人的故事。

无论兄弟关系、父子关系、母女关系、爷孙关系，在"家"的框架中，都是挥之不去的亲情关系。这种亲情关系最好的承载，往往就在一份精心制作的美食当中。用舌尖品尝美味的一刹那，亲情已然传递，亲人的关系也更为紧密。

《家常》当中，年轻的汉生和梦露夫妇，生下了他们的宝宝，取名小福星。小福星是中国独生子女的第二代。自她一出生，就享受着来自爸爸和妈妈、爷爷和奶奶、外公和外婆的数倍关爱。川菜、粤菜，轮番登场，厨房迅速变成了厨艺赛场，这是一个辛劳而幸福的时刻。《舌尖》作为一部纪录片，其与生俱来的使命就是揭示人类生存的真理。

《舌尖》对于生存的真理的呈现，有的间接，有的直接。在《家常》的最后一段，片中说道："无论天南海北，只要属于家庭的重要时刻，中国人都会团聚在餐桌周围，感受着血缘亲情的凝聚和抱团生存的力量。这，也是一个家族在严酷环境下生生不息的奥秘。"综观中国传统文化，反思我们身处的现实，关于家族生存的真理，难道不正是如此吗？

三、通过心与舌的交融，呈现生活的诗意

《舌尖上的中国》作为一部纪录片，要呈现的绝不是仅仅美食，从根本上讲，是与美食相关的人的生存状态。作为艺术作品，要揭示生存之真理，但其方法不应是理论的推演，而是基于感性素材的诗意呈现。

作为总编导的陈晓卿坚持在该片中一定要讲人的故事，"没有人的故事，没有情感的凝聚，就像上一堂干巴巴的化学课，这片子就没意思了。"他所说的"意思"，可以理解为诗意。那些和美食相关的故事，以及讲述这些故事的语言本身，都在一定程度上增强了本片的诗意。

1. 声画语言的诗意表达

本片画面唯美而精致，镜头运用匠心独具，关于美食加工过程的艺术化呈现暂且不论，且举《脚步》中纪实镜头的一处神来之笔：苗族女孩李建英等待着外出打工的父母回家探亲。父母终于回来了，走在进村的小路。镜头跟拍父亲，画面当中，父亲背着行李，边走边四处张望，脸上洋溢着即将见到女儿时的期待与欢欣。逆光构图当中，阳光向他迎面洒来，在他头顶形成炫目的金色光晕。他就迎着那光芒向前走去，走向女儿的期待，走向亲情的归属。一条普通的村间小路，此刻有着一种醉人的力量……

《舌尖》的成功，有赖画面的精湛，解说词同样功不可没。话语娓娓道来，简洁、洗练而富于张力。对于食材和工艺的介绍精准而贴切，又能够时时跳出画面与情节的局限，延伸心理体验，升华人生境界。《脚步》中，画外音深情陈述："无论脚步走多远，在人的脑海中，只有故乡的味道熟悉而顽固，它就像一个味觉定位系统，一头锁定千里之外的异地，另一头则永远牵绊着记忆深处的故乡。"虽然作为客观陈述句式，但如此这般对于家乡味道的吟诵，更让人感受到一种内在的深情，如同无声的细流，一直流到人的心底，使人备感意蕴的悠长。该集结尾处，画外音款款说道："无论他们的脚步怎样匆忙，不管聚散和悲欢来得有多么不由自主，总有一种味道以其独有的方式，每天三次，在舌尖上提醒着我们：认清明天的去向，不忘昨日的来处。"意味之深，情怀之广，远远超出这几行文字本身。在一个瞬息变幻、快速发展的时代，让很多人产生一种迷失的感觉，但在这时，恰恰是舌上留存的"家"与"故乡"的记忆，提醒人们不忘初心，知道自己该如何于这个世界上存在。没有说透，却使人顿有妙悟；说出少许，却让人感受无限。如此的语言，深具诗的魅力。

2. 当下生活的诗意捕捉

《脚步》中，养蜂人谭光树开着卡车，在辽阔的大地上过着自由迁徙的生活。妻子吴俊英一路陪伴在他的身边。哪里花开，他们就去向哪里，到了哪里，帐篷一搭就是家。这样的生活无拘无束，也有气候多变之虞。但一切都不是问题，谭光树有一个贤惠能干的媳妇。无论走到哪里，吴俊英都能为丈夫做出浓香无比的家乡美味。片中展现妻子制作家乡的豆花时，平常脾气急躁的谭光树目光柔和，充满期待。他像是讨好一般，一个劲地夸奖

妻子能干。妻子知道丈夫是哄她，幸福溢满脸庞。在谭光树享受美味的时刻，她笑着说"你平时冒我的火的时候，像今天吃豆花一样温柔就对了。"谭光树陶醉于美食，只是闷头吃，笑眯眯地依旧夸赞："贤妻良母。"一切场景，平实而又感人。家乡有千里之遥，而家的温馨就在此间。普通生活中的诗意瞬间，镜头敏锐地将其捕获，也将感动传递给了电视机前的观众。

同样在《脚步》一集当中，雷山苗寨，回家探亲的打工妹，一阵梳洗，换上民族服装，摇身变回美丽的苗族母亲。田野乡间，蓦然回首的一瞬，竟是无比动人。她陪着女儿到稻田里抓鱼，根据土法腌制鱼酱，那场面景宛如一首浪漫的田园诗。苗族母亲原本可以天天如此，美得别致而灿烂，但是大工业时代把她推向生产流水线，变成冰冷的机器般的存在。她的家庭原本可以天天这样团圆、快乐，但是为了挣钱养这个家，短暂的团聚之后她又必须选择和亲生骨肉分离。母亲为孩子们悉心腌制的鱼酱，孩子又在临别时为他们盛上一罐，作为家乡的味道，带往遥远的他乡。……结合片中人物的命运，只要稍加回味，那些瞬间的美好反而更加让人心碎。作为一部纪录片，该片已达到诗的境界。这不是一首抒情诗，而是一首叙事诗。虽然没有直接抒情，但其中已饱含丰富而强烈的感性元素，它使人们感同身受地体会着乡土文化和家园情怀面对工业文明的隐忍、失落与惆怅……

3. 大变革时代的进化史诗

小麦种植在中国已有数千年历史，作为职业割麦人，今天的麦客正经受着空前的生存挑战。《脚步》一集将目光对准了这一特殊的群体，关注着马万全等人的职业现状。在农业机械化日益普及的今天，手工割麦已毫无优势，狭窄的山坡地块是最后的阵地。效率面前，麦客已经不属于这个时代。当马万全等人消失在田野上，中国也许再无麦客。"古老的职业和悠久的传说，正被机械们一茬茬收割殆尽。"历史如此无情，离者终将离去。那么此刻，镜头下的马万全等人的劳作意义何在？他们在镰刀与麦梗的摩擦声，演奏出的正是中国传统手工农业文明的挽歌。取而代之的，将是现代化收割机的马达声……

《心传》当中，编导将目光对准了上海本帮菜一代宗师李伯荣及其家族。李伯荣年轻时作为乡村厨师群体"铲刀帮"一员闯荡上海滩，经过数十年磨砺，凭一身功夫赢得一世之名。儿子李明福接班成为厨师，双胞胎孙子李巍、李悦也接受家族衣钵，14 岁开始跟随李伯荣学习厨艺。李巍刀功了得，李悦专功火候，两人学有所成，均能独当一面。在李家自己开的餐馆，最年轻的一代已经挑起了大梁。本帮菜作为上海的味觉之本，已然成为老上海人的集体记忆。而如李伯荣家族这样的厨师氏家，代代传承、不断创新，为这座城市的味觉史书写着新的篇章。诚如片中所言："传承中国文化的不仅仅是唐诗、宋词、昆曲、京剧，它包含着与我们生活相关的每一个细节。从这个角度来说，厨师是文化的传承者，也是文明的伟大书写者。"

还是那句话：人与食物的关系的演变史，就是人类生存进化史。《舌尖》从人对美食的经验出发，诗意地呈现目光所及的当下中国，在这个大变革的时代，已然书写了人与食物关系的史诗，当然，它也是国人生存进化的史诗。

综观《舌尖》第一季和第二季，无论各界评论有多少不同，它们都是不可分割的整体。它并非完美无缺，比如在创作过程中，编导对于拍摄对象有时操控过度，这在一定程度上损伤了纪录片艺术的本体属性。但总的来说，在纪录片题材开掘、叙事革新、美学表现、商业化运作等各个方面，它都给国产纪录片的创新与发展提供了有益的启示，其价值和意义应被充分肯定。

（姚洪磊）

4.2　我们的留学生活·初来乍到

总策划、导演：张丽玲　张焕琦　摄像：张焕琦　远藤一弘

【解说】

成田机场，1996 年 4 月 21 日，像往常一样，机场的大厅里熙熙攘攘。

他叫中原，来接到日本来留学的表妹。

他叫杜宝生，来接从未见过面的同事的孩子。

【采访】

记者：你好！我们是在拍一个有关留学生的纪录片。你从哪里来的？

（韩松　26 岁）

韩松：我从上海过来的。

记者：今年多大了？

韩松：我今年 26 岁。

记者：头一次来日本吧？

韩松：对，第一次。

记者：第一次踏进异国他乡的土地，现在什么心情？

韩松：现在什么都很新鲜吧。

【解说】

初来乍到的瞬间，仅仅 3 个半小时的飞机，这里已是目不暇接的国外了。

（王尔敏　19 岁半）

王尔敏：我的行李找不到了……

【解说】

含着泪花，踏入日本国门的王尔敏，来自浙江舟山，携带的 5 件行李有 3 件找不到了。

中原：还有 3 只大包呢！橘黄色的（包），行李票让她不小心丢掉了。

【解说】

经过表哥和机场人员的努力，行李终于找了回来。

【采访】

记者：你今年多大了？

王尔敏：周岁吗？19 岁半了。

记者：还很小嘛。

王尔敏：年龄还算大的，看上去小，别人都说我小。

【解说】

第一次坐飞机，第一次出国，第一次离开家乡。

韩松：我带来的东西 10 年都够用了。在这里穿 10 年都够了。

杜宝生：过一段时间，你这些衣服可能就不要了。

韩松：有这可能，是的。

【解说】

韩松，来自江苏省盐城市的一个干部家庭。抱着经风雨、见世面的追求，告别妻子和未满周岁的儿子，踏上了异国的土地。

韩松：到了这里你就是贫下中农了。不是贫下中农，是和乞丐差不多了。

杜宝生：不，不，最底层还不至于。

韩松：最底层差不多了。

杜宝生：最底层还不至于。

韩松：我有这个思想准备。出来锻炼一下，见一下世面，好好地干一干、闯一闯，走出自己的一条路来。对，我就要搞一个名牌大学，学有所成。将来我相信我的政府肯定会起用我的。我本身的起点也不低，日语的一级考试，满分 400 分。

杜宝生：400 分，进名牌大学最少要 320 分以上。

韩松：320 分以上。

杜宝生：你拿不到 320 分，名牌大学就别想。

【解说】

电车，朝着目的地东京奔驰。初次映入眼帘的异国风景，飞错交织的外国话和一张张陌生的面孔，全都是初次的体验。东京进入了夜幕的光明中。从今天开始，王尔敏得像每一个留学生一样，赤手空拳地去寻找自己的未来。告别亲人与故乡，抱着各自的理想，来自大江南北的同胞，奔向邻邦的日本——大都会东京。

【解说】

韩松坐的巴士到达了终点新宿西口，东京的夜晚正走向高潮。

韩松：这已经没办法讲了。真是，电视上说的天堂，真是这样的。电视上面讲的天堂，这地方真是，至少表面上看，真是天堂，不得了。什么都有，出租车，多方便。全是高楼，而且到处都很整齐的。没见过，上海也没有这样子。

【解说】

差不多同一时分，王尔敏到达了东京的凌濑，姨妈的家。十年前，从上海来留学的姨妈，如今，已在东京安家立业了。阔别了 12 年的异地重逢——姨妈家住的公寓。王尔敏的姨父也是当年从上海来的留学生，今天出差不在家。三室一厅的房间，迎来了第二代留学生。晚饭，姨妈早就准备好了。

吴银平（王尔敏的姨妈）：我们家里兄弟姐妹多，以前也不是很富裕，但姐妹之间的感情好深，就是说他们在中国，我好像，就好像我自己的小孩子一样，非常想把他们带出来，有这种想法，非常强烈。

王尔敏：第一次心里总是没有底，走在路上很慌，很紧张的。不过到了这里，看到阿姨，心里就踏实多了。

吴银平：就希望他们能够考上更好的大学，也就是对我最好的报答吧，别的不指望他们什么。

王尔敏：如果能有机会在国外考上大学的话，我觉得学起来在各种方面，条件上，总比国内的学校要好一点。

中原：来，生鱼片你尝尝。

【解说】

头一次品尝生鱼片，身旁围着的都是亲人，初来乍到第一个晚上。

韩松的住处是日本语学校给介绍的单身寮，位于新宿区大久保。30多年前盖造的木质阁楼，韩松被安排住在二楼。四张半草席的房间约9平方米，每月租金2万5千日元，合人民币1800元左右。

杜宝生：毛裤在这里基本上用不着。

【解说】

为了多带一些东西，韩松穿了两条毛裤。

杜宝生：穿得太多了。

韩松：对，我今天特别热。在国内这样一分钟我都忍受不了的，到这里还是算了吧。多带一点东西，以防万一，省得再花钱嘛。

日语学校教师：等明天不学的时候再给你讲一讲。学校的寮该怎么住啊，什么的。

韩松：这里离学校有多远？

教师：我画一个图给你。

韩松：可以走过去的吗，步行就可以的吧？

杜宝生：这门锁不锁？

韩松：我有自己带来的小锁。

教师：把现金和护照拿好，对，其他的东西无所谓。那我就先回去了。

韩松：这个是可以拉起来的吧？

【解说】

到达目的地，先报个平安，以了却父母妻儿的牵肠挂肚。

杜宝生：通了。

韩松：红的（按钮）就是关吧？

杜宝生：讲三分钟和讲一句话电话费一样。

韩松：小张，我是韩松，我已经到了。你叫妈妈接电话，快，抓紧时间。妈妈，我到了，从成田机场坐大巴士，一直到学校。（学校的老师）又把我送到这边。爹娘，这边蛮好的，条件蛮好的。水很干净，现在我一个人住。这里有煤气，还有小壁橱，还有冰箱。什么都有，绝对能生存，肯定能生存下来。5年、10年都可以生存的，你放心好了。那好的，这里什么都好，就这样吧，电话比较贵。关！关！关！杜总，我十分感谢您。刚才这个电话对我实在是太重要了，这个是真心诚意的。

杜宝生：你反正好好生活，有什么问题打电话给我。

韩松：好，我尽量不麻烦你，除非有什么特别特殊的情况。

【解说】

韩松，并没有完全说真话。岳父亲笔书写的条幅"千锤百炼咬牙过，铸铁定能变纯钢"。

东京，约 1200 万人口，世界最大的都市之一。紧张而忙碌的清晨，争先恐后，擦肩而过的人群。韩松，迎来了初来乍到的第一个早晨。上午 10 点，公用厕所在一楼，没有单独卫生间。

韩松：这也要拍出来吗？脏、脏、脏。这反正和我想象的……简直是太可怕了，太可怕了吧，相差太远了。这还是日本呐，跑到这儿。

【解说】

大扫除，在国内从不碰家务活的韩松。

吴银平：（把这个）放在口袋里。

王尔敏：那我就去了。

吴银平：当心点。

王尔敏：阿姨，再见。

【解说】

今天，王尔敏去日本语学校报到。第一次乘用东京的地下铁，第一次的单独行动。从住的地方到日本语学校，需要换两次车。姨妈给准备好了详细的路线图。西日暮里，第一个中转站。东京的地下铁，盘根错节，像一座巨大的迷宫，就连日本人也时常迷惑。

王尔敏：对不起，3 号站台在哪里？

路人：你要在哪里下车？是去新宿吗？去问问服务员。对不起，这孩子问这是什么地方。

服务员：如果是去新宿，是上面的山手线。有没有车票？

王尔敏：嗯……我是中国人。谢谢。

服务员：她可能是想去新太久保。电车票呢？

【解说】

稚气未脱的王尔敏，19 岁的春天。

韩松的家离学校很近。走着就能去。学校附近的咖啡店。

韩松：要红茶，红茶，我不懂日语。红茶，我要的是红茶。

【解说】

一杯红茶加上三明治 500 日元，刚到日本就在外面吃饭，中国留学生中并不多见。

韩松：日本的生活，总的来说，对我还是比较适应的，习惯的，适合的。但是我自己要奋斗一点，我必须尽全力。

【解说】

近两个小时后，王尔敏终于找到了日本语学校的所在地新宿区大久保。韩松也来报到，他和王尔敏是同一所学校，富士国际语学院。

韩松：请再给我一张纸好吗？

工作人员：为什么？

韩松：因为我在这个地方写错了。

【解说】

王尔敏来日之前学了一些日语，答得还比较顺。

立志上名牌大学的韩松，来日本之前并没有学过日语，看着满纸的日本字，不知从何下笔。

工作人员：（对王尔敏）你考了45分，上午的D班，请5月7日来学校。

韩松：一点都不会。

工作人员：一点都不会怎么办呢？

韩松：一点都不会。

工作人员：你再做做看，要是能做出来的话，就可以进这个班，要做不出来就进这个班，老师一看你成绩这么不好还进这个班，会担心你能不能行，你一共才得了8分，那就肯定上不了这个班了……

【解说】

紧挨着铁路的韩松的家，已经连续三个晚上都没睡好觉的韩松。

韩松：反正真的是叫我很失望，不是一般的失望，真的，以前听说日本，怎么讲呢？（环境）条件又这么脏，你看这个墙都是黑乎乎的，像那个木板都是黑的，上面都是黑乎乎的，卫生间没有，底下脏死了，臭死了，我自己都说不出什么味道来，真的。我父亲也是县长级干部，说实话，我母亲也是厅级干部，也是市长级的干部，你想一想看，要是在日本，我们这样的家庭是不得了的，简直是像天皇一样的那种感觉了，在中国也是这样的，在我们地方也是这样，一般人想接近都接近不到我的，我们花了十几万人民币，不是拿钱买罪受吗？拿钱还买罪受！是不是？

从国内走的时候好多人都劝我，那个时候我还瞧不起他们，我还以为他们嫉妒我出来，现在却被人说中了，是不是？还拼着命要来，那个时候还拼着命要来，我妈妈还这样讲：我们也不反对你也不支持你的想法，但你自己不要反悔，不要回来骂，不要骂我们对你无情，不是撵你出去的，是你自己要出去的。我是想到苦了，可和想到的苦还大相径庭，大相径庭的意思懂吗？一般人都懂，距离相差太大了，大相径庭！

听到这个火车声，我就想到自己的家，这声音不知道为什么，好像是一种催化剂，就像二氧化物一样的，化学上的催化作用的催化剂，不知道什么原因，这个声音就像电影上那种有回声轰隆轰隆轰隆的列车声，是的，又来了，你看，听到这声音心里又要难过了，真叫你哭笑不得，没办法，是的，就像电影上轰隆轰隆的声音，是不是，你说说看。

【解说】

一个月后（1996年5月），星期日，为了不给姨妈增添更多的负担，早日能够独立出来，王尔敏手持招工广告，出门找工作，像每一个来日本留学的人一样，王尔敏凭着刚刚学来的几句日语，壮着胆子，迎头而上。

王尔敏：对不起，我想打工，不过我是中国人，日本，日本语只会说一点点。

老板：那我们用中国话来谈好吗？你一个礼拜想做几天？

王尔敏：一个礼拜做四五天吧，没关系，随便吧。

老板：你一个月想挣多少钱？

王尔敏：不用多。

老板：你基本的要求是多少？

王尔敏：八九万（日元）吧。

【解说】

八九万日元在东京最低限度的生活费，王尔敏没敢提出更高的要求。初夏的阳光沐浴着东京的街头，王尔敏四处奔走，故乡的海潮、小伙伴们的声音在心中回响，王尔敏在陌生的街头找工作，自己选择的路，自己决定的事，自己踏着台阶往上攀。

王尔敏：对不起，我是丽丽小姐介绍的。阿姨，您好！

丽丽小姐：店长，她来了。

王尔敏：店长，您好！

丽丽小姐：这就是小王，我跟你说过的那个孩子。

店长：知道了。等我和山田商量之后再决定。

丽丽小姐：他说和其他人商量一下。

王尔敏：找了好几家都是这样，他们并不当场就回绝我，而是找出一点我不可能拿出来的东西叫我拿出来，意思就是不要我了，都是不需要外国人。听说是中国人，就不要了，在日本就不能没有工作。

【解说】

韩松也还没有找到工作，依然靠着从国内带来的美元过日子，但他已经脱掉了西装，开始去适应新的生活。

韩松：不要点钱了吧。刚才我也不知道，它（机器）把我一下子挡在那里，那么多人看着我，很尴尬的。是的。

【解说】

离韩松家不远的地方，有家廉价的杂货店，韩松到这儿来买电饭煲。

韩松：7000……100……89……元……

【解说】

7189，简单的阿拉伯数字，但韩松怎么也说不利索，这一关，初来乍到最难的一关。除了这只电饭煲，韩松还买一些蔬菜和半只鸡，韩松的留学是从如何做饭和过日子开始的。

韩松：（炒菜）动作要快，不练不行了，这是要命的时候了，如果再不快，马上还要打工的话，命都没有了。要快，想买把刀（可买来的是带锯齿的）不是刀，烧，烧吧。（边说边炒菜）现在真的要拼了，不拼不是时候了，一切都取决于快不快，快，就能混得到饭，不快的话就不行，就要被日本淘汰，被这个国度淘汰，是不是。要最大的火，要快，还是要快，哦（衣柜）忘了关了，要快还不能粗心，衣服都给熏脏了。哪里是西装啊，简直是老油装啦。

钱，一天天像流水一样地跑啊，一天就是一个月的花销，相当于我在中国的一个月的工资，每天都是这样地往外跑，像流水一样地往外跑，又不挣钱，你说难过不难过，（炒菜）看着！放！不能犹豫！放！熟了就能吃了，是吧？这个鸡（肉）本身就是很容易烧烂的，不像中国的鸡不烂的，炖啊炖，早上起来炖，哪种草鸡，硬邦邦的，所以要晚上炖，慢火炖，这个鸡子怪，管你什么火，一烧就能吃的，比国内好，效率也高，家当一样一样地置起来，还是要置的，一个人也要过日子。

【解说】

鸡肉菠菜汤，韩松来日本后做的第一顿饭。

韩松：嗯，过瘾。很好，就应该这样的，这样吃肯定不会出毛病的，是吧？不然体质会下降的，是吧？

记者：在国内不烧饭吧？

韩松：不烧的。

【解说】

买来的东西一天天增多，带来的钱一天天减少，韩松学会了记账，开始懂得什么叫油盐柴米贵。

韩松：一把青菜折合人民币 32 块钱，你看看！64 倍一把青菜，你说说看！难怪人家都讲，一个留学生回国以后，他的爱人总要犒劳他一下，这是我们在电影里面也看到过的，一般都是为丈夫炖个老母鸡，没想到她丈夫见了老母鸡却在淌眼泪，为什么淌眼泪呢？他表面上没有和爱人讲，只是说一声：你对我太好了！还是自己家的妻子好，但实际上是怎么回事呢？老母鸡的大腿在日本的价格是最低的，只有吃老母鸡，猪肉牛肉不敢想。苦成这样，能吃上老母鸡就不错了，有的人就是靠饭，就靠吃干饭，因为蔬菜比肉还贵嘛，比老母鸡还贵，同样重量的蔬菜要比老母鸡还贵，你说吃什么？哪来的劲？

【解说】

到了日本，才一个来月，带来的钱已经快用完了，只剩下 1600 美元，留学的生活才刚刚开始。随着时间的推移，王尔敏、韩松开始逐渐适应了日本语学校的生活。

韩松：我的兴趣是学英语。

【解说】

为期两年的日语学校学习，每年学费约合人民币 4 万余元，今后能否考入正规院校全靠在这两年内的努力来决定。

日语学校教师：全部的生活问题都得自己解决，否则就上不成学，他们的处境是很严峻的。他们非常努力，我很感动。

【解说】

经友人介绍，韩松在一家食品厂找到了工作。

记者：去哪里啊？

韩松：去工厂，1 点半，还要吃饭，时间来不及。路不远，习惯了，已经习惯了，现在习惯了，能，能生存。

【解说】

王尔敏的工作依然还没找到。

留学生：上午上学得 4 个小时，打工七八个小时，再买点东西，整天就是睡觉，打工，上学，挺累的。

早上 7 点起来，1 个小时的路程，将近 9 点多钟（到学校），一两点钟吧，嗯，习惯了。

比我想象中的日本要差一点点吧。

压抑的时间长了，你看日本人神经病特多。

我喜欢日本这个地方，但不太喜欢日本的男孩子。

特别想回家看看。

【解说】

遍布东京街头的 24 小时便利店，王尔敏终于在这找到了工作，上班还不到两个星期。

店长：先看一下日期，把新的放在里面，旧的换到前面来。

王尔敏：我对工作挺满意的，这工作算比较轻松的，还有一点精力去学日语，听不懂别人在说什么，是最难受的事，很想回去。不过爸爸妈妈总是让我安心在这里学日语，不要想家。

【解说】

从下午 1 点到 5 点，每天店里只让干 4 个小时，每小时 800 日元，一个月干下来，虽然只有 6 万日元，但至少能解决学费和零用钱。来日本 5 个月的王尔敏，终于迈出了走向独立生活的第一步。韩松的家，但他已经悄悄地从这里搬走了，谁也没有通知，201 号韩松的房间，现在已是人去楼空，与韩松的联络从此中断。

【解说】

元月一日，日本的大年初一，按照习俗，人们都回老家过年，东京迎来了一年中最安静的时候，这家 24 小时便利店像平常一样营业。

王尔敏：收你 1320 日元。

一般我中午 1 点钟来上班，新宿车站挤得要命，今天来的时候空荡荡的，人家都休息了，我还得打工。希望明年统一（考试）和（日语）能力考试能考通过，当然希望分数越高越好，语言学校毕业后，再考一所比较理想的大学，想学的东西学成后就回国。

记者：你觉得自己能行吗？

王尔敏：不知道，现在已经（快）顶不住了，一个人生活实在太困难了，很想回家。

【解说】

工间休息 15 分钟。

王尔敏：反正中国的新年是 2 月 7 号，2 月 7 号那天我想休息，工也不打，我一个人去玩去。

【解说】

我们突然接到了韩松的电话，已有半年多没有音讯的韩松似乎瘦了。

记者：（快）一年没见了吧。

韩松：不到一年。

记者：快一年了，你（这家伙）真不像话。

韩松：不是的，我前一阵事情太多，没安定下来。瘦了 30 斤，一下子瘦了 30 斤，那个洗碗，把我一下子，我原来在国内养的肥肉都是虚胖，本身不应该多出来的肉，比如说这是个水池，这底下都是碟子，人最后就是半个身子靠着挨在这里，眼睛盯着这个地方，为了快，就这么趴着，这样，这样，没劲了，因为腰没劲了，人最后就没有力气站了，靠这个来支撑，两个手还在动，这个苦吃的，在国内哪里吃过这种苦，要死了，一辈子的碗都给刷完了……

我就住在这儿……

【解说】

韩松带我们来到了他现在的住处，第二静风庄。

韩松：一进来就有一股味道，是吧，每次进来都闻到一股味道，我到现在还没习惯呢，没办法。

韩松：我现在的这个房间，就这么混混吧，电视机都放在外面呢，占地方，没地方放，我没有时间看电视，扔在外面。

【解说】

约6平方米的房间，东西尽量挂在墙上，像以前的房子一样，没有卫生间，但电车的声音听不见了。

记者：这房子多少钱一个月？

韩松：2万3（日元），便宜呢，但是其他费用加起来，管理费啊，清扫费啊，还有煤气费，电费将近3万块钱。

【解说】

3万日元，约占收入的四分之一，从国内寄来的香菇。

韩松：放点肉炒一炒。

【解说】

加上每月4万日元的学费，日子过得紧紧巴巴的，儿子的照片。

韩松：第一年（是）最苦的吧，是不是？主要还是心理上的（问题）吧，适应期嘛。

【解说】

来日本之前，岳父笔书写的条幅依然挂在最显眼的地方，日本语能力统一考试——通往大学的第一关。目前，还在日本语学校读书的韩松，之前曾发下大愿，考不上大学，不回国见江东父老。

韩松：现在我这个年龄，要说有什么方法（窍门）没什么方法，只有往脑子里硬灌，为什么 SI MI MA SAN（劳驾）听得懂，很简单，那就是熟悉了，我也通过这办法，往脑子里硬记，每天听二十遍三十遍。

【解说】

硬记，韩松的诀窍。

王尔敏考上了大学，到日本不满一年就考上大学的，在日本语学校的同学中只有她一个人。坐落在东京郊外的千叶大学，是一所著名的国立大学。上午9点，新的一天开始了，被称为男生世界的工学部只有两名女生，上百人的教室，唯一的一个外国人。语言上的障碍还没有完全解除，专业课的压力又跟了上来，王尔敏面临着初来乍到的又一个新起点。

菱田诚（教授）：（她）的实力和基础很不错，在日语方面，目前或许还有听不懂的地方，但这只是一个时间的问题，再过一两年，她就没有任何问题了。

记者：你听得懂吗？

王尔敏：专业用语（太多了），前面我还集中精力在听，后面就不行了。我非常高兴，（来日本）一年就能考上大学，感到很高兴，现在最困难的还是语言问题。

【解说】

同学们的交流主要是在放学后的路上。

同学：小王，你打工吗？

王尔敏：当然打啦！牛肉盖饭的快餐店，在茅场町，挺远的，要坐东西线（电车）。

【解说】

下了课，要立即去打工。

王尔敏：正好，车来了！

【解说】

与日本同学不同，王尔敏得自己养活自己。

同学：赶不上这班车就麻烦了是吗？

王尔敏：对，赶不上这班车，就会迟到，真热。

记者：每天就这么跑？

王尔敏：嗯，不过留学生大部分都这样，大家都一样的。

【解说】

一路小跑，掐着时间，王尔敏的每一天。

王尔敏：那天，我到隔壁研究生的房间去发牢骚，她就对我说，你看，现在你比以前长大了，现在你的房租、生活费和学费都是靠自己挣来的，要在国内的话，你肯定是向爸爸妈妈那里要。我想也对，让她这么一说，我倒有点安心了。

【解说】

经过一个半小时的奔波，我们跟着王尔敏来到了这家快餐店。

王尔敏：牛肉盖饭大号的一个，猪排饭一个，牛肉套餐一个。

【解说】

从下午 6 点干到晚上 11 点半，每小时 800 日元。

王尔敏：让您久等了。我在这里洗的还算少，以前在中华料理店干过一段时间，那里洗的东西才叫多呢。

【解说】

王尔敏已从姨妈家搬了出来，开始了真正的独立生活。

王尔敏：450 日元，找你 550 日元，感谢光临！

【解说】

下了班，赶到车站的时候，已是将近 12 点了，末班车的时间。

王尔敏：来日本之前，曾想到过是要吃苦的，但要吃什么苦，不知道。现在来了，我知道了。到日本以后，使我一点一点地变得长大了，逼得我只能自己靠自己，不像在国内，永远靠在父母身边，什么事情都由父母来办。每个人活着都不容易，每一样磨难都要经历，没有什么可以抱怨的，不管现在怎么苦，大家都有自己的目标。

记者：你的目标是什么？

王尔敏：首先，我想大学毕业。

【解说】

拖着疲惫的步伐，走向自己的理想。

王尔敏：作为我，这是社会经验的积累。我现在，已经从一个什么都不知道的小孩子变成了一个能够自己独立生活的人。不，我还是像小孩子，但我已变得能独立生活了，学会独立生活，总需要一个过程，我不过比在国内，提早实现了这个过程。考入这个大学是我最高兴的事，比上课有意思，不用说话。脑子里想的是中文，表达的是日语，两方面合不起来。这里的菜，怎么说呢，面条的味道怪怪的，一个是咸，咸得有点发臭。想去美国留学，谁呀？还是大家呢？

【解说】

星期六晚上 8 点，韩松依然还在日本语学校上学。为了攒足上大学的学费，除了平日的工作外，每逢周六周日到这来洗碗。从早上 9 点到晚上 9 点，12 个小时，一边上学，一边打工的生活早已习惯了。

【解说】

今天，你没看到我在外面，从早上 9 点一直（干）到现在，都没有个吃饭的时间。

【解说】

晚上 9 点，下班的时间，韩松终于可以坐下来吃饭了。

韩松：小碗吃着不过瘾，堆它一下，我已经饿得（快）晕过去了，不知道东南西北了。人，经常会饿得不知东南西北，他（店长）说我耳朵不好使了，其实，他不知道我是饿的。10 个小时不吃饭，一直在激烈地运动，耳朵能好使吗？说我耳朵不像以前（好使）了，我又不是铁打的，对不对。你还不能说，日本人就这样，他（店长）问我今天冷不冷，我说冷，他今天对我态度就不好。（你以为）对我那么好，给我吃这么好的盒饭，（这是）剩下来的，你其实也知道，我知道你知道。我还能吃半碗，两碗饭了，我还能吃半碗，（可是）没有菜了，已经没有菜了，这是最后的一口了。

【解说】

韩松在饭上倒了点酱油。

韩松：在中国没体会到粒粒皆辛苦，在日本让我体会到了，叫我剩，我也不剩，能吃多少就吃多少对吗，吃得很香的，真的！但是身体也就是这样搞好了，在国内，胆囊炎呐，这个病那个病的，到这里没病了，奇怪了，怪事了……

【解说】

一转眼，夏天到了。8 月 27 日，王尔敏利用暑假第一次回国探亲，王尔敏全家一天前就赶到了上海，母亲看着左边的出口，父亲守在右边，姐姐把着中间。王尔敏乘坐的班机。分别一年半的亲人迎来了团圆的时刻。

王尔敏的妈妈：尔敏！

王尔敏：爸爸！

妈妈：我们 7 点半到的，一直等到现在。看不出来吧，长得太小了一点儿，一点儿不像大学生，她什么都没变，性格一点都没变。

【解说】

韩松暑假没有回国。

韩松：头发掉得厉害，看得出来，是吧。我愁的是考大学，出来没有个东西（文凭）回去，不好意思。

【解说】

1 年零 4 个月，异国他乡的单身生活。妻子的来信，为了不影响韩松的学业，妻子没有把岳父突然病故的消息立即告诉韩松。

韩松：就是他去世了。73 岁，我的岳父，很有水平的人。

【解说】

朝夕相处的条幅成了遗物。

【解说】

我现在最愁的就是能不能上一个稍微好一点的大学，老师给我推荐了明治大学，明治大学的（日语）一级还要 320 分左右。

【解说】

日语一级能力考试满分 400 分，必须熟记 5000 条以上的语汇，韩松准备拿下 1 万条。

韩松：词汇量多得真是让人头大，这里是 6000 多个（单词）写得像蚂蚁似的。这是第二本，从 6000 多个（单词）开始……我和我们老师说了，考不上好的大学，就回国了。其实嘴上说回去，好意思回去吗？丢脸呐，对不对。一个失败者，对不对，失败者……今天晚上准备是看到 4 点。

【解说】

不想成为失败者，韩松的第一志愿是明治大学商学部。背后是老一辈的嘱托，面前是新一代的目光。日语单词 1 万个，自己发下的大愿。距离考试的时间还有 4 个月。

韩松：不知道自己努力的结果（怎么样），上天不知道有眼没眼，辛苦是辛苦的。

【解说】

6 平米的斗室，韩松已经开始了最后的冲刺。

王尔敏的故乡，王尔敏和她的父亲在码头上接我们。王尔敏的家，充满节日气氛的家，亲友们都在场。王尔敏的房间，据说还保持着原来的样子。

王尔敏的爸爸：在父母身边长大，锻炼不了，锻炼不了，长不大。看到她（吃）苦了，她在杭州念书的时候，她一叫苦，我马上就赶过去。在日本就不可能，她都要完全独立。

王尔敏：出去留学的一切手续，全都是我爸、我妈一手帮我顶着的，我那时候出去，像做梦一样。突然说可以办护照了，啊，可以办护照了，办了护照，拿上飞机票，我就到了日本。前面一段日子太快乐了，出国之前像天堂一样，到了日本，一下子就感觉进了地狱。

王尔敏的姑妈：她刚去的时候老是哭，就是要回来。我们有好几个晚上没有睡，我们也心软过。算了吧，回来吧，叫她回来吧。但她爸爸说，不要叫她回来，叫她去（吃）苦。

她爸爸，眼泪在流，嘴上（却）在骂她。她妈妈和爸爸就坐在地上哭，我说，哭有什么用啊，其实我也哭了。眼泪在流，嘴上说，你不要哭，我们也是苦过来的。其实她妈妈在旁边已经哭死了。这么苦，还要（把她送）到国外去。因为她在这里不会长大。

王尔敏的爸爸：我希望她能掌握一项专门技术，不管在哪里，回国也好，以后在日本工作也好，只要她能做一个对社会有用的人。

妈妈：只要她过得好，我们就无所谓了。我们的目的就是希望她生活得比我们好，所以把她送得那么远。

【解说】

东京进入了冬天，韩松也迎来了明治大学笔试的日子。一星期前，一级日语能力考试还没出结果，今天又要迎接一场至关重要的考验。

韩松：这场考试成功了我就（留）在这里，不成功说不定我就回去了。

【解说】

创建于明治时代的明治大学，今天的气氛格外肃严。

韩松：跟国内的考状元一样，最后一刷，刷掉三分之二、四分之三。

【解说】

对于留学生来说，在通向大学的路上，有三道关。日语能力考试是第一关，今天的笔试是第二关，全部合格之后还有第三关——面试，每次考试都只有一次机会。

韩松：把这个场面照下来，如果考试合格了以后，这么多人，刚才的人流，你拍下来了没有。

【解说】

临考前的校园还有 30 分钟。

9 点 44 分，差不多，这块表提前了 2 分钟。这个表废掉了，没有，这个表不行。

【解说】

为了把握好时间，韩松带了两块表。

考场广播：考生们，请赶快进入考场，考试马上就要开始了。

只有一次机会，向第二道关卡发起冲击的时刻到了。

……

韩松：通知，我等噢。第二个星期六，下午一两点，我看到我的信箱里一闪，在这里我无意看了一眼，急忙跑过去一看，是通知。我不敢拆啊，有可能是不合格通知呢。我就从后面照着看，看到两个红章在上面，字又蛮多的。如果是不合格通知，没有必要写那么多字。第二，盖红章的意义也不大。我看那么大的红章在里面，我一拆第一眼就是——合格。这两个字射进我的眼睛。当时我兴奋得眼泪都流下来了，两年的苦没白吃。我就是上不了这个大学，笔试合格了，我的真正的实力被承认了，我就是这样想的。上不了（大学）是客观原因，我当时眼泪就下来了。

【解说】

日语一级能力考试的合格通知书也寄到了，韩松取得了 335 分的好成绩。

韩松：一直没（时间）看（电视），现在看看新闻，放松，放松嘛。

【解说】

一年前捡来的电视，终于派上了用场。

韩松：现在才是笔试呢，所以我主要精力还得用在一是看电视，每天看新闻，还有就是练口语感觉。

【解说】

通往明治大学的校门，还剩下最后一道关卡，面试将在一周后举行。韩松面试的日子。昨天夜里，东京下了一场雪。早上 7 点，精心挑选的衣裳提前好几天就已经准备好了。

韩松：洗得倒蛮干净的，（裤）腰都大了。

【解说】

韩松家附近的理发店，一个星期前就预约好了。

韩松：您早，今天真冷啊！

理发师：今天（他）要去参加大学的面试，让我提前开门。平常的营业时间是从 9 点开始的，（今天）8：30 就开门了。不过第一印象非常重要的。

韩松：今天给您添麻烦了。

理发师：哪里，今天你可能很紧张，但的确是个很重要的日子。人生中这样的场面难得有几回，除了拼命努力，没有别的办法。

明治大学的所在地——御茶水，韩松提前一个小时就到这儿来了。

韩松：我就是非要上这所大学，我希望（考官能）问我这么大年纪了为什么还要到这里来，结了婚，有小孩子了，为什么还要到这里来，我就希望（能）问我敏感的问题。（扣扣子）还是扣吧？扣，还是不扣？（照镜）这样，这样，这样。来，笑一笑，我的特殊的微笑。

上午 10 点，初来乍到的最关键的一场考试。

记者：韩松，加油啊。

韩松：好的好的，谢谢。以后再联系，谢谢。

【解说】

明治大学发榜的日子。为了解除心理上的紧张，韩松特意请同学陪他一起来看榜。

韩松：我看不到"9"的话，你要注意帮我看……看到"9"就好了。最后一个数字是"9"，前面是"00"，两个 0……就是前面那栋楼。

同学：还有 30 米就知道你命运如何了。

【解说】

还有 30 米，两年努力的结果将见分晓。

同学：榜在什么地方呢？

韩松：这边这边。噢，我考上啦！考上啦！我考上啦！两年的辛苦没有白费。

（打电话）爸爸，我是韩松，告诉你一个消息，合格了，明治大学，商学部。筝娘，明治大学合格了。谢谢你，在关键的时刻对我的支持。特别是日语，我在国内一点基础都没有，其他同学在国内有的还有点基础，我是一点什么都不知道，我连拉面都不会念嘛。我今天好像有点失控了，我是无法控制的那种感觉。

（对着摄像机）这种苦，是在国内想都想不到的。1 万多个单词就这么在背，我已经处于神经病的状态。我第一次才知道，我自己付出的代价会成功的一天，我今天才第一次真正尝试到，付出多少代价，就会得到多少成果，今天我才从自己身上体会到了。刚来日本时候的我，现在回想起来，感到非常难为情真的。现在回想起来的话……为什么呢？唉呀，以前的我真是……现在我觉得比以前实在了，人要实在，就要实实在在地做人，实实在在地做事，每天都要实实在在的，不要追求得太高。任何一个人，到日本来走一趟，不光是日本，美国、法国留学一趟，你一下子会理解我，就等于延长了你的生命，随便是谁听了，笑也好，信不信也好，（如果）他走过这一趟，就会知道了。我将来如果年纪大了，把这些讲给下一代听，我觉得还是有价值的，真的。因为我有这个经历，我有资格说这个话，我来过……

背景介绍

《我们的留学生活》是留日学生张丽玲（后任株式会社大富社长）主持拍摄的纪录片。1999 年，该片在中国几十家电视台播出后，引起巨大的社会反响。该片共 10 集，历时 3 年，记录了中国留日学生在日本的真实生活，记录了他们留学生活中的欢笑与泪水，尤其突出了中国留学生乐观向上、不畏艰难的求学精神。2001 年，张丽玲获得了"第 27 届日本放送文化基金赏"电视个人大奖。

中国传媒大学教授朱羽君评价该片是一部"学者型的纪录片"，具有十分明晰而且深刻的纪实意识，成功地体现了纪录片"以人为本"的精神内涵。在拍摄的同时，创作人员也在进行着自己的生命体验，与拍摄对象之间进行着一场又一场对于生命本身的真实纯粹的对话。因此，它没有目前在纪录片制作中比较"流行"的浮躁气息，那种用一个生命静静地体会另一个生命、拍者与被拍者在深入的内心交流中平等地对话、贴近而非远距离地"冷记录"，无一不体现了创作者对于生命、对于生活的平和态度。

 评析

贴近心灵的真实
——评纪录片《我们的留学生活·初来乍到》

纪录片，就是用镜头真实、客观、完整地反映一定的社会的真人真事。人的存在和人的内心世界是纪录片探索的重要内容。到目前为止纪录片已有 100 多年的历史，其发展历程中出现了许多创作风格和流派，如在纪录片的纪实、真实再现与艺术表现问题上，不同的流派之间有很大的分歧。无论哪一流派，追求纪录片的真实、客观性，已经是纪录片的大势所趋。真实是纪录片最大的魅力。纪录片《我们的留学生活》便是一部完全真实记录的纪录片，是一种贴近心灵的真实，在社会上引起了强烈的反响。

《我们的留学生活》是由以张丽玲为代表的一批日本留学生利用业余时间亲手制作的，自己集资，屡经磨难，用 4 年时间跟踪拍摄而成。其中，采访了留学生活在日本的600 余人，拍摄磁带 1000 余盒，最后选素材，制作出了这部纪录片系列。这部电视系列片共 10 集，每集约 50 分钟，真实记录了几个留日学生的经历，作品分为"初来乍到"、"彼岸的青春"、"家在我心中"、"角落里的人"、"小留学生"、"我的太阳"等不同的单元。

为了让观众真切看到和感受拍摄对象的原貌，纪录片的导演剧组人员常常要与拍摄对象共同经历一段生活现实，要让拍摄对象不受任何拍摄带来的干扰，完全按照自己本身的意愿活动，避免拍摄活动、任务对于拍摄对象心理上的影响，让他们在镜头前展现出真实的自己。《我们的留学生活》剧组历时 4 年长期跟踪拍摄被摄对象，"不干预生活"，在众多拍摄过程中去抓捕被摄者无意识展示的最真实的表情和感情。在《我们的留学生活·

初来乍到》中，摄制组全面跟踪人物王尔敏、韩松两年半时间，最大限度贴近他们的生活，真实地记录他们的故事。剧中展示人物、故事、场景的画面和语言充分诠释了作为纪录片的真实，这种真实，是贴近心灵的真实。

纪录片按题材可分为自然与环境类纪录片和人文与社会类纪录片。人文与社会类的纪录片，通常选择同人们的社会生活联系紧密的、同历史或现实有直接关系的主题作为题材，蕴含人类普遍生存的价值和道德意义。任何人文与社会类纪录片都不能脱离作为主体的人物的存在而存在，无论是对过去人物的追述，还是对当前人物的记录。人物真实是人文与社会类纪录片真实的基本。

《我们的留学生活·初来乍到》主人公选取的是浙江省舟山（当时）19 岁的王尔敏和 26 岁（当时）的江苏省盐城市已婚的韩松。1996 年 4 月 21 日下午，两名来到日本自费留学的中国青年，拎着大包小包的行李，踏入了东京成田机场——日本的国门。他们抱着不同的理想，迎接一切从零开始的挑战。从他们走下飞机的那一瞬间起，摄制组跟踪拍摄了两年半，忠实地记录了他们"初来乍到"的泪水与笑容，记述了他们完全不同的成长过程。

一个是第一次坐飞机，第一次出国，第一次离开家乡，一下飞机发现携带的 5 件行李有 3 件找不到了，双眼噙着泪水的 19 岁小姑娘；一个是第一次离开国门，"背后是老一辈的嘱托，面前是新一代的目光"，如考不上一个像样的大学，恐无颜回国见江东父老的小伙子，这两个鲜活的人物，成为初来乍到留学生的典型。正是从这两个人物开始，留学生活中的种种故事正式展开。

没有叙事的纪录片是不存在的。纪录片作为传播人类文化的一种方式，其独特的魅力就在于"以事实说话"，叙述人类生存发展的文明史。一部好的纪录片，一定是故事讲述成功的纪录片。纪录片用客观的镜头、语言对话来讲故事，将真实的故事传递给观众，使观众有亲身体验的感觉。通常，纪录片按照生活进行的逻辑而非编导的主观思想来组织情节，才能够展现出拍摄对象最真实最纯粹因而也最能打动人的性格、思维、语言、行动等，才能把真正的"好故事"原汁原味地记录、再现出来。

《我们的留学生活·初来乍到》中王尔敏的故事正是按照前后经历来展示她的留学奋斗历程。王尔敏的故事是从一个个看似不经意的生活片断展开的，从下飞机找行李、去亲戚家、第一次吃生鱼片、找打工工作、进日语学校上学、考大学……一个个小的故事，连缀起她初来乍到全部的细小而真实的留学经历。下飞机时遗失行李，她急切的眼神和欲止不住的泪水，稚嫩的神态透出无限的渺小与无助；坐在电车上看着周围陌生的人群和窗外陌生的风景，迷茫而充满对新环境的恐惧；一次次找工作又一次次因为这样那样的理由被拒绝；在快餐店、便利店打工的种种苦累而辛酸的经历……一个个发生在主人公身上的事情，组成了纪录片的内容，展示了新一代留学生的艰苦奋斗史。这些故事也可能是所有留日中国学生甚至所有留学生都要面临的经历，纪录片正是通过王尔敏这一角色将留学生的经历和精神集中表现出来。

场景是故事展开的地点，也是纪录片叙事的要素之一。场景的真实是为纪录片的真实服务的。《我们的留学生活》展示了较多人物活动场景，包括住处、打工的场所、学校和奔波沿途的场景等。初来的韩松，前往住宿地途中看到的是"天堂"，街道上，亮着空车标志灯的出租车成群结队黑压压驶过，"什么都有，出租车，多方便。全是高楼，而且到处都很整齐的……上海也没有这样子。"这场景给人的新奇与喜悦，和后面场景成鲜明的对比。宿舍窄小昏暗的房间，4张半草席，约9平方米，月租金2万5千日元，合人民币1800元左右。房间里没有卫生间，房间角落凹进去一块算作小厨房，装着20世纪五六十年代的老式抽风机，一个小小的单眼煤气灶，还有水龙头和水池，到处都积着厚厚的油腻污垢……韩松用三根手指头边干边发牢骚："反正真的叫我很失望，不是一般的失望……条件又这么脏，你看这个墙都是黑乎乎的……我们花了十几万人民币，不是拿钱买罪受吗？……简直是太可怕了。这还是日本呐，跑到这儿来干什么……"这极其写实的情境，让观众真实地感受到对比与反差。

纪录片对同期声尤其是对人物语言的运用也是其一大吸引人之处。韩松说"钱，一天天像流水一样地跑啊"，"现在已经（快）顶不住了，……很想回家"，"我已经饿得（快）晕过去了，不知道东南西北了……""他（店长）说我耳朵不好使了，其实，他不知道我是饿的。"语言中，坦诚的告白与内心的无奈交织在一起，这是如何复杂的一种心情……

经济的拮据，打工的艰辛，学业的重负，都是他们承受过的一切。苦难遭际、孤独与悲伤的画面，无可奈何的言语，正是纪录片感染力所在。画面外张丽玲平等、朴素、诚恳的解说词，平静，却足以引起人们内心的波澜。这种平民化、生活化的展示留学生，清爽而简单的东西，恰好更能贴近人的心灵，引起内心的颤动。这一切，正是贴近心灵的真实。

（童文杰）

4.3 三 节 草

【字幕】肖淑明是四川成都的一个汉族女子，1943年被摩梭人土司喇宝成带到被称为"最后的母系社会"的泸沽湖做压寨夫人。54年后，肖淑明在成都一家企业的资助下，第一次回到故乡，这次故乡之行，使她萌发了一个念头——把外孙女拉珠送回成都。

"人如三节草，不知哪节好。"

——肖淑明

【画面提示：肖淑明穿着摩梭人服饰一个人坐在家门口讲述】

肖淑明：我来摆谈一下我的经历。我叫肖淑明，今年刚好70岁，我是一个汉族女子，我的祖籍老家是成都，我父亲是在过去国民党时期，二十四军军部经理处当主任，后来，二十四军移到雅安，刘文辉到雅安，我父亲就随同把家属迁移到雅安来，我就上雅安县立中学。我正在读书的时候，喇宝成到雅安来，喇宝成他是一个土司，是左所抚夷千户司，他管的地盘从左所泸沽湖狮子山下一直到盐源县，白林山、二道沟、干海子都属于他的地盘。他的村子呢总共是36个火头、48村百姓，以后喇宝成就托他一个朋友给他介绍一个汉族有文化的女子，那个朋友就跟我父亲相好，以后就给我父亲说，叫他把我嫁给喇宝成，以后父亲就给母亲说，这样的话，母亲就答应了。结果，以后喇宝成又担心我在学校的成绩如何，他以后到学校，雅安县立中学去调查，问校长我的成绩如何，我的校风如何。一问过后，完了，他就不放手了。他第二天抬盒礼物、礼品就送来了。在那段时间就完了，就逼到我丢下书包，脱下制服，逼到失学，从此失学。在民国三十二年（1943 年）腊月初十日，他的轿子打到家里，我脱了学生的服装，就打扮起新娘的样式，轿子一抬，就到雅安雅陇江饭店去举行结婚典礼。结了婚过后，初三四就起身到沽所（泸沽湖），沿途上走了一个多月，翻那些大山、大雪山、小雪山，才把我整着了。

【画面提示：泸沽湖风光】

肖淑明：我们泸沽湖是一个母系社会，是神奇的东方女儿国。母系社会是咋个样呢？妇女当家，是走婚制，那么我们土司家为啥子不能实行走婚制呢？因为是一个土司，土司的子女，男子必须要婚，女子必须要嫁，土司的制度就是这样的。

【画面提示：泸沽湖居民日常生活场景】

肖淑明：我现在有四个娃娃，两个儿子，两个姑娘。大女儿和二女儿各立了门户，大儿子同他姐姐一家住，小儿子同我住，俗话不是说，皇帝爱长子，百姓爱幺儿吗？拉珠是我二女儿的三女儿，她今年 18 岁多了，她在小学毕业过后就上中学，从第四学期就失学了。失学以后回来帮她妈妈搞农业，我去年到成都去，我就把她带到成都去，她看到了成都那些繁荣、热闹，她一直就想到成都去，去年那个公司，对我资助到成都去的这家公司去工作。

【画面提示：肖淑明与李副经理在家门口交流】

肖淑明：这是华灵公司的李副经理，人家专门来，池总经理委托李副经理来看我，来看拉珠。

李副经理：这次来，我们主要想看看你们家里意见怎么样？

肖淑明：家里的意见就是放心，就是要求嘛……她现在……唉哟，学生娃，跳哦，她现在在西昌凉山宾馆。

李副经理：拉珠吗？

肖淑明：对。你这次来，哎呀，我们就日久夜盼，今天等于是见到池总一样了，见到你就犹如见到他，你是可以代表池总的，我是晓得的，啥子事情……

李副经理：因为这次来之前呢，我们在屋头商量，因为当时不了解具体情况，我会把这个意见带回公司，叫公司研究一下。

肖淑明：对，我们是没有意见，我们唯一的希望就是要求池总、李总你们把……

李副经理：商量下，再商量下。

【画面提示：肖淑明上街买东西】

肖淑明：我上街买点东西，哦，买点东西。你们去买化肥吗？苞谷草锄了没有？

村民甲：没有哦，秧子都还没整好。

肖淑明：哎呀，天不下雨啊。

村民甲：就是呀，现在才整田。

肖淑明：整田啊，哦，以前我就是在这个商店头当售货员。这时候看到它等于是自己的老家一样，在这里住了 7 年。

村民乙：7 年了哇？

肖淑明：哦，住 7 年。

村民乙：没得吧？

肖淑明：咋个没得，有得嘛，整个 7 年。

村民乙：你现在这里是有好多年了，好多年，你算一下。

肖淑明：我看，（19）90 年住的，7 年。

村民乙：你去年到成都了吗？

肖淑明：成都，去了的嘛，同我孙女一路去的嘛。成都去耍，你们都听到说了呀？

村民乙：哦，听到了，到了你老家没有？

肖淑明：到了，到了，到了。

村民乙：你老家有多少人？

肖淑明：哦，这阵老家没得多少人了，只有表姐、表妹这些了。

村民乙：兄弟那些没有了吗？

肖淑明：没得了，一下死完了。你想我都 70 岁了，还在吗？没得了。

村民乙：侄儿子都没得一个吗？

肖淑明：等下，我快到了。就是表姐、表妹找到了。

肖淑明：哎呀，成翁，你稀客。

村民丙：婆婆，你这么早有什么事吗？

肖淑明：昨晚上哪个问电话的？

村民丙：阿巴龙甲（龙甲阿姨）。

肖淑明：阿巴龙甲咋个说，她电话里咋个说？

村民丙：就是今天回来，估计今天从西昌回来。

肖淑明：敖布拉珠回来了没有？

村民丙：据说昨天已回来了。

肖淑明：她电话里说拉珠回来还是达珠回来？

村民丙：拉珠……拉珠。

肖淑明：拉珠啊，她在电话里面咋个说的？

村民丙：电话里说拉珠今天从西昌动身，明天就到县上。

【画面提示：肖淑明与李副经理在家门口交谈】

肖淑明：她信上都说了，我一定要到成都，"希望婆婆对我的前途帮忙"，她永远记住，希望婆婆……对，这个嘛还要求池总、李总你们关怀照顾。

李副经理：我说哇，拉珠刚才这个信，好多错别字，你看到没得？

肖淑明：看到的，错别字是有，但是她是边区少数民族的子女，好多男娃都赶不到她的字，错字嘛，有没有……以后还是我教育。她的别字多嘛，喊她纠正，看字典，没得事的时候多看书。

李副经理：反正就是这个样子，因为文化程度不高，水平不高，到了城里边以后，能不能好好适应我们公司的工作？

肖淑明：但是到了你们公司，我想你们对她安排的工作也好，操作技术也好，我想只有学嘛，只有学而知之，没有生而知之，可能她一定会的，不会的规矩是没得的。

【画面提示：肖淑明穿着摩梭人服饰一个人坐在家门口讲述】

肖淑明：54 年前，我到了这里以后，说话听不懂，自己孤独一个人在这里，远离家乡、父母、亲戚、家人，看不到，实在感到寂寞、孤独。以后，我就给喇宝成说，我说我要回去，我要回去，他死活不干，说如果你是要回去呢，以后慢慢地回。他这样哄我，那时我年幼嘛，才 16 岁，啥子事情不懂，才从学校走出来。对嘛。对嘛，我说。后来身怀有孕，要生小孩了，他就说我们土司海包上是神仙地，儿女在那里生的话，菩萨保佑长命百岁的。那里是仙岛你在那里去住，在那里生小孩。以后就把我领到海包上住。我的 4 个小孩都是在海包上生的。这样子做了，我每天都住在海包上。那时候在岛上是呼奴使婢的，丫环有，佣人有，我啥子不做，这个样子闲起耍、吃了耍、耍了吃，这个样子啥子都不做。但是一阵阵思想转过来，苦恼、苦恼，想父母想家乡，我就到书房里头按风琴，按什么风琴呢？我就按《松花江》的一段："哪年哪月才能回到我那可爱的故乡"，"哪年哪月才能收回无尽的宝藏"，"爹娘哦，爹娘哦什么时候我们才能欢聚在一堂。"我就唱这个，哎呀，唱起来过后，我在年幼的时候声音比较可以，随着那个风琴声音，湖这边可以听到，听到了的就划起船过来看我唱看我跳，哎呀，把那些老媆都引得来流泪，我就这样活着。

【画面提示：肖淑明的大女婿回家】

肖淑明：你回来了呀？

大女婿：哦。

肖淑明：哎呀，辛苦了，辛苦了，大儿子翁基布龙呢？

大女婿：叫他坐下一辆车，估计没赶上。

肖淑明：哦，屋头去，屋头去，辛苦了，辛苦了，你回来了嘛，好了，好了，好了。

肖淑明：我这个大女婿，他名字叫周驿史，他今年 58 岁，他在幼小的时候就学喇嘛，他的喇嘛经书是学得比较可以的。

肖淑明：你们这一起去的四个喇嘛吗？

大女婿：品初呢？

肖淑明：品初算起五个，就这五个嘛。

肖淑明：头次到成都去，对拉珠的这个事情，曾经她本人也给池经理讲过，我也给池经理要求过，要求他在成都公司头给她找个工作。他们这次路过这里，特意为拉珠这个事情到我家。我名下的儿女，主要就是不要看眼前这么点，主要的是，要看大事，眼光要看远点，我晓得你的眼光是看得宽的哦，你的肚量是宽广的哦，龙布上县上去了，打电话喊拉珠去，就看今天下午回不回去。

大女婿：喊她回来吗？

肖淑明：嗯。

【画面提示：龙布回到肖淑明家】

龙布到了县上已经是下午了，我就把情况说给她听了，李副经理明天 13 日早上要赶起走。

李副经理：公路是好的，没有阻车嘛？

肖淑明：没阻车。这几天只是加宽路面。气死人了，他回来给我落个空。我在屋头，我把他骂了。

李副经理：你骂他做啥子呢？

肖淑明：嗨！气人得嘛，人不弄回来，电话打不通，我骂，我不骂？我这个脾气，对了嘛，你喊我把衣裳脱给你穿我都对，遇到事情不对头了，不那样子我就是要骂，咋个呢？你现在把饭吃了，吃了马上去打电话。

李副经理：还没吃饭哇？

龙布：还没有。

肖淑明：请他明天到州上开会时一定到凉山宾馆把拉珠接回来，话不多，干脆就这几句话要紧的。去吃饭，吃了饭去，硬是冒火三丈哦。

李副经理：不要冒火。

【画面提示：肖淑明穿着摩梭人服饰一个人坐在家门口讲述】

肖淑明：我的这一生是说不完。荣华是在年轻的时候，二十三四那个时候，每天骑飞马打双枪，左边别一支左轮枪，右边别一支德国毛瑟枪。骑在飞马上，要想左手打，叭；要想右手打，叭。一炮，打了骑起飞马一趟跑了。跑的时候看到海子里的鸭子成群，跳下马来，拿起卡宾枪一炮中一个，两炮就中两个，有一天我一炮中三个。哎呀，以后我看到我这个手上有毒了，打一个中一个，打一个中一个。命债多了，我不打了，从此，那个鸭子我绝对不打了。

【画面提示：肖淑明的大儿子在干活】

肖淑明：我的大儿子喇二车，他是同我大女儿住在一家的，我们这里的风俗是走婚，他也是走婚，就在多舍杜比家走，他现在有了三个娃娃。女方有了啥子事情呢，他就到女方屋头去帮几天，供娃娃们读书的学费、穿的、吃的。平时他是住在屋头的，在家里面，要晚上他才到女方家去，清早嘛又回来。由于住在我大女儿家，对姐家的事情呢也还是要由他供一点，他在两边住，这个样子走婚还是比较困难。

【画面提示：肖淑明穿着摩梭人服饰一个人坐在家门口讲述】

肖淑明：那么喇宝成，我们土司屋头实行的是男婚女嫁，不是走婚制，是一夫一妻制。他龟儿子，他是一个土司，是有名望的，哪个敢惹他，头人，百姓的美貌一点的姑娘，他看得起的姑娘，随他了哇。他就去翻木擦子了嘛，木擦子一翻，哪个姑娘敢说哇，她妈妈敢说啊，悄悄去了，他去了，哎哟，土司大人来了，还要皈依伏法，还要作揖磕头。他要想美貌的姑娘，他去翻木擦子，同他同居去了，不敢说，随便他。所以，他翻木擦子翻得多哦。但是他翻木擦子，我们耳朵里面听不听得到呢？听得到，但是我思想上我就想的，你翻你的，我是一个汉族，你们的风俗怪嘛，怪你们的，我是汉族，我要遵守妇道。我不管，你去翻，翻十个也好，翻百个也好，我在屋头做我的事，带我的儿女，我不管这些。我思想上对这些方面，我不计较的，我不计较的。所以你去翻，有时候他要花样，我不准带回来，你过去翻都行，你如果带野婆娘回来，我一枪把她打死。

【画面提示：村里小路上拉珠回家了】

拉珠：婆婆好不好？

拉母：好，你呢？

拉珠：好，好！

拉母：你路上耽误了几天？

拉珠：我路上耽误了一天。

拉母：坐啥子回来的呢？

拉珠：我一路搭车回来的，班车。我好想回来哦，妈妈，你不要哭，不要哭嘛，我现在回来了，你不要哭，舅舅不要哭。

拉母：宾馆里叫你做什么工作？

拉珠：我在餐饮部工作，餐饮部的那些服务员对我们很好，非常好，非常开心，一切都好。

肖淑明：哎呀，拉珠哦。

拉珠：你好，你好。

肖淑明：这下我见到你了，我喜欢，天天望你哦，望你回来，我见到你，好了，好了。

拉珠：婆婆，我在凉山宾馆的时候，好想念你们哦，最担心你的身体了。

肖淑明：好好好，对了，对了，对了。今天你安全到屋了，见到奶奶，见到父亲、母亲，见到舅舅这些，哎呀，就是我最大的荣幸了。好了，好了，你的行李拿回来没有？

拉珠：拿回来了。

肖淑明：哦，对了对了。"永远等待，耐心等待"，对不对？你的信我拿给李叔叔看了，就是你一定要往成都去，后头信拿起去，人家还是看到了，话也给他们说了。

拉珠：我听到消息他们来了，我好激动哇。

肖淑明：你好激动哇，嗯。

拉珠：非常激动，早点到家，我想一天就到家。

【画面提示：拉珠与同村的姑娘们在一起】

我们今天好开心，大伙会留下印象的。

姑娘们：我说难得这样的机会。你们看到没有嘛，大嘴村的早就去了。

姑娘们：是吗？

拉珠：甲初玛，没想到会有像今天这样的机会，大家都聚在一起了。

姑娘们：以前我们去过，那一次也很好玩。

姑娘们：是的，只是今年还没去过。

拉珠：阿姆二车拉姆，你的东西我帮你背一程嘛。

姑娘们：冲走了，冲走了。

拉珠：快排开。

姑娘们：站到干啥子，快挖嘛。

【画面提示：肖淑明穿着摩梭人服饰一个人坐在家门口讲述】

肖淑明：这里要接到（19）49年，木里活佛来和平谈判，喇宝成在当时的话，听木里的话，木里活佛咋个说，他就咋个做。以后就停止打仗了。那嘛，就双方和平谈判了事。解放过后，（19）50年解放，我们家庭所有的枪支弹药一切啥子，喇宝成当时在县上没回来，屋头我主动将所有屋头的枪支弹药清来上交，对屋头的家产，一切清完，清尽，赔退。我们就想一心拥护共产党，跟共产党走社会主义道路，在民主改革当中，说明了政府、国家的民族政策英明伟大，还给了喇宝成一定的政治地位。所以，我们一直都是忠心耿耿的，在民主改革时期，我们思想不动摇，没有协同土匪参加叛乱，我们在中间坐起，规规矩矩的。以后喇宝成在解放后，在当初，就是左所区的区长，一年多就当盐源县政协副主席，政协副主席当了一年多就调到西昌，任州民族事务委员会的副主任。以后，五三五四年，调到成都任省民族事务委员会参事，他的户口、工资就迁移到成都去了。（19）76年死在县医院。

【画面提示：拉珠在海子里打菱角】

肖淑明：哎哟，以前那个草海里面，有虾子、菱角，家家户户妇女拿起网去捞虾子，一背篼一背篼捞回来，拿来晒起，红彤彤的。没得小菜吃，拿起一点点虾子来杵细放到汤头，哎呀，好鲜哦。以前到草海里去打菱角，像我们要吃菱角粑粑的话，拿油炸起，糖和起，鸡蛋打起调起。哎呀，太高级了那个味道哦，说不完的菱角粑粑，他们以前有人唱歌都是"左所地方好地方"，"菱角粑粑虾子汤"。现在他们放些牛蛙，放些鱼，一下子把虾子吃断根了，没得了。

作者简介

梁碧波，男，汉族，主任记者。1963年10月出生于四川省三台县，先后毕业于四川绵阳农业专科学校和四川大学。1983年至1992年在四川省农业科学院工作，1992年10月至今在成都电视台经济频道工作。

主要作品及获奖情况：

《峨眉女尼》（1995年）30分钟

《二娘》（1995年）30分钟

《马班邮路》（1995年）30分钟　获第2届中国纪录片学术奖。

《冬天》（1996年）30分钟　获第15届中国电视金鹰奖最佳短纪录片奖、第15届中国电视金鹰奖最佳纪录片摄影奖、第3届中国纪录片学术奖一等奖、第3届中国纪录片学术奖最佳摄影奖、第3届四川省巴蜀文艺奖特别成果奖。

《三节草》（1997年）60分钟　获第20届法国国际真实电影节特别奖，入围1998年阿姆斯特丹国际纪录片电影节，入围1998年爱沙尼亚国际电影节，入围第40届意大利佛罗伦萨波波里电影节、第4届中国纪录片学术奖、第7届中国电视骏马奖、第3届四川省巴蜀文艺奖特别成果奖。

《婚事》（1999年）80分钟　获2000年匈牙利国际视觉艺术节大奖、2000年第5届罗马尼亚阿斯特拉国际纪录片电影节大奖，入围1999年阿姆斯特丹国际纪录片电影节，入围第40届意大利佛罗伦萨波波里电影节，入围第13届法国国际音像节，入围第15届德国慕尼黑国际纪录片电影节，入围第 5 届巴西国际纪录片电影节、入围第 14 届爱沙尼亚国际纪录片电影节、第 5 届中国纪录片学术奖。

 评析

在边缘与主流间行走
——评纪录片《三节草》

作为中国纪录片走向国际的代表性文本之一，《三节草》通常被归入人类学纪录片或民俗学纪录片。20 世纪 90 年代之后，一系列"具有人类学意义的纪录片"屡获国际大奖，成为中国纪录片走向繁荣的一个明证。如记录一户牧民与一户渔民生活的《沙与海》获 1991 年亚广联纪录片大奖；记录大兴安岭鄂伦春族一户人家生活的《最后的山神》同样获得亚广联大奖；记录中国农村婚嫁习俗的《婚事》获匈牙利国际可视艺术节纪录片大奖。此外，记录鄂温克族生活的《神鹿啊，我们的神鹿》，记录汉族民间文化的《阴阳》，记录西北民间皮影艺人的《影人儿》等都获得了国内外的广泛关注。在这一类型的纪录片中，创作者更多地将西方人类学纪录片传统与中国少数民族民俗、民间艺术相互融合，站在人类的高度来关注一个民族，关注人物的命运，正如国际评委对《沙与海》的评述："出色地反映了人类的特性以及全人类基本相似的概念"。而那些边缘性的、即将消失的文化与人群尤其具有记录的价值。

"纪录片奠基之作《北方纳努克》开启这样一种范式：探险式潜入一个被所谓的文明人称为荒僻、野蛮的未开化地区，将陌生的人种、风景和习俗带回都市，供给文明人疲倦萎缩的遐想。"① 基于这样的创作理念，肖淑明极具传奇色彩的个人经历给予本片较大的拓展空间：从汉族女子到末代土司夫人的传奇故事，从川西平原到泸沽湖畔的环境巨变，从现代社会到母系社会强烈的习俗跳跃……旖旎的奇山异水，神秘的奇风异俗，"最后的母系氏族"，无一不可以成为纪录片吸引受众眼球的绝对焦点。当这一切浪漫而传奇的景致与拉珠意欲去成都打工的现实情境发生交织时，《三节草》便跨越了简单记录边缘故事的束缚，而体现出极具文化价值的生命思考。肖淑明一生始终游走在主流与边缘之间——54 年前生活于主流社会的女中学生离开故乡远嫁陌生的边缘社会，而在这样一个男不婚、女不嫁的"母系社会"中，她又一直保留着原本的生活习俗，半个多世纪的异族生活让她学会了适应，但内心中对主流的难以割舍却使她在拉珠去成都的事情上表现出异乎寻常的坚决。在某种意义上，孙女回成都并不只是孙女的事，而是她自己灵魂的回归，是肖淑明对生命轮回的强烈认知。

人类学视野的介入，使《三节草》超越了猎奇式的窥探，而是力求在题材的深入拓展与对细节的细腻捕捉中重现一个真实、合理却不乏戏剧性的故事。

---

① 张同道：《遥远的和身边的——纪录片的选择》，http：//www.whxf.net，2015-1-11。

肖淑明的自身命运与肖淑明千方百计想送孙女拉珠回成都打工构成了《三节草》的两条相互交织的线索，祖孙两个女人的命运在时空的交错中发生了碰撞。前者是虚线，"个人追述"取代了画外解说，肖淑明直接面对镜头，讲述自己的传奇一生，在这条虚线中肖淑明是过去时态的讲述者。后者是实线，在"打工事件"中，肖淑明与孙女拉珠同是这条实线中现在时态的亲历者。肖淑明年轻时的白衣红裙，黑马双枪，指哪打哪，与她现在依然如故的咄咄逼人以及在拉珠回成都一事上表现出的坚定与坚决，鲜明而生动地展现出她的性格特征。在虚实交织的两条线索中，一个生命日趋衰老，一个生活如花初开；一个是对过去的无限追忆，一个是对未来的美好憧憬，两个人的命运交汇在有着油画般面孔的肖淑明的讲述中，无疑具有强大的震撼力、观赏性与思考效应。这是一种"干净、沉稳、没出现一点浮躁的东西。这是一种发人深思，非常有感染力的静观默察的审美态度"。

《三节草》全片没有出现任何其他叙述者，甚至没有出现介绍人物身份的字幕，对大女婿与大儿子的相关背景介绍也是用肖淑明的画外音来完成的。这种"个人追述式"的结构方式摒弃了全能全知型画外解说所招致的对"真实"的质疑，使纪录片更加逼近形式上的真实感。但这种绝对纪实形式的背后恰恰是主体意识的强烈把握，肖淑明面对镜头的侃侃而谈，既可以理解为对戏剧人生的一吐为快，但也隐隐流露出创作主体的设计痕迹——刻意的民族装扮、刻意的黑色背景、刻意的影像处理、刻意的叙述逻辑。这种叙事方式的确是一种冒险，不可预见且不可复制，创作者的幸运之处在于肖淑明的健谈与果敢。

文化意识与思考精神是人类学纪录片的公共特性，《三节草》用一个边缘题材折射出主流的文化思考。"从大文化观念出发，探讨人类文明在共时性状态里的历时性差异和历时性状态里的共时性碰撞"①，人类学纪录片对边缘题材的极度关注与其在中国纪录片创作中的主流影响力，使人类学纪录片必然超越对边缘文化、边缘区域、边缘人物等的单纯资料性记录，而担负起传承人类文化的责任与使命。

（张　卓）

 **编导阐述**

记录历史
——纪录片《三节草》的由来
梁碧波

泸沽湖畔 70 岁的老妇肖淑明，身世曲折、传奇。

20 世纪初，肖淑明出生于四川成都一个国民党中校军官家庭，1941 年随父迁往雅安，

---

① 张同道：《多元共生的纪录时空——九十年代中国纪录片的文化形态与美学特质》，载《电影艺术》2000 年第 3 期。

入雅安县立中学女子班学习。两年后，一个 32 岁的男人来到雅安，从此改变了她的命运。

这个男人叫喇宝成，是摩梭人土司，拥有泸沽湖一带 36 个火头、48 村百姓。为镇抚山民，当时的西康省主席刘文辉召喇宝成到雅安，授枪加勋。春风得意的喇宝成在办完公务之后，欲娶一位才貌双全的汉族女子为他打理山寨。经人介绍，喇宝成见到了初二学生肖淑明。一见之下，喇宝成大为倾心，而肖淑明对身着黄呢军服的喇宝成也爱慕有加。于是张灯结彩，喜结良缘，在当时的西康省上流社会传为佳话。肖淑明时年 16 岁。

婚后三天，肖淑明随喇宝成离开雅安，翻山越岭两个月来到泸沽湖。这一去就是 54 年。

泸沽湖是一个美丽的高原湖泊，位于中国西部横断山脉南麓的崇山峻岭之中。湖的两岸，居住着约 5 万名摩梭人。他们世世代代实行男不婚、女不嫁的走婚制度，是硕果仅存的母系社会。

喇宝成是土司，是必须结婚的。本来他已有一名摩梭人夫人，肖淑明去了后，也只能算是二房。二房就二房吧，肖淑明也不以为意。然而已有两房夫人的喇宝成却依然要出去"走"，出去"翻木摞子"，惹得肖淑明很是生气。好在日子长了肖淑明也就看惯了，只要不带回家来，肖淑明也就睁一只眼闭一只眼。

泸沽湖是美丽的，而青春更美丽。年轻的肖淑明爱上了骑马打枪。那时候她经常白衣红裙，黑马双枪，纵情地驰骋于泸沽湖畔的山水之间。每逢夜晚，肖淑明一边弹着风琴，一边轻声吟唱。月白风轻，湖水漾漾。

然而她总是想家。摩梭话肖淑明听不懂，吃的东西也不习惯。尽管喇宝成温言有加，但总是抚不去那越来越浓的乡愁。直到今天，肖淑明最爱唱的歌还是《松花江上》：哪年哪月才能回到我那可爱的故乡……

在学校学到的东西，也撩拨得她寝食难安。经与喇宝成商量，肖淑明打算办一所学校，教当地的摩梭人小孩念书。然而现实是严峻的，学校还没办起来，自己却生下了两儿两女。

日子过得很快，解放军说来就来。喇宝成审时度势投靠了解放军，和肖淑明一起帮着解放军平叛。后来喇宝成当上了当地的区长，继而任盐源县政协副主席、四川省民委参事。1976 年，死在盐源县医院。

随着喇宝成政治生命的变化，肖淑明也经历了由贵族到干部夫人的角色转变，而随着喇宝成的去世，肖淑明进而变成了泸沽湖镇多啥村阿奴社的普通农民。好在这时候两儿两女都已长大，在当地成家立业。几十年的风风雨雨，肖淑明也完全融进了泸沽湖的摩梭人中。于是，她平静地生活在泸沽湖，生活在摩梭人中间。一直到 1996 年。

这一年初夏，玉米刚刚锄两遍草，肖淑明家来了一个名叫李安庆的中年人，表示愿意资助肖淑明回一趟老家成都。原来，李安庆是成都一家股份制企业的副总，在得知肖淑明的身世后，基于商业宣传的目的，专程来泸沽湖接肖淑明回成都。肖淑明热泪奔流。屈指算来，她已阔别故土 54 年……

"肖淑明回成都"这件事，1996 年在成都引起了巨大的轰动。今非昔比的成都市，肖淑明已完全不认识了，家里的亲人早已相继去世，只剩下几个远亲。变了，一切都变了，修葺一新的望江楼，缓缓流淌的府南河，鳞次栉比的高楼大厦和春潮般奔涌的人流……在肖淑明眼里，一切都变了，54年前灰暗的南方小城变成了一个繁华的西部大都市。

回到泸沽湖之后，肖淑明萌发了一个强烈的念头：一定要把孙女拉珠送回成都……

这是一个真实的故事，更是一个历史和文明、命运和爱情相交织的故事。我们要做的，就是用影像讲好这个故事。

纪录片的使命就是记录历史。本片是中央电视台《时代写真》中的一集，就更应该浓墨重彩于肖淑明个人命运背后的中国现代史。而奇异的走婚、泸沽湖的湖光山色相对说来就次要多了。

真实是纪录片的最高原则，用影像语言讲故事是纪录片的最高境界。因此，本片选择电影的表现形式，一切用影像表达。

画面是语言，是字、词、句。因此在蒙太奇方面，遵循电影语法，短镜头切换与长镜头运用力争相宜。画面色彩倾向于浓烈，光影取大反差，以油画般的凝重讲述深沉的历史。

老师王海兵说：要以中国的画面语言讲述中国的故事。因此每个镜头都要中国味十足。

声音取自然声。推动故事发展出人物对话以实录为准。而效果也只采用当地能录到的声音。不作曲，不配乐，追求自然与真实。

质朴与技巧，大气与小聪明，是永远都在打架的一对矛盾。本片应是什么样的风格？质朴与大气。质朴应体现在每一个镜头、每一段声音上。镜头不可雕琢，声音不可华丽。放弃已用滥的电视技巧，记录生活的原生态。

4.4 幼 儿 园

编导：张以庆　摄像：刘德东

【字幕】或许是我们的孩子，或许就是我们自己

【字幕】小班（全托）入托第一天

幼儿：老师别抱我。

幼儿：爸爸！妈妈！

妈妈：把老师当妈妈。看见老师就等于看见妈妈啦！

幼儿：让我回去吧！

【字幕】熊经纬 心算班的优等生

幼儿：爸爸抱我一下。

【字幕】第一顿饭

幼儿：老师，泼了。

幼儿：吃完回家。

【字幕】第一个午觉

幼儿：我要回家。

幼儿：他爸爸飞了。

幼儿：他蛮闹人。

幼儿：老师他蛮闹人。

幼儿：快点起来！

幼儿：起来啦！

幼儿：到楼底下去！

幼儿：我要回家！

幼儿：我要回家！

……

（幼儿心算）

记者（以下简称记）：56+62……

幼儿：等于118。

【字幕】第一堂课

老师（以下简称师）：请你像我这样做。

幼儿：我就像你这样做。

【字幕】中班（全托）

师：请你们像我这样做。

幼儿：我就像你这样做。

师：我们再来一次啊。好，准备。小朋友们手放好。

幼儿：老师我们手放好。

师：小朋友们请休息。

幼儿：老师我们休息了。

记：你个子真是很高，为什么会长这么高呢？

幼儿：因为我在爸爸、妈妈、爷爷、奶奶和老师的帮助下长这高的。

记：你说蚊子为什么老咬你呢？

幼儿：因为他长得肥。

记：他长得肥？

幼儿：他长得肥是不是啊？

幼儿：你给我搞好。

【字幕】玩具坏了
幼儿：你给我买一个。
幼儿：那贵了怎么办嘞？
幼儿：贵了也要买。
幼儿：可是我的爸爸不在家。只有我的爸爸买，我的妈妈钱不够。好了别哭了行不行？好吵人呢！

【字幕】冯梦然，参加了日语、书画、心算和主持人 4 个特长班的学习。
幼儿：你爸爸是警察。你爸爸是公安局。你妈妈是公安局。

记：妈妈是干什么的？
幼儿：我妈妈当老师。
记：爸爸呢？
幼儿：爸爸当警察。
记：当警察，好厉害呀。当警察他忙不忙？
幼儿：忙。他还是所长。
记：噢，派出所。

师：用一个袋子去装空气，看谁的空气装得最多。我们看看虫虫的，虫虫的比刘老师空气装得还多。

幼儿：这就是我的。
师：高扬，你怎么了？你怎么打架啦？
幼儿：他抓我的空气。
师：他抓你的空气呀，你把他空气抓哪里去了呢？你看看空气跑出来以后是什么样的？
幼儿：风。

师：哎，他今天一天怎么没喝啊。
　　都喝，都喝，都喝完它。
　　黄元开还喝还喝，再喝。
　　把糖剥开，一边吃糖一边喝药。
　　喝喝喝，把它喝完它。
　　还要喝，还要喝点就不喝了好不好。
　　看着电视喝我们就不苦啦！
　　还要喝，再喝一点啊，多喝一点。

看着电视喝。

【字幕】大班（全托）
幼儿：我早就会画啦！老师我早就会画啦！
师：我等会看你画得好不好？你现在说。

幼儿：疼不疼？
幼儿：不疼。
幼儿：还掐重。疼不疼？
幼儿：不疼，不疼，但是莫摸了。
幼儿：我说不疼就不疼。
幼儿：你看我的招数。
幼儿：不能掐啊！不能掐，不能掐啊！不能掐，不能掐。
幼儿：你，你，你刚才掐我嘞。
幼儿：好，对不起。
幼儿：不能掐。
幼儿：我没有掐你。

幼儿：烦人，他又打人。
师：黄耀文，没有理由随便打人，这是不是神经病？我跟你讲，你给我重新上中班啊！你别管别人。别的同学都是按照老师要求，再做鬼脸我就把你送走。休息！耳朵听着！不是，我说他一个人呢！每个小朋友都自己要反省一下。

记：（心算）36+56。

幼儿：他没排队，他没排队挤过来的。
师：下次不行啊。
师：快点，快点！快，上厕所啦！快点！
幼儿：不穿，烦人。

记：你最喜欢班里哪个同学？
幼儿：女的？不知道。
记：我看你喜欢了你不敢说。
幼儿：你怎么看得出来呀？
记：我一看就看出来了。你犹豫了好半天，可能我也知道是谁。那个白白的。
幼儿：这你知道怎么还要问我嘞。

【字幕】小班寄宿的第一个晚上

幼儿：老师他拿我的枕头。

幼儿：老师他想跟我睡一头，好疯些。

幼儿：他拿我的枕头。

师：不打哇哇。马玉兰睡好没有？你给我坐着，马玉兰上位。

幼儿：我要。

师：马玉兰又用手拈着吃，不讲卫生。

　　马玉兰又在害人。

　　马玉兰还吃块馒头，不能剩，拿着，马玉兰快点吃啊！

　　用手啊。好啊。

　　马玉兰用手在里边拈。

　　用瓢羹。

　　马玉兰搞什么呀？

　　马玉兰，你在干什么呀？

　　马玉兰别搞地上了啊！

　　马玉兰你又玩水，马玉兰又在害人。

（幼儿唱歌）
红花红花几月开
一月不开二月开
红花红花几月开
二月不开三月开
红花红花几月开
三月不开四月开
红花红花几月开

【字幕】中班
师：手别放。

幼儿：这耳朵痒。

师：耳朵痒，有点把，不要紧。

幼儿：老师，王梦岩揪我。

幼儿：我要跑！我要跑！

幼儿：我用汽车我就用无铅汽油，而且我以后绝对不开电麻木（机动三轮）。

记：为什么？电麻木也蛮好玩的。

幼儿：好玩个屁。

师：来撒尿，来。

记：你长大了想干些什么事情呢？

幼儿：我想当警察。

记：是不是啊？

　　警察会不会挣很多钱？

幼儿：警察会呀。

记：警察是干什么的呢？

　　交警也可以收蛮多钱。

记：交警？

幼儿：交警收钱呢。

记：你看见过交警收钱没有啊？

幼儿：看见啦。

记：他怎么收呢？

幼儿：我的干爹他是交警，他收那个车子。

【字幕】玩具钞票

幼儿：把高扬卖他哟！

幼儿：给你一万。

幼儿：谢谢，谢谢！

记：那如果给你的钱你收到以后，是交给你的领导还是自己拿回家呢？

幼儿：交给领导，也分一点，都分一点。

记：如果你不分，自己拿回家行不行？

幼儿：不分？那不行。那我的领导没钱怎么办？

【字幕】小班

师：换方向，调个面。

幼儿：今天星期四。今天星期四，明天就是星期五了。

师：陈永志，这两天进步了，头两天哭得厉害。

妈妈：跟老师说 Bye Bye。

（心算）记：39+56。

【字幕】陈志鹏通常是最后被接走的孩子。

【字幕】活动室有两个门，这让陈志鹏瞻前顾后。

（老师给家长打电话）

师：噢，在门口已经来了是吧？

好好，儿子在等着你呢！

好，进来吧。

【字幕】周一　中班

幼儿：妈妈。

幼儿：妈妈听不见，走啦！

师：高扬，吃鸡蛋了，高扬。

幼儿：我不会剥。

师：你帮他剥一下，你看看茜茜怎么剥的，你看看茜茜很能干的。

幼儿：拿底下。

幼儿：你莫跟我坐啊！

你莫挨着我坐！

你莫挨着我坐听到没有？

你莫跟我挨着坐听到没有啊？

我不喜欢跟你对着坐你听到没有啊？

看到都心里在烦，是吧？

幼儿：我在这里好烦呢！

记：为什么是婆婆来送你上幼儿园？

幼儿：因为我爸爸妈妈没有时间。

记：他们在忙什么？

幼儿：我妈妈忙着要去医院做美容，我爸爸忙着去接别人吃饭什么的，做生意的？

记：爸爸做什么工作？

幼儿：房地产。

【字幕】大班

幼儿：开飞机，丢炸弹，炸死了美国的王八蛋。

记："9·11"是什么听说过没有？

幼儿：消灭火的。我，我不知道啦，还有110。在今天美国发生一个飞机撞在大楼上面的"9·11"事件，美国警方正在调查当中。

记：这个事情哪里听到的？

幼儿：电视。

记：你当时什么感觉？

幼儿：我觉得他们太痛苦啦，他们跑也跑不脱。

【字幕】一叶知秋

记：世界上有这几样东西：
　　　　一个是快乐，还是有钱。
　　　　还有一个呢，可以到处旅游。
　　　　这三个作为礼物的话，你选择哪一个？
幼儿：选第一个。
记：第一个是什么？
幼儿：第一个是快乐。钱买不到快乐，钱也买不到心。

幼儿：公安局有枪的。警察会把你抓走的，把你捆起来，公安局把你爸爸抓走。

幼儿：我还会说那个英语话。
记：什么那个，嗯，嗯，什么那个。比方说那个梨子，不是，那个苹果，是 Apple。

【字幕】大班

师：什么意思，谁能告诉我？

幼儿：不是天天有户外活动。不是天天有户外活动。就是玩蛮长时间，饭饭要吃，就是饭饭来得蛮晚，在外边紧玩紧玩紧玩。户外活动，太好玩喽！户外活动，外边紧玩，紧玩，紧玩，紧玩，想玩什么就玩什么。

【字幕】中班

幼儿：昨天就是星期二，今天就是星期三，明天就是星期四，后天就是星期五了。
幼儿：你还说，我会说。昨天星期一，嗯，昨天星期二，今天星期三，后天就是星期四，明天就是星期五了。
幼儿：对的呀！

（幼儿打架）
幼儿：把别个飞飞的脸这里打破了，流血了。

师：刘老师请你把你的板凳放好，书包拿着，衣服拿着，就到小班去，好不好？去。
幼儿：嗯，我不去，我不去，我不去，我不去。

师：你快点跟我拉！
幼儿：快点，快点！给我帮忙！

师（对流鼻血的幼儿）：你仰一会。
幼儿：老师，周昌志又来啦！

师：好了没有？好了没有？

幼儿：都来啦，老师。

师：高扬，别哭啦！

好，来，贾哲毅受伤啦，多吃点丸子。

待会儿我要批评高扬的啊！

好，茜茜也多吃一点。

我今天真的生气啦！

真的把他送走啦！

你看他的位置上没有他，走啦！

我把他送到小班去了，不要他。

幼儿：你伸小指头，我伸小指头，拉拉钩，拉拉钩，拉拉钩，我们又是好朋友呀！

我们又是好朋友呀！

幼儿：嗯，我不喜欢吃红枣。

师：下午还是到小班去。

幼儿：我不去小班。

幼儿：我不喜欢吃这个啦！

我不喜欢吃这个鸡啦！

幼儿：给我吃。

幼儿：老师说不能夹到别人碗里边，

老师说不能夹到别人碗里边。

幼儿：老师他又把红枣搞出来啦！

幼儿：刘老师，我不喜欢吃红枣。

师：他又把红枣搞出去了？

把这个肉也丢掉好不好？

把这个肉也不吃，但是你把这个红枣吃了。

这个红枣已经，好吃，这个红枣。

这，这红枣，那就换吃肉。

那要么吃肉，要么就吃红枣。

你是愿意吃哪一种？

高扬今天真能干，哎，高扬今天很乖。

师：高扬站起来把前边擦一下，转过来。

好臭啊！

师：高扬不想睡吧？

幼儿：想睡。

师：想睡把眼睛闭上，一分钟我来检查眼睛。

幼儿：我长大了还要结婚的。

幼儿：啊？

幼儿：结两次婚。

　　　一个小婚，一个大婚，英语字母，这是挂在这里的，这就是结婚时戴的。

幼儿：抱一抱呀，抱一抱呀，上花轿。

幼儿：结婚，结婚了我就该生毛毛了。

记：不喜欢讲这个结婚的事情吧？

　　是不是呢？

　　有一点不好意思是吗？

　　这种事情是不是丑事啊。

幼儿：这一种那就难。

记：哪难说哟？

幼儿：好像不是。

记：结婚蛮正常的。这是个正常的事情对不对？

幼儿：结婚的意思就是……我只知道离婚不知道结婚。

记：那如果有孩子的话怎么办？

幼儿：有孩子那我有一个办法。先不生孩子，等看一看要不要离婚，如果离婚那就离婚，如果不离婚那就把孩子生下来。

记：你长大了是做爸爸，还是做妈妈呀？

幼儿：做爸爸。

记：为什么嘞？

幼儿：做爸爸好些。

记：你可不可以做妈妈呢？

幼儿：那，那，那到时候再看看吧。要看情况。

记：看什么情况呢？

幼儿：要看我们头发的情况，还要看我们身体的情况。

记：哦，看你的头发是吧？如果你的头发长长了以后呢？

幼儿：那还要看身体的情况。

记：身体的什么情况呢？

幼儿：身体的大部分情况。

记：那你怎么才能制止离婚呢？

幼儿：找个好人就不离婚。

幼儿：拉钩上吊一百年不许变。

　　　拉钩上吊一百年不许变。

拉钩上吊一百年不许变。

拉钩上吊一百年不许变。

师：哎，都坐着呀！

抢泼了呀！

好了，好了，好了！

幼儿：一年有四季，春天有温暖的阳光和好看的花朵；

夏天炎热，太阳像盆火；

秋天是丰收的季节，稻谷金黄，瓜果飘香；

冬天，寒冷的北风，漫天的大雪，告诉人们快快迎接，快乐的新年，新年快乐。

【字幕】大班

师：我就觉得他进步啦！

你觉得他进步没有？

他现在起码没有打人啦，早上他也没有打人，是吧？

这进步了就要表扬。

但是还要慢慢地进步，还要进步一点。

幼儿：会不会？会不会？

师：陈方正你把身子转过来。

幼儿：不能转，太臭啦，他的口。

老师他瞎吹。

他的口又臭，他没洗口。

师：我告诉你，吹这个牛奶。

这个牛奶很烫，吹牛奶啊。

幼儿：你要吹这牛奶就很臭。

师：啊，你揪别人揪得蛮好嘞！

啊，你刚才这样使劲地揪别人嘞。

他抓你一下，抓你一下。

幼儿：他抓了我两道。

黄耀文还抓了我两道。

师：休息，休息，休息。

长得不像个人，不像个人，休息。

讨人嫌。

只有吃鸡腿的时候安静一下。

谁还在讲话呀？

幼儿：开飞机，丢炸弹，炸死了美国的王八蛋。

记：本·拉登为什么要先打美国呀？

幼儿：这我就不知道，本·拉登他心里有数。

记：他还活着么？据你猜测。

幼儿：他还活着，他可能在地下道里待着。

记：炸了这么长时间还没有把他抓住是吗？

　　你希望是很快把他抓住好呢还是怎么样？

幼儿：很快把他抓住杀了他。

记：你听说过以色列这个国家吗？

幼儿：以色列也打过架。

　　以色列和跟它挨得很近的一个国家（打架）。

记：你长大了想做什么？

幼儿：我长大了想当科学家。

记：想当科学家？

　　什么样的科学家呀？

幼儿：就是做坦克什么的。

记：为什么要研究武器？

幼儿：研究武器打日本人。

记：什么是日本人呢？

幼儿：就是日本鬼子。

　　以前日本鬼子从我们的商店偷手表，还打我们。

记：什么时候的事？

幼儿：以前。

记：以前是什么时候，知道吗？

幼儿：古代呗。

记：那你恨不恨日本人？

幼儿：恨。

记：所有的人都恨？

幼儿：对，不管是好人还是坏人我都恨。

　　凡是打了我们的人我就恨，有一回我恨得流鼻血。

记：真的？那是什么时候啊？

幼儿：好像是我4岁的时候。

　　恨日本人呢，你见没见过日本人？

幼儿：没有见过。

记：那怎么会恨成这个样子呢？

幼儿：可是因为他原来到这里来做坏事哟，好像。

记：可是日本也有很多孩子，也有很多女人。

幼儿：都恨，只要是打过我们的人我就恨。

记：你恨，你长大以后会怎么样呢？对你恨的人你会采取什么行动？

幼儿：打别人，这就是个难题。

【字幕】小班

师：她说错了，我就送到我们那边去的。

　　　什么颜色的瓢？

　　　大点声音说。

幼儿：紫颜色的瓢。

师：紫颜色的瓢，她说我这个是紫颜色的瓢。

　　　记清楚是黄颜色。

幼儿：黄颜色。

师：黄颜色记清楚了没有？黄颜色啊！

　　　我再问一次啊，这什么颜色？别瞄我，看着纸。

幼儿：这是和我的瓢是不是一样的？

师：那瓢是什么颜色的？

　　　这是……

　　　我才告诉你了的啊。

　　　她是不记啊，我才告诉她这一个的，她是不记。

　　　我早晨教一早上。

　　　什么颜色？什么颜色，快点啊？

幼儿：跟我瓢一样的颜色。

师：才告诉你这是什么颜色。

幼儿：这是一样的颜色。

师：这是一样的颜色是什么颜色呢？

　　　你把我急死了，真笨呢！哎哟完啦，你完啦！

　　　你完啦！你长得这么漂亮。

【字幕】中班

幼儿：闭上你的臭嘴巴，

　　　你给我扇他。

师：放倒，放倒，毛病不小。

　　　今天要罚你的站，抽你的筋。

　　　我又要开始找了的，

　　　是不是想整风啊？

　　　想不想整风？想不想整风？

幼儿：不想。

师：黄逸伦的手就是想整一下。

记：什么时候你会说我爱你？

幼儿：不知道。

记：说过没有？

听过别人说过没有？

幼儿：没有。

记：听过妈妈说我爱你没有？

幼儿：没有。

记：你想对谁说我爱你？

幼儿：不知道。

记：爱是什么意思啊？

幼儿：就是我把你抱着？

记：就是我把你抱着。那你有没有想抱谁的想法？

幼儿：没有。

记：你会对什么人说我爱你？

幼儿：我觉得那不好说。

记：不好说还是不好意思说？

幼儿：我不好意思说。

记：为什么？

幼儿：因为，因为那个恶心。

师：你爸爸那么有钱呢！

把我们的桌子全部搞好。

上位去！

幼儿：但是油漆我不会。

师：你爸爸会呀！他有钱呢，要他请油漆匠来。

你看那这么好的桌子呐。

幼儿：黄逸伦刚才有钱。

记：真的？

幼儿：有蛮多钱。

记：你怎么知道的？

嗯，我知道。

刚才他拿出来一把钱，我看到啦！

哎，他有钱。

幼儿：我们家并不是有很多钱，只有百万富翁、千万富翁、亿万富翁才有那么多钱吧。

记：那你爸爸妈妈都是高级工程师。

我想拿的工资……工资你知道吗？

幼儿：工资我知道，就是每个月的薪水。

　　　妈妈用她的名字给我搞了一个存折。

记：为什么要存起来呀？把钱花了得啦！

幼儿：因为我爸爸说要上一小，得把钱攒起来。

　　　因为一小是很有名的学校，学费很贵。

【字幕】春游（参观饮料厂）

师：空瓶子还要冲洗一遍。

幼儿：我画得太矮啦！

　　　我画的瓶子太矮啦！

（广告片）欢迎进入可口可乐的欢乐世界。

　　　挡不住的，挡不住的感觉。

【字幕】中班

师：快点，快点，快点，快点！

　　上厕所啦！快点，快点！

师：越……和越……造句。

幼儿：我越来越喜欢谭思月。

幼儿：飞机越来越少。

师：飞机越来越少呀，为什么会越来越少呢？

幼儿：总掉下来，飞机。

师：飞机总掉下来呀！

　　那你怎么知道的呢？

幼儿：电视台里说的。

师：你越来越喜欢谭思月对不对？

　　那老师问你为什么呢？

幼儿：因为她很漂亮。

师：真的？项泽民站起来。

幼儿：我越来越喜欢吴贝贝。

师：你越来越喜欢吴贝贝呀，那你是为什么呢？

　　吴贝贝。吴贝贝。

　　那个项泽民说他越来越喜欢你，你喜欢不喜欢他呢？

　　那杨力凡也喜欢你嘞，你喜不喜欢杨力凡？

幼儿：我不喜欢杨力凡。

师：你不喜欢杨力凡，为什么呢？

幼儿：因为杨力凡长得太丑啦！

记：跟哪个女孩最好啊，在班里边。

幼儿：这个要保密。

记：哦，是吗？

　　为什么？

幼儿：说啦，很不好意思。

　　必须要保密。

记：我们不跟别人讲，老师也不在，可不可以告诉我们。

幼儿：不行，必须要保密。

记：是吧，那不说那个最保密的，第二保密的女孩又是谁呢？

幼儿：这个，这个也不能说。

　　只要是保密的我都不能说。

师：今天我看谁的桌子上最干净。

幼儿：咱中国队有一回也得了一块金牌嘞。

幼儿：哎，黄牌嘞。

幼儿：金牌。中国队那个 7 号孙继海，他的脚受伤了哟。

幼儿：但是昨天看的没有中国队。

幼儿：看的就是中国队哟。

　　中国队加油！中国队加油！

　　为中国队加油喝彩！

记：不喜欢哪个队呀？

幼儿：日本队。

记：为什么？

幼儿：因为它欺负中国。

记：你最喜欢的队是哪个？

幼儿：中国队。

幼儿：中国队我完全不喜欢。

　　我恨不得说一句中国队不加油。

　　中国队那么差。

【字幕】足球世界杯实况转播

幼儿：中国队加油！中国队加油！

　　中国队加油！

　　中国队加油！中国队加油！

幼儿：中国队只能跟几个差的国家打赢，现在亚洲国家都进步了，就（差）中国。

幼儿：米卢是中国队的教练，我还知道他的整名。

记：他的整名叫什么？

幼儿：米卢蒂诺维奇。

记：米卢蒂诺维奇，他是哪国人呢？

幼儿：好像是南斯拉夫的。

幼儿：中国队加油！中国队加油！

幼儿：中国队在世界上吃了九个鸭蛋，跟哥斯达黎加吃了两个鸭蛋，然后跟土耳其吃了三个鸭蛋，然后跟巴西吃了四个鸭蛋。

师：今天中国队输了球，没有进球的话，你们几个全部留在小班，全部留在这里，也不回家啦！还在疯啊，中国队一球都没有进，你还高兴，别人土耳其进了两球。

幼儿：跟你说土耳其这个国家就像有点怪样的，它有一大部分是在亚洲有蛮小的（一部分）在欧洲，为什么它非要在欧洲踢球，不在亚洲踢嘞？

　　　　它可能觉得亚洲太差啦！

师：中国队已经都输了，你们还疯。

幼儿：我们不疯啦！

师：你们不疯要为中国队加油哟！

幼儿：土耳其加油！土耳其加油！

幼儿：中国队，加油！

　　　　土耳其！

　　　　中国队！

　　　　加油！

　　　　中国队！

　　　　加油！

　　　　土耳其！

幼儿：日本队日本鬼子，我想要它输。

【字幕】日语歌

幼儿：日本好的地方就是我们中国没有的温泉。

　　　　日本鬼子是最坏的，它们打了中国以后，它还跟日本人说，我们没有打中国。

　　　　它，它还把书上的历史改了。

幼儿：日本人并不是全部都是日本鬼子。

记：什么样的人就是日本鬼子？

幼儿：就是日本人里最坏的一种人。

【字幕】值日生

师：谢晨阳去端（饭）。

杨永珍去端（饭）。

幼儿：还有我去不去呀？

师：你去端（饭）。

记：那个值日生，你觉得是小朋友一直当下去呢，还是轮着当好？

幼儿：轮着当好一些。

记：我们谈大点谈到总统，

那一个国家的总统，

是轮着当，还是他一直当好？

幼儿：如果请一个好一点的人，如果他的性格很好，什么都是很完美的人，就像十全十美的人吧，他就可以去当一个总统。

记：那在你心中十全十美的人，有没有？

幼儿：不是说没有，也不是说没有。

只是我觉得就像我们那个，假如要那个造句上面的一样，黄曜文跟刘子恒他们一起说，假如我长大了是总统，我要让祖国更富强，人民更幸福。

我觉得这样的人就蛮好。

记：听说过克林顿是吧？

他是什么人呢？

幼儿：克林顿是美国总统……

现在是布什啦！

布什，布什吧！

记：布什是什么人？

幼儿：布什，那个字要是这样的。

记：哦，他是什么人？

幼儿：他是美国的总统。

记：哦，萨达姆呢？

幼儿：伊拉克的总统。

他们打仗有很多人死了，有很多小孩子没有家啦！

还天上掉导弹下来，飞机投弹，嘣！

记：谁投的？

幼儿：飞机。

记：飞机是谁的飞机？

幼儿：是美国。

美国和伊拉克打起来啦！

记：美国为什么打伊拉克？

幼儿：因为美国要一点油，伊拉克说你们是坏人，我们不给。

他们就说你这不对那不对，就说我们什么不对呀？

就打起来啦吵！

记：非典型肺炎有些什么样的症状？

幼儿：主要是发烧，嗯，后面再加舌头有点粘粘的，吃不下饭，还有全身无力，干咳，有明显的呼吸道症状。

记：那你怕不怕得这个病啊？

幼儿：其实我也怕。

他们也不能上幼儿园了。

嗯，有的小朋友爸爸妈妈，爷爷奶奶哥哥姐姐，还有没有房子多可怜啊！

孤儿，嗯，孤儿真是可怜。

记：你很同情他们吗？

幼儿：我长大了要帮他们。

记：那像刚才你这样擦一下鼻子，擦一下鼻子，会不会传染？

幼儿：擦一下鼻子如果是手干净还好，这是我鼻又痒。

【字幕】大班毕业体检

师：33.9公斤。

往后站一点，好啦！

好下去吧！

118.3公斤。

哦，公分。

26.5公斤。

43.1公斤。

好啦下去。

幼儿：打竹板迈大步，走上前来报节目，这个节目是快板，夸夸我们幼儿园，哎哎，谁先讲，谁先说。

幼儿：我先讲，我先说，幼儿园生活真快乐。学唱歌，学跳舞，画画写字算算术。美丽的鲜花四季开，幼儿园永远是春天。哎哎，幼儿园永远是春天。

师：他手本身都短，他还那样子，那样子，这样子，伸直。

【字幕】大班毕业演出排练

师：一二三四五六七八。

二二三四。

左，快啦啊。

右。

左。

右。

左。

右。

左。

师：哎，每个小朋友都要怀念你的最后一天在干什么。

【字幕】大班的袁老师要当妈妈了。

幼儿：袁老师也要生啦！

袁老师也要生啦！

现在印度快超过我们了。

因为我们中国最多只能生两个。

印度瞎生都可以，你知道我（姥姥）生了几个孩子？

6个，我妈妈是老六。

【字幕】即将升入大班的中班开始用筷子了

师：好，看我这，看我这，一、二、三。

【字幕】

大班毕业后的第二周，袁老师产下一个男孩。

三年后她的孩子也将上幼儿园。

 评析

纪实：让我们进入幼儿的真实世界
——评《幼儿园》

《幼儿园》是一部以孩子为主要表现对象的纪录片，它选取幼儿园这样一个特殊的场景，通过纪实的影像较为完整地展示出他们的小世界。孩子们未经雕琢的语言和行为表现令人忍俊不禁甚至哈哈大笑，但是随着影像的深入，我们发现这个小世界仿佛就是成人世界的翻版，一切有关人类的主题，人性的光明与阴暗，都赤裸裸地表现出来。与此同时，本片也探讨了孩子与成人之间的关系与影响，是一部富有寓意的作品。

一、人类的主题

1. 生存

片子一开始是小班入托的第一天，一个小男孩正在声嘶力竭地哭闹，边哭边大喊："老师别抱我……爸爸！妈妈！……让我回去吧！"旁边的老师和母亲费力劝阻，他却越哭越凶。吃饭的时候，他在饭桌上哭着说"我要回家……"午睡时躺在小床上继续重复着"我要回家……我要回家……"观众一直关注着他的表现，觉得这个小孩执着得既可怜又可爱。等到下午自由活动的时候，我们注意到他正坐在座位上吃苹果，咬一口，习惯性地说一句"我要回家"，再咬一口苹果，再重复一句，这个时候要回家好像已经是个很淡很淡的符号。嘴上仍在坚持着，但是心里面最重要的恐怕已经是手里边那个可以带给他美妙滋味的苹果了。大家在看到这里的时候忍不住大笑，但是笑过之后我想到，我们何尝不是如此呢？在遇到挫折或困难的时候，开始都会觉得承受不了，或哭或闹甚至寻死觅活，但是过后还是该怎么生活就怎么生活。人生就是这样，它不会因为你的喜怒哀乐而改变自己的安排，该来的失败或打击不会因为你的逃避而减轻，我们唯一能做的就是承受，所以在很多时候，我们自以为过不去的关口、承受不了的伤害，最后都是平稳地过去了，因为要生存，就必须做好迎接这一切的准备。

2. 战争

片子的后半部分，有一个段落是小朋友们探讨关于战争的话题。我们惊奇地发现，现在的孩子对于过去中日那段宿怨了解得如此清晰，他们知道过去日本侵略中国的事实，还知道他们篡改了历史，不承认过去曾犯下的罪行。在孩子们中间，基本上有两"派"观点，其一是"极端派"，一个小男孩的话代表了他们的想法："不管是好人坏人我都恨，凡是打了我们的人我就恨……"对于恨的人，他们要采取的办法是长大了做科学家，研究武器去打日本人。另一派可以算是"客观派"，认为"日本鬼子是最坏的……日本人并不全部都是日本鬼子……"日本鬼子"是日本人里最坏的一种人"。不管怎样，在很多大人们都在慢慢忘记国耻的时候，小孩子了解历史都是件好事，即使他们的认识有些偏激，也总比麻木不仁好得多。再看一个小女孩对于美伊战争的精彩注解：

"美国为什么打伊拉克？"

"因为美国要一点油，伊拉克说你们是坏人，我们不给。他们就说你们这不对那不对，就说我们怎么不对呀？就打起来啦吵！"

这个包含了不少语病的句子，却一语中的。看似复杂的国际纠纷，孩子仅用这样简单的三言两语就解释清楚了，多么具有讽刺意味。

"他们打仗有很多人死了，有很多小孩没有家啦！"这是另一个小朋友对于战争的认识。人类自古以来就没有缺乏过战争，仿佛好战的本性始终在作祟。而很多时候，战争仅仅是为了满足一小部分人的私欲，就轻而易举地把庞大的人类群体卷进去，结果是生灵涂炭、百姓遭殃。本片通过小孩子看似天真的想法，揭示了战争的荒谬和残忍，抨击了那些发动战争的人。以上是孩子谈论的大的意义上的战争。实际上这部纪录片用了很大的篇幅表现孩子之间的冲突与厮打，这算是人与人之间小范围的战争，可惜一样残忍。据说有的人看了这个片子甚至不敢把孩子送进幼儿园，这倒大可不必。其实人一来到这个世界上，就已经陷入无止境的竞争中。我们身处的本来就是一个弱肉强食的社会，所有的冲突和挑战都必须面对，我想这也是本片想要传达的一种理念吧。

3. 欲望

只要是有人的地方就有欲望存在。很多时候，欲望是推动人前进的动力，所以在正常的范围内，它不是什么坏事，但是一旦超越了限度，就难免会衍生出罪恶。本片关于欲望的探讨集中在金钱上。

拍摄者问一个小男孩："警察是干什么的呢?"没想到他一张口就语出惊人："交警也可以收蛮多钱。""你看见过交警收钱没有啊?""看见啦……我的干爹他是交警,他收那个车子",小男孩一脸诚恳地说。

接下来是幼儿园里的自由活动课,小朋友们拿着玩具钞票在玩,大家一脸欢乐,相互间吆喝着:"把高扬卖他呦!""给你一万。""谢谢,谢谢!"从他们的表情里,似乎看到了属于我们自己的某种自得甚至贪婪。金钱作为众多欲望的集中代表,不管是对于小孩还是大人来说,都是那么具有吸引力。

再回到对前面那个小男孩的访问:

"那如果给你的钱你收到以后,是交给你的领导还是自己拿回家呢?"

"交给领导,也分一点,都分一点。"

"如果你不分,自己拿回家行不行?"

"不分? 那不行。我的领导没钱怎么办?"

看到这样老练世故的话从一个几岁孩子的口中说出,我们真不知道该高兴还是悲哀。无疑这是家长的行事方式带给他潜移默化的影响,可能他也不知道自己说的话到底意味着什么。在这里,孩子又一次充当了讽刺者的角色,让我们惭愧。

二、人性的美好

1. 温情

温情的瞬间在本片中还是很多的,这里截取两个片断:

之一:周末放假的时候,小班的陈志鹏通常是最后被接走的孩子,看着小伙伴们都跟着爸爸妈妈回了家,只剩自己一个人在等待,他委屈得大哭。活动室有两个门,这让陈志鹏瞻前顾后,不知道妈妈从哪个门来接他。伴随着《茉莉花》的主题音乐,画面转为慢镜头,接下来运用的是一组蒙太奇——陈志鹏哭泣的脸,马玉兰开门寻找的身影,另一个小男孩趴在窗户上望眼欲穿的神情。这一连串的剪接,把孩子与父母之间心心相连的感情不动声色地刻画出来。最后,妈妈终于来了,美丽的母亲和可爱的孩子坐在一起,本身就是无比温馨的画面,陈志鹏脸上终于绽开了灿烂的笑容。

之二:中班的贾哲毅被同班小朋友高扬打伤,鼻子流血。吃午饭的时候,老师特地给他多夹了几个丸子。与他一直关系很好的女孩茜茜先是关切地看着他的脸,后来又把自己碗中的丸子夹给了他。这一系列不加修饰的真情流露令观众忍不住动容。人与人之间的关怀无疑是最温情的,任何时候看到这样的画面,都会在刹那之间觉得世界是那么美好,何况这种关怀出现在两个懵懂幼儿之间,更是令人感动。在这样一个人际关系日渐冷漠的社会,我们最需要彼此间的温情,在这里,孩子为我们作出了榜样。

再比如午睡时候一对好朋友紧握着的小手,小伙伴一起计算回家日子的快乐,演唱"我们都是好朋友"时候的认真,这些画面都透露出了脉脉的温情,令人温暖而感动。

2. 纯真

在我们看来,孩子身上最大的优点就是纯真。

片子开始那个一直闹着要回家的小男孩,此时正坐在桌子旁边玩耍,嘴里反复唱着"抱一抱呀,抱一抱呀,上花轿。"

拍摄者问一个小男孩："你长大是做爸爸还是做妈妈？"

"做爸爸。"

"为什么嘞？"

"做爸爸好些。"

"你可不可以做妈妈呢？"

"那，那，那，到时候再看看吧。要看情况。"

"看什么情况呢？"

"要看我们头发的情况，还要看我们身体的情况。"

多么可爱的回答，多么纯真的模样。

3. 荣誉感

两个小朋友在吃饭的时候交流道：

"中国队那个7号孙继海，他的脚受伤了哟。"

"但是昨天看的没有中国队。"

"看的就是中国队哟。中国队加油！中国队加油！"

"为中国队加油喝彩！"

2002年世界杯比赛实况转播，老师组织小朋友们看比赛。大家排队坐好，还有两个小朋友任拉拉队队长，领着大家喊加油。再看大家的行头，还真算得上专业：额头围着红色头箍，脸上贴着代表我们国旗的红色标志，一张张稚气的脸上全是认认真真的表情。

我们总是说孩子是民族的未来，在他们身上寄托着无数的期望。如今看来，这些孩子没有令人失望，他们对过去的国耻有着清楚的认识，具有相当强的国家荣誉感，不管这其中有多少自觉的成分，也不管其中仍然存在着少数偏激的意见，但是在他们的潜意识里，关于祖国和民族已经有了一定的概念，这是非常值得欣慰的事了。本片探讨的内容确实丰富，虽然是通过孩子的视角，但是对我们的人生观、价值观却有很大影响。

三、人性的阴暗

1. 欺骗

欺骗时时刻刻存在于我们身边，这是无可奈何的。片中表现的有大人对孩子的欺骗，也有孩子之间的欺骗。我们自身的缺点通过小孩子的身体语言展现在屏幕上，如此真实，让看到的人感到汗颜。

吃药时，一个小男孩拿着盛满药水的杯子喝，脸上的表情痛苦，想必药的味道也一定很苦。在喝完几口之后他看一眼老师，老师说："都喝，都喝完它。"他又坚持着喝了几口再看老师，老师又说："还要喝，还要喝点就不喝了好不好。"于是他再喝，结果老师说"还要喝，再喝一点啊，多喝一点。"这个小男孩就这样始终保持着痛苦的表情，一口又一口地喝着药。其实这样所谓"善意的谎言"在日常生活中比比皆是，但我认为这样的欺骗还是少出现为妙，就算是小孩，大人也有义务用诚信的态度对待他们。

再看小朋友之间的欺骗。自由活动时，黄耀文和小胖比试谁厉害，谁的招数强。黄耀文掐小胖的手，边掐边说："疼不疼?"小胖答道："不疼。"于是前者更用力："疼不疼?"小胖虽然已经很疼但还是装作若无其事："不疼，不疼，但是莫摸了。"黄耀文说："不能掐啊!"小胖不解地说："你刚才掐我嘞。""好，对不起，不能掐，我没有掐你。"很显然黄耀文是在耍赖，小胖中了他的计，白白被他掐了半天。与此类似的情况在小孩子中间并不少见，也许我们可以用年幼无知一语带过，但它欺骗的实质是不能被忽略的。成人世界里存在着许多欺骗，不是长大了的我们变坏了，而是这种阴暗的本性自始至终在人身体里存在着。

2. 残忍

有人说，人最残忍的时候实际上是在无知的幼年期，这不无道理。看似天真可爱的孩子，确实有十分残忍的一面。回想一下在你小的时候，有没有过肢解小昆虫的经历，有没有残酷杀死小动物的经历? 经常看到一伙小男孩围在一起用放大镜聚光烧死小蚂蚁，或者干脆血淋淋地解剖青蛙……这些行为在长大以后也许不再做了，但是在没有什么"人道"观念的小时候，正因为什么都不懂，所以才会为满足一时的好奇心而下此"毒手"。这种残忍被认为是无辜的，甚至是被理解的。

本片有很多镜头表现的是小朋友之间的厮打争斗。这些篇幅的主角应该是那个叫做高扬的小男孩。这是个很能打架且出手很重的小孩。高扬第一次打人是在活动课上，因为和小朋友发生了冲突，厮打中他把对方的脸咬伤。第二次是先把一个小朋友推倒在地，再把前来打抱不平的小伙伴狠狠地抓了一把，接着又把另一个试图执行老师的要求把他拉到小班去的贾哲毅打得鼻子流血。

除了这些打架的片断，还有纯粹欺负弱小的记录：一个小女孩大声训斥另一个胆小的孩子"你给我坐着!"后者吓得不知如何是好，前者则是一副胜利者的姿态，其他小朋友也纷纷来凑热闹。再比如几个小孩坐在一起，其中一个小男孩声色俱厉地对另一个小朋友说："你莫挨着我坐听到没有?"还对其他人说"看到都心里在烦，是吧?"完全是一副黑帮老大的派头，被呵斥者只是乖乖地坐着，不敢吱声。

这些情节初次看到确实会有种触目惊心的感觉，想不到向来给人天真活泼印象的孩子们中间，也会发生这样的"暴行"，在欺负人的时候也会这样不近人情。不过冷静下来之后再思考，会觉得这是十分正常的。只要有人存在的地方就会有争斗，而结果就像达尔文的进化论所说的那样——弱肉强食。弱者总是会被欺压的，所以我们用尽一切力量，让自己变成一个强者。强者不见得一定会去欺负别人，但至少不会被伤害。

"或者是我们的孩子，或者就是我们自己"，这是本片开头的字幕，从这句话中我们可以看到，纪实表现幼儿园里的生活显然不是创作者唯一的初衷，本片希望通过表面的影像传达出更深刻的理念。借助幼儿园这个特殊的场景，以孩子为载体，我们看到了人类身上共同的优点和缺点，看到了人性的美好和阴暗，从而引发我们的自省与思考。另外，本片在很多地方突破了纪录片的传统，加入艺术化的因素，比如主题音乐《茉莉花》的多次出现，作为时间线索的四季流转，以及与此相适应的虚化影像处理等，都使作品本身有了更多的美感。总之，这是一部有着鲜明特点的纪录片，尽管关于它颇有争议，却不影响它成为一部好作品。

（朱　墨）

编导简介

张以庆，现为湖北电视台纪录片编导，独立制片人。2002 年，张以庆获得中国新闻界的最高荣誉奖 "范长江新闻奖"。其拍摄的纪录片《红地毯上的日记》（1990 年）、《起程，将远行》（1995 年）、《导演》（1996 年）分别获得中国电视金童一等奖；《舟舟的世界》（1997 年）获全国 "五个一工程" 奖、中国电视纪录片学术大奖及最佳编导单项奖、中国电视金鹰奖，以及法国 FIPA 国际电视节、加拿大蒙特利尔艺术电影节等 6 项国际比赛提名奖；《英和白》（1999 年）获中国四川国际电视节最佳纪录片奖、最佳导演奖、最佳创意奖和最佳音效奖，第 19 届中国电视金鹰奖纪录片最佳编导奖。《幼儿园》获第十届上海国际电视节·白玉兰奖之 "人文类纪录片最佳创意奖"，2004 广州国际纪录片大会·纪录片大奖。

 **创作背景**

从《舟舟的世界》到《幼儿园》

《幼儿园》（片长：69′25″）是张以庆的近作。该片是从 2001 年 5 月开始筹拍，经过三四个月的观察、试镜、选择拍摄对象等，于同年 9 月开拍，14 个月后完成前期拍摄工作；2003 年 9 月，创作开始进入后期剪辑制作阶段。2004 年 3 月修改并完成。张以庆在本片的简介中这样写道：

在中国武汉的一所寄宿制幼儿园，我们记录了一个小班、一个中班和一个大班 14 个月里的生活。

幼儿园生活是流动的，孩子们成长是缓慢的，每天都发生一些小事却也都是大事，因为儿时的一切对人的影响是久远的。

一个单位、一段日子、一堆成长中的生活碎片，总会承载点什么，那便是当我们弯下腰审视孩子的同时，我们也审视了自己和这个世界。

"白玉兰" 奖国际评委给《幼儿园》的评语是：以一种纪实的形式表达了孩子与成人的关系与影响，既充满童趣又具有社会内涵，是一部寓言式的纪录片。

中国传媒大学副教授刘洁博士通过对张以庆的多次访谈，写下了题为《与心绪共生共进的纪录》的论文，这篇论文比较客观、真实地反映了张以庆成长为一名著名纪录片编导的创作历程，可以帮助我们更深入地了解张以庆，更深刻地理解其作品的内涵和艺术风格。为此我们将原文摘录如下：

与其说张以庆是位纪录片人，不如说他更像一个诗人。

张以庆从来不避讳在创作中尽情地展现自己主观的心绪，也正是因为这种创作主体强烈地介入，他和他的纪录片也就常常受到来自业界内外的争议。

时下，人们常常对纪录片的认知有一个误会，似乎一说纪录片就必然是纪实的，就必须有故事性，就必须有 "线性" 的具体而形象的叙述过程，因而人们对纪录片的确认更强调它的客观性、现实性、描摹性，创作者在创作中也常常热衷于将自己隐去，以求给观众一种纯正的生活现实流程。这种做法，自是一种风格，无可非议。但是，避开"形而下"的惯常视角，避开跟踪、纪录过程的"窠臼"，在现实生活中找寻对应，选择具有承载能力的题材，在超越题材的过程中，关注内心的映照、顺随情绪的流动、纪录生命的状态、展示创作者独特的心悟，这本身也是纪录片不可忽视的创作方法和路径。

就此看来，张以庆及其纪录片在为我们开启一个新的视野的同时，也在某种程度上为我们开阔了一种接纳的胸襟。

《舟舟的世界》：一次乌托邦式的欢愉。

《舟舟的世界》是一种具有启示意义的开掘和审视，它超越了同类题材惯常的推演，呈现出来的一切早已和残疾人的话题无甚关系。

这，其实就是张以庆的一次欢愉，它渗透着张以庆式的激情和理想。

心绪的纪录其实缘于对现实生活的尊重。它必须是在完成社会性话语的基础上延伸个人独特的情绪和思想向度。从表面上看，《舟舟的世界》记录了一个高度智力残疾的孩子胡一舟，因从小跟随作为乐手的父亲长年"浸泡"在排练厅，而滋养出了一种对音乐天然的依赖。在他那对音乐指挥逼真的模仿中宣泄出一种与音乐旋律同抑扬的本能的激情。于是，无论在怎样的场合，哪怕手中只有一根小木棍儿，只要"给他一个音符，他就能划出一道美丽的弧线……"。这个天生的愚型儿，就依靠这种激情穿行在这个模糊的、他并不能理解的社会和各色人群中。排练厅、话剧院、商场、马路边……都成了舟舟经常光顾的地方。于是，舟舟的各种遭际，他的快乐、满足、痛苦、尴尬、无奈就为我们折射了一个既熟悉又陌生的世界。

正是舟舟这样附着了极大尴尬的激情，牵引着张以庆的心，并延伸到了"残疾人的故事"或者"关爱残疾人"等惯常视点和概念之外，形成了张以庆独特的视野。于是，我们在片中看到了张以庆独白式的言说："一切生命都具有尊严"，"每一个人都构成了别人世界的一部分"。

片子在总体结构上是由影像与解说构成的，在貌似静态观察的画面背后，舟舟的日常生活，其嬉笑怒骂以及周围人们的关爱、不解与耻笑无不浸染着张以庆的心绪。"你看《舟舟的世界》，那么激情，那么张扬，那么温暖！表现得强烈、绝对是因为感受得强烈，依据是客观的，是那个事件的，是那个选题特有的并传达给我的。所以我不可能因为自己偏爱孤独和忧郁，就把《舟舟的世界》也弄得孤独和忧郁。"

当起伏的旋律从舟舟划出的那一道道弧线中流淌出来，穿越了他周围形形色色的人和事之后，作为观者，我们已无法不去平视这个"舟舟的世界"了。因为，我们在这里看到了自己。在此，舟舟已成为张以庆传达思想和心绪的载体了，它唤起的是观者乃至人类共通的情感。因此，当人们质疑舟舟是否真的会指挥时，这已经不重要了，重要的是舟舟给我们打开了这个世界，这个世界里充斥着张以庆那乌托邦式的欢愉情绪，在这里我们也映照着自己。

正如张以庆所说："《舟舟的世界》是一扇窗户，从这扇窗户里我们看见了另一个世界，一个距离我们十分遥远且陌生的世界。可是当我们真的看清楚这个世界后，忽然发现这个世界其实就是我们的世界。当善良、敦厚、直率、单纯离我们越来越远，当我们变得越来越复杂、越来越功利、越来越沉重，因此也就越来越不是原来的自己的时候，舟舟简直就是一面镜子。"

《英和白——99 纪事》：一声无奈的叹息。

如果说《舟舟的世界》颠覆了人们对此类题材审视和开掘的思维定势，那么《英和白》便颠覆了一种叙事方式，它展现了一种具有启示意义的表达。

电视纪录片《英和白——99 纪事》，粗粗看来只是记录了武汉市杂技团驯兽员——白与她驯养的雄性熊猫——英，在 1999 年一年的生活流程：

汉口洞庭小路 3 号。一扇窗口，熊猫英常探出脑袋来张望。

窗外最抢眼的是小街对面的一座酒吧。入夜，霓虹闪烁，灯红酒绿。

有着中西混血的白，大多数亲人都在美国，她放弃了另一种选择的可能。

14 年来，白伴着英，过着一种复制般的日子。

一个大铁笼，一张白天卷起铺盖的床，几把椅子，一台电视。

淹没了世界的各种信息正从电视屏幕里溢散出来。

科索沃战争、二恶英污染、印巴冲突、叶利钦辞职……

更加渲染了英和白的日子

平静、漫长、寂寥、无奈……

……

依着这平淡的日子，纪录片就这样一日一日展开。全片没有曲折的故事情节，没有事件过程的展示，没有解说，只有非常精练的字幕提示。画面不是线性地呈现，是时空的交错，使得它更像一首诗。这一切都构成了张以庆心绪滋蔓的框架——"不经意间人们或许忽然发现这个世界越来越热闹，人却越来越孤独，而这恐怕不仅仅是白一个人的写照。纪录片往往通过人和事去观照故事背后的东西，揭示人类面临的某些共同问题。"

我们能够很明了地看出，张以庆的用心之处，不是在讲述一个女人和熊猫的故事，更不是在讲述有关热爱动物的话语……"英和白"是他内心写照的对应物，是他宣泄心绪的窗口，是一种认知表达的"媒介"。当张以庆观照"英和白"1999 年的生活流程的时候，也是在观照世纪之交自己心头显示出的与"英和白"相契合的生命映像。这个映像属于"英和白"，但更属于张以庆自己。可以说《英和白——99 纪事》流动着张以庆自己对生命的感悟，已不再只是"英和白"客观的生命流程。

在"英和白"的架构中，张以庆为我们展开了生命中四个层面的"无奈"。

"电视"，大摇大摆、目中无人地映射着这个嘈杂而紊乱的人生世界，人类恬静的内心需求被喧嚣逼仄着；大铁笼里的"熊猫"，绝对地孤独——不知何为孤独的孤独，这个生命的个体与这整体的人类生命运动隔膜着；"白"，为避离人世间的嘈杂和"英"一起"圈"在了自己内心的囚笼里，整整 14 年，然而"白"和"英"天然的隔膜，又无法给这种"避离"以真正的补偿。"白"处于两难的境地，这种孤独透露着深深的无奈——是人类自己生命中的无奈；邻家小女孩"娟"，静静地等待着，犹如"戈多"

的宿命。

张以庆剖开了生命的深层，让观者自悟。

《幼儿园》：一种自省的审视方式。

《幼儿园》展现的其实不只是孩子们的事，我们也无法把我们所看到的一切仅仅归于孩子们，这是张以庆的一种审视方式，亦是我们成人的一种自省的映照。从根本上看，它是对观者收视心理期待的一种颠覆。

张以庆曾说："对每一部片子，人们都有所期待，看完后都感到有些异样，也有不同的抵触。但很奇怪，人们在看《舟舟的世界》、《英和白》的时候是不太抵触的，可一看《幼儿园》，不少人就有抵触情绪。他们说孩子是天真的、幼儿园是美好的，你张以庆拍得不真实。其实，这些人是带着根深蒂固的观念来看的，他们始终认为苹果是红的。其实，我们对今天的幼儿园的了解，对孩子们的了解，存在着很多'盲点'。"

自然，依循着"幼儿园"这个词义所负载的人们惯常的想象和心理期待，观众在面对张以庆的《幼儿园》时，没有看到透明的快乐，没有看到我们期待的灿烂，看到的却是孩子们的孤独、无奈和沉重，心理的落差自然凸现。

全片依然没有故事情节，依然不是对现实生活过程的纪录，然而它更像是现实生活的本来——平淡、无奇、散在却又彼此联系着。张以庆在片中设置了两条线索，一条是纪实的，记录下创作者在 14 个月里摄取到的很多富于意味、情趣和内涵的幼儿园的生活碎片——一切成人社会所涉及的诸如生存意识、信息蔓延、文化冲突、历史积淀、社会地位、权势、金钱、婚姻、足球、战争、能源危机、疾病……无一不在孩子们的生活里、话语里投射出来。另一条是访谈。简短的访谈穿插在生活纪实的片断中，既形成了一种结构，又凸显着创作者的意图。一首童声无伴奏唱的北方曲调《茉莉花》，像一声声叹息，烘托着全片。于是，我们不难感受到，在这看似散淡、零碎的画面中，有一条情绪线是完整的、连贯的。

"幼儿园"无疑又是张以庆表现心绪的一个"承载"。他通过《幼儿园》折射了我们的成人世界。

张以庆的创作风格是很稳定的，在注重片子的构图、影调、光效和色彩的同时，他还非常注重题材所流露出的天然的承载力。从激情的"舟舟"，到孤独、无奈的"英和白"，再到并不仅仅只有快乐、天真的"幼儿园"，张以庆所展现的主题越来越宽泛，内涵也越来越丰富，容量也越来越大。它是复杂的、复合的，是非常个人化的。传播文化研究学者董子竹先生说："《幼儿园》在平淡中，在人人都可以见到的事实中，找到了人人都没有看到的东西。这部片子远远超过《舟舟的世界》和《英和白》，这取决于选材本身的深刻性。在普遍中见深刻是真深刻；在奇特中见深刻是矫情。片子整体看似杂乱，却在不经意的结构中，延伸着主题。它穿越了社会层面、文化层面，直抵生命层面。"

德国籍女评委贾塔·克鲁格在 2004 广州国际纪录片大会上，在给获得本届大会"纪录片大奖"的得主张以庆颁奖时，也"读"出了《幼儿园》这种直抵生命层面的"相通"心绪："这部影片非常完美地展现了童年生活本身，在这方面超越了其他所有片子的主题。片中展现了许多精彩时刻，比如警觉、亲密、天真，但同时也有天真的丧失。它非常清晰地展示了儿童世界是成人世界的价值观的折射，同时也提醒我们作为成年人的责任。全片风格纯朴自然，全世界的每一位观众都能产生共鸣。"——这正是对"纪录心绪"这种纪录形态存在的合理性做出的一个很好的脚注。

说到底，正是社会的多元化和纪录片创作观念的多元化，张以庆及其作品才会被社会、被文化、被人们所容纳。

5　电视谈话节目类作品

电视谈话节目导论

　　谈话，《现代汉语词典》解释为"两个人或许多人在一起说话"或"用谈话的形式发表的意见（多为政治性的）"。从社会学角度看，谈话和其他社会活动一样，是社会成员所进行的行动（action）和交往（interaction）。人们在谈话中倾听不同声音的交流，调适自己的经验世界，调整自我"在场"的姿态，重建自我对外部世界的感觉。谈话不仅是语言馈赠、思想碰撞、感觉交换，同时也包含了人类生存方式的相互参照。不同样态的生命安顿，在敞开自我、走近他人的对话中，相互追问、相互聆听，共同寻找生命的意义，体现最高层次的生命关怀。电视谈话节目则是把人们私下的谈话搬到电视这个大众媒介上，借助人际传播来实现大众传播的一种传播形式，它是一种一般由主持人、嘉宾和（或）现场观众就一个主题进行讨论或辩论的电视节目形式。

　　很显然，电视谈话节目不是人们私下谈话的完全照搬。首先，电视谈话节目有一定的时间限制，一般是半小时到一个小时，而一般的谈话有话则长，无话则短；其次，每次的电视谈话节目一般有一个主题，参与者都要围绕这个主题展开谈话，陈述事实或表达自己的见解，而私下的谈话则可有多个主题或无主题；最后，电视谈话节目常常有主持人把握谈话的进展，私下的谈话则一般随心所欲一些，没有一定的谈话轨道。电视谈话节目与一般的电视节目也有所不同，不是任何一种含有谈话成分在内的电视节目都可称为电视谈话节目，而只有那些以谈话为主要形式的电视节目才可以称之为电视谈话节目。其实谈话节目的英文名"Talk Show"就很明白地表明了电视谈话节目的这一特点——它是一场谈话表演，人们在对话中进行信息的交换和思想的碰撞。

构成电视谈话节目的要素有三：谈话人、谈话主题以及谈话方式。谈话人一般由主持人、嘉宾和现场观众组成（有时只有主持人和嘉宾，没有现场观众），其中主持人一般起串场的作用。谈话主题可以是具有新闻性或非新闻性的，可以是具体的也可以是抽象的。谈话节目的谈话方式，一般有两种。一种方式是主持人、嘉宾和群众"三结合"的大场面群言模式，如《实话实说》、《对话》等。这种模式的出现，与节目定位的普遍性原则和争取高收视率为目标有着密切的关系。《实话实说》的成功更是奠定了这一模式在谈话类节目中的不可动摇性。这种大场面的群言模式从最初的主持人侃谈表现逐步发展到主持人对场面的引导和控制，有效地起到了在保持节目整体感方面的穿针引线作用。当嘉宾和现场观众表现得过于拘谨时，主持人必须善于引导、启发甚至活跃场面；当嘉宾和现场观众有着过强的表现欲而大段大段地谈论时，主持人又必须能够不露痕迹地控制着场面。这样，谈话节目的质量就与主持人、话题和嘉宾以及现场观众等因素有关，甚至可以说嘉宾在某种程度上成了节目的主人。另一种方式是主持人与嘉宾（一个或几个）对话模式，如《锵锵三人行》，主持人窦文涛和他的两个伙伴（嘉宾主持）就一些时事、人物或话题，做一些即兴式的、随意的评述和交谈。目前，这类谈话类节目也已形成自己的特色和固定的受众群。

依据谈话的结构形式，电视谈话节目可以分为两种类型，即议论型和叙事型。议论型的谈话节目，是就某一抽象话题，通过嘉宾和现场观众的讨论、辩论进行思想和观点的交锋。节目最后一般没有定论，而是把判断的权利留给观众，给观众以思考的空间。中国电视谈话节目的样板栏目《实话实说》的许多节目——《为什么吸烟》、《该不该减肥》、《夫妻是否需要一米线》等都属于这一种。叙事型的谈话节目，则从对某一个案的展示入手，讨论其所包含的公共话题，这样不仅更为感性，而且讨论比较集中。

5.1 天河一号：速度背后的较量

天津电视台 2010 年 10 月 30 日首播

【现场】

主持人（李强）：观点影响生活，这里是《观点强中强》，我们今天的话题和速度有关。有人说一秒钟能做什么，刘翔能跑 9 米，飞机能飞 300 米，运载火箭可以飞行 8 公里，还有更快的吗？天河一号不久前代表中国成了世界超级计算机的速度之王，它的运算速度是多少呢？每秒钟 2570 万亿次，这个速度超乎了我们的想象。今天我们就来了解一下天河一号和超级计算机的速度竞赛。今天我们请到的是天河一号副总设计师胡庆丰教授，掌声欢迎胡教授。（掌声，镜头摇向胡庆丰）

主持人：今天和我们一起参加讨论的有，国家超级计算天津中心主任刘光明先生

（掌声，镜头摇向刘光明），清华大学当代中国研究中心李楯教授（掌声，镜头对准李楯），资深媒体人石述思先生（掌声，镜头摇向石述思），还有南开大学、天津工业大学、天津一汽的朋友以及我们《观点强中强》新浪微博的朋友和我们一起参与讨论，欢迎大家。（掌声）

主持人：胡教授先问您一个问题：咱们此时此刻，天河一号的运算速度，还是不是世界第一？

胡庆丰：是的。

主持人：我了解，这个世界超算的竞争是日新月异，这个 TOP500 它的排名每年要排几次？

胡庆丰：每年排两次。

主持人：下一次排名是什么时候？

胡庆丰：下一次就是明年的六月份。

主持人：这就是超算激烈竞争的世界，那么，今天我们了解超算先从天河一号开始，看一个片子。

【影像资料（大屏幕，国家超级计算天津中心，天河一号等）】

超级计算机，是指当前时代运算速度最快的大容量、大型计算机，是计算机领域的珠穆朗玛峰，运算速度远非普通计算机所能企及。

超级计算机的运算能力曾先后经历过每秒万亿次、十万亿次、百万亿次的高峰，而随着天河一号在国家超级计算天津中心的问世，这个记录被刷新到了每秒 4700 万亿次。

北京时间 2010 年 11 月 17 号，在全世界最权威的第 36 届世界超级计算机 500 强排行榜中，天河一号高居榜首，比排名第二的美国美洲虎超级计算机每秒钟快了将近 1000 万亿次。这是一个什么样的速度，做个换算对比，天河一号一天的运算工作量相当于人们使用一台普通计算机 160 年才能完成。天河一号的存储容量大得惊人，它能够容纳 1000 万亿个汉字，相当于一个存储 10 亿册 100 万字书籍的巨大图书馆。

再来看看具备如此超级能力的天河一号长相如何，它由 140 个机柜组成，每个机柜 1.45 米宽、1.2 米深、2 米高，排成 13 排，占地约 700 平方米，你也许以为它太大了，可是比起世界上已有的千万亿次超级计算机基本上占地都要几千平方米来说，天河一号不折不扣是一个身材苗条的小个子，所以天河一号在超级计算机当中，也称得上是一台相对节能的、绿色的超级计算机。

目前，天河一号已经作为天津滨海新区和国防科大共同建设的国家超级计算天津中心的业务主机，面向社会开放，实现资源共享，为国内外提供超级计算服务。

【现场】

主持人：胡教授，咱们排名第一，我知道有些人不以为然，你比如说美国的桑迪亚实验室，它说把一万台智能手机串联起来就能做成一个像天河一号这样的计算机，真的吗？

胡庆丰：中国有句俗话，叫一个和尚挑水吃，两个和尚抬水吃，三个和尚没水吃，这是因为什么？首先超级计算机，它是大量的处理器、处理单元并联起来进行工作，来构成它的一个超级计算能力。

主持人：我插一句，您这三个和尚没水吃，就是说比如一万个手机相当于一万个和尚。

胡庆丰：对。

主持人：那串联起来就一点儿水都没了。

胡庆丰：那就是说这一万个和尚到了一起之后，假如他们之间不能很好地协同工作的话，其结果那就是没有水吃，所以这个不是说拿一万个手机，把它串起来那么简单，这个中间牵涉到它的体系结构的设计、它的互联通讯系统、它的软件等各个方面，这是一个复杂的系统工程，应该讲。

主持人：这个问题不能这么想，那么您能不能简单地告诉我们，咱们的天河一号，到底先进在哪儿？

胡庆丰：我们天河一号，应该讲，它的创新的技术，应该有这么几个点。首先说它的体系结构，所谓体系结构实际上就是说一个计算机系统的总体设计、它的顶层设计，就采用一种什么样的方式来构成这么大的一个系统。我们应该讲是国际上第一个采用 CPU+GPU 异构协同并行计算这么一个体系结构。

主持人：胡教授讲得挺专业，刘主任您能不能给我们大家讲，我们大家都不懂比如什么是 CPU+GPU，这两个是怎么融合起来的，形象地给我们讲一讲。

刘光明：大家现在用台式机和笔记本都知道，现在有单核双核的 CPU，一个核实际上就是在 CPU 里面的一个处理单元，就是它们干活的一个单元。那么 CPU 和 GPU 的差异在什么地方呢？CPU 往往就是现在两个核，有的做到四个核，但都很少，在 10 个以下，因为它每个核的能力很强，做一些复杂的计算，比如三角函数计算，还有其他很多复杂的计算。（大屏幕上展示 CPU 的样式）GPU 原本是做图形处理的图像处理的，我们现在用得最多的是 3D 游戏，都是用它来处理，那么它里面的核数一般都在 100 个以上，每个核的能力不强，因为一个芯片的体积就那么大，但是每个核，我们一个照片一个图片上面，它分成一些小的区间，每个核处理一部分，所以它们能很好地并行工作，也不用去调度。（大屏幕上展示 GPU 的结构，动态图展示 GPU 工作原理）但是我们把 GPU 拿来做科技计算，科技计算往往你算一个题就是一个程序，往往一个核算得很好，你要把它算在 100 个核上，把任务要切成 100 个小任务，这些任务相互之间还要联系，就像一个团队一样，管理 100 个人的团队和管理一个人的团队是不一样的，100 个人的团队要步调一致，要大家听从指挥，这样才能有高效率。所以国防科技大学从 2005 年开始就在研究这种流处理器，流处理器也是一种多核的结构，64 个核到 100 个核，这种结构研究它怎么做科学计算，也就研究怎么去调度、去优化、去高效率计算，在 2007 年的时候，把这个研究结果在国际的 ISCA——国际上一个顶级的国际超级计算机体系结构年会上——发了一篇文章提出了用通用 CPU 加上流处理器这样的结构去做高效能运算，它的诀窍在什么呢？它能把 GPU 做科学计算的效率做到 70%，当时的国际上一般做到 20%~40%，而且有些人还不知道怎么去做，所以国防科技大学在 2007 年到 2009 年的过程中，比较成功地把 CPU 和 GPU 结合起来做复杂的高性能计算，解决了世界难题。

主持人：我来理解就是说，一拨是干复杂活的人，一拨是干简单活的人，我们把它融合在一起了，而且效率还特别高，达到了您说的 70%，国际上只有百分之二三十，那么在这一点上我们在国际上是领先的。我想问问咱们现场的朋友有什么问题？

李楯：我很想问一下胡总，就是我们整个研发和整个这套设施把它做起来，国家投入大概多大？

胡庆丰：国家投入的话，现在总共是 6 个亿，系统是 4 个亿。

李楯：那也不算十分大，在国家今天的大工程中也不算十分大。我想象在科研的投入上，中国还应该投入得多一些才好。

胡庆丰：是的，李老师您说得非常对。

主持人：述思对这个技术怎么评价？

石述思：我听到这个消息我非常振奋，因为我不管是谁造出来的，只要代表中国，我都会为中国基础技术的突破叫好，因为这是咱们的弱项，也是制约未来中国经济发展的最致命的短板。不信可以想想世博会，有史以来规模最大、备受世界、最受瞩目的世博会，我们居然一个泱泱大国，GDP 今年超越日本，拿不出一个引领国际技术前进的原创、拥有自主知识产权的核心技术，难道不是我们应该反思的事情吗？要知道 159 年前，大英帝国举办第一届世博会的时候，人家是蒸汽机带领大英帝国在一个新的工业浪潮来临的时候引领世界前进，这是伊丽莎白女皇的原话，所以我们今天看到这么一个技术，我当时想到一网络术语来形容说"算你狠"，当然此"算"非彼"蒜"，我觉得中国要都是这样的"算你狠"，那我们大国崛起的速度要提速很多。我想提一个非常具体的问题，这个"算你狠"背后藏着很多复杂的情绪，本来这是西方人的专利，中国人完成突破，又在进行中国威胁论等等这样的方面的造势，我不知道胡庆丰副总设计师对这种西方非常复杂的声音，怎么去看待？

胡庆丰：我觉得这种竞争应该是一个很正常的现象。首先我们发展这种超级计算，实际上它应该是，它的最根本的目的还是为了全人类社会的进步，这是第一个根本的观点；其次作为这种超级计算机，它的重要性确实摆在那里，作为我们中国这样一个大国的话，我们肯定需要有自己的这种核心关键技术，需要有自己的这种大的系统，也需要在这个方面有自己的地位和发言权。所以实际上长久以来，美国一直在 TOP500 的榜首，所以中国突然冒出来，拿了个 TOP500 的第一，可能有一些不同的观点、不同的看法，我觉得这个也是很正常的一个现象，恰恰说明作为我们中国这样一个大国，去争夺这种应有的地位，我觉得是应该的，这也是我们的责任。

主持人：这次 TOP500 领奖是刘主任去领的，这是您领奖的画面。（大屏幕，领奖画面）

刘光明：在领奖的时候，我讲了一句话，我说为了这一刻，我们等了 20 多年，什么意思呢？1978 年我们国家开始做银河一，1978 年开始，1983 年研制完成，到现在实际上中国计算机走到今天是走了一个非常艰辛的路，是在被国外的一些强势，国外的包括国际的霸主围追堵截，什么含义？你没有计算机的时候，他不卖给你，我们当时在 1986 年的时候，要做一个银河二，为什么做银河二，我们国家是一个多灾的国家，要做七天的天气预报。第一个方案是买一个国家的计算机，超级计算机，当时叫巨型机，那个国家不卖，要卖两个条件：价格非常高；第二个，它要修一个玻璃房，就是刚才讲围在玻璃房里面，什么人都不可能进，你就是在技术上没有主权，我们 2007 年天河一号排名第五，世界第五，今年排名世界第一，应该给世界是一个震撼。

主持人：刘主任我想问你，你在领奖的时候，外国的同行跟你说什么了？

刘光明：田纳西大学的杰克教授，他是很高兴地把证书给了我们给了天河，拿到证书实际上下面的反应有两种，一种就是说所有与会的，这些关于公司企业和研究人员都对我们表示祝贺，为中国的强大为中国的进步感到骄傲感到高兴；另外一个层面，确实也有一些人感到失落，也感到一种质疑和这种刁难。（大屏幕播放领奖画面）在会上最后一个颁奖完了之后，是答一些听众的提问。有人站出来就说，现在这种评测高性能计算机的方法叫 LINPACK 测试方法，他质疑这种评判方法不对，杰克教授就回答说，这种方法是现代学术界中，是一种科学的、一种公正的评判方法，没有比这方法更好的。他们 TOP500 组织还用这种方法来评测，他认为中国的天河一号确实掌握了很多方面的核心技术，也解决了世界一个做千万亿次以上这种高性能计算机的世界难题。

主持人：我建议在这儿，我们大家再一次鼓掌。（掌声）为了这位教授的评价，也为了刘先生拿到证书。我们的天河一号在 TOP500 拿了第一名，我有这样一种感受，就是说当你拿了第一，你的实力出来之后，大家向你表示祝贺，可是当你的技术落后的时候，人家可能这个技术不给你。

胡庆丰：就是说跟他们没有一种平等的对话权，在很多时候。

主持人：所以这些年来，我们的超级计算机的研制争的也就是平等的对话权，接下来我们再看一个片子，看看 30 年来，中国的超级计算机的历程。

【影像资料（不同时期我国研制超级计算机的画面、国产高端计算机图片等）】

在这次公布的最新世界超级计算机 TOP500 排名中，中国以 41 台的总体占有率，仅次于美国，位居第二。前三名中，中国超算就占有两席：一个是排名第一的天河一号，一个是排名第三的曙光星云。

20 世纪 70 年代，面对西方国家对中国实行的技术封锁政策，时任国防科技大学计算机研究所所长的慈云桂教授带着一帮年轻人开始研制当时只有美国和日本能做的亿次巨型机。1983 年，我国第一台被命名为"银河"的亿次巨型电子计算机在国防科技大学诞生。1992 年，国防科技大学成功研制出"银河二"十亿次巨型机。1997 年，国防科技大学研制成功"银河三"百亿次巨型计算机，实现了从多处理并行巨型机到大规模并行处理巨型机的跨越。"银河"系列之后，"曙光"、"神威"、"深腾"等一批国产高端计算机系统的出现，一次次向世人展示着中国在超算研究领域的实力。2008 年 9 月 16 号，由中国科学院计算技术研究所、曙光信息产业有限公司自主研发制造的"曙光 5000A"在天津下线，并跻身世界十强。而这一年，千万亿次超级计算机系统的研制工作也在天津启动。一年之后的 2009 年 10 月 29 号，天河一号千万亿次超级计算机系统顺利通过性能测试，实现了我国自主研制超级计算机能力从百万亿次到千万亿次的跨越。

【现场】

主持人：拿了第一，建了超级计算机中心，接下来，我们大家心里自然会升腾起一个问题：我们要超级计算机干什么用？胡教授，我印象当中大家对于超级计算机的理解，是多少年前"深蓝"和国际象棋棋王卡萨帕罗夫的一场比赛，当时大家都说是叫电脑打败了人脑。（大屏幕，"深蓝"和国际象棋棋王卡萨帕罗夫比赛画面）今天要按天河的速度来看，棋王是不是就干脆永远没有赢的余地了？

胡庆丰：这就扯到另一个话题了，电脑和人脑相互替代的问题。

主持人：刘主任，电脑不可以取代人脑吗？

刘光明：是这样的，就这个图片来讲，当时是说明 IBM 的"深蓝"战胜了国际象棋大师。当时 IBM 的机器速度也就几十万亿次，现在有天河这样 2700 万亿次，我认为就象棋单个人挑战来讲，一个人肯定是战不过天河了。

主持人：回到我们问题的核心：我们的超级计算机研制出来不是用来下棋的，那它究竟有什么用？我这儿有几张图表，我想请刘主任给我们解释一下，这是干什么的，刘主任？

（大屏幕，生物医药动态图）

刘光明：这是生物医药，我们国家要做新药研制，这就是大分子和生物医药的靶向药物进行对接，中间的白色的就是靶向药物，要把外边的病毒杀死，它们必须对接起来在生物医药上面，要对接起来，这是一块生物医药的应用。

主持人：我理解的生物医药是三个"十"：说要耗时十年、要花十亿美金、要筛选十万个化合物，才能研制出一种新药来。

刘光明：那是没用计算机之前，用实验的方法要三个"十"。现在用超级计算机之后，实际上这个时间，实际上缩短了，说多了是几年或者说一年，就能研制一种新药。

主持人：它算得快，大大节约我们的时间。

刘光明：对，缩短了新药研制的时间。

主持人：接着往下看。

（大屏幕，天气预报动态图、台风动态图等）

刘光明：这是天气预报，这是台风的风眼，也就是与我们日常生活密切相关的气象的天气预报，就要靠我们计算机来算。

主持人：一般的计算机算不出来吗？

刘光明：算得很粗，就是说 100 公里做一个网点，100 公里的气象变化它算不出来。我们计算机有天河之后，就能算到 10 公里 20 公里作为气象的一个变化。

主持人：就是我这么一小块的活动区域的气象变化，它都能算出来。

刘光明：对，包括天津说这个小区下雨，那个小区不下雨，都能算出来。

主持人：这是什么？

刘光明：这是一个石油，地质勘探石油，油藏的计算，他通过计算之后，就知道地底下哪个地方有油，它的几个层面不同颜色表明出油的深度和出油量，我们根据这个算出来之后，在这个地方定个井打多深（能）把油打出来，否则的话你打下去的井是干井，一口干井要花 5000 万人民币，等于白丢 5000 万。我们这就是每打必中，经过天河算之后。

主持人：打不准 5000 万就扔了。

刘光明：哎，对。

主持人：别说每打必中了，提高 50% 就能省 2500 万。

刘光明：实际上我们是百发百中，算的地方肯定能打中。这是《阿凡达》之后，现在都在做卡通和三维电影。

（大屏幕，三维动画电影）

主持人：这是我们大家爱看的动画电影。

刘光明：哎，我们现在建造一个全国最大的动漫设计中心，预计要用我们天河，三个月能把全国的卡通和三维电影全部做完。

主持人：我再给大家看一个例子，今天我们特别请到了天津一汽的朋友，这是我们天津一汽开发中心的苏成谦先生，他们就已经用上了我们的超算。

天津一汽苏成谦：这是汽车侧面碰撞的模拟计算，左边的图是用高速录像拍下来的实车碰撞实验的过程，右边是我们做计算机模拟的过程。这是 2005 年开始做的一个工作，当时我们在国内也是比较早地开展了侧面碰撞的模拟计算，在当时的计算机情况下，做这样一次计算，整个碰撞过程是持续 150 毫秒，做这个计算的话需要三天到五天的时间，当时的计算机水平是比较差的。我们今年在天河一号，在超级计算中心做类似的计算，只需要一个小时左右，就可以完成这么一次工作，所以这个效率提高是非常大的。

（大屏幕，汽车侧面碰撞的模拟计算演示）

主持人：节约了时间，提高了效率，回来咱们的车卖给我们的时候，可以价格更便宜一些，对吧？

天津一汽苏成谦：对。（微笑）

主持人：这几个例子，给大家展示了一下我们超级计算的作用，我想问问咱们现场参与讨论的，像李教授、述思，你们对超级计算的作用的价值，你们怎么看？

李楯：我想问咱们超算天津中心的主任，我们现在建成的这套，它的运行大致需要多大一个费用？

刘光明：是这样，现在的费用全开起来，每天主要是电费。

李楯：不只电费，包括你的人员。

刘光明：人员费现在占比比较小，人员费大概一年有个两三百万，大概差不多了。从编制上讲，我们现在是 40 个编制，但是这个不受限，主要是电费，电费估起来，一年大概是 1200 万，满开的，但是这个钱如果说真正把高性能计算的服务开展好了，这个电费是能收回来的，还略有结余。

李楯：整个咱们的研发收回估计大概多长时间？连整个研发，连日常运行大致是多长时间？

刘光明：是这么个情况，"十一五"期间，国家科技部在全国部署了三个超算中心，大概相继每个超算中心投了两个亿，地方配套在设备研制方面一比一，从国家这种超算中心的建设指导思想来看，它是作为一个科技服务平台，实际上在运行过程中，没有明确地算它的折旧率，也就是没有考虑把投资成本收回来，它起到的作用是科技服务，再间接产生经济效益，主要是这么两个方面。

主持人：李教授上来就给大家算钱了。

李楯：为什么要问这个问题，我觉得正是这样，现在我们国家进入一个高速发展，那么高速发展中能不能再发展得均衡一些，比如像我们基础的科学研究、应用技术的投入和我们的加工制造业，这个关系怎么摆，这是很重要的，所以这就面临这样的问题，比如说我们一些很尖端的一些技术、上台阶的，比如像航天这方面、像军工方面、像生命科学这方面，比如涉及基因什么的，当需要一种很大量的运算，需要很先进的设备运算的时候，如果我们国内没有条件，我们就要拿出去，当我们往前走的时候，我们技术上需要东西，如果我们没有这些设备的话，那么我们很多事就无法做，在有些地方甚至无法做。另一方面又有一个问题，如果当我们有了这个设备，而又找不着更多的活干，就是说我们国家发展还不均衡的时候，是不是能够使它充足地运行起来，用什么样的基础来支撑它，和究竟有多大的需求去拉动它。

主持人：李教授在给你们算这个技术的性价比。这也是四年前"天河一号"上马的时候，有这么一个激烈的争论，第一这个机器能不能做好；第二做完了之后能不能用好。现在国内的一些超级计算机，我们了解的有好多是限于做出来了，但是根本没有那么多人去使用。我想问刘主任，您对"天河一号"的使用做好准备了吗？

刘光明：实际上科技部要建国家级的超算中心，实际上是解决我们国内投资分散的问题。您刚才讲的是对的，国内有很多中小型的超算中心各自为政，麻雀虽小，肝脏齐全，但是它只是为自己服务，没有公开，没有共享，我们现阶段的超算中心就是立足于我们天津，首先面向东三省，然后面向全国做服务。这一次在美国的时候人家问，我们国外能不能用，我们说欢迎你们来，举个很典型的例子，上一个月我们跟渣打银行签了战略合作协议，干啥事？就是给他们做金融风险分析，所以从现在，我们十月底完成了 TOP500 的测试之后到现在机器非常饱满，全国方方面面都在用。

主持人：我想问问述思对这个作用怎么看？

石述思：我就讲讲可能批评的东西，可能有助于咱们更好地开展工作的东西，这是微博的留言，他说这是中国的形象工程，新的叫高科技形象工程，光重视我们的技术的开发，不重视应用，光重视我们的形象，不重视需求，这是一种声音。

主持人：述思，好问题，我问问胡教授，这是不是一个形象工程？

胡庆丰：首先我觉得形象工程这个说法肯定是不准确的，实际上我们国家在 2007 年到 2020 年的国家中长期科技发展规划当中，就部署了很多国家级的重大科技工程、科技专项。这些重大专项实际上包括航空航天也好，大飞机、大火箭等等这些制造也好，它中间都离不了这种超级计算的支撑。

主持人：这些项目在滨海新区都有。

胡庆丰：对。这些国家作为一个整体的科技发展的布局，它已经是看到了这种需求，潜在的需求，那么必须同步发展我们这种超级计算的平台，也就是我们的超级计算机。首先应该说肯定是到了需要发展这么一个平台，做这么大系统的时候，所以从这一点讲，它不是一个形象工程。

主持人：我们新浪微博的朋友正好问进来一个问题，我们回到具体（问题），来看这位叫"心梦"的朋友（大屏幕，微博截图画面）。他说："我知道计算机总是软件比硬件贵，我们有了世界运算最快的计算机，但我们的软件业能不能也赶上硬件的速度？天津要想成为中国的硅谷还需要做些什么？我是软件专业的学生，又是天津人，今后在天津就业前景如何？"胡教授您怎么回答这个具体的问题？

胡庆丰：应该讲，首先作为超级计算的整个一个大的系统来讲的话，计算机只是中间关键的一个平台。

主持人：他问的问题，其实是你机器造出来了，你的软件跟得上跟不上？

胡庆丰：我理解这个问题就是怎么把我们超级计算机的应用搞好，应该讲我们国家的软件特别是在应用软件这一块，大型应用软件跟国际的先进水平比，还是有一定的差距。这个差距来源于几个方面：首先你没有这么一个大的高性能的计算平台的话，你无从讲起发展自己的软件，现在我们有了"天河一号"这样一个平台，我们发展我们的软件，自主研发自己的软件就有了一个基础，有了一个工具，在这个基础之上，我们经过努力，应该讲是可以大有作为的。

刘光明：实际上现在我们中心最大的任务，一个是人才，另一个是应用。人才怎么培养，我们现在正在有规划，就是说一起建一个软件工程学院，哪两个方面建呢？国防科大跟滨海新区共建，挂靠在天津超算中心，两个目的：第一个为我们超算中心提供软件人才；第二个为我们天津地区提供软件人才。所以刚才那个网友提的问题来讲，欢迎他到我们这来用。（掌声）

主持人：应用无极限，我能不能这么理解，我们今天尽管开发了这么快的计算机，但是它和我们想用的、达到的用途高度比起来还差得多。

胡庆丰：差得多。它的应用实际上牵涉日常生活的方方面面，牵涉我们的工业、经济、社会、文化各个层面，当然全社会都要来重视这个事。

刘光明：计算机的技术要产业化，我们现在正在做这件事，把天河计算机一些核心技术，像服务器、高性能计算机、小规模计算机的技术，还有芯片技术，另外还有软件网络技术，现在都在做产业化，产业化完了之后，形成一个新的产业规模之后，能有更好的经济效益之后，反过来能够支持"天河一号"更好地运行和后续的发展。那么对后续来讲，我们可能会再规划一个"天河二号"更高的计算机，取决于这台计算机"天河一号"用得怎么样。

主持人：我想有一点我们明白了，用好它和造好它同样重要。

石述思：严重同意主持人的看法，我还想再说两句，发点我的感慨，我觉得中国要发展，必须大胆借鉴消化吸收一切人类文明的先进成果。我们的超级计算机就是它的结晶，但是这不能掩盖我们在基础技术研究上面的很多的挑战，尤其是国际上的挑战。我先讲一段话，这段话来自于 2009 年的《时代》周刊，当时美国爆发金融危机，经济一团糟，中国充当了振兴全球经济的领头羊，《时代》周刊写过一句话：不管你高兴不高兴，满意不满意，同意不同意，中国人就这样来了。我们看完很振奋，但是它最后又说了一句话：我们不怕中国人，因为我们有全世界最好的教育和最先进的科技以及先进的科技带来的知识产权。但是今天我们看到了，我们有了自己的"天河一号"，这给我们会带来很大的信心，现在我只想说一句：中国的教育要加油了，我们的基础技术毕竟开始快速地跟进国际的先进步伐，自主永远是我们要追求的宝物。我讲完这一切，我还是要对我们的"天河一号"表示祝贺，不管我们多么艰难，多么的曲折，获得了这个成果代表了中国未来科技乃至经济的发展方向，我觉得（难道）我们还不值得为我们做出"天河一号"的人鼓掌吗？（掌声）

主持人：我们新浪微博的朋友还有问题问进来，我们来看一看："计算机的运算速度有没有极限？这样的速度比赛啥时候才能结束？"（大屏幕，新浪微博截图画面）

胡庆丰：应该按现在的技术来讲，这是没有极限的，可能单个处理器、单个 CPU 的速度可能有极限，但是作为一个计算机系统来讲，这个是没有极限的。首先，齿轮技术在改变，比如现在新的光计算、量子计算、生物计算现在可能完全颠覆电子计算机的这种概念，这是一个方面；另一个它的并行规模可能会做得越来越大，所以从它的系统的运算速度来讲，这个是不存在极限的。

主持人：我用一句广告语来说叫"创新无极限"。

胡庆丰：可以这么讲，至于第二点，既然这个运算速度没有极限，那么这个速度比赛就永远不会有结束之日。

主持人：那回到具体的，说美国的能源部门已经投资，说在 2012 年要生产出万万亿次的计算机来，那到时候我们还能领先吗？我不由自主地想问这个问题。

胡庆丰：这个应该这么讲，前段时间已经说过，到了整个国际上，这种超级计算技术发展到现在的话，应该说进入了一种交替领先的这么一种状态，不再是美国以前一家独大的局面，我们"天河一号"目前领先，只是讲的当前，可能下一个美国领先，但是又可能过某一个时期中国又可能领先，这是一种交替发展的过程。

主持人：我们《观点强中强》有一句话，叫做"观点影响生活"，听了胡教授他们的介绍，我觉得是"科技改变生活"，我理解这可能是一场没有输赢的比赛，但是科技工作者给我们人类创造了很高的物质文明，也给我们留下了这种创新无极限的创新精神，所以在这一点上，我们要感谢他们！非常感谢今天胡教授接受我们的采访！我们也预祝天河二号、三号能够继续领跑！谢谢！

 评析

化深奥于通俗，你来我往间诠释科学魅力
——评《天河一号：速度背后的较量》

由国防科大研制，安装在天津滨海新区国家超级计算天津中心的我国首台千万亿次超级计算机系统"天河一号"，在第 36 届全球超级计算机 TOP500 排名中位列世界第一，实现了从亚洲第一向世界第一的重大跨越，这是这期访谈节目的创作背景。乍一看节目名称，一种"高大上"的感觉扑面而来，因为对于普通受众来说，有关科技的选题往往会有一种距离感，节目的可看性较其他题材来说要弱一些。但完整地看完这期节目后，你会发现，原来科学也可以这么"亲民"，晦涩难懂的原理竟然"一点就通"。将如此宏大的主题诠释得恰到好处，其背后究竟有哪些"秘诀"呢？

一、结构紧凑，逐层深入

该节目围绕主题，分别从"中国速度何以震惊世界"、"'第一'缘何来之不易"、"'天河一号'怎样改变生活"、"如何理性看待此次突破"、"速度背后有何较量"等几方面，深入浅出地进行阐释探讨。

整个节目时长不过半小时，但节目的信息量十分巨大，最为可贵的是结构清晰、逐层深入，避免了话题混乱、信息杂乱的现象。该作品不止步于对"天河一号"本身的探讨，

而是从"天河一号"的成功谈起,进而逐渐深入话题,最终将落脚点放在自主创新对未来中国经济发展的重要意义上,并结合当下中国经济转型面临的问题探讨了"如何理性看待此次突破"、"速度背后有何较量"等话题,使节目具有了更深层次的社会内涵。

在话题的衔接上,节目充分利用了谈话节目的特性——互动——来实现话题的转换,过渡自然、顺畅连贯。主持人就像"发球员",将"球"(问题)抛给嘉宾,从而讨论的话题就在"抛球"、"接球"间完美地切换。例如从"'第一'缘何来之不易"到"'天河一号'怎样改变生活"的话题转换中,主持人说道:"拿了第一,建了超级计算机中心,接下来,我们大家心里自然会升腾起一个问题:我们要超级计算机干什么用?胡教授,我印象当中大家对于超级计算机的理解,是多少年前'深蓝'和国际象棋棋王卡萨帕罗夫的一场比赛,当时大家都说是叫电脑打败了人脑。……今天要按天河的速度来看,棋王是不是就干脆永远没有赢的余地了?""球员"接到这个"球"之后,自然而然地就要解释"天河一号"有什么实际效用,整个节目就是在"发球"、"接球"的互动配合中打完了比赛,一气呵成,高潮迭起。

二、举例论证,生动形象

这期节目的成功在很大程度上取决于:用事实说话,于细微之处彰显科学魅力,善于用生动形象的案例来论证所言之事。有关科技题材的电视节目往往容易陷入"高不可攀"的尴尬境地,究其原因,无非是因为其中涉及的专业知识非普通人所能理解,尤其是科技成就性报道通常以"硬面孔、高调门"示人。而该作品恰恰巧妙地避免了这个"通病",用生动的事例来展示所要论证的观点。

在面对"美国的桑迪亚实验室,它说把一万台智能手机串联起来就能做成一个像天河一号这样的计算机"的质疑时,胡庆丰教授引用了"一个和尚挑水吃,两个和尚抬水吃,三个和尚没水吃"的俗语进行解释:一万个和尚到了一起之后,假如他们之间不能很好地协同工作的话,其结果那就是没有水吃。这样一来,关于美国同行的质疑传闻自然不攻自破,观众不仅知其然也能知其所以然。

在"'天河一号'怎样改变生活"这个话题中,通过三维动态图引出天气预报、石油勘探、生物工程、三维动画等一个个实例,运用对比的手法,凸显"天河一号"能大大提高各行各业的工作效率,为我国的发展作出了很大贡献,有力地证实了"天河一号"改变了我们的生活。另外,为展现"'天河一号'怎样改变生活"这部分内容,节目又邀请"天河一号"超级计算机的使用者现身说法,现场演示汽车侧面碰撞的模拟计算,并解释"天河一号"使计算时间由三五天缩短为一个小时,再一次力证了上述观点。

一个个生动的事实使宏大的主题平稳落地,朴实的事例、通俗的语言拉近了节目与观众的距离,高深的理论走下了"神坛",与普通观众"亲密接触",产生了出人意料的传播效果。

三、主体多元,个性表达

这期访谈节目的话语主体主要包括四部分:主讲嘉宾由新闻当事人"天河一号"的副总设计师胡庆丰和国家超级计算天津中心的主任刘光明担任;评论嘉宾由清华大学当代中国研究中心教授李楯、资深媒体人石述思担任;主持人担任"发球者"的角色;现场观众和网友则承担"观察员"的角色。

各话语主体的背景不同，表达方式也各具特色。刘光明主任和胡庆丰教授是新闻当事人，他们主要负责介绍与"天河一号"有关的各种情况，解答各方的提问和质疑，作为科研工作者，他们在表述上通常十分严谨，专业性强。李楯教授和石述思分别从自己的专业角度进行评论和发问，将话题拓展开来，李教授的发言通常是直击核心、言简意赅；石述思则从媒体评论者的视角将话题发散开来，结合现实情况对中国科技创新提出自己的见解。主持人通过敏捷地抓取最有价值的观点，推动谈话进程，将更大的展示平台留给参与嘉宾。主持人语言幽默，善于将专业术语恰当转换，以便观众理解，如刘教授在解释何为 CPU+GPU后，主持人说道："我来理解就是说，一拨是干复杂活的人，一拨是干简单活的人，我们把它融合在一起了，而且效率还特别高"，形象生动的语言让观众加深了对这一概念的理解。观众和网友则通过现场交流和网上提问参与节目互动，语言朴实、真实自然。在主持人的串联下，多元的话语主体通过富有个性的语言表达，将节目的宏大主题娓娓道来。

四、角度新颖，针锋相对

"'天河一号'在第 36 届全球超级计算机 TOP 500 排名中位列世界第一"的新闻被许多媒体报道过，而《天河一号：速度背后的较量》的报道角度新颖，观点独特。本期节目虽然是从介绍"天河一号"的有关情况出发，但是落脚点却是自主创新对未来中国经济发展的重要意义，并结合当下中国经济转型面临的问题探讨了"如何理性看待此次突破"、"速度背后有何较量"等话题。

在节目中，话语主体间针锋相对，对有争议的话题进行激烈的讨论，从而层层推进主题。在"如何理性看待此次突破"这个主题中，李楯教授连连发问、毫不留情："我们整个研发和整个这套设施把它做起来，国家投入大概多大"，"我们现在建成的这套，它的运行大致需要多大一个费用"，"整个咱们的研发收回估计大概多长时间？连整个研发、连日常运行大致是多长时间"。这些问题都直接关乎国家投资研发"天河一号"的性价比，涉及钱这种敏感话题就使谈话的氛围更加紧迫，但刘主任则正面回应了这些问题，理性地分析了现实情况，谈话节奏紧凑，实现了"真诚沟通"，这也是谈话节目成功的重要前提。石述思在节目中提道："微博的留言，他说这是中国的形象工程，新的叫高科技形象工程，光重视我们的技术的开发，不重视应用，光重视我们的形象，不重视需求，这是一种声音。"主持人立马将这个问题交给胡教授，直接提问：这是不是一个形象工程？胡庆丰教授也正面回答了这个质疑，他说超算已成为国家整体发展布局的一个关键核心，很多国家科技工程都离不开超算的支撑，所以并不是形象工程。主持人和嘉宾的提问直接犀利，评论理性，观点交锋你来我往，做到了"言人所不敢言"。

作品围绕"天河一号"展开讨论，比如机器造出来了，软件跟得上跟不上、对西方复杂的声音怎么看待，等等，作品谈及了其他媒体所未论及的东西，想人所未想，言人所未言，彰显了独有的"深度"和"力度"。

科技题材的成就性报道是当下电视新闻报道领域的一块"高地"，如何"从高就低，化大为小"成为决定作品成败的关键。该作品在科技题材创作上进行了积极的探索与尝试，节目运用丰富的电视手段，精心谋篇布局、认真选材，多角度、全方位地展示了"天河一号"的科技成果。寻找最有冲击力和感染力、最能表现事物本质、最能深化主题的素材，以紧凑的结构呈现最大化的信息量是电视节目追求的目标。

（郝硕）

5.2　拆新房为哪般

内蒙古电视台　雷蒙　刘小飞　张维琴　张虹邻　索丹

主持人（雷蒙）：各位好，刚才这么热烈的掌声就能听到，今天来的观众对这期节目是有期待的。这件事儿，最近在呼和浩特市影响还挺大，我们先看一个短片。

【短片】

解说：记者来到呼和浩特市玉泉区五里营春光嘉园小区，看到满院的楼房都被写上了大大的"拆"字，显得非常刺眼。

居民：人家说都拆呀，都写的（"拆"字）。

记者：哪儿拆？

居民：就这儿，人家说这儿都拆呢，世纪五路。

居民：新新的房子盖起三四年，刚刚住上，有的没住进来。有的还装修了，有的没装修呢，倒都给拆了。

记者：你们这个房子是哪年盖起来的？

居民：2007年底好像还没交工呢，2007年底交工的。

记者：就是2008年（盖起来的）。这个房子是商品房还是？

居民：商品房。

记者：都有房本什么的没？

居民：有房本。

解说：小区内一共有9栋6层的楼房，400多户居民。很多居民都觉得2008年才竣工的小区，现在就要拆迁，有点儿可惜。所以小区内目前还没几户人家响应条幅"早搬迁、早选房"的号召。记者来到玉泉区道路拆迁指挥部，看到这里的一幅规划图，从这幅图可以看出，锡林南路以东，南二环路往南和世纪五路以北的这个区域，将来会建成这样一个大型的住宅区。2008年建成的春光嘉园小区影响到了新规划图中世纪五路的贯通，所以玉泉区政府打算将这个小区整体拆迁。

【演播室】

主持人：先给大家介绍一下，我今天请来的几位朋友，这位是这儿的居民代表小黄，欢迎你。

小黄：你好。（掌声）

主持人：这位就是玉泉区分管这片儿拆迁的，韩轶副区长，欢迎你。（掌声）

主持人：还有我们栏目评论员，内蒙古社科院经济研究所的于光军所长和我们栏目评论员著名律师艾国平。（掌声）

主持人：今天来到现场的观众朋友们都是你们的（居民）。

小黄：嗯，都是我们的住户。

主持人：说是要来的人很多，今天坐不下就来了一部分。

小黄：是的。

主持人：那咱们先了解一下我们这个短片中拍的情况。这个短片中说的情况是这么回事儿吧？

小黄：确实。3月份左右的时候，你看我那一段出差，我出差的时候还没有听到拆迁的这个消息。等我出差回来的时候，小区已经全部打上"拆"字。

主持人：你搬进来多长时间了？

小黄：我去年搬进来的。去年10月份搬进来的时候，准备装修，后来11月份装修，我去年11月份装修。

主持人：刚装修完。

小黄：刚装修。

主持人：刚住进来。

小黄：刚住进来。

主持人：好日子正准备开始呢。

小黄：对。刚刚开始就要结束了。

主持人：就要结束了，这可不是结束啊。有一个事儿，我还得问一下韩区长。人家的幸福日子刚过上，你就"呱嗒"一个"拆"字往那儿一放，打破了人家幸福的梦想。

韩轶：可能会更幸福。因为我们历史上的拆迁，拆完绝对是比以前更幸福。呼和浩特市大家也看到了，这两年城市发展比较快。这个老城区的堵车、拥堵，包括这个旧的商业中心的，这块儿已经远远满足不了呼和浩特市下一步发展的需要了。所以按照呼和浩特市2020版的总规呢，整体发展的重心是要南移的，而且尤其是商业重心下一步就移到咱们这个区域，就是在世纪五路两侧，就是呼和浩特市下一步的商业中心区。世纪五路是城南主要一条干道，咱们春光嘉园呢，9栋楼有5栋楼是压到这个世纪五路上的。这个不然的话，像这么新的小区呢，但凡有点儿办法的话，政府也不会进行拆迁的。但是如果世纪五路不打通的话，呼和浩特市整个城市南拓的战略就没法儿实施，这个还是希望大家能够理解。这个因为为了城市整体的发展，这也是没办法的办法，所以只能在具体的补偿上，我们尽量地希望能做到让大家满意。这个于国、于家、于个人做到三方面尽量能达到一致。

主持人：我觉得您说的吧，也是挺好的一个愿望。但是这个愿望是你的愿望呢，还是所有居民的愿望，那就不知道了，是吧。问问大家，大家对这个拆迁你们怎么看，有些什么建议？

观众：韩区长，我想问一下，就说是拆迁我们这一块儿的话，拆迁许可证现在有没有？

韩轶：拆迁许可证有。

观众：有。那为什么这个拆迁许可证有的话，有没有公示？公示过没有？

韩轶：这个拆迁许可证在墙上贴着呢。

观众：没有啊，这么多居民都可以问一下。

韩轶：拆迁许可证是肯定有，这个确保。

主持人：这个的确也反映出了一个问题，反映出了你和你的同事们，对于老百姓最起码的知情权的不重视、不尊重。

韩轶：这个没有那么严重，可能拆迁许可证在那儿放着，大家过来问，有时候在了不在了，这个可能是我们工作疏忽。

观众：我觉得作为一级区政府，要是搞这个修路的拆迁的话，这个东西应该就是说，首先给我们居民看到，不能说我们居民问起来了，您说在您办公室。这个说个不好听的话，您的办公室，也不是我们随便能进去的。另外的话您刚才说的，可能跟我们前期听到的不太一样，我们前期听到我们回迁的位置，是在二环路边上的五里营村，就现在这个村的位置，二环路边上，紧紧就在路对面，丰瑞地产的斜对面。我们听见是在这个位置，您现在又说我们这个回迁楼是在我们的北面，（回迁房的）200 多亩地到底是在哪儿呢？是在戒台新村这面呢？还是在五里营这个村这面呢？

韩轶：这 200 亩土地呢，从这个戒台村的 60 亩基本已经征完了。然后你们春光嘉园北面，你们这两天没看见，我们整个推出来以后，路边上 15 亩，路后头有个 30 亩，再往那头有个 100 亩，基本它几块地零零星星的都已经就啥了，都陆续都推平了。

观众：这个没有见到。

韩轶：这个没问题的。这个我们政府不会，尤其个人在这里面是不会说谎的。这个东西希望大家以后不要说，咱们基本存在的事实不要质疑。200 多亩土地呢，我们计划呢，先开了 5 栋回迁楼。这 5 栋回迁楼想在这个月底马上就开工，应该正常呢，在这个两年吧，我们先初步定是两年，正常应该明年年底，但是这中间因为修路，给大家造成一些生活的不便，这个我们表示对大家歉意。

主持人：刚才短片中我还看到有个老大爷说这个房子刚建成几年就拆了，我听出来了，他有一句话就没说出来，他说简直就是败家子，这三四年头又折腾。（掌声）他那个言外之意咱听出来了但没说，你听出这样的话没有？

韩轶：整体上城市运作的过程中，在更新的过程中呢，可能有一些不是做得尽善尽美。

主持人：这个三年的房子，当时怎么就错了？是堵路了是吧？

韩轶：对，它是 9 栋楼，5 栋楼占在世纪五路上。

主持人：那三年前为什么，不知道这条路吗？

韩轶：2002 年金桥开发区当时批的一个小区，这个小区还不是市规划局或者全市统一规划这个概念。

主持人：当时这个房子没有通过规划局批的规划？

韩轶：当时是按郊区那个，因为当时是个郊区。

主持人：那没有规划怎么拿下的房本？（掌声）

韩轶：不是说没有规划，它不在城市规划区内。它批的时候，当时这个时候，这条路是城市规划局规划到这儿以后就有世纪五路的，因为啥，它批的时候，不是说是前三年批完的，它是 8 年以前批的。

小黄：韩局长，我打断一下，就是所谓的是规划，先有规划，后有我们这个小区，是不是应该这样理解？

韩轶：这个规划分两种规划，一个是城市规划，一个是城郊规划。

小黄：我这样理解，就是不管城市规划和城区规划和我们城郊规划，能建起我们这样的小区，应该是地区政府和市政府、市委应该有一个统一的建设的规划。我感觉是这样的，不然的话这小区不会起来的。

主持人：咱们一个一个商量，这个您认不？

韩轶：认。

主持人：这个有法律效力的吧？

韩轶：而且我们回迁的房也有这个。

主持人：这个是认的。

主持人：我再问问在座的居民，这都是你们那个（住户）？

小黄：都我们住户。

主持人：真实地回答我啊，你们愿不愿意搬？

观众：不愿意。

主持人：不愿意的举手我看一下。（全体观众举手）

主持人：好，那愿意的请举个手我看一下。（没有人举手）

主持人：韩区长，这个问题就麻烦了。我们每家都有国家认可的这个中华人民共和国的房屋所有权证。如果我不愿意的话，那你是按道理上，你是没有权力拆迁的，是不是这样？道理是不是这样？

韩轶：这个不一定的。

主持人：啊，这还不一定？

律师（艾国平）：如果不是公益事业，那么这个拆迁就应该是一种协议行为，就双方都自愿的。

主持人：对，我现在就想落实这个问题，我们究竟是一种必须要拆，还是一种你跟居民之间的协议行为？

韩轶：这个是必须要拆的，城市干道必须打通。

评论员（于光军）：这个里头实际上到目前为止，基本上已经比较明确的是这个目前的这个建筑尽管是各种手续都齐全，但是呢，它不符合我们现在的城市规划的要求。

主持人：我只知道这个房子是有合法所有权的，对吧？

于光军：现在问题是这个合法所有权和新颁布的这个国务院条例……

主持人：发生冲突了？

于光军：没有冲突。不是和这个条例冲突，而是和规划冲突。

主持人：和规划冲突了。

于光军：对啊。

主持人：那究竟谁错了？

于光军：批这个小区建设的那个机构嘛。

主持人：就是当时批准建设方建的。

于光军：只是说批准有问题嘛。

主持人：如果现在这个区域划归你们玉泉区管了，我觉得你们玉泉区就应该站出来说。

韩轶：这个嘛，作为一个行政决策，跟咱们一首古诗上说的一句，就叫做"没有历史上的常胜将军"，不能说一个人一辈子打了一次败仗，你就让他一下子把他批到底。

主持人：这个没错。

韩轶：这个他可能决策嘛。

于光军：谁都不可能不犯错，但犯错得承认。

主持人：你这个话说得对，但问题是不能错误让居民来承担啊，甚至我在想，你韩局长今天是好心好意地准备这么做。咱们玉泉区政府，考虑大家的需求在这么做，三年之后是不是又错了，这又要拆啊，这可咋办？（掌声）

小黄：我们怎么能相信，哈哈哈。

主持人：现在就是这里面，我为啥老拿着这个呢？这是涉及政府的形象和信誉啊。这不是小事儿。

韩轶：这版是 2020 年版国务院的规划，那是相当尽善尽美的，我觉得这是很好的。

主持人：这个东西不管是谁规划。

韩轶：这个 2020 年版的规划，作为一个城市建设项目规划，大家可以看图纸，你们以前那个小区，说实话横不平竖不直，门前是一条啥呢？门前那是一条斜的干道。

小黄：但是那是我们的家呀。

主持人：韩局长，是这样的。

韩轶：也不是一个好的小区。

主持人：韩局长，是这样的，韩局长的好心我理解，但是韩局长你不是我爹，你不能替我决定我未来怎么样是幸福的。

韩轶：对，对，对。这个道理是对的。

主持人：好，我们现在呢，现在把事情论述到一定地步，现在请律师给我们归纳一下，刚才涉的这些问题，有哪些是涉及法律上的问题。

艾国平：韩局长设计这个小区，我可以肯定说，肯定会比你们现在小区好，但是不等于是我愿意这么做，对吧？作为老百姓来讲。（掌声。现场观众说"对"）为什么主持人紧紧拿着房屋所有权证，国家的房地产开发法明确规定，我具有这个房屋所有权证后，我有权力使用我这个房子多少年？70 年，对吧？（现场观众说"对"）那么非经我同意，任何人不得侵害我的权益，是这个道理吧？

观众：这是物权法规定的。

艾国平：这是物权法规定的。但是你们现在面临的是，韩局长解释说，要有一条路，只要是路，这就符合公益拆迁的性质了，公益拆迁我们只有接受，怎么办？我们补偿，能不能把我们的物质损失、心理上的损失、我们两年无家可归的损失、精神上的损失各方面得到一个等同的补偿，我觉得这是我们该下一步研究的问题。（掌声）

主持人：拆是必须要拆了。

小黄：是，明白了。

主持人：虽然当时有错误，但是这个错误我们来承担，我们居民来承担，但我不能白承担。刚刚艾律师说了，关于这个补偿的问题。

韩轶：补偿我们现在基本考虑以后呢，按照呼和浩特市的现状，大部分是实物补偿为主，按我们现在的拆迁呢，99%呢，一般是选择了实物补偿，也就是回迁。现在回迁以后呢，春光嘉园呢，我们现在选择的回迁方案是 1 平方米回迁 1.1 平方米。

主持人：原来是 1 平方米，回来 1.1 平方米。

韩轶：然后呢，以前你这（房子）里面所有的花费，好比你办房本的费用，以前你装修的费用，这些在这个房里面的花费呢，我们全部经过审计实报实销。再一个就是建起的房子是一个比较高档的花园式小区，档次比较高。从这个经济价值上呢，比原有的小区肯定会升值很多，这个是绝对的。

主持人：就是 1 平方米的现有小区，回迁之后呢，变成 1.1 平方米更高档小区的房子。

韩轶：对，对，对。

主持人：这是指回迁，货币补偿呢？

韩轶：按照周边的售楼价格，定的一个销售价格。

主持人：大概多少？记得吗？

韩轶：一般是个 4000 多块钱吧。

主持人：这个是我看到的一个 2011 年 3 月 1 日呼和浩特市玉泉区五里营村城中改造项目指挥部说的一个方案，这上面写的是要货币补偿的话，一层补 4100 元，二层补 4200元，三层补 4400 元，四层补 4350 元，五层是 4150 元，六层是 4000 元。

韩轶：对，这是一个基础房价。大概补偿方案就是这个状况。

主持人：对，基础房价是这样的。

小黄：我打断一下，我们现在所生活的地段和现在的房价您了解吗？

韩轶：你现在这套房子，现在如果往外卖，正常也就卖四千一二，大概就这个数字。（观众哄笑）

小黄：四千一二？

韩轶：这个现在因为咱们现在还有，这个大家不要笑。

小黄：那好，这样啊，我再问领导一个问题，就是我现在这个房子，要是作为二手，能卖四千一二。现在你要是让我回迁，比方说给我补偿款，我用这补偿款我要再买现地段买一套房，是不是得买新房？

韩轶：你为啥我们现成的花园小区你不要呢，非得到外面买？

小黄：我问题你现在回迁没有，（回迁房）是个未知数，韩局长。

韩轶：有的。

小黄：你现在谈不到回迁，你离回迁差得太远了。你离回迁差得太远了！

韩轶：这个咱们都有协议嘛，按期拆迁不了。

小黄：您这样，先回答我刚才这个问题，我现在要是在本地段，不超过 1 公里。

韩轶：你不要太激动。

小黄：没激动。

韩轶：慢点儿说，慢点儿说。

小黄：就是我在本地段我现在买一套房，韩局长，您说需要多少钱能买下来？现在，现地段，现房。

主持人：刚才不是说了吗？

小黄：他说我卖我那个（房子）需要 4100 能卖。

韩轶：房价一个是区位问题，一个是房屋的档次问题，还有一个整个配套问题。

观众：我告诉您离我们最近的，离我们最近的就说是御景苑美通西墙，美通西墙我三月底去看的时候，房价是 5600，这是起价。御景苑的起价，这是在美通的西墙。丰瑞地产在南二环的边上，那个房价我就没法儿说了。

艾国平：大家都各报了一下价格，我给说一说这事儿啊。这个作为我们被拆迁人来讲，我希望给我们的货币，是在这附近随便哪儿都能买，是吧？买 21 楼也行。买 18 楼也行，对吧？这个要求过分吗？不过分。为什么？我要保证我原居住的这个条件不能掉下来，对吧？（现场观众说"对"）如果说你到马路边，我允许你搭个窝棚，是吧？搭 100 平方米也行，你生活质量下降了，我们既不能下降了生活质量，同时区段要基本相似的状态下，我要拿着货币随时都能买到。而不是说需要找人、需要给人磕头，丰瑞地产说，我就区里边就给我补 4000 元，你卖给我一套，求求你了。那不行的。法律规定了，被拆迁人两种选择方式，一个回迁，你拆 1 平方米给我 1 平方米就完事儿了，我就等着搬家了。再有一种方式叫货币补偿，货币补偿那就说你拆我一平米，你给我多少钱，你们现在说给 4000 元少，说给 8000 行不行，8000 元我怕也买不上，给 15000 行不行，最好了。我没准儿还能买两套呢，是吧？这就是拆迁人与被拆迁人之间的矛盾，但是拆迁要客观、要实际，怎么确定这个价格？拆迁通知规定的是，引用的是 2003 年、2002 年呼和浩特市的拆迁条例实施细则，那上咋说的？说拆迁人与被拆迁人如果进行货币补偿的时候，那么共同选定一家评估机构，说你公正，我就选。你同意不？同意。咱俩选那家评估出一个结果，说我这房子 8000 呢还是 4000 呢？评估咱俩都得认这个数字，所以法律就是这么规定的。

韩轶：我们这些价格，以前都是找这个，前期呢，也是找一些评估公司呢，确定过的。但是呢，评估公司没经过大家认定，这个咱们也是实事求是的。这个需要更新呢，咱们下一步，可以继续更新一下，因为这个价格也是时常在更新的，不是说一次定死就没有了。有疑义我们可以继续找评估公司，这个是法律允许的，如果说评估公司大家觉得不合适，我们再找一家评估公司，可以继续估算嘛。这个是没啥问题的。

小黄：我们现在不管价高价低，我们关心的是，你现在补偿我的经济款，我现在需要，我不管多少钱，需要给我买同等价位的房，我不能等你两年，因为我这两年我没地方住。你现在也不要说这个高与低，现在你给我拿这个补偿款，我们住户所说的高和低，现在这个评估我们不是业内人士，我们需要这个，您给我补偿款，我现在需要买房要住，是这个意思吗？（现场观众说"是"）

观众：我 83（岁）了，我能等你两年？（现场观众哄笑，掌声）

韩轶：咱们有时候还是特殊考虑的，这个不一定，像有一些特殊困难户，像我们前一段时间在五塔西街那块儿拆迁，有些年纪大的，确实说我们想马上住现房，周边我们当时也是买现房的，可能没有那么大量，可能是周边。如果大家确实想要现房，周边环境如果大家愿意的，我们是同意买现房的，不是说不同意买现房的。

主持人：今天算不算是一个沟通的开始？（现场观众说"是"）算是一个沟通的开始吧？

韩轶：对。

主持人：既然说是开始，就是说还有很多非常重要的内容，还要进一步沟通下去，对吧？我除了关心今天咱们这个玉泉区和春光嘉园小区之外，其实我更关心因为这件事儿反映出的城市建设、城市规划、城市管理水平，怎么样真正地让城市发展为人民，而不是要人民来承担城市发展带来的麻烦，我更关心这些事情。于老师。

于光军：说得大一点，好像这种事走到今天有很多的矛盾跟我们过去做事不得当有很大的关系。比如说浪费就浪费了，没有责任人出来承担一下责任。（掌声）虽然按照刚才我们这个推算，不管这个钱是哪儿的，最后都是老百姓出的，纳税人我也有份，凭什么给你们住那么好的房子，我住那么烂的房子？你们因为拆迁了，在你们那儿跟前建这个马路，然后就给你们做非常高额的补偿，我们就没有了，对吧？我也是纳税人吧，这是一种是吧？还有一种，就是即便是开发商他们去负担一部分，最后还是转到这个买房子的这些人身上。买房子的人也很冤啊，凭什么我们要承担这些过失呀，对吧？

主持人：对，对，对。（掌声）

于光军：所以这个不管怎么说，我觉得走到今天这一步跟这个有直接关系。另外一个呢，就是我们在具体做事情的时候，很多东西都是不按规矩做的，规矩都有，比如说我们刚才说到，具体到我们现在这个春光嘉园这块儿，有一些不符合规矩的，比如说拆迁的情况，然后价格的讨论等这些事情我们不知情是吧，我们不知道，要不然不至于说今天有这个。用电视台，用雷蒙在这块儿帮助大家建立这个沟通的方式或者是沟通的渠道，或者开这个头，按道理说用不着。作为政府也好，应该在做这个项目本身，就把这个事情自己先做好了。这块儿没做好，积累到今天，也会导致现在这个结果。

主持人：我想在这个时候，请律师给大家提示一下在下一步进行沟通当中，要特别注意哪些法律上的问题。

艾国平：刚才主持人说，我们建立一个沟通的平台，但是作为我们老百姓来讲，怎样沟通，拿什么武器去跟政府沟通，这很关键啊，是吧？我们不能狮子大开口，说大了说我们应该得到合理、等值、等价的补偿，回迁也好，或者是异地安置也好，或者货币补偿也好，这三种办法，法律都有相应的规定，我们要有理有度，合法地依法使用自己的权力，让自己的权力不受侵害。前提条件是多沟通，掌握法律知识。（掌声）

主持人：最后留点时间，请大家把话题集中一下，利用这个平台呢，说一说最近的日子，你们是怎么过来的。

观众：我想说两句啊，我含辛茹苦地挣了这么几十年的钱，给孩子买了一套房。我面临着七月份孩子要结婚，这几天我的日子不知道咋过去的，天天就在噩梦中煎熬。你说辛辛苦苦，我装修就花了两个多月的时间，刚进来这个屋子还没捂热呢，现在就面临这拆迁，我心里头很不是滋味。我是个下岗职工，现在我买套房子很不容易啊，你们可以想象一下，我现在的条件不多，就是在同等的条件下，给我安置一套房，你再拆迁我的房。等我的孩子办完婚事以后，你哪怕把房都推平，我不管你，我给国家让道，让国家修路，这是我的心愿，我也为国家作一份贡献。（掌声）

主持人：好。还有哪位？这边这位大姐，您说说看。

观众：我去年我是得的这个直肠癌，我们在那个旧楼住着呢，现在面临这个拆迁呢，我们心里感到挺不是滋味。我儿子那儿的房也拆，我的房也拆，现在面临着我们拆得没有地方住，现在就是。我就想请求政府就是，能给我们现在弄上一套房，起码我们娘们几个能住在一起就行了，别的要求也没个啥。（掌声）

主持人：这边的朋友，你们家也在这儿住着呢？

观众：对，也在。去年来的，才一年多点。

主持人：去年来的，这要拆的话，你去哪儿租房子？

观众：没有住处，反正是从十几岁打工，出来上班，挣这个房子真不容易。才装修了两个多月，刚住进来，新的连个灰尘还没弄上，最后我的饥荒还短好多，还没打完饥荒呢，你说，我反正是不愿意拆。（掌声）

韩轶：确实9栋楼拆迁量很大，难度大、任务、费用高、成本高。作为我们基层政府呢，这两年来说实话，一直对这个并不想拆。今年这个道路下来以后，市里面把它列为今年城市计划的一个主要任务，任务下达到我们玉泉区，是三月份下来的。因为前期是跟大家一个接触性的商量。

主持人：到现在为止，一直没忘了韩区长在刚坐上来的时候说的那句话，拆迁是让我们所有的人，拆迁人或者不是拆迁人，或者是我们呼和浩特市人民都能因为拆迁，过上更幸福、更好的生活。我当时开了个玩笑这是梦，节目最后我只想告诉大家，只想我们共同的想想刚才韩区长说的那句话，希望这句话它真的不是梦才行。谢谢区长愿意来跟大家沟通，他是暂时分管这个事儿，他能来吗？没想到录节目之前，他告诉我他一定要来，他要当着大家的面，把该说的话跟大家说一说。我觉得这一点，不知道愿不愿意给韩区长参加这个节目，面对大家的这种勇气和真诚的态度鼓掌。（掌声）

韩轶：好，谢谢大家。

 评析

解决问题从有效的沟通开始
——评《拆新房为哪般》

　　民意如水，宜疏不宜堵。疏的关键就在于各方沟通，消除误解。谈话类节目的重点也是在一个"谈"字上。站在各个利益角度上的人将自己的观点表达出来，各方协商妥协。若是能达成一个各方都满意的解决方案，自然是最喜闻乐见的结果；有时候即使没有一个有效的方案出炉，谈话类节目本身就提供了一个沟通的平台，供人们畅所欲言，给各方一个从对方角度思考的机会。

　　《拆新房为哪般》在节目结束之时，韩轶和春光嘉园的居民就拆迁以及补偿问题并没有达成一个有效的解决方案，但是就像主持人雷蒙所说的那样，这是一个沟通的开始。这期节目起到了一个桥梁的作用，连接了百姓和政府，消除了彼此的误解，为以后更有效的沟通迈出了良好的一步。并且，事实证明，这期节目播出之后，这件事在呼和浩特市引起了很大的反响，当地政府也充分考虑了居民的意见，暂缓了拆迁项目，沟通的作用不言而喻。

建造现代化大都市是中国很多城镇发展的目标，这一过程多半伴随着大面积的拆迁工作。在拆迁过程中，居民与政府的沟通不善会引发一系列的社会问题。《拆新房为哪般》这一期节目选取拆迁这个热门的社会话题，通过节目，将为何会对刚建三年的新房进行拆迁这件事情的前因后果以及解决措施通过各个利益群体进行表达。节目选取了四个主要谈话对象：小区代表、负责拆迁的区长、律师以及评论员，通过主持人穿针引线，现场观众加入讨论，将沟通工作有效地开展下去。

30分钟左右的访谈节目有三处高潮。第一处是在现场观众询问拆迁许可证的时候，主持人质疑政府工作人员没有将许可证进行公示，不重视人民知情权。韩轶承认这是工作的疏忽，现场观众对其进行了批评与建议。政府官员并没有用高姿态和老百姓进行谈话，而是主动承认工作上的疏忽，这种平等的态度是官民之间有效沟通的第一步，保证在与老百姓沟通的时候态度是诚恳的，双方坦诚相见，以此达到互相理解。

第二处引发全场热点的是居民和主持人质疑政府决策的朝令夕改以及讨论春光嘉园小区是否必须要拆的问题。主持人手拿房屋所有权证，一再强调居民对小区住宅的合法所有权，强力维护居民的合法权益。当韩轶表示是城郊短期规划出现问题的时候，主持人又追问是否三年后又会发现现在的规划出现错误，巧妙地批评了政府部门只注重结果不注重过程的工作思路。在整个谈话节目中，主持人把握谈话节奏，客观分析事实，为处于弱势的百姓争取利益，并一再强调短期规划的错误不应该由百姓来承担。

节目的第三处高潮是各方对拆迁补偿方案的协商以及对货币补偿金额的争论。在关于货币补偿金额的争论中，居民代表小黄对韩轶屡屡提问，直接表达自己的疑问与不满。"我打断一下"，"我再问领导一个问题"，"您先回答我刚才这个问题"，这些字眼都是在与韩轶协商辩驳中出现的。这表明在和区领导韩轶的访谈中，普通老百姓小黄不只是一个倾听者的形象，他是一个参与者、质疑者和发言者，这在其他很多访谈节目中是不常见的。老百姓不再处于弱势地位，和官的沟通以平等为基础，敢于向官员提出疑问，为自己的权益发言辩护。而韩轶在整个节目中呈现出的也是一个善于倾听、乐于沟通的领导角色，一改人们之前对拆迁官员形成的刻板印象。在拆迁变成一个社会热点话题的同时，也有大量的报道使得人们形成这样一种错误的定势印象，觉得拆迁官员不近人情、不体恤民情。这些刻板印象让民众误以为负责拆迁的官员是站在自己的对立面的，因此拒绝与他们进行沟通交流。缺乏有效合理的沟通会带来许多负面效应，产生许多社会问题，威胁社会稳定。因此在这档节目中，居民和政府官员不带有太多负面情绪的积极沟通，这才是消除误解、解决问题的有效办法。

不管是主持人还是评论员或者律师，始终都在强调一个词，那就是"沟通"，整个节目过程也体现了这两个字。现场观众不是装饰，随着节目的走向简单地应和、鼓掌。他们都是小区的居民，他们关心自己的权利以及拆迁事件的进展，并且想要积极表达自己的观点，节目也并没有限制他们的话语权，而是让他们畅所欲言加入到这场沟通中来，不至于使台上的居民代表小黄的个人想法武断地代表了整个小区居民的心声。在节目结尾，主持人颇具人性化地给了现场观众一个表达的机会，让韩局长以及电视机前观众了解到居民内心的真实想法以及他们的现状，给官民沟通创建了一个很好的表达渠道。

这期节目没有去制造和谐的假象，各方言语中时有交锋之处，节目气氛随着谈话者情绪的激动，也会有十分紧张的时候，但节目总体的氛围还是比较轻松的，各方都在积极地表达自己的观点，韩轶也对居民的许多疑问一一解答。这是非常真实的沟通状态，居民对于拆迁的许多不解是因为前期缺乏有效的沟通，因此在节目上，比起寻求一个有效的解决方案来说，更重要的是答疑解惑，化解官民之间的矛盾。

《百姓热线》是内蒙古电视台唯一的一档民生类访谈节目，被观众亲切称为"内蒙古的《实话实说》"。节目一直践行"百姓关心的事，老百姓来说，让好事更好，让麻烦事更少"的栏目定位，选取呼和浩特市以及周边普通老百姓身上发生或者关注的问题，请本地区的专家学者作为评论员分析评论，并给出一些专业的意见。除了《拆新房为哪般》以外，《校园周边隐患多》、《违约而至的彩铃》也都获得了中国新闻奖。自 2001 年节目开办以来，《百姓热线》就一直坚持着本土化、人文化的节目理念，让老百姓来讲自己的事。

仅一档节目的时间，或许不能够将问题圆满解决，但是节目为民意的表达提供了平台。内蒙古电视台赵春涛台长曾这样评价过《百姓热线》："用沟通消除误解，用交流化解隔阂。"《拆新房为哪般》便是非常成功的官民沟通范本，将政府官员与涉事民众聚集到演播室，通过对话表达观点与诉求，通过沟通寻求问题的最优解决方案。

（徐媛媛）

5.3 拿什么拯救你，我的孩子

东方卫视 任静 吴鹤 周晓斌 王洁 骆新

【导视】

日前在黑龙江发生一起婴儿遭针扎的案件，一个多月大的女孩……

广受关注的饿死女童案在南京市中级人民法院开审，两名女童的母亲乐某将其反锁在家中卧室，离开一个多月，在外打游戏机和上网……

叔叔你救救我吧，我好害怕。

拿什么拯救你，我的孩子。

[字幕] 这里将发生什么

（嘉宾现场发言资料）

徐叶芳：孩子说妈妈叫我，让法官带他去找爸爸。

刘先生：走投无路的情况下，才把孩子放到法院，死的心都有。

陈岚：有没有相应的法律来制裁他。

刘先生：判她遗弃罪最好。

李文斌：对她已经死心了，把她杀掉的心都有。

徐朴：庇护所，完全不适合他生活的一个环境，他的心灵受到很大的伤害。

字幕：这里会改变什么

小彬：希望他们的父母能被剥夺监护权。

陈浩然：并不一定善心一定是做出善事。

王振耀：我看好多事都可以停停，孩子的事不能等。

陈岚：当这个世界上有妈妈不尽责的时候，这个国家和我们每一个人，应该是他们的妈妈。

【现场】

主持人（骆新）：这里是《东方直播室》，我是骆新。

【视频资料】

日前在黑龙江发生一起婴儿遭针扎的案件……

南京市江宁区饿死女童案，今天上午在南京市中级人民法院公开开庭审理……

南昌市新建县樵舍镇9月21号发生了两名女童被洗衣机绞死的事件，引发了社会的关注……

[解说词] 他们是一群困境中的儿童，拿什么来拯救这些孩子呢？近年来，通过中国儿童福利法立法来维护这些孩子的权益，已经成为当下社会的一个热议话题。

（嘉宾录影资料：作家陈岚、国家民政部门救济救灾司原司长王振耀、心理专家林贻真、法学专家陈浩然）

陈岚：我呼吁中国儿童福利保障立法。

王振耀：王振耀，我对儿童福利立法有自己的看法。

林贻真：我是林贻真，立法迫在眉睫。

陈浩然：陈浩然，中国儿童福利法还存在问题，需要进一步探讨。

[解说词] 他们的到来会给那些困境中的孩子带来什么样的帮助呢？

（外景资料）

[解说词] 他叫乐乐，是一个6岁的男孩。2013年8月9日上午，他一个人坐在某法院的大厅里，很长时间过去了，乐乐的父母一直没有出现。直到这个女法官的出现，大家才知道，乐乐被自己的父母丢弃在了法院。究竟父母为何要丢弃自己的亲生骨肉？6岁的乐乐之后又会有什么样的遭遇呢？法院面对这样的一个被父母丢弃的孩子，他们又会怎么办呢？

（爱心法官徐叶芳录影资料）

徐叶芳：我叫徐叶芳，我是一名人民法官。2013年8月9日，他的出现改变了我的生活。

【现场】

主持人：你什么时候发现这孩子在你们法院的门口？

徐叶芳：是今年（2013年）8月9号，大概是11点钟的时候，在我们立案大厅。我的同事发现了一个孩子坐在那个我们的等候椅上。我就问孩子：你妈妈呢？孩子说：妈妈叫我等在这里，让法官带他去找爸爸。我想，那妈妈肯定走了。我就带着孩子就到我办公室去，帮孩子给妈妈打电话。那个电话打通了，妈妈是这样跟我说的。（音乐）妈妈说：那个孩子呢，我实在是养不活，我本来是想带着孩子去轻生的，我昨天晚上在楼顶上呢，我想了一晚上，我想带着孩子跳下去，但是想想孩子是太无辜了，那孩子放在哪里我都不放心，所以我带着孩子到法院来，放在你们法院。

主持人：我们看新闻报道说是最后这个孩子被您给领回家了。

徐叶芳：（音乐）那天正好又是星期五，那星期六星期天我们不可能再去找相关部门来解决孩子的临时的住所嘛。这个情况很紧急，所以我决定还是把他带回家。同时呢我也征询那个孩子（的意见），那个孩子说：我要跟徐妈妈回家。

王振耀：伟大的母爱，也是伟大的法官。（掌声）

主持人：我们现在也听听网友对这件事情，他们的第一反应是什么样子。

网友 A（现场大屏幕）：其实我对这件事情是比较持怀疑态度的。网上的那些什么爱心妈妈、慈善妈妈什么的真的是太多了。我觉得明眼人都看得出来这都是作秀的，谁相信呢？

徐叶芳：孩子那个白天实际上他已经受到了很大的伤害了，我带着孩子找妈妈的时候，他紧紧地拽着我的手。那如果再让我们值班的人来轮流照顾孩子，对孩子的心理肯定又是一种伤害。

网友 A（现场大屏幕）：好的，就算你是这么做的，但是这样的做法也欠妥，孩子难道不能暂时送去福利院吗，而非要你带回家？你带他回家万一出了什么问题，那么谁来负责？你要记得你不是普通人，你是公职人员，如果出了什么事情，是你来负责还是法院来负责，又会造成怎样的影响，你想过吗？

主持人：好，谢谢你。第二个观点我觉得是有一定的代表性。公职人员遇到这个事情是否应该把一个尚未认定是否肯定被遗弃的孩子领回自己家。万一人家不是遗弃呢？万一就是给你设一个计呢？这个孩子万一有心脏病，回到你家万一死了呢？谁承担这个责任？

林贻真：所谓的责任是一种推卸责任的说法。本来应该是公德心的，可是现在社会上很多人用责任两个字去推诿自己应该负的责任，所以就会有非常冷漠的现象出现。

陈浩然：我们有一股满腔的热情，我们有一股爱心，但是并不一定善心一定是做出善事来的。这个刚才我们举到这个孩子（乐乐），可能隐藏着一个违法的勾当在里面，可能会让你上套。

陈岚：福利院是不会收的，因为他有亲生父母，我们又没有一个正式的儿童的避难所或者临时庇护中心，送到派出所派出所都不会收，因为派出所也没有专门的负责儿童的警察。所以说能有法官出来主动地承担风险和责任，在这个儿童当时的困境当中，是一个最佳的权宜之计。

主持人：他们说这个民政部是不会收的，因为他父母都在。现在你把孩子送到什么地方去了。

徐叶芳：孩子送到那个临时庇护所，是民政局下面一个民办的临时庇护所。

主持人：现在父母是否把他给领回去了？

徐叶芳：还在。

主持人：他父母就没有一个人愿意把孩子给领回家？

徐叶芳：（点头）

主持人：为什么最后这个孩子会留在这法院门口，我就不太理解。

徐叶芳：这个事情要说起来要说到那个去年年底的时候，那个孩子的妈妈，带着孩子到我这里，我是立案庭的法官嘛，她到我们立案庭来咨询，就是要把孩子的监护权判给他的那个父亲。当时孩子的母亲到我这里来，她没有什么证据材料的，既没有婚姻关系的证明，也没有同居关系的证明。当时（我们）联系了孩子的父亲何先生，开始何先生否认与孩子有亲子关系，通过我们几次的沟通做工作以后，最终何先生跟肖玲，孩子的母亲，达成了一致意见，同意去做亲子鉴定。到最后这个亲子鉴定下来了，孩子的亲生父亲就是何先生，于是我们把这个案子立了下来。

主持人：等于说这个孩子是个非婚生的孩子。

王振耀：（痛心状）

徐叶芳：这个案子立了以后，我们法院少年庭进行了判决，把这个孩子抚养权判给了母亲，由孩子的亲生父亲给付抚养费，1200 元每个月。另外就是从孩子出生到那个小孩现在为止的抚养费一共 96000 元，由那个孩子亲生父亲出。这个判决判决以后，母亲对这个判决有点想不通。

主持人：他母亲觉得判罚不公，把孩子放在您这儿。

徐叶芳：（点头）

陈浩然：按照我们目前的这个国内的一个基本的判决现状，和我们的一个基本生活条件，这个判决没有什么不公的。

林贻真：我就很好奇，就是我想他妈妈一定有什么苦衷。是什么样的行为把自己的孩子带到高楼去那么长时间，第二天又像扔垃圾一样的把自己的孩子丢给你们。我很想知道这个妈妈到底发生了什么样的情况，这个心结到底是什么样的概念，就很想了解。

主持人：今天我们其实把他妈妈已经给请来了，她就在我们这个门背后。现在我们就问问她妈妈为什么要这样做。来，我们要把肖玲请上台来。

【视频资料】

[解说词] 他叫乐乐，是一个 6 岁的男孩。2013 年 8 月 9 日上午，乐乐的母亲因为对法院的判决有质疑，所以，把 6 岁的乐乐丢弃在了法院。至今，乐乐只能在法院安排的儿童临时庇护所里生活。

[解说词] 她叫肖玲，是乐乐的妈妈。今天来到节目现场，她是否最终会把孩子带回家呢？

【现场】

主持人：来，我们要把肖玲请上台来。（掌声）

（肖玲的妹夫刘先生上场）

刘先生：大家好，主持人好，我是肖玲的妹夫，我姓刘。

【视频资料】

[解说词] 在节目候场的肖玲，临时改变了意愿，拒绝上场，拒绝把孩子接回家。

（肖玲妹夫，刘先生录影资料）

刘先生：我是肖玲的妹夫，我支持她遗弃这个孩子。

【现场】

（掌声）

主持人：你能理解你姐姐把她的孩子放到法院门口这么一个事吗？

刘先生：我支持，而且非常支持。她是走投无路的前提下才把孩子放到法院。

主持人：怎么讲走投无路？

刘先生：她没有能力养这个孩子。

主持人：就算是非婚生，就算是没能力，刚才已经说了，法院的判决。

刘先生：她也没有什么学历，也没有什么背景，也没有什么特长，就是外地一个过来一个打工妹，一个人带孩子抚养一个孩子。孩子的未来（法院判决）考虑到了吗？

徐叶芳：那你把这个孩子放在法院，你们想没想过小孩的心理受到多大的伤害？这个伤害可能会影响他的一辈子。

刘先生：首先是法院先考虑到的，有能力没能力，对不对？口口声声说为孩子，这是为孩子呀？在西郊边百联楼上跳下来就是为孩子了？直接熄火走了算了，对不对？你要考虑，你考虑要远一点对不对？现在这个社会这么现实，出门都是钱，对不对？一个外来打工妹一个人能抚养一个孩子吗？可能吗？

主持人：孩子跟你姐姐是怎么生活的？

刘先生：一直在我家生活，不是靠着我她就没办法过下去。（音乐）我自己有两个孩子，而且还带她一个孩子，我怎么生活？我一个月工资只有 4000 块钱，我要付房租 1800块，我怎么生活？

主持人：那我问你，你们家里没有跟这个孩子的亲生父亲去联络一下？

刘先生：联络过了，电话打过了，无情的，我不管，跟我没有关系。

陈岚：每一个残暴的母亲背后，实际上都有一个极其不负责任的父亲。人人都说母亲不是最爱孩子的吗？我们要看到之后更深的原因。

主持人：我们不能再问这个徐法官了，因为徐法官是立案庭的法官。她立了案，也救助这个孩子。

刘先生：你不问徐法官我要问徐法官。

主持人：你说。

刘先生：徐法官，假如说你摊上这个事，你又是执法者，你会这样判吗？你会吗？她要权衡一下这两边对不对？男方跟女方的经济水平。他毕竟都是亲生的对不对？为什么要判给女方呢？她没有能力呀！

王振耀：（痛心状）

主持人：当时这个案子为什么判成这个样子，既然徐法官不能解释这个情况，但是今天我也给您说，我们把这个案子主审法官给请来了。

［字幕（含照片）］顾薛磊　某法院少年庭庭审法官

［解说词］顾薛磊，少年庭庭审法官。

主持人：其实按道理说他这个父亲更具有抚养这个孩子的能力，城市户口，收入相对比较高，为什么还是要判给母亲？

顾薛磊：第一个就是我们根据了那个社会观护员报告。根据本案社会观护员了解下来，父母双方的经济条件都比较差。第二个就是我们贯彻了一个未成年人利益最大化的原则。这个孩子出生以后跟妈妈已经生活了六七年，形成了一个比较稳定的、长久的一个生活的、学习的环境。第三个因素我们就考虑到，就是父母双方对这个孩子的接纳程度。就是这个爸爸实际上真正知道这个孩子是他亲生的，是我们诉讼当中做了亲子鉴定，那么他知道天上掉下了一个孩子，他一下子从感情上无法接受。爸爸的家庭，比如说他的妻子。

主持人：哦，已经结婚了，他已经有家庭了。

顾薛磊：对的，他的女儿已经30多岁了。对他的家庭影响十分大，是一个很大的冲击。他们家里发生了重大的激烈的口角冲突。而反过来看这个妈妈，妈妈呢确实存在很多的不足，比如说她遗弃孩子，这应该做谴责的。（但）她在之前的六七年里面，这个妈妈对这个孩子照顾是有加的。比如说我们发现，对这个孩子学习十分关心，抓得十分紧，不让孩子拖一天课。

主持人：孩子目前的户口好像还没上？

刘先生：还是悬在这里的。他的亲生儿子他不能落户口吗？

顾薛磊：判给爸爸了，并不理所当然的这个孩子就户籍跟爸爸了，这是一个。那么第二个因素呢，就是在2006年的时候，这个爸爸因为做生意失败，欠下了巨额债务，所以他的这个房屋已经给拍卖了，所以2006年之后这个爸爸也是居住到他女儿的房子里面，户口也是落在他女儿下。所以根据相关的规定，必须要经过房屋产权人以及房主就是户主他女儿的同意。当然我们做了大量的思想工作，但是他的女儿就是坚决反对。

主持人：哦，所以导致这个孩子现在落户，即便就算是落给他爸爸也没法落，是这意思吧？

顾薛磊：对的。

主持人：好吧，谢谢。（掌声）

陈浩然：法院真的是狠下心来，我就偏判给了你男方，法院完全做得到，但是怎么执行？父亲他要考虑到他女儿，女儿都30多岁了，她母亲还在。他家里有这么一个东西，所以他最后可能狠下心来，跟你想的一样办法，我遗弃吧，我扔掉，我去坐牢吧。那这个孩子后果就更惨。

陈岚：我发现这个逻辑推到最后变成了一个比谁狠、比谁赖的一个过程，比谁对孩子更无赖，就是我更凶残，那法律的判决最后就会对我有利，更帮我推卸责任。我们怎么能让本来是至亲骨肉的亲人，在孩子的情感和孩子的安置当中变成了一个比赛谁心更狠的过程呢？

主持人：这话说得好。

陈岚：难道没有什么东西来制约这种不负责任的亲人吗？

陈浩然：我告诉你，这个不是法院判决造成的，这是这个父亲本来就太狠了。没办法。

陈岚：当这个父亲非常狠的时候，有没有相应的法律来制裁他？

主持人：站在法律的角度上来说，这是不是已经触犯了遗弃罪？

刘先生：判她遗弃罪最好。为什么？有三点。第一，她进去了，有吃有住了。第二，孩子跟了爸爸了，也有吃有住了。第三，我自己的小日子我没有负担了。就三点。

主持人：这是在故意地把自己往绝路上逼。

刘先生：没办法呀，她都要跳楼寻短见了，她有什么办法？

主持人：所以法院方面是否可以通知相关的公安部门对这个母亲进行一点强制手段？

陈浩然：遗弃罪是自诉罪，被害人不起诉，法院不受理的。

主持人：孩子有起诉的这个权利吗？

陈浩然：孩子当然有起诉的权利，问题是他要有监护人。

陈岚：有一个很重要的角色缺位了，就是我们国家救济和儿童福利的保障这个角色是缺位的。那么我们在这个儿童福利保障极度缺位的情况之下，如果再摊上一个不负责任的男方的家庭或者是不负责任的母亲的时候，孩子怎么办？（音乐）像她这个家庭，如果出现极端事件，妈妈真的带孩子跳楼了，或者就像是昨天新闻里报的，一个丧心病狂的母亲把孩子从五楼扔下去了，发生这样的悲剧怎么办？那个孩子，难道真的这个世界没有一双手，无论是来自于法律的，还是来自于社会的，还是来自于慈善的，或者来自于我们自身人性的一双手，可以接住他们吗？我不相信我们会没有。（掌声）

主持人：也不能说没有任何力量在接纳孩子，至少现在这个 6 岁的孩子还在临时庇护所。把孩子放到临时庇护所的这个结果是什么？我们下面要给你请出一个，这个案例可能跟你这个又有点不太一样。

【视频资料】

（朴质公益负责人，爱心妈妈徐朴录影资料）

徐朴：我是徐朴，是朴质公益儿童关爱服务中心的负责人。我们得知一个 4 岁的小女孩，小秋怡，因为父母贩毒吸毒入狱而面临着无家可归。

[解说词] 庭审现场，42 岁的薛女士因为贩毒被法院提起公诉。而她的丈夫潘先生也在半年前因为贩毒被判入狱。

（法院庭审现场）

警察：你既然知道自己有幼小的女儿需要抚养，就不应该做违法犯罪的事情。

薛女士（小秋怡的母亲）（抽泣）：我知道错了。我知道我错了。求求你们放过我跟女儿两个吧。我没什么说的，我也说不出来。看在我女儿分上，我女儿还那么小。我知道错了，我再也不敢做这种事情了。

[解说词] 爱心妈妈徐朴一直关注犯罪嫌疑人薛女士的 4 岁女儿小秋怡。小秋怡从妈妈薛女士被抓捕的那天起就被公安机关送进了儿童临时庇护所。就在庭审结束后，爱心妈妈徐朴最终找到了身处临时庇护所的小秋怡。

徐朴：当我看到小秋怡的时候，她那无助的眼神深深地打动了我，让我渴望去帮助她。但是，我该怎么办呢？

【现场】

（徐朴入场）（掌声）

主持人：这件事情我们也关注到了，据说她的父母是因为双双犯了刑事案件，判刑了。

徐朴：是这样的一个情况。（音乐）这个孩子今年才 4 岁，是个可爱的小女孩。我当时知道的时候她的父亲已经因为贩毒判了重刑，母亲是正在马上要进行庭审，所以我就打听到她的庭审时间，亲自去听了一下这个庭审。这个母亲从她目前的这个情况来看，她判刑的可能性是很大的，一般是 4~6 年。那也就是意味着，如果这个母亲也被判刑了，那小秋怡怎么办？因为她所有的亲属都已经拒绝接受这个孩子，她面临着这种无家可归的情况。所以我当时听到这个情况就非常揪心。然后在庭审的这个现场我也了解到一些事实，这个母亲她在被抓捕的时候和在庭审的时候，她的口供都是不一样的，这是一个非常不诚实的妈妈，她也没有什么文化，没有什么样的特别的生活的技能，但是最可怕的是她本人吸毒，而且贩毒。她甚至当着这个孩子的面，把买毒品的男人引到家里，然后又当着孩子的面进行毒品交易，毫不避讳这个孩子。所以听了这个，我真的太难过了。因为可以想象，这个孩子有这样的一个母亲，她的这个监护权是在这样一个母亲的这个手中，无论这个妈妈判刑还是不判刑，这个孩子她面临的这样的一个母亲是一个不称职的（母亲），对她的未来都有很大的负面影响。

主持人：所以你准备帮助一下这个孩子。你想到的帮助的方法是什么？

徐朴：当时听了庭审以后我就感觉，这个孩子她这种情况是非常需要有人去帮助她。而且打听到这个孩子已经在母亲被抓捕以后，公安就把她送到了这个庇护所。因为这个孩子是有父母的，按照我们国家的规定，只有父母双亡或者弃婴才能被送到有国家监管的这种福利院里面，所以她被送到庇护所。我看到这个孩子的第一眼，当时天气也很阴冷，这个孩子刚中午睡觉醒过来，她看到我的那种眼神就是好像很期待我来关心她，但是她很胆怯，因为当时抓捕的现场她也是在场的。这个孩子她很胆怯，我听阿姨说这个孩子，只要有志愿者来她都很渴望志愿者抱抱她。但是志愿者一走，她就很难过会哭泣。所以她可能是带着这种心态，既盼望我来看她，但是又有一种恐惧感。然后我就蹲下来去跟她说话，我跟她说什么事情的时候她都是用一种很机械的、很恐惧的、很短的词汇来回答我。比如说"喜欢"、"好"，是这样的一种词汇。然后让我最难过的是（哽咽），当我提到这个妈妈的时候，你就看到她眼圈马上就红了，而且那个眼泪就在眼睛里转。然后那个声音是很哽咽、很哽咽的。4岁孩子的反应应该是很放肆地这种流泪或者说我要找妈妈，但是她没有，她就一直在克制，一直在克制，就是带着这种哽咽跟我说话。我都不忍心再跟她谈什么，后来阿姨说得带她回去了。然后阿姨随口说了一句，说希望妈妈能早点带你回家，她立刻又呈现出这种状态，当时我就很想冲过去把她带回家，可是我没有这个权力。

（徐朴和小秋怡在一起的画面，音乐）

主持人：王振耀老师曾经在民政部工作过，临时庇护所和这个民政系统下面所办的这种类似像福利院，接收这些孩子的福利院有什么区别吗？

王振耀：区别很大，其实是两个系统。我当时在民政部当司长的时候，我管的叫儿童福利院，而另一个司管的叫社会救助站，或者叫，有的地方就叫救助中心。它这样是两个。那临时庇护所一般在正规的这个法律这个行政体系中还没有，要有就好了，它可能是民办的，或者是跟民政系统合办的，所以这是一个非常大的一个体制性的悲剧，就放在我们面前了。就是为什么呢？就是法官他没有办法，整个国家，整个咱们这个体制里头没有一个体制性的安排，所以这个怎么办？（这是）我常常问的问题。我在体制内有时候也是爱动感情的，我说那就让孩子等死吗？

徐朴：应该说这个庇护场所它也是一个民间的爱心机构，它也做了很多的努力，为这个孩子。但是这个机构它是为智障的孩子和智障加残障的孩子设立的一个机构。那么小秋怡她进到这个里面以后，她周围没有一个可交流的小朋友，也就是说，她突然目睹了母亲被抓，然后又突然到了一个陌生的环境，这个陌生环境没有一个人跟她交流，那她最后的一个状态是什么？有个阿姨跟我说，她现在已经开始学着模仿其他孩子在床上大小便了。

王振耀：（痛心状）

徐朴：所以你看她在这样一个环境，完全不适合她生活的一个环境，她已经朝着一个畸形的一个状态（发展）。而且这个孩子她现在对大人的问话的一个反应，可以看出她的心灵受到很大的伤害。而这样的组织它是没有经费说再去提供专业的心理辅导，让孩子在遇到这个事情以后，怎么样把这个心理进行疏导。孩子已经造成了巨大的伤害，所以如果不迅速地去解决这个问题，这个孩子越往下拖越严重。

【视频资料】

[解说词] 4岁的小秋怡在临时庇护所的痛苦境遇，让徐朴十分担心，也让在后场的丢弃儿子的肖玲坐立不安起来。6岁的乐乐现在同样生活在临时庇护所里，他身处的又是一个怎样的境遇呢？

【现场】

徐叶芳：我们六七个同事一起去到那个庇护所去看那个孩子（乐乐）。我从窗口看下去，乐乐一个人就呆呆地坐着，旁边十几个孩子都是一些重度智障的孩子。那时候，有的孩子龇牙咧嘴的，有的孩子流着口水，就是我们可怜的乐乐坐在那里，他呆呆地坐着。等到我头探进去一看的时候，孩子看见我就马上跑出来就哭了，就抱着我就哭了，就说：妈妈带我回家，带我回家。我们在场的几个法官全部都哭了，我当时我也忍不住，我抱着孩子真哭了。后来我们就跟那个福利院院长商量了以后，决定把那个孩子带出去，星期六星期天我还是带他回到我们的家。（掌声）那个孩子就说：妈妈你带我回家吧，带我回家吧。

刘先生：（抹眼泪）

主持人：谢谢，谢谢徐法官。刘先生你听了这个表述以后，这是您的小外甥？

刘先生：（哽咽）是的。

主持人：跟你应该说也很熟了，因为他跟他妈妈已经生活了6年。

刘先生：（哽咽）从小就在一起。

主持人：放在这地方待了3个月，他生活在这样的环境当中，你不觉得心疼吗？

刘先生：我也无能为力，我有心力不足呀，我怎么办呢？我没有办法。

主持人：你姐姐做出这样的带有一点遗弃性的行为本身对孩子就是一个巨大伤害，你知道吗？你还支持她。

刘先生：这个我当然知道，但是她也无奈呀，她有什么办法嘛，自己亲生骨肉，她能那个什么，一直在询问孩子怎么样怎么样，对不对？那我也没办法。

徐叶芳：我不是出于一个法官，我出于一个母亲，我想告诉她孩子在那边，不是说他没有吃没有穿，他肯定是有吃的有穿的，但是你不应该把这个孩子丢在那种地方。再苦再累，我不管你是打工妹也好，你去干体力劳动，我去帮人家打工做保姆或者做什么，我也要养活自己的孩子，你说对不对呀。（肖玲在后场痛哭的画面）

【视频资料】

[解说词] 得知儿子在临时庇护所的境遇后，乐乐的妈妈肖玲主动找到记者，希望了解孩子更多的情况。但是当记者询问她是否愿意接孩子回家时，肖玲仍不愿表态。而另一方面，如何才能帮助这些困境中的孩子，摆脱临时庇护所的尴尬生活，也让爱心妈妈徐朴进退两难。

【现场】

徐朴：刚才主持人问到我想怎么帮助她，我回去以后跟很多的朋友，包括我们组织内的朋友在一起沟通这个事情，大家其实都跟我一样的心态，就想去关爱这个孩子。大家说我们是不是可以帮助她找到一个收养的家庭，或者说帮她哪怕找一个临时的更好的寄养的家庭。我甚至在上个星期还专门去了西安的一个儿童村，这个儿童村里面全部是服刑人员的孩子。在那里面全部都是正常的孩子，有一个很好的环境。我都想过，如果说可能可以把孩子送到这样的儿童村里面。但是我们最后全部的这些想法都停留在一种热情和一种想法上面，就是没有办法走下一步。

主持人：为什么？

徐朴：孩子的监护权是在母亲手里。当时跟母亲有过沟通，母亲不愿意放弃这个监护权。

……

[解说词] 按照我国现有的法律，如果孩子的母亲不愿放弃对女儿的监护权，像徐朴这样的爱心妈妈是没有办法彻底改变孩子的生存现状的。那么，面对这样的孩子，父母都是服刑人员，我国现有的救济机制又是如何做的呢？

【现场】

王振耀：我当司长的时候就处理过，这个事是一个非常典型的。现在这个其实在全国已经4个市，其实有6个省都开始解决这个问题了，包括广西，像这样的孩子，两个（父母）一判刑，马上就是政府的津贴，在农村就是600元马上给，所以这亲戚们就很容易地养。然后第二个呢，这哪有民间在这儿接手呢？政府在哪里呢？很无奈。

陈岚：（抹眼泪）

徐朴：比如中国儿童福利法能够明确这个监护权可以剥夺，或者说可以把这个监护权转移到其他的公益组织，或者说这种个人上面。如果有这样的一个法律，我们就能够走下一步，毫不犹豫地走下一步。如果没有这样的一个监护权、这样的一个措施，哪个家庭敢接收这样一个有父有母的孩子？4~6年以后这个父母他是会放出来的，他来管你要孩子，那么在这个过程中孩子也可能，咱们想那个最坏的一个情况，这个孩子也可能有意外发生，谁能承担得起这个责任？

【视频资料】

[解说词] 2012年全国政协委员韩红提交了《关于制定〈儿童福利法〉的提案》。提案中明确指出，当孩子父母不能承担责任时，政府必须承担责任。对于这个提案，现场观众又会有什么样的观点呢？

【现场】

（掌声）（现场观众发言）

……

陈岚：能不能成为立法？能不能成为一个长期的有固定的保护的一个法律的框架？

王振耀：你关键就说到了要害。就是说民政部门现在也等待着这样一部儿童福利法。所谓的儿童福利法就是一定要国家承担起剥夺这些人的这个监护权的这样一种法律授权。

（掌声）

……

陈岚：又回到儿童福利保障立法。

陈浩然：对的，又回到一个最根本的基础上去了。

（掌声）

李文强（退休职工，曾抚养过服刑人员子女）：对于服刑人员，要取消他对孩子的抚养权。我觉得这种说法是很不妥当。我有一个朋友，在 2008 年的时候由于经济问题犯罪被判刑入狱了。当时他的老婆就抛弃了孩子离家出走了。那么在这种情况下我的朋友在入狱的时候就把他的孩子托付给了我。

主持人：您是做什么职业的当时？

李文强：我当时是在工厂里的一个工人。由于孩子比较小，当时还在读小学，几年（后）孩子从小学升初中，现在呢，面临高考了。在今年早些时候，我带着孩子到白茅岭农场去看望了我的这位朋友。因为他也知道孩子即将面临高考，所以他从入狱的那一天起就一直在好好地改造，想缩短他的刑期，争取能提前出狱，能够在孩子高考的时候，能够亲自陪着孩子。所以我觉得，如果说把我这个朋友对孩子的监护权取消了的话，那么他就失去了好好改造的动力。同样，对我朋友的这位孩子来说的话，如果说他看不到他的父亲能够提早出狱的希望的话，可能他也会在社会上混，不会好好地读书。

王振耀：我觉得你说的是一个方面。操作起来是什么呢？司法部的同志们也是希望民政上要进入这样的一个救助，不仅救助，就给他津贴，但前提按照现行的法律结构，就是说你的监护权应该给国家，你进了监狱了以后，政府马上把钱，比如孤儿在农村 600 元，可能在其他地方更高一些，马上给你补贴。比如像你这样，你既然帮你的朋友，政府要每个月给你补贴。我觉得这是一种体制性的安排，就是应该给。从实践的角度来看是什么呢？一旦把这个补助的资金送上去了之后，我们在广西很多地方的试点，服刑人员都痛哭流涕。就说没有想到我住了监狱，政府还把钱送到我家，帮助孩子们安排得这么好，然后就表示要痛改前非，跟政府的合作，跟监狱的合作，目前还没有发现负面。所以我觉得可能这个表达方法要调整一下。（音乐）

主持人：这个说法可以换一种，不叫做剥夺，叫暂时让渡。好，谢谢王司长，也谢谢您。（掌声）

【视频资料】

[解说词] 在节目现场嘉宾和观众纷纷表示，希望中国儿童福利法早日立法，这样可以通过法律来剥夺那些不称职父母的监护权。这让节目后场的肖玲更加坐立难安。那么，这些困境孩子的父母又是否愿意被剥夺自己的监护权呢？

（南京饿死女童父亲，李文斌录影资料）

李文斌：我叫李文斌，来自南京，今年 28 岁。我曾经是两个小孩的父亲。因为她母亲吸毒，无法照顾小孩，导致两个小孩饿死。

[解说词] 2013 年 6 月，南京饿死女童事件一度震惊全国。而今天南京饿死女童的父亲李文斌也来到节目现场。他的到来又会给我们带来事件背后哪些不为人知的秘密呢？他又是否愿意法律来剥夺他的监护权呢？

【现场】

（掌声）（李文斌出场）

主持人：你告诉我们，这两个孩子被乐燕（孩子母亲）所带的情况下，你在干什么？

李文斌：我在坐牢。（音乐）

主持人：什么样的罪名？

李文斌：因为去年容留他人吸毒，然后今年被判刑了。

主持人：判了多长时间？

李文斌：6个月。

主持人：你有没有跟乐燕再三强调过，这两个孩子需要当妈妈的照顾？

李文斌：强调过。

主持人：要好好去照顾。

李文斌：对。

主持人：那事实你看到这个结果，你作何感受？

李文斌：如果给我选择的话，我宁愿她放弃监护权，让孩子可以寄养或者有个地方安身，就不会有这样的事情发生。

陈浩然：我有一个问题问你，你吸毒吗？

李文斌：吸。

陈浩然：生了两个孩子是吧？

李文斌：是的。

陈浩然：考虑过你的抚养能力吗？

李文斌：如果我在家的话这种事情是不可能发生的。

主持人：陈老师为什么要问这样的问题？

陈浩然：问题就在于，在所有这样的悲剧中间，我们所有的人对毒品的危害是没有认识的，这个社会必须要普及这个问题。我们把这种人的性格，在我们的犯罪学的研究上有一个名称叫毒品人格，他什么都不要，只要毒品。

主持人：所以李文斌，对于你这个实际的遭遇，我们不知道应该更多是同情，还是应该更多是谴责。但是现在事实已经这样了，你刚才也说了希望能够剥夺这个乐燕的监护权，但是现在我们知道法律没有这样的能力，也没有这样的法律。那我想问一下，目前法律对你女友就是乐燕最终判的刑是无期徒刑。你觉得这个判决结果？

李文斌：我不想提她。

主持人：你不想？

李文斌：我不想提她，跟我没有关系。

主持人：不想提这个人？

李文斌：对她已经死心了。把她杀了的心都有。

陈岚：我补充一个细节，就是后来记者最新的资料。（音乐）乐燕是被自己的亲生母亲遗弃给了爷爷奶奶，然后爷爷奶奶也不愿意接受这个孩子，最后是迫不得已了，然后长期把乐燕关在家里。有一个邻居陈述了这样的细节，说她带着自己的孩子从门口走的时候，看到乐燕坐在防盗门的后面，用仇恨的眼神看着外面来来去去的人。后来他忍不住停下来，想蹲下来跟她说几句话，但是乐燕就突然之间发出像野兽一样的嚎叫，然后还用头去撞铁栏杆的门，用牙齿去啃那个栏杆。这是邻居回忆的乐燕的童年。

李文斌：（抹眼泪）

陈岚：所以在这个童年的细节出现之后，我才完全明白了这个事情的循环是为什么。并不是每一个人、最后吸毒的人都会用这么极端的方式去处置自己的孩子，她是一个自己本身极度受到虐待的儿童，成长之后她在自己的女儿身上复制她自己不幸的童年。

主持人：所以乐燕在法庭上曾经说过一句话："我从来没有感受到别人对我的爱，我怎么可能会爱别人。"

林贻真：如果乐燕小的时候，如果我们有我们的国家的儿童福利制度，如果帮助了乐燕这样的事实孤儿，那么乐燕的孩子就不会有那么悲惨的下场了。所以我们对这些儿童的，就像王司长刚才说的，我们对这些事实孤儿，我们只关心那些在福利院当中的孤儿，而我们忽略的那些事实上的孤儿。那么如果这样的话，若干年以后千万个事实孤儿，他们会给我们的国家造成多大的伤害？给我们的孩子又造成多大的伤害？所以我们的冷漠也好，我们的忽略也好，最后其实都给我们自身带来非常大的危害。

……

【视频资料】

［解说词］南京饿死女童的父亲李文斌，面对中国儿童福利法是否需要立法，表达了自己的看法。

（南京饿死女童父亲，李文斌录影资料）

李文斌：今天来的目的是不想再有类似的事情发生，希望立法保护这些小孩。

……

主持人：嗯，徐朴。

徐朴：我想补充一个事情。我自己曾经是弃婴的寄养家庭，所以刚才因为谈到监护权，我是完全支持对一些家长剥夺他的监护权的。因为这些孩子呢，一种形式可能是寄养，另一种可能是收养，我更支持收养。因为我自己做过寄养的，这个孩子他是一个弃婴，他跟小彬的情况可能有点不一样。因为在我抚养他3年以后他的身体还是有状况，他是一个先天无肛的孩子，然后因为照料不好，手术也失败，造成他的肛门一直都恢复不了，所以需要家庭的呵护。但是3年以后他的状况还是不太好，因为耽误得太久了。然后根据医生的建议和各方建议说，还是建议走国际收养，因为到国外的话，它的医疗条件会比较好，包括一个大的环境，就是对这样的残疾孩子的这个歧视（会更少）。比如说在上海，我收养他可能上学都是个问题。那么大家都觉得可能去国外的环境会更好，所以我当时考虑了很久很久才决定放弃了这个孩子的收养，让他走到国外的这个收养家庭（哽咽）。所以我觉得如果说不剥夺这个父母的监护权的话，这个家庭想保护这个孩子只能做寄养，但是多年以后，如果让这个寄养家庭放弃这个孩子，再让他回到（亲生）父母身边的时候，对这个寄养家庭非常不公平。

主持人：很痛苦。

徐朴（哽咽）：对，非常非常痛苦。我曾经考虑过要第二个宝宝的时候，当然这可能不太符合规定（笑）。我曾经心里一直好像有个声音说，就是那个我寄养的孩子对我说，那你要第二个孩子为什么不是我，然后就给我造成很大的困扰。所以我觉得，我支持剥夺监护权，帮他找到一个更好的家庭来养育这个孩子，谢谢。

【视频资料】

[解说词] 他叫乐乐，是一个 6 岁的男孩。2013 年 8 月 9 日上午，乐乐的母亲因为对法院的判决有质疑，所以把 6 岁的乐乐丢弃在了法院。至今，乐乐只能在法院安排的儿童临时庇护所里生活。她叫肖玲，是乐乐的妈妈。今天来到节目现场，她是否最终会把孩子带回家呢？

【现场】

主持人：肖玲在后台已经等候多时。我不知道今天她是否愿意到这个现场来。来，我们掌声有请肖玲。

（掌声）（乐乐的妈妈肖玲入场）

肖玲：我是乐乐的妈妈，我很担心孩子。（抽泣）

主持人：你今天上场真要感谢坐在你面前的徐法官，如果没有她，你孩子现在已经没有了。

肖玲（抽泣）：我感谢徐法官。我想问一下徐法官，孩子现在好吗？

徐叶芳：肖玲，我想跟你说几句真心话。你我都是母亲，你的孩子真的很可爱，那天我到庇护所去看孩子，孩子现在的状况我是很担心的。你实际上第一步就已经走错了，生下这个孩子的第一步已经走错了。我不希望你再走错第二步，就是把孩子给毁了。我希望你把孩子领回去吧。（掌声）

主持人：我们请乐乐妈妈坐在弟弟身边吧。你丢弃这个孩子，其实你冒了很大的一个风险，你要被人指认为遗弃罪。你没有想过这个后果吗？

肖玲（哽咽）：当时想也想过，我那个时候也实在没办法，也无能为力那个时候，真的就是很绝望的，我走投无路那个时候，就想小孩怎么办怎么办，连个住的地方都没有，什么都没有小孩那个时候，真的就是很绝望的。我就是想让法院的法官们把孩子带给他爸爸就好了，他条件好，有房有车的，他什么都好。（小孩）给他爸爸就那样，我实在没有办法。

陈浩然：很幼稚！你是被欺负的，你是被玩弄的，你是被利用的，你是被侵害的，那么现在你绝对不能把自己变成加害人，你本来是一个被害人。事实上，我们社会上有很多的路径会帮助我们，这个社会很多机构都给你敞开的。在人性上面，我们还存在着伟大的精神力量，有人会帮助你的。你自己的一己之力解决不了的问题，你向社会求助。

林贻真：你可以站起来，明白吗？你可以把这个孩子养大，他是你一生的依靠，你明白吗？你要知道如果这个孩子出了三长两短的话，你这一辈子你就毁了。你晚上能睡得着觉吗？你还过得好吗？把孩子好好地养大，让他成才，让他长成跟父亲完全不一样的人，有担当、有爱心、有责任的人，这是你一生的任务你知道吗？你如果在这样做，我相信有很多人会帮你的，答应我好吗？

主持人：你是否愿意和我们的徐法官一起到庇护所把孩子给领回家？

肖玲：我愿意，我把孩子带回去。（掌声，音乐）

主持人：妈妈已经开始松动，有所改变，刘先生你听了这么多，你还坚持你最初的想法吗？

刘先生：她的决定我支持。她放到那里她只是无奈。

【视频资料】

[解说词] 在法院的帮助下，肖玲接回了乐乐。可是，爱心妈妈徐朴所关注的 4 岁女孩小秋怡，她最终的命运又该如何呢？南京饿死的两个女童，她们何时才能入土为安呢？

【现场】

主持人：场上每一个人有一句话来总结自己所有观点，会说什么？

林贻真：我希望大家关注孩子就是关注人类的未来，大家一定要努力。（掌声）

陈岚：不要再让那些黑暗中的花朵哭泣，是时候我们应当有一部真正的《中国儿童福利保障法》。（掌声）

王振耀：儿童的事情不能等，儿童立法迫在眉睫。（掌声）

【视频资料】

[解说词] 法院判决小秋怡的母亲薛女士犯罪罪名成立，被判刑 3 年，缓刑 5 年。节目录制结束后，李文斌告诉我们，他会尽快让女儿入土为安。

【现场】

主持人：再次感谢各位嘉宾，下期《东方直播室》，再见。

（2013 年 11 月 18 日首播）

 评析

辩论型谈话节目的平衡之美
——评《拿什么拯救你，我的孩子》

1993 年 1 月，我国内地第一个真正意义上的电视谈话节目《东方直播室》开播，但由于地方台传播范围狭小，该节目未能引起轰动性效应。在之后的 10 年内，谈话类节目获得了较大发展，不少后起之秀开始攻占荧屏，如中央电视台的《艺术人生》、《对话》，湖北卫视的《往事》，湖南卫视的《背后的故事》等，无论在口碑或是影响力上，均取得了不俗成绩。同时，谈话类节目在节目形式上也有大幅创新，发展出了四种基本形态：叙事型、辩论型、专题讨论型以及清谈型。其中，辩论型谈话节目是所有类型中发展最为薄弱的一类，当时以辩论为主要形式存在的谈话节目在全国范围内寥寥可数，即使有一些，但无论在节目形式还是节目内容上，都远远不尽如人意。

2008 年左右，中央电视台和省级卫视相继推出辩论类电视谈话节目，辩论型谈话节目逐渐崭露头角。其中，2010 年 3 月上海东方卫视推出的《东方直播室》锋芒最盛，节目一播出就在社会上引起巨大反响，获得收视率与口碑双赢。在开播近一年半的时间里，《东方直播室》在高端人群中，收视率、人均收视分钟数和到达率皆在同时段省级卫视中名列前茅，并被《新周刊》"2010 年中国电视榜"评为"年度最佳脱口秀节目"。2012 年《东方直播室》又被《新周刊》2011 中国电视榜评为最佳谈话节目，并在第五届"《综艺》年度节目暨电视人"评选活动中荣登"上星频道 30 佳"。2012 年《新周刊》给

《东方直播室》的评语是："它既是圆桌会议，又是几方对谈；它既是事主擂台，又是嘉宾斗阵。它有专家，观点犀利语出惊人，它有群众，投票发言是他们的武器。它是视觉效果最强的谈话节目，是观点冲撞最激烈的现场秀，它让新闻时事在演播厅里再现，以争论和述说展示价值观的多元。"

栏目本身有很多创新之处，从栏目的话题选择到环节设置再到传播方式，《东方直播室》开创了内地辩论型谈话节目的。在 2011 年 5 月，《东方卫视》以"梦想"为核心概念进行频道改版之后，《东方直播室》更加尊敬个性、包含多元、鼓励表达。《拿什么拯救你，我的孩子》是其改版后《东方直播室》推出的较为成功的一期节目。搜狐副总裁刘春曾在 2011 年的研讨会上用"平衡之美"来形容东方卫视："它平衡在新闻、专题、综艺选秀以及电视剧等多种类型之间，充分体现出媒体责任和消费功能的结合，这种平衡感是中国电视界特别需要的。"在这里，笔者同样也用"平衡之美"来形容《拿什么拯救你，我的孩子》这期节目。作为一档辩论型谈话类节目，节目的看点常常形成多组对抗关系，如理性与感性、严肃与活泼、思辨与人性等，任何一方过于突出或衰弱，都会造成节目整体效果的失调。相反，若理性与感性能够实现平衡，思辨之美与人性之美相互映衬，那么即使话题敏感严肃，节目也能寓教于乐，达到雅俗共赏的目的。因此，笔者认为这期节目的最大亮点就在于其全面平衡了节目中的对抗关系。具体地说，这期节目的"平衡之美"主要表现为以下三个方面：

一、话语权的平衡

对于辩论类电视谈话节目而言，话语是支撑整个节目的核心，话语权的归属则决定了节目的整体气质。由专家、精英全盘掌握，节目形如说教；任由草根、平民争闹辩理，节目则沦为菜场。因此，话语权的平衡至关重要。在《拿什么拯救你，我的孩子》这期节目当中，主持人、4 位特邀嘉宾、6 位当事人以及 6 位场内观众（包括网友）四类人享有话语权。由于主持人在节目当中主要担任了无立场的客观角色，因此该节目的整体气质主要由后三类人决定。在对每个人的发言时间统计之后可以发现，4 位特邀嘉宾的总发言时间与事件当事人的总发言时间基本相同，分别为 28.70% 与 29.98%（参见表 5-1），而现场观众的总发言时间也占到了 12.57%。可见，以上三者在节目构建的话语平台中呈现出三足鼎立的态势，话语权的平衡分配促成了整个辩论环境的和谐稳定。

表 5-1　　　　《拿什么拯救你，我的孩子》不同类型发言人发言统计

发言人类别	话语能力	总发言时间（秒）	百分比
主持人（含解说词）（1 人）	强势	1173	28.75%
特约嘉宾（4 人）	强势	1171	28.70%
事件当事人（6 人）	弱势	1223	29.98%
现场观众（含网友）（6 人）	弱势	513	12.57%

另一方面，从话语能力的强弱来看。由于主持人与特邀嘉宾都具有一定的社会地位，文化水平普遍较高，因此，在这里他们属于话语能力较强势的一方。而事件当事人与现场

观众多以草根群体为主，话语能力表现为弱势。从表 1 中可以看出，占强势地位的主持人和特约嘉宾一共占用了总时间的 57.45%；而话语能力表现较为弱势的事件当事人以及现场观众则占用了全部时间的 42.55%。可见，该节目在话语权的分配上基本公平，给予了普通群众充分的发言权。

《东方直播室》的基本阵容不同于传统，没有明确设置正反方阵，相比于传统的辩论节目，其形式上的辩论色彩并不浓厚。但由于节目对话语权的平衡分配，专家的专业态度与平民的自我陈述相得益彰、各有道理，故而观众仍然能时刻感受到节目中蕴含的思辨的力量。此外，在网络舆论与传统媒体舆论的平衡这一点上，《东方直播室》的节目组进行了初步尝试，并取得了一定的成功。节目利用"三网融合"的技术条件，将电视手段、网络媒体、短信直播等多种传播手段有机结合，构建了三屏合一的意见平台。节目中不但会邀请现场观众发言，还会连线一些网友发表自己的观点。在《拿什么拯救你，我的孩子》这期节目当中，网友也参与了发言，字里行间，毫不客气。在发表对"法官收留遗弃男孩"这件事的态度时，网友竟当面质疑爱心法官徐叶芳作秀，其言语刻薄犀利的程度，极具网络色彩。虽然节目提供给新媒体发声的时间还很有限，但此举在内地谈话类节目中仍属先河。

二、理性与感性的平衡

在辩论型谈话节目中往往充斥着两种力量，一种是感性的力量，另一种是理性的力量，两种力量在相互的博弈与拉锯中共同推动节目的进程。一般而言，当事人通常比较激动、情绪高涨，他们代表着感性的力量，此时，坐在现场的嘉宾和主持人就成为平衡感性的理性成分。这种理性成分可以从多方面体现出来。

首先是主持人的倾听。在辩论型谈话节目当中，倾诉和倾听占据了屏幕中的主要内容，二者缺一不可。倾诉是动，倾听是静；倾诉是感情的宣泄，倾听是宣泄的终止；倾诉是感性，倾听是理性。在《拿什么拯救你，我的孩子》这期节目当中，事件当事人、爱心妈妈徐朴在节目当中多次动情发言，最长的时候连续说了 2 分多钟，但主持人骆新并未打断，相反，他以赞同的口吻鼓励她继续吐露心声。理性的倾听与感性的表述结合之后，节目的深度感和人情味立即显现出来。同时，也正因为主持人的善于倾听，理性的表达与感性的表达都得到了充分的释放。孩子姨夫刘先生义正词严地支持姐姐遗弃孩子；作家陈岚情绪失控，现场飙泪；网友现场大声质疑爱心法官的行为是否作秀……这样的表达自由、开放、毫无约束，充满戏剧性的舞台背后，理性的力量依然释放出光芒。

其次是主持人的沉稳和应对自如。节目中作家陈岚飙泪讲述了南京被饿死女童的悲惨遭遇，情绪一度失控，同时也引燃了现场观众和嘉宾的泪点，场面陷入尴尬。作为特邀嘉宾中的一员，陈岚的表现已经偏离理性，作为非事件当事人，其肆意渲染故事细节的行为，也许超出了其本应承担的角色职责，甚至有刻意煽情的嫌疑。因此，主持人在她连续发言 3 分多钟之后，立即转移话头，将关注点从孩子的悲惨遭遇转移到对孩子母亲的刑罚处置上，并将话语权交给了言辞刻薄、观点犀利的网友，节目瞬间从煽情的牢笼中解放出来，并回归理性。可见，无论现场气氛如何紧张、如何凝滞、如何悲痛，主持人都能将感性抑制在合理范围内，达到感性与理性的平衡和交融。

最后是性别对于节目整体气质的影响。由于男性与女性给人的感觉通常是男性偏理性，女性偏感性，因此节目中男女双方的构成也从某种程度上影响了节目传达出来的整体气质。在《拿什么拯救你，我的孩子》节目当中，男女发言人数均等，各有 8 人，可见，节目在形式上也满足了理性与感性的平衡条件。

三、传播节奏的平衡

《拿什么拯救你，我的孩子》在传播节奏的控制方面也是较为成功的。整体而言，节目的轻重缓急控制得当，节奏既不单一沉闷也不紧张无序，松弛有度，富有张力，节目就像一部乐曲般流畅动人。对于谈话类节目而言，话题结构决定了节目的基本叙事节奏。在一期节目中，叙事的层次既不能太多，也不能太少。太多时会让人理不清头绪，话题不是越辩越明反而问题越来越多；层次太少，会让节目流于肤浅，话题没有跌宕起伏而形不成节奏。

《拿什么拯救你，我的孩子》这期节目根据话题设置了四个谈话层次。第一个层次——男孩乐乐被遗弃事件的前因后果。在这一层次中，嘉宾及事件当事人围绕节目的核心事件，从道德和法律两个角度展开辩论。但最后乐乐的姨夫刘先生的态度表明了法律在该事件中的无力，即使判刑，他依然支持姐姐遗弃孩子。第二个层次——法律和国家能为乐乐这样的孩子提供什么帮助？在这一层次中，嘉宾们试图找到解决乐乐临时安置问题的办法，但最终发现问题无法解决，且根本原因在于我国儿童福利保障方面的缺失。第三个层次——法律是否应该剥夺一些父母的监护权？在这一层次中，节目又引入了两个关联事件，一个是事实孤儿小秋怡的故事，另一个是南京两女童饿死事件。围绕这三个事件，当事人、嘉宾以及现场观众从不同角度出发，对该问题展开了全面论证。实际上，这一层次已经涉及构思《儿童福利保障法》的具体内容了。第四个层次——呼吁社会对儿童福利保障的关注。在这个层次中，国家民政部门救济救灾司原司长王振耀从政策的角度上，呼吁各级官员对儿童福利保障问题的重视；作家陈岚以及心理专家林贻真则从道德的角度，向全社会呼吁，寻求社会力量帮助事实孤儿。

以上节目的四个谈话层次，将话题从公众认知层面，向法律、制度层面和人性层面步步推进，形成了层层深入、渐进有力的节奏感。此外，在节目结构中，核心事件与关联事件反复出现，不仅为观众打开了多元的信息"黑匣子"，也给电视机前观众以强烈的、总体性的场域引领。

虽然本文主要从平衡的角度探析了节目的成功之处，但节目当中值得称赞的地方却不止于此，从话题的选取到主持人的表现，其间还有许多亮点可寻。主持人骆新自节目开播以来备受好评，《现代传播》主编胡智锋评价他为"四有"："有诚意、有尊严、有思想、有锐度。"曾经担任记者和新闻评论员的经历使骆新具备了对现实的关怀、对理性的求真，同时也具备了难得的悲悯与自省。而作为《东方直播室》的主持人，骆新既强调交锋又强调宽容，在话题的起承转合之间穿针引线，起着挑起、切断、小结、协调、平衡、总结的作用。因此可以说，《东方直播室》的成功，骆新功不可没。

我国目前正处于社会转型期，社会阶层分化加剧，矛盾冲突不断凸显，《东方直播室》抓住转型期中国的社会热点，切入老百姓中带有争议性的话题，汇集百家观点，让百姓畅所欲言，为社会搭建起交流、融通的平台，节目所彰显的社会责任感和人文关怀对当下社会有着积极的作用。同时，作为一档拥有巨大影响力的辩论型谈话节目，《东方直播室》构建的公共话语空间也在一定程度上加快了我国社会的民主化进程。在此，我们希望它在未来的发展中，能继续以满足民主的政治需求与化解冲突的社会需求为己任，在促进社会民主化的道路上走得更久、更远。

（刘　贤）

6 电视真人秀类作品

电视真人秀导论

电视真人秀节目 20 世纪 70 年代在欧美产生，但真正产生影响是在 21 世纪初，以《生存者》、《名人老大哥》、《美国偶像》为代表的真人秀节目模式开始在全世界风行。我国真人秀节目的兴起也正是在这个时间点上，一方面社会的经济和文化环境发生了巨大变化，社会心理开始接受大众媒介对真实生活的再现式传播；另一方面，电视行业内部在 21 世纪初迎来深刻的变化，市场化和产业化成为行业趋势，真人秀节目成为许多电视台图谋发展和创新的抓手。经过十多年的内容生产探索和市场化洗礼，真人秀节目在我国从最初的遮遮掩掩、欲说还休，到大张旗鼓、竞争激烈，不论是内容模式还是产业链拓展都已经上升到新的高度。

电视真人秀从字面上来说，是一个充满矛盾的概念。它包含真实和虚构两个层面，一方面将参与者的行为和心理以真实记录的方式呈现；另一方面，这种真实呈现的核心是一种"秀"（Show）。正是这种矛盾的、混合的本质，使得真人秀从产生开始就包含争议。直到今天，关于真人秀的定义、种类和特征仍然众说纷纭。"真实，将观众带入了真人秀。虚构，使观众从真人秀中得到娱乐。真人秀的核心就在真假之间，虚构与非虚构之间。电视真人秀是假定情境中的真实展现，是一种超越虚构与非虚构的综合性的娱乐节目。"①

目前我国比较活跃的电视真人秀主要有两种类型。一种是真实游戏秀，比如《爸爸去哪儿》，就是以游戏的形式，将参与者置于设定的情景开展节目；另一种是技能竞赛型真人秀，比如《中国好歌曲》、《中国好声音》等选秀类节目，就是在某项技能的竞赛中形成关注点，从而推动节目的进行。

虽然目前我国的电视真人秀节目在制作水平上有了较大的进步，但由于社会环境和行业规模的限制，真人秀节目在我国还存在同质化竞争严重、创新动力不足等突出问题。

6.1　《中国好歌曲》

第一阶段：歌曲盲选（共有 6 期）

时间进程	顺序	唱作人	原创歌曲	推杆导师	选择导师
第一期（2014 年 1 月 3 日）	1	Suby(苏比)	《If You Believe》	周华健、杨坤、蔡健雅、刘欢	杨坤
	2	王矜霖	《她妈妈不喜欢我》	杨坤、周华健、蔡健雅、刘欢	刘欢
	3	霍尊	《卷珠帘》	蔡健雅、周华健、刘欢、杨坤	刘欢
	4	周三	《一个歌手的情书》	蔡健雅、杨坤、刘欢、周华健	蔡健雅
	5	涂议嘉	《蒲公英在飞》	蔡健雅、周华健、刘欢	刘欢
	6	邱振哲	《我不需要》	杨坤、蔡健雅、周华健、刘欢	周华健
	7	张岭	《喝酒 Blues》	刘欢、周华健、杨坤	刘欢

时间进程	顺序	唱作人	原创歌曲	推杆导师	选择导师
第二期（2014 年 1 月 10 日）	1	铃凯	《一个人》	刘欢、蔡健雅、杨坤、周华健	蔡健雅
	2	谢帝	《明天不上班》	刘欢、蔡健雅	蔡健雅
	3	王晓天	《再见吧 喵小姐》	无	无
	4	莫西子诗	《要死就一定要死在你手里》	蔡健雅、杨坤	杨坤
	5	辛若天	《针针扎》	蔡健雅、周华健	周华健
	6	刘金	《第十一年》	杨坤、蔡健雅、周华健	周华健
	7	王思远	《她》	周华健、杨坤、蔡健雅	周华健

---

① 黄生晖：《电视真人秀研究综述》，载《新闻大学》2010 年第 3 期。

时间进程	顺序	唱作人	原创歌曲	推杆导师	选择导师
第三期（2014年1月17日）	1	蒋瑶嘉	《梦的堡垒》	周华健	周华健
	2	刘相松	《春来了》	蔡健雅	蔡健雅
	3	乌拉多恩	《鸟人》	杨坤、刘欢、蔡健雅、周华健	刘欢
	4	杨众国	《悠哉》	无	无
	5	项亚蕨	《伤》	刘欢、蔡健雅、杨坤、周华健	周华健
	6	慢慢说组合	《五虎》	蔡健雅	蔡健雅
	7	马上又	《她》	杨坤、刘欢	杨坤

时间进程	顺序	唱作人	原创歌曲	推杆导师	选择导师
第四期（2014年1月24日）		排黑尔丁(剪辑播出，以下简称"略")	《Funny day》	杨坤、刘欢	刘欢
		谭洲（略）	《你》	杨坤	杨坤
		蛤小蟆（略）	《胖子的漂浮》	蔡健雅	蔡健雅
		孙嫣然（略）	《我的人生》	蔡健雅、周华健	周华健
		陈翰文（略）	《给你们的歌》	杨坤、蔡健雅	蔡健雅
		杜秋（略）	《某某》	杨坤	杨坤
		谢晖（略）	《如果爱死去》	杨坤	杨坤
		玩伴儿组合	《王》	周华健、蔡健雅、刘欢	刘欢
		苏丹	《寂静森林》	蔡健雅、杨坤、周华健	杨坤
		沙洲	《挖蛤蜊》	杨坤	杨坤
		赵雷	《画》	刘欢	刘欢
		苗小青	《海的对岸有个你》	周华健	周华健
		灰子	《灰鸟》	周华健、杨坤	杨坤
		Mr. Miss	《先生小姐那些事》	刘欢	刘欢
		刘博宽	《8+8＝8》	蔡健雅	蔡健雅
		吴极（略）	《灯火》	杨坤、蔡健雅	蔡健雅
		王子（略）	《思念一个人》	刘欢	刘欢
		阿肆（略）	《别告诉妈妈我失恋了》	刘欢	刘欢
		郭一凡（略）	《停留》	周华健、蔡健雅	蔡健雅
		柳重言	《空白的缘分》	周华健、杨坤	杨坤

第二阶段：主打之争

刘欢导师原创大碟：《新九拍》

时间进程	演唱	改编后歌曲	乐评团分数	导师分数	总分	主打
第七期 (02.21)	刘欢	杨含奇《港湾》	导师从其大碟中挑选一首心仪且适合的作品演绎的导师版本			
	王矜霖	《她妈妈不喜欢我》	43分		43分	
	李夏	《午夜快车》	30分		30分	
	赵雷	《画》	37分		37分	
	霍尊	《卷珠帘》	42分	周华健：5分	47分	主打
	涂议嘉	《蒲公英在飞》	33分		33	
	苏佩卿	《格格不入》	24分		24	
	张岭	《喝酒Blues》	47分	杨坤：5分	52分	第一主打
	乌拉多恩	《鸟人》	42分	蔡健雅：5分	47分	
	待定	待定	由下载量、投票量、转载量、视频播放量等综合数据决定			

周华健导师原创大碟：《江湖新能量》

时间进程	演唱	改编后歌曲	乐评团分数	导师分数	总分	主打
第八期 (02.28)	周华健	刘金《第十一年》	导师从其大碟中挑选一首心仪且适合的作品演绎的导师版本			
	蒋瑶嘉	《梦的堡垒》	20分		20分	
	辛若天	《针针扎》	36分		36分	
	胡莎莎	《唱念爱》	27分		27分	
	王思远	《她》	38分	杨坤：5分 刘欢：5分	48分	主打
	邱振哲	《我不需要》	39分		39分	
	项亚猙	《伤》	48分	蔡健雅：5分	53分	第一主打
	鲁向卉	《鱼儿》	34分		34分	
	老钱	《今天我疯了》	35分		35分	
	待定	待定	由下载量、投票量、转载量、视频播放量等综合数据决定			

杨坤导师原创大碟:《走进心时代》

时间进程	演唱	改编后歌曲	乐评团分数	导师分数	总分	主打
第九期(03.07)	杨坤	杜秋《某某》	导师从其大碟中挑选一首心仪且适合的作品演绎的导师版本			
	Suby	《If You Believe》	30分		30分	
	马上又	《她》	48分	周华健:5分	53分	主打
	莫西子诗	《要死就一定要死在你手里》	50分	蔡健雅:5分	55分	第一主打
	王晓天	《再见吧,喵小姐》	41分		41分	
	柳重言	《空白的缘分》	34分	刘欢:5分	39分	
	灰子	《灰鸟》	31分		31分	
	吕维青	《光的版图》	22分		22分	
	玺儿	《无尽的旅途》	45分		45分	
	待定	待定	由下载量、投票量、转载量、视频播放量等综合数据决定			

蔡健雅导师原创大碟:《美味人生》

时间进程	演唱	改编后歌曲	乐评团分数	导师分数	总分	主打
第十期(03.14)	蔡健雅	吴极《灯火》	导师从其大碟中挑选一首心仪且适合的作品演绎的导师版本			
	刘相松	《春来了》	38分		38分	
	谢帝	《明天不上班》	39分	周华健:5分	44分	主打
	赵照	《当你老了》	49分		49分	
	周三	《周三的情书》	41分		41分	
	铃凯	《一个人》	48分	杨坤:5分刘欢:5分	58分	第一主打
	宋媛媛	《I am Yes I am No》	16分		16分	
	慢慢说组合	《五虎》	30分		30分	
	刘博宽	《8+8＝8》	38分		38分	
	待定	待定	由下载量、投票量、转载量、视频播放量等综合数据决定			
备注	标注"第一主打"的是总分最高者;标注"主打"的是主考核导师自己选择的歌曲,与分数无关					

第三阶段：原创盛典

时间进程	组次	学员	演唱歌曲	助唱嘉宾	安全	晋级	乐评团打分
第十一期 （03.21）	第一组	项亚蕲	《伤》	羽泉	谢帝 霍尊	霍尊	52分
		谢帝	《明天不上班》	蔡健雅			
		霍尊	《卷珠帘》	费玉清			
		马上又	《她》	杨坤			
	第二组	莫西子诗	《要死就一定要死在你手里》	郑钧	莫西子诗 王思远	莫西子诗	49分
		王思远	《她》	周华健			
		铃凯	《一个人》	吴青峰			
		张铃	《喝酒 Blues》	刘欢			

年度冠军：霍尊　　年度好歌曲：《卷珠帘》　　冠军导师：刘欢

 评析

在模仿中创新　在创新中超越
——评析音乐真人秀节目《中国好歌曲》

2014 年是中国电视娱乐真人秀节目活跃荧屏的一年。延续 2013 年《中国好声音》和《爸爸去哪儿》的火热，更多的电视台开始或引进或原创真人秀节目。央视更是在"开门办节目"的思路下，积极整合优秀社会制作力量，与灿星制作合作推出了《中国好歌曲》和《出彩中国人》。其中《中国好歌曲》不但在首播当日以 1.91 的收视率（CSM 全国网数据）打败其他节目拔得头筹，后期更是被英国国际传媒集团 ITV 引进，成为中国原创综艺节目模式成功输出欧洲的第一例。

作为首例"逆袭"海外的歌唱节目，《中国好歌曲》的节目模式值得思考，通过解读电视文本，笔者认为，《中国好歌曲》之所以能在众多娱乐真人秀节目和众多音乐节目中求得生存发展并获得不错评价和较高收视率，正是因为其实现了在模仿中创新，在创新中超越，这种差异化让观众在众多电视节目中体验到耳目一新的别样感受。

一、内容特色：主打原创牌，聚焦"造曲"

中国流行音乐界历来只重视歌手，不重视作曲者，作曲者往往只是幕后英雄。而为了确保收视率，电视歌唱节目往往刻意规避歌手演唱原创歌曲。但是《中国好歌曲》没有刻意规避这些风险，而是迎难而上、独辟蹊径，把那些执着于原创音乐的创作团体带到台前，带到聚光灯下，使得电视歌唱类节目由唱功的比拼提升到创作的较量，用纯粹的音乐创作本身和创作背后的故事来吸引观众，聚焦于"造曲"而不是"造星"，这一点是相当难能可贵的。

虽然有很多人认为《中国好歌曲》对《中国好声音》的模仿痕迹过重，认为《中国好歌曲》不管是现场布置还是环节设置都与"好声音"有着惊人的相似，但是与之前歌唱类节目重视"拼表演、拼歌手"相比，好歌曲重视"拼歌曲、拼原创"，从选歌手到选歌曲，虽然只是节目模式创新的一小步，但却是音乐节目从"翻唱"到"原创"的一大步。

二、编排叙事：擅长讲故事，极具煽情性

央视对《中国好歌曲》这档节目的自我定位是"中国首档大型原创音乐评论节目"，但是在节目的制作和播出过程中，我们仍不难看到节目所表现出的"真人秀"色彩。作为一母同胞，诞生于同一制作团队的节目，《中国好歌曲》延续了《中国好声音》善于讲故事、善于讲好故事的创作手法。对于舞台上演唱的创作者来说，不但要歌词写得好、歌曲好听，而且歌曲的创作背后还要有故事。这种故事越是来源于生活，越是接地气，就越能够打动现场明星导师们的心，就越能抓住观众们的心。无论是得了抽动秽语症写出《她妈妈不喜欢我》的王矜霖，还是深受妈妈音乐熏陶写出《卷珠帘》的霍尊，还是不想上班有感而发写出《明天不上班》的谢帝，他们的创作无不是有感于生活，他们的讲述方式不但打动了导师，得到了导师们的认可，也赢得了广大观众的肯定。节目组在摄像剪辑上，也极富煽情性，他们很会抓拍导师们瞬间的表情变化，并把它们编排在一起，形成或激烈或感人的节目氛围。

而做到讲"好故事"，做到接地气又"走心"，并不完全是技术活儿，它需要人文情怀和社会责任去支撑。可以说真正能够打动观众的，并不是离经叛道、炫目离奇的内容，反而是一些最普通和基本的情感观念。我们听歌看节目，其实正是在阅读节目编排展现给我们的一幕幕人生故事，阅读舞台表演者的心路历程和成长经历，通过阅读它们，获得心理上或喜或悲的微妙感受。

三、价值引导：梦想+草根，传递正能量

在节目首期的先导片中，有这样一段感人的对白。男：我一直想写一首自己的歌。女：歌里有着逝去的时光，那些撒落在我生命中的泪水和欢笑。男：就算我很平凡，就算我的声音很渺小，但我从未放弃。女：我相信，终有一天，这首歌能够被你听见。这些正传达出了节目想要表达的文化内核，那就是给那些默默在幕后付出的不知名的音乐创作人以实现音乐梦想的机会，让自己的声音、自己的创作被更多的人听到。

有人说，这档节目赢在真，真实的生活体验，真实的创作冲动；赢在新，新奇的创作构思，新奇的表现形式。除张岭等个别在业界已经相当知名的创作者外，节目大部分选手都是无名但仍然坚持创作的原创音乐制作人，与已经成名的那些歌手、创作者相比，他们是草根阶层，他们坚持音乐创作，正是基于心中的那份喜爱和执着。在那些脍炙人口的经典老歌循环播放带来的审美疲劳后，这些新加入华语乐坛的原创歌曲给乐坛带来了不一样的声音，给流行音乐带来了新的生机。

什么样的原创才算好节目？复旦大学教授陆晔的话很有代表性。他说："所有成功的综艺节目都不是单纯的娱乐，当中都蕴含文化内核，讲述中国人在社会转型期中最关心的核心命题，在普通人所能感知到的生活情境中生产正能量。"而《中国好歌曲》正是这样一档可以给我们带来正能量的节目。节目所传达出来的"尊重原创、尊重原创音乐创作人"的信号何尝不是中国流行乐坛日渐缺乏的精神呢？节目带给我们的激情和感动，又何尝不是华语乐坛所期待的未来呢？刘欢在节目开播前也说过："应该摒弃那种被淘汰的概念，我们要做的不是说谁去争最后的金曲（冠军），这不重要，要做的就是让这些好歌被大家听到看到，已足矣。至于到最后谁得金曲那只是一个游戏，以我的观点不选出一个冠军也没有问题。"这种"参与"大于"结果"的价值观和节目导向，也是值得推崇和肯定的。

四、设计包装：庞大的明星导师阵容，绚丽的舞台设计

《中国好歌曲》汇聚了四位重量级华语音乐制作人，来共同助推华语原创音乐。刘欢是中国内地流行音乐教父，周华健是华语乐坛常青树，蔡健雅曾三度荣膺金曲奖，杨坤是近几年内地乐坛比较火的创作型实力歌手，他们的歌曲和歌声都曾经打动过无数心灵，带给观众几代音乐人的永久记忆。这些明星导师们本身就拥有众多的拥趸，刘欢和杨坤更是曾在红极一时的音乐节目《中国好声音》担任导师，导师的明星效应也吸引了不少歌迷的目光。

此外，同样是打造出《中国好声音》的灿星团队原班人马打造出来的《中国好歌曲》，深受国外音乐真人秀节目的影响，并经过不断本土化的改进包装，舞台布局和灯光舞美设计都已经日臻成熟，使得节目在硬件条件上比起其他节目也丝毫不差。

当然，一档节目的成功并不仅仅只依靠节目制作团队的一厢情愿，它还涉及节目和市场、节目和受众之间的"天时地利人和"。作为一档大型音乐真人秀节目，《中国好歌曲》虽然难以跳出同类节目创作模式的"窠臼"，但其"支持原创、聚焦造曲"的节目价值观和"在模仿中创新，在创新中超越"的节目精神，却是它最大和最核心的意义所在。

（王 妍）

6.2 爸爸去哪儿·湖南平江（上）

【画面内容和字幕提示】

由地球银河系画面切入马栏山。

[解说] 爸爸和孩子们的第五次旅行来到了银河系地球中国湖南省长沙市著名的马栏山。

[字幕] 出发当天，神秘的马栏山

几个爸爸分别带着孩子们寻找图片中的地点。

[字幕] 纷纷开始寻找图片中的地点

郭涛：（自言自语）我们的这个好像不在这里啊。

林志颖：（向人问路）前面是不是？

王岳伦：不是这个。

Angela：可是这个字一样啊。

天天：（向路人问路）你知道这个地方在哪儿吗？

郭涛：这个在哪里嘛？

Cindy：我看到了。

Angela：我知道了，在那呢。

在不同的餐馆里，爸爸分别带着自己的孩子吃早餐。

［字幕］吃早饭

［配音］美好的旅程从一碗热气腾腾的马栏山特色早餐开始。

Kimi 帮爸爸吹粉丝。

Kimi：爸爸，我帮你吹一吹。

林志颖：好，谢谢。

［字幕］呼呼呼呼

［林志颖旁白］Kimi 的变化，我觉得是最大的吧。他确实算是真正独立地去完成了几次的任务，他跟第一集的那种羞涩、害羞，现在已经完全不一样了。

林志颖：你要说谢谢。

Kimi：谢啦。

郭涛和孩子一起吃饭的画面。

［字幕］啊呜，啊呜

［郭涛旁白］最近这段时间，我们俩待的时间比较长，在教育方面，有的时候会对他比较严厉，孩子的教育，这个该严厉的时候也要严厉，该对她情感表达的时候还是要情感表达，要把握一个度吧。

郭涛：你都吃到自己新衣服上了，慢点吃，慢点吃。

张亮在喂天天吃饭的画面。

［张亮旁白］也许有人会说我太迁就孩子了，但是现在，想在其他爸爸身上学到一些严厉的东西、一些威严的东西。我作为一个父亲，你不仅要跟孩子做朋友，但是你还是要让孩子知道，你是一个父亲。

田亮和 Cindy 在餐厅内吃饭。

Cindy：叔叔，你要快一点点。

［田亮旁白］Cindy 的这种适应程度越来越好，我也就相对越来越轻松，然后我的做饭和梳头的水平也越来越强大，应付女孩我已经得心应手了。

王岳伦在摄影棚内，王岳伦喂 Angela 吃饭，画面重新切回王岳伦在摄影棚内。

［王岳伦旁白］现在是非常自信，比如说几天，让我单独带王诗龄，管理她的食宿，所有的一切，我觉得没问题啊。

［字幕］下面这个任务，爸爸真的没问题吗？

村长宣布接下来的任务，听完任务，爸爸和孩子们惊讶的表情。

村长：新的任务是，所有的小朋友要交换新爸爸。

［字幕］所有小朋友交换爸爸

村长：林志颖带 Cindy，郭涛和 Kimi。

［字幕］不安，头疼

村长：王岳伦和石头，田亮是和天天，张亮和 Angela。

Angela 大哭大闹，王岳伦在一旁安慰。

［字幕］当真了，我不要换爸爸

Angela：不要。

王岳伦：没事。

Angela：我不要换爸爸，我就要爸爸，我不要参加，我不要村长，把村长装到篮子里面去。

［字幕］来人啊，把村长装到篮子里去

［字幕］村长，快去篮子里！

［王岳伦旁白］因为之前也没有任何的准备，不知道会有这么一个环节，我就担心，Angela 她行不行啊，或是她一直吵着要爸爸。

［字幕］我不要参加！

［字幕］我不要听，呜呜呜

Angela：我不要参加！

王岳伦：你听爸爸说，这是个游戏，好不好。大家在一起玩游戏，不是真的。

郭涛在摄影棚内自白的画面。

［郭涛旁白］有点懵，说实话，照顾石头平时在家里都不多，那这回呢又照顾别的孩子，而且是 Kimi，我当时觉得太难了，几乎不太可能。

Kimi：不要，不要……

林志颖：坐车子而已啦。

郭涛：对，我们就是坐车，一会，到了车上以后，叔叔跟你讲特别好玩的故事。

林志颖：叔叔很会变魔术。

［林志颖旁白］Kimi 比较黏我嘛，如果我在的话，他会比较黏我，我很怕郭老师招架不住。

田亮在说服 Cindy。

田亮：叔叔可会谈，就他一个叔叔，就只有 Kimi 的爸爸会讲台湾话，你可以学好多台湾话。

［田亮旁白］我觉得对小志还是放心的，我希望还是把她推出去，让她更多地去跟陌生的爸爸去融入在一起。

田亮：你去学会几句，回来给爸爸说，爸爸不要听"爸比"了啊，还要有新的啊。

［字幕］约定，学了台湾话，讲给爸爸听

张亮和王岳伦在说服 Angela。

王岳伦：你看天天。

Angela：是不是到了？

王岳伦：到了，对，你就跟爸爸在一块了。

张亮：没错，猜对了。

［字幕］两位爸爸仍在全力说服警惕的 Angela

Angela：到哪儿啊？

张亮：很快就到了，就到咱们那个房子那。

王岳伦：你就跟爸爸在一起了，好吗？

张亮：OK！

王岳伦：Angela，一会见。

Angela：爸爸一会见。

［字幕］搞定！劝说成功

张亮：张亮叔叔一定会让你开心的，放心啊，一会儿我们到目的地就跟回爸爸，没问题，谁让咱们俩是好朋友，对不对？

林志颖告别 Kimi。

林志颖：待会儿见哦，好不好，一会就看到了，好不好？你跟爸比说"see you"。

［字幕］……沉默是金 ·Cool 标准扑克脸　搭讪无效

郭涛：叔叔自我介绍一下好不好，你知道我叫什么名字吗？这样好玩吗？Kimi，Hi，Kimi，开走了，汽车开走了。

天天和田亮单独相处，聊天。

天天：田亮叔叔，你知道张亮怎么看管我吗？

［字幕］好奇，好奇

田亮：他怎么看管你啊，叔叔当然不知道了。

［字幕］随便吧，不需要任何技巧

天天：你就随便看管我就行了。

林志颖教 Cindy 学台湾话。

［字幕］一上车，和新爸爸愉快地交流起来

Cindy：我爸爸说要让我跟你学三句台湾话。

林志颖：好，你想学什么话，讲什么？

Cindy：好吃。

［字幕］和谐，融洽

林志颖：好"jia"，好"jia"……好帅的意思要不要……"安捣"，"安捣"就是好帅的意思。

王岳伦和石头单独在一起。

王岳伦：我就是担心 Angela……

石头：有点问题。

张亮和 Angela 在一起，张亮给 Angela 变魔术。

［字幕］强调不要眨眼睛

张亮：不要眨眼睛，不要眨眼睛，盯着我的手指看，你喊"一二三"。

［字幕］我眨

［字幕］好好奇，一只手指头变两只

Angela：一二三，拳头还有剪刀。

张亮：好像不是这个点

［字幕］跑偏，好像不是这个点

林志颖和 Cindy 朝摄像机做鬼脸。

林志颖：你看，村长一直在这看着我们。

［字幕］顽皮，搞怪

林志颖和 Cindy 玩游戏。

［字幕］噗嗤，噗嗤

［字幕］呵呵，哈哈哈哈

张亮问 Angela 要不要吃小包包。

张亮：Angela，你要不要吃小包包，（Angela 摇头）王叔叔送来的。

［字幕］难得地摇摇头

［字幕］身份交换，隔壁的"王叔叔"

王岳伦在睡觉。

［字幕］不省人事，此时的王叔叔

石头一个人独自在玩。

［字幕］ZZZ，自嗨，自嗨

郭涛在问 Kimi 是否要喝水，Kimi 一直沉默不语，郭涛毫无办法。

郭涛：Kimi 喝点水吧，要不要喝，要不要擦一擦，那你自己来吧。

［字幕］这可怎么办？

郭涛用墨镜试图和 Kimi 聊天。

［字幕］缓解气氛，快看看，叔叔是不是超酷的

郭涛：快看看，叔叔是不是超酷的……

Kimi：不酷啊。

你也要戴一戴，戴一下就行了。

［字幕］绝招，180 度大扭脖

Kimi：你到底要去哪里啊？

车一直前行在路途中以及周围魅力景色的画面。

［解说］爸爸和孩子们这次要到湖南省平江县福寿山镇白寺村，进行三天两晚的旅行。这里群山环绕，溪水潺潺，这个美不胜收的小山村又会给爸爸和孩子们带来怎样好玩的体验呢？

孩子们和爸爸下车集合的一系列画面。

［字幕］自信

郭涛：我现在已经和 Kimi 交到好朋友了，对不对？

Kimi：（摇头）没有。

［字幕］直肠子

［字幕］欢迎来到白寺村

村长：大家旅程辛苦了，跟新爸爸在一起好不好？

［大家］好玩！

［字幕］轰轰烈烈纯爷们的鼓掌方式

村长：耶，还真不错，要鼓个掌，鼓个掌……好了，我们现在是在一个很了不起的地方，是在湖南平江县福寿镇的白寺村，然后这里边的乡亲们，也都特别热情。我们今天晚上就会要住在这边，我们大家来参观一下，好不好？

［大家］好！

村长：出发！

大家集体参观村庄。

［字幕］集体参观村庄

众人一起前行。

［字幕］激动，有瀑布

小溪潺潺流水。

石头：有瀑布，小瀑布

牛在耕地。

［字幕］生机勃勃的白寺村

郭涛：石头，你看牛在耕地了。

田亮：牛是怎么叫的？

Cindy：哞哞。

［字幕］僵硬的脖子，昨晚落枕的两只鹅

［字幕］哇噻，来客人了~

郭涛：黑山羊，这里有小黑山羊，你看这儿的羊是黑颜色的。

张亮：这羊挺肥的。

到达指定地点，孩子和爸爸们一起参观5号房的系列画面。

林志颖：应该快到了。4号，5号，住得不错嘛。

郭涛：5号好啊。

［字幕］宽敞明亮

［字幕］惊喜，哇噻

林志颖：好棒的房间，这跟住酒店我看没什么分别。

［字幕］哇

王岳伦：对对对，这个不错，这个不错。

郭涛：这个是绝对的豪宅了。

田亮：太棒了，真是太好了，超级高级。

［字幕］干净现代的洗手间

郭涛：这太舒服了，这个。

［字幕］还有别具格调的阳台

Angela：（站在阳台上）大家好，奶奶好。

王岳伦：我提议五家的人都可以住在这一个房子里。

郭涛：我看行，咱们跟节目组说说，就住这得了。

［字幕］同意，同意

张亮：抽签了。

大家聚在一起，听村长介绍的画面。

村长：Kimi，五号房怎么样？

Kimi：豪宅。

村长：我给大家介绍一下，这个就是我们 5 号房的老奶奶，她是主人，一会儿呢，我们要请奶奶来决定，奶奶说，喜欢让哪位小朋友住在这里，我们就是哪一位小朋友和他的新爸爸一起住在这里。但是开始之前的话，要再给大家介绍一个人，介绍我们这个白寺村的村主任。来，我们请主任。

孩子们七嘴八舌地跟着村主任学说平江话的系列画面。

［解说］接下来，孩子们要跟村主任学说平江话，再由老奶奶来评判，谁学得好，谁就可以住豪宅。

村长：说一句祝福奶奶的话，好不好？

村主任：奶奶，您好，祝您身体健康，越过越年轻（平江话）。

田亮：有点长。

林志颖：一句，两三个字就好了。

村长：一句话就好了。

村主任：奶奶（平江话）。

田亮：他说婆婆就是奶奶，是不是这样？

村主任：祝您老人家身体健康（平江话）。

石头：祝您身体健康。

村主任：越过越年轻（平江话）。

Cindy：越过越年轻。

村长：把你刚才那个话连着说下来。

村主任：奶奶，您好，祝您身体健康，越过越年轻（平江话）。

［字幕］比赛开始

石头：奶奶，祝您老人家身体健康，越过越年轻。

［字幕］紧张，紧张。

［字幕］满足，我简直太棒了！

Cindy：奶奶，祝您老人家身体健康，越过越年轻（哭）。

［字幕］突然，越哭越年轻

Angela：奶奶，祝您老人家身体健康，越过越年轻。

［字幕］女娃娃真可爱

天天：奶奶，祝您身体健康，永远年轻。

［字幕］蒙混，蒙混

村长：生意兴隆，万事如意。

Kimi：……

［字幕］状况外，自我放弃式激情 Rap

村长：跟奶奶说一段 Rap。

［字幕］比赛结束，老奶奶的心属于？

村长：奶奶，你要在他们当中，选到一个小朋友住到咱们家里，你要选谁，你要留谁住在家里？

大家都围住奶奶的系列画面。

［字幕］一拥~而上~

［字幕］嘴甜甜，奶奶辛苦了

Cindy：奶奶，您辛苦了。

［字幕］奶奶祝您快乐成长

石头：祝您快乐成长。

Angela：祝您生日……

［字幕］脱口而出，祝您生日……

［字幕］好像有点不对

［字幕］到底幸运入住 5 号的是？

［字幕］选我，选我，真挚，真挚

［字幕］中意这个小姑娘

［字幕］甜美，可人

［奶奶］这个小男孩。

Kimi：谢谢奶奶。

村长：跟奶奶敬礼鞠躬。

林志颖：谢谢奶奶。

Kimi：给奶奶鞠躬。

［字幕］如小姑娘一般俊俏的 Kimi 幸运入住 5 号豪宅

［解说］乖巧的 Kimi 获得了老奶奶的欢心，入住 5 号豪宅，其他的四所房子则通过抽签决定，Cindy 和新爸爸林志颖抽到了挂着毛主席像的 1 号房，石头和新爸爸王岳伦住进了双层床的 2 号房，天天和新爸爸田亮抽中了竹林下的 3 号房，而 Angela 和新爸爸张亮抽到了 5 号豪宅隔壁的 4 号房。

爸爸和孩子们吃午餐的画面。

Kimi：好好吃。

［解说］大家在用完午餐后，孩子们要分别和新爸爸回房午休了，会发生什么样的状况呢？

Cindy 极不情愿地跟随林志颖回房间的画面。

Cindy：爸爸……

林志颖：爸爸等一下就过来了，好不好，你看看。

[字幕] 离爸爸越来越远，不安情绪渐渐涌了上来

Cindy：我要爸爸。

林志颖：不会了，爸爸等一下就过来了，好不好，来，外套穿起来这样会冷哦……牵牵手，那牵牵外套，我们一人拉一边，牵外套这样子，你看。

[字幕] 爸爸不在，什么都没心情

[字幕] Cindy 换爸爸宣言，我要我的爸爸

Angela 和新爸爸张亮回屋，两人在一起愉快聊天的系列画面。

Angela：2，3，4，5，6……11，12。

张亮：好了，成功了。

Angela：我就在这休息一会。

张亮：对，咱们就在这休息一下。

Angela：我今天不想睡觉。

张亮：我没有让你睡觉，我只是让你躺下来，然后……

[字幕] 摸摸索索

Angela：这个是什么？

[字幕] 神秘，好像放进去了什么

张亮：对，这里边是最安全的，好不好？

Angela：我要打开。

张亮：轻轻地，对。

Angela：我要拿好。

张亮：钻被窝。

Angela：爸爸，我想坐着。

张亮：这样，好，你放在这边，一定要放到被窝里边。

Angela：好，秘密。

[字幕] 妥妥藏好

[字幕] 悄悄地，这是咱们两个的小秘密

张亮：对，我们两个人的小秘密，不要跟别人讲好不好？

Angela：妈妈呢，我妈妈？

张亮：可以。

Angela：阿姨呢，我阿姨？

张亮：不可以。

Angela：为什么？

[字幕] 帅叔叔和小萝莉之间可爱而重要的小秘密

张亮：你可以跟爸爸讲，跟妈妈讲，要私底下讲，好不好？

[字幕] Angela 换爸爸宣言，与男神的秘密约定

王岳伦和石头走路回房间的画面。

王岳伦：石头应该还好，知道吗？石头，天天，但是我觉得像 Kimi，什么 Angela，还有 Cindy，他们都有问题。

［字幕］两个男人，带孩子的烦恼共鸣

［字幕］最担心 Kimi 了

［字幕］凶猛的郭爸爸，Kimi 的处境好像不太安全

石头：我最担心 Kimi 了，因为我爸爸老是很凶猛地对我，他一定不听话的时候，他会这样对他吧。

［字幕］哎，这几年过得很辛苦的样子

王岳伦：你是说，怕担心他用对待你的方式对待 Kimi 吧。

石头：对，我害怕。

王岳伦：那我觉得应该不会。

［字幕］石头换爸爸宣言，我更担心其他人

郭涛和 Kimi 在房间里的系列镜头。

郭涛：Kimi，你来躺在这里，然后叔叔给你讲一个故事好不好？

Kimi：不要。

郭涛：躺在床上，我们玩一会吧，把鞋脱了，好吗……要喝牛奶吗（Kimi 摇头）要不要？

我给你变一个戏法，过来，上来，你到床上来，叔叔给你变一个魔术……来，叔叔抱，叔叔抱你……咱们上床躺一会，休息一会，一会睡醒觉以后，我带你去找找爸爸，好不好，可不可以……Kimi，好不好？

［字幕］Kimi 换爸爸宣言，保持沉默与距离

林志颖和 Cindy 一起回家，Cindy 在前面跑，林志颖在后边追。

［字幕］哒哒哒

林志颖：你跑太快了，我跟不上你，我要超过你呢……

［字幕］哎呀

［字幕］演技 100%，比小朋友玩得更开心的林爸比

［字幕］楚楚可怜

林志颖：啊呀，我跌倒了，你要不要扶我起来……我跌倒了。

［字幕］惊讶，你怎么这么慢

Cindy：你怎么跑这么慢。

林志颖：我跑很慢的，你拉我起来，快点。

Cindy：那你为啥说？

［字幕］还是我的爸爸跑得快呢

林志颖：我刚刚跌倒了，你拉我起来。

［字幕］跺跺跺

［字幕］呜呜呜，我要爸爸

Cindy：我要爸爸。

林志颖：好，我们去看看。

Cindy：不要，我要爸爸。

林志颖：等一下，等一下，你爸爸就来找你呢，好不好？

田亮和天天走在回房间的路上。

田亮：天天。

天天：干嘛？

［字幕］回家的路上，走在 Cindy 后面的两人

田亮：我们要帮助 Cindy，Cindy 不想离开我，所以我们不能让她看到了，我们稍微走慢一点，好不好？

天天：这样吧。

［字幕］此时，前方不远处

［字幕］惊慌发现，身后的田亮

Cindy：我要看泥鳅。

林志颖：这里用稻草把它铺起来。

田亮：不要打扰她，悄悄地。

天天：悄悄地，悄悄地。

林志颖：可是我掉下去，你要救我。

天天：悄悄走过去。

［字幕］快闪，快闪

林志颖：我们慢慢地下去。

［字幕］呼，松口气

田亮：悄悄走过去。

……

爸爸和孩子们准备开始挖泥鳅。

［字幕］挖泥鳅

［解说］孩子们要和新爸爸共同努力到水田里捉泥鳅当晚餐，他们要分成两组来进行比赛。王岳伦、田亮和林志颖为一组，郭涛、张亮以及著名的打板哥分成另一组，输了的可要接受严厉的惩罚。

［字幕］飞溅，飞溅

田亮：那个，天天。你看，你看，给叔叔把那个大铲子拿过来，你给叔叔打下手。

［字幕］刚开始，就已经把自己弄得糟兮兮

郭涛奔向天天和田亮，帮助天天脱困。

[字幕] 紧急救援

石头：他在叫你。

郭涛：等一下，等一下，稳住了。

田亮：稳住了啊。

[字幕] 谢天谢地，终于得救的天天

田亮：那上去把袜子脱了。

郭涛：我挖到了。

[字幕] 郭涛混乱中，挖到一只泥鳅

[字幕] 炫耀，炫耀

林志颖：啊，这么快！

田亮：好样的！

郭涛：哟，没了！

[字幕] 拥有了一秒钟后，一切回到原点

Kimi 和 Angela 一起挖泥鳅。

Angela：叔叔，你可以帮我一下吗？

[字幕] 呼叫爸爸，爸爸

[字幕] 紧急呼叫爸爸

Kimi：爸比，爸比，爸比！

[解说] 孩子们和爸爸捉泥鳅比赛正在如火如荼地进行，头一回在泥巴里头打滚的小朋友不断出现新的状况。

林志颖走到 Kimi 跟前。

[字幕] 一不小心，满脸泥巴

林志颖：我看看。

Kimi：要慢慢挖。

林志颖：你挖的满脸都是啦，kimi。

林志颖帮助 Angela。

Angela：叔叔你可以帮我一下吗？

[字幕] 求助，你可以帮我一下吗？

林志颖：爸爸帮你挖深一点好吗，挖深一点。

[字幕] 开始上手，又挖到一条

郭涛：挖到了，嘿，这个容易啊，这个。

田亮：比捞鱼容易是吧？

[字幕] 往事就别再提啦

郭涛：比捞鱼容易多了。

……

田亮找到一堆泥鳅。

田亮：爸爸找到一堆，找到它们的窝了。

［字幕］亲闺女最大！又主动把泥鳅送过去

林志颖：小心手哦，用两只手抓着，用两只手抓着。

田亮：抓着抓着。好了，去吧。

Cindy：啊啊啊，舔我了，啊啊啊……

［字幕］挣扎，蠕动

［字幕］滑溜溜，好害怕呀

……

大家完成捉泥鳅，上岸。

［字幕］说反话，掩饰内心的郁闷。

天天：村长挑的这个任务真是绝了。

［字幕］再补上一刀，火上浇油。

村长：怎么样，搞得一身都是泥。

天天：抹你，抹你，我抹你……

……

大家一起帮忙数泥鳅。

［字幕］大家都在紧张地计数中。

［字幕］期待宣布结果。

村长：谁来告诉我这一组有多少？

石头：35。

［字幕］响亮，35

［字幕］举起

村长：好，那我们看看那一组呢，30 条……所以说我们赢的组举手……来，所有赢的组举手。

……

爸爸们分别按照流程来做饭。

［字幕］今晚比拼主打菜，南瓜粑粑。

郭涛：南瓜粑粑的制作说明。

田亮：准备南瓜一个，糯米粉若干。

王岳伦：1 比 1 的比例，一个南瓜放进去，这样做成饼状，用油煎或隔水蒸。

田亮：这个南瓜，我水给少了。

主人奶奶：不用这么多，切一段儿（用手比划）。

田亮：好主意，就这么一点儿哈……啊，就这么多就行了。

王岳伦在削南瓜。

［字幕］可怜的，被削成多面体的南瓜。

王岳伦：我觉得差不多了。

田亮将南瓜掉在地上。

［字幕］嘟嘴，人家才洗干净的……

田亮：有点概念。

摄制组：你觉得 Cindy 现在的状态有问题吗？

田亮：不好说。

田亮开始削南瓜。

［字幕］又洗了一遍才开始削皮

南瓜又掉在了地上。

［字幕］好吧……再洗一遍

张亮和郭涛在厨房煮南瓜。

郭涛：他说要把这个弄软，这么煮的话会很慢吧……蒸得很快是不是？

张亮：其实煮的话呢，它就没有那么甜。

［字幕］厨师经验，张亮友情提示：煮南瓜会流失糖分。

郭涛：但是我不会蒸。

张亮：没事没事，我来，蒸的话就简单了，这样。

王岳伦：煮吧。

……

Cindy 依旧在哭泣中。

［字幕］还在悲伤中。

［字幕］愈发伤心。

Cindy：我要找天天哥哥玩（大哭）。

林志颖：等你不哭了，我们再去找哥哥。

Cindy：我要找天天哥哥玩（大哭）。

林志颖在一旁看着。

［字幕］淡定，冷静。

［回顾］

林志颖：给她哭，就给她哭，等她哭完再说，不要让她认为哭是解决的办法。

田亮：对。

林志颖：你就让她一直哭，哭完，等她哭完再说，（让她）觉得哭没有用。

田亮：我女儿哭的时候，她听不进去，然后她有一个坏习惯就是说，你不理她，她会觉得更生气，她就变本加厉地更哭，她就要跳过来。

［字幕］这招好像对 Cindy 没用。

［林志颖旁白］这时候她的哭功真的领教到了，然后，还有她的体能我也领教到了。田亮确实是不容易。

摄制组：大家都在忙着做南瓜饼了，你去做南瓜饼好不好？

［字幕］走上前，想用做南瓜饼分散 Cindy 注意力。

［字幕］不情，不愿。无法抑制的悲伤汹涌而来。

［字幕］到底林志颖能搞定 Cindy 吗？

林志颖：走吧，走吧，走，我们去做南瓜饼。

Cindy：我要找天天哥哥玩。

[解说] 爸爸们正在进行南瓜饼制作大比拼，但 Cindy 跟新爸爸林志颖的相处好像并不顺利，林志颖能让 Cindy 止住哭泣吗？

林志颖带 Cindy 去厨房。

林志颖：我们去厨房，不要在这里面了，好不好，我们去厨房看看，我们看看那个南瓜，你要不要来帮忙？

Cindy：我想去天天哥哥家挖红薯。

林志颖：你想看红薯是不是，好那你先不要哭了，好不好？你刚才有答应我，我也答应你呢……好了，没事，没事。

[字幕] 这时候，石头晃到了 1 号房。

Cindy：石头哥哥来了。

[字幕] 我来喽。

林志颖：石头。

石头：她是怎么呢？

[字幕] 同龄人好沟通，打算把 Cindy 托付给石头。

[字幕] 陪 Cindy 没问题，但是得和新爸爸说一声。

林志颖：她想找人陪她玩。她想去挖红薯，你会不会陪她去。

[字幕] 达成共识，石头肩负起安抚妹妹情绪的重担。

石头：那你跟王叔叔去解释一下吧。王叔叔就在对面 2 号。

[字幕] 有石头哥陪伴，Cindy 瞬间活力四射。

林志颖：好，那你们手牵手去哦。

石头：那 3 号在哪儿？

林志颖：3 号，一直往那边走，Cindy 知道。

石头：好！走！

[字幕] 林爸爸如释重负，可以安心做晚饭啦

……

王岳伦准备做泥鳅。

[字幕] 王岳伦对泥鳅无从下手，向主人取经。

王岳伦：蒸了。

房主：诶。

王岳伦：现在怎么办？

房主：#￥%＆＊……

王岳伦：先放水里，现在放水里。

房主：#￥%＆＊……

王岳伦：没明白，我听不太明白。

房主：#￥%＆＊……

[字幕] 听不懂

[字幕] 憋着笑，摄像大哥帮忙翻译

摄像师：她说用一个碗把它扣住，把泥鳅蒸死以后……

王岳伦：先要蒸死对不对？

摄像师、房主：对。

［字幕］不管怎样，一番沟通后终于明白了……

王岳伦：先要蒸死，是吧？

王岳伦：然后放在这里面，杀生，哎呀，人类还是很残忍呐。

……

王岳伦在做小泥鳅。

［字幕］果然按照张大厨的步骤一步步进行着。

王岳伦：就这样炸一下吧？

石头：一会儿会炒的对吗？

王岳伦：对。

王岳伦：别动了啊，你要躲开一下，会溅到你，溅到你。

石头：好，我捂住，好，可以弄了。

石头：可以弄了。

王岳伦：啊！

石头：可以弄啦！

王岳伦：看看啊。

……

王岳伦的南瓜饼出锅。

［字幕］一大坨，巨无霸南瓜饼。

摄像师：闻起来挺香。

石头看碗里的菜。

［字幕］咦。

王岳伦：走吧，石头兄弟。怎么样？味道如何？

［字幕］直接地，不如何。

石头：不如何。

王岳伦：不如何，这个叫南瓜元宝，南瓜金元宝。

［字幕］不管怎样，两道主菜终于完成了。

王岳伦和石头出门。

郭涛、张亮、Angela 和 Kimi 一起出门了。

Kimi：郭爸爸，郭爸爸。

郭涛：哎。

［字幕］不停地喊郭爸爸。

张亮：Angela，叫个亮爸爸。

郭涛：叫亮爸爸。

［字幕］No

张亮：假装叫亮爸爸，好不好？

郭涛：他现在就是你的亮爸爸。

张亮：我是代理爸爸。

Kimi：你看，有好大的我，有好大的 Kimi，好大的 Kimi。

［解说］新爸爸和孩子们，端着辛苦做出来的南瓜饼，集合到了一块，究竟谁做出的南瓜饼能够胜出呢？

……

郭涛：看前面灯光的地方，就是我们要去的地方，看见了吗？

……

天天：尝尝我家超级无敌南瓜饼。

［字幕］极力推荐，尝尝我家超级无敌南瓜饼。

［字幕］哈哈哈，被嘲笑的南瓜饼。

林志颖：真的吗？这么厉害！是哪个爸爸带你的？

天天：田亮爸爸。

林志颖吃南瓜饼。

［字幕］咬一口，试试。

［字幕］好吃。

林志颖：哈哈哈……好吃。

……

评比开始。

［字幕］终于要开始评比各家的成果啦！

村长：来，各位老爸们做的菜是芳香扑鼻。然后，看到还有南瓜饼，还有泥鳅，到底谁做的最好吃呢？当然我说了是不算的。

Kimi：我最好吃。

村长：我们请来了我们这个村里面的三位老乡，请他们来给投票，他们每人手中有三票，那么你们觉得哪个最好吃，就把票投给谁好不好？但是要记住，这个碗呢和他们的菜不是对应的。因为被评出来最好吃的菜的话，还要给那一对新父子，给一个大奖。

Kimi：是谁？

村长：我还不知道，要他们来说了算的，但是好像有人是自己做好，但是已经被自己吃完了。

［字幕］叹气，往事不要再提。

田亮：怎么办呀？叫你不要吃，咱们没东西了。

张亮：不是被你吃光的，我们就吃你一个。

［字幕］无奈，开始拉人情票。

田亮：老乡，有一个碗是空的，你觉得可以给一点印象分，也可以往里面放一个，第一个碗是空的。

［字幕］努力解释。

天天：对了，阿姨，我的菜都被他们吃光了，我的是一个全世界最好的大饼。

……

老乡们开始试吃投票。

[字幕] action，试吃开始。

[老乡] 哇，这个是什么？

村长：尝一尝最有当地特色，味道最好的，我们觉得最好吃的。

[字幕] 认真品尝。

林志颖：这个绝对好吃，对不对？

[字幕] 自信，这个绝对好吃。

[字幕] 紧张，那是我们的。

[字幕] 大众评审团为各组选手投票。

天天的表情。

[字幕] 我可怜的大饼。.

[字幕] 投票完毕。

村长：看一下，首先我们看看这道菜，这道菜是谁做的呢？

郭涛：岳伦。

村长：岳伦是 2 票。

石头：他是 3 票。

村长：这边张亮 3 票，不愧是大厨，然后这个是谁的呀？

郭涛：这是我做的。

村长：郭老师 1 票。

张亮：这边也有 3 票。

村长：小志 3 票。

林志颖：对，我跟 Cindy 做的。

[字幕] 投票结果，王岳伦 & 石头，获得两票。林志颖 3 票，张亮 3 票，王岳伦 2 票，郭涛 1 票，田亮 0 票

Angela：那什么时候换回爸爸呀？什么时候换回王岳伦啊？

王岳伦：一会儿，一会儿，现在你不跟爸爸在一起了嘛？

Angela：我想和爸爸睡觉。

[字幕] 对冠军不感兴趣，满脑子都是爸爸。

……

奖励冠军。

村长：我们这个奖励就是什么呢？奖励就是请四个爸爸抓住被子的四个角，然后把得了第一名的小朋友放在被子上，然后，用力抛起来，能不能抛到月亮那么高？能不能抛到比树还要高？那刚才我们附近，就是村子里的老乡，他们评判出了两个并列第一名，一个就是小志和他的新宝贝，是和谁？

[字幕] 我只要爸爸，不要第一名。

[字幕] 紧抱亲爸~

田亮：第一名耶。

林志颖：Cindy 第一名，Cindy 得第一名了。

村长：得了第一名要领奖了，快跟新爸爸先站一下，先领奖，先领了奖再说，还有一个刚才就是张亮，张亮和哪个新宝贝在一起得了第一名？

［字幕］就要和爸爸睡，同样对冠军没兴趣。

［字幕］我也只想和爸爸待着。

王岳伦：Angela，你的菜得了第一名，不是说晚上睡觉的事。

Angela：为什么要换爸爸，我不要换爸爸。

……

［字幕］陌生的旅途，只有爸爸的怀抱才最安心。

……

Cindy：我要和爸爸睡。

田亮：那你选一个爸爸，你选天天爸爸怎么样？

张亮：选我怎么样，好不好？

林志颖：没事，好不好，要不然这样子好了。你站好，我要和你说话。

Cindy：我要和天天爸爸睡，我要跟天天爸爸睡。

［字幕］终于，我要和天天爸爸睡。

［字幕］帅模特叔叔，终于找到了理想爸爸。

张亮：好，跟我睡好不好。

林志颖：好吧，拜拜，你自己照顾自己好不好。你是带谁？

张亮：我带 Angela。

林志颖：那我带她嘛。

张亮：Ok，我们两个交换就好了。

［字幕］爸爸们临时交换任务。

［字幕］走上前，试试。

王岳伦：林叔叔，行不行？

林志颖：你怎么变得那么重，我照顾你好不好？

Angela：我们可以一起挖红薯去？

林志颖：好，那我照顾你好不好。（Angela 点头）好，太好了。那你要邀请我去你家玩吗？

［字幕］点头答应。

Angela：（Angela 点头）Kimi 也要来哦。

林志颖：没问题，好不好？

Angela：Kimi 呢？

林志颖：kimi 在那边，你看他在那边。好吧，你跟郭爸爸回去了好不好，give me five，yeah，see you。

王岳伦：太意外了。

Kimi 跟随郭涛回去。

［字幕］出乎意料，乖乖跟着郭爸爸回家。

［字幕］乖巧，听话。

郭涛：非常棒，非常棒，这个让叔叔拿着，让郭爸爸拿上，好吗？还是自己拿，好。

摄制组：挺意外的。

郭涛：是，我也觉得有点。就是我们自己家的那个石头，完全，他就好像当我不存在似的，就跑了。

摄制组：有失落感吗？

郭涛：也没有，其实这是游戏的规则嘛，大家一起去执行，对不对？

Kimi：对。

郭涛：我们一起去努力加油，对不对？

Kimi：对。

林志颖：要不要抱你？

Angela：可是你抱不动吧！

林志颖：可以，试试看。（林志颖抱起 Angela）我要两只手抱才抱得动你。

［字幕］看起来很合拍的新父女档。

……

郭涛：郭爸爸数 10 下，然后看看 Kimi 能喝这么多，Kimi 喝完了吧，哎呀哟，叔叔看不见。

Kimi：睁开眼睛。

郭涛：喔，我看，哇，这回喝得太多了，我这回数 20 下，一口气把它喝完怎么样，可以吗！好，再来！

……

张亮和 Cindy。

［字幕］再次要求，经典桥段《打豆豆》。

Cindy：你给我讲吃饭、睡觉、打豆豆。

张亮：好的。

［字幕］难度升级，你会用重庆话讲吗？

Cindy：你会用重庆话讲吗？

张亮：不会啊，你会？

Cindy：很简单的。

张亮：我没听过呀。

Cindy：我给你讲一个。吃饭~睡觉~打豆豆（重庆话）。

张亮：吃饭~睡觉~打豆豆

Cindy：打豆豆。

张亮：打豆豆。

……

爸爸们接到新的任务卡。

［字幕］夜深人静，新的任务卡来了。

王岳伦：任务卡又来到。

郭涛：不会吧，这么晚了。

林志颖：爸爸去哪儿。

田亮：将孩子哄睡着后。

郭涛：回到自己的孩子身边，太好了，太好了，我已经尽力了。

张亮：Yes。

王岳伦：真好。

田亮：睡了吗？睡着了吧。

张亮：刚睡着，对，天天睡了吗？

田亮：早睡了，Cindy哭了吗？

张亮：怎么可能哭，跟我玩得太好了。

田亮：是吧。

张亮：明天见，成功。

郭涛：石头这么晚才睡啊？

王岳伦：石头跟我说一句心里话。

郭涛：说什么？

王岳伦：石头说，让务必让我转告你。

郭涛：转告我？

王岳伦：就是说，对他别那么严厉。

[郭涛旁白] 一方面就是自己也反思了，对于石头的教育，有的时候过于粗暴了，是不是要拉拢拉拢他，还有一方面就是照顾了 Kimi 以后觉得，对 Kimi 都有那样的耐心，对 Kimi 那么好，对自己的儿子应该也要那样好，想要补偿他一下吧。

[林志颖旁白] 非常好哄。

[王岳伦旁白] 交换完以后，其实可能，从爸爸角度来讲，我可能会看到自己的不足，我看到张亮和 Angela，他们怎么哄她睡觉的，或者怎么跟他沟通，会发觉自己是不是在那一面做得不够，我觉得这种方式特别好。

[张亮旁白] 我后来跟天天聊的时候，他说他特别喜欢田亮，他说，你能不能向田亮爸爸学习。我说，你还田亮爸爸。他说，他有很多优点值得你学习，我说什么优点。他说我忘了，总之有很多优点，你自己去学吧。

[田亮旁白] 我认为这是她的一个适应转变能力，是她一个比较弱的地方，我一直想通过某一种方式，就是让她提高，其实是对她人生的一个磨练。

[林志颖旁白] 我觉得这也是一个蛮好的机会，可以让每个爸爸，不同的教育方式来对待自己的小孩，我觉得可以让 Kimi 去跟着郭涛，去体验那种爷儿们式的教育，或许让他自己那种勇气，各方面会加大一点，胆量大一点，我觉得也蛮好的。

郭涛：晚安。

评析

"真"与"秀"的完美融合

——评析《爸爸去哪儿》

电视真人秀，作为动态的具有目的性的线性叙事模型，是对自愿参与者在规定情境中，为了预先给定的目的，按照特定的规则所进行的竞争行为的记录和加工。作为一种独特的电视文本，真人秀既强调了"真"，也强调了"秀"。"真"主要是指它的参与人物不需要"演技"，不提供台词，不规定过程和结果，不进行现场调度，多角度进行记录；而"秀"则主要是指节目组预先给定的情景、目的、规则，以及后期对文本进行的艺术加工。国外学者的研究也表明，只有"真"和"秀"的结合，即真实和虚构融合在一起，才能使真人秀节目产生最好的效果。《爸爸去哪儿》正是建立在这个基础上的一档亲子生存体验类真人秀。抛去其中所蕴含的对代际沟通、亲子教育等深层次意识形态的思考，个人认为，《爸爸去哪儿》之所以能取得如此成功，正是由于其"真"与"秀"达到完美的平衡和融合，为观众建构了一种"类真实"的体验，让观众在不受特定道德规范约束的情况下满足自己的好奇心和窥视欲望，同时产生情感共鸣。

一、叙事主体：双重身份下的相对真实

查特曼认为，观众对人物的兴趣超出了他们在叙事中所扮演的角色，即人们关注的不仅是人物在故事中做了什么，而是他本人是什么。因而，对于真人秀节目来说，人物的真实是整个节目的灵魂，它让节目从一个简单的"秀"变得生动真实起来。《爸爸去哪儿》的故事主体设置为明星和他们的孩子。在现实生活中，明星为公众人物，他们的生活鲜为人知。但当他们走出公众的视野重新回归现实生活时，他们也是普通人，有多变的个性。节目正是基于这样一个特点，通过一定的情境设定，让明星作为父亲的身份出现，参与到大众日常的生活当中，展现出偶像平凡质朴的一面，如，他们为孩子们笨拙地做饭、照顾孩子等。这种人物双重身份的设计既保证了节目"秀"的特征，也更能让观众产生真实性的感受和高度的身份认同感。

但是，从另一个方面来说，由于这些"星爸"多以表演为职业，长期与摄像机打交道，已经深谙其中的表演规则。虽然没有台词剧本的设计，但他们却能够意识到自己处于镜头的监视下，所以他们就不可避免地会"装"，真实的个性会收敛，"秀"的成分会相应地增加。如，田亮对女儿Cindy的哭闹束手无策，却尽力隐忍自己的脾气，说："孩子嘛，在这么多人的情况下，我得哄着，不能凶吧，我得做个慈祥的爸爸，有很多约束着我的时候，我在想这怎么办。"然而，孩子们的加入却弥补了这一点。他们处于4岁到6岁这个阶段，心智还尚未成熟，个性也还处于"天然未雕饰"的状态。他们忽略了摄像机的存在，尽情地哭、闹、嬉笑、淘气、拒绝或生气。与以往成人节目中的表演、虚假状态相比，孩童本真自然的镜头表现，使节目文本更为真实生动，同时也降低了爸爸们掩饰和作秀的机会。

二、叙事内容：规定情境下的真实呈现

一般来说，真人秀规定了游戏的时间、空间、环节和规则，但是并不规定每一个参与者的行动方式，而是在一个大致限定的范围内，最大限度地让参与者自己去对各种预先设计的或者突然爆发的事件做出反应，并进行判断和采取行动，谁也不知道这些参与者究竟会怎样行动，行动的后果会是如何。因此，真人秀的叙事内容虽然是在规定情境下完成的，但却都是叙事主体的真实反映。当然，一个真人秀节目的情境设计至关重要，它直接关系到能否展现叙事主体的真实，以及是否能让节目产生引人入胜、跌宕起伏的戏剧效果。

《爸爸去哪儿》的情境设置是"星爸"和孩子一起到陌生的、条件较为恶劣的环境下生存数日，同时完成节目组规定的特殊任务，如爸爸们需要买菜做饭、照顾孩子、钓鱼，孩子们需要和小伙伴一起寻找食材、照顾比他们更年幼的孩子、看店、守护鸡蛋等。这种陌生的空间以及特殊任务的情境设置让他们远离了自己熟悉的日常化生活，导致了更多的不确定性因素，这些"不确定"因素激发出人物的真实个性，成为叙事的动力。这里以《爸爸去哪儿·湖南平江（上）》为例进行具体分析。这一期节目还是按照之前节目的框架选择了一个陌生的地理空间——湖南省平江县的农村，爸爸们带着孩子们到这里完成三天两夜的旅行。但是，与前几期节目最大的不同却是它的特殊游戏规则——"换爸爸"。当主持人李锐刚刚宣布这个特殊的任务时，每个人的表情和反应都是不一样的。爸爸们基本上都是一脸惊讶的表情，心理活动也是不一样的，如郭涛在旁白中说："有点懵，说实话，照顾石头平时在家里都不多，那这回呢又照顾别的孩子，而且是 Kimi，我当时觉得太难了，几乎不太可能。"当然，对于这个情境设置，孩子们的情绪变化是最大的，尤其是 Angela，当听到这个规则时便大哭大闹："不要，我不要换爸爸，我就要爸爸，我不要参加，我不要村长，把村长装到篮子里面去。"有了特定的"换爸爸"的情境设定后，之后节目的叙事内容基本上都围绕"孩子们和新爸爸的相处"真实呈现：天天和新爸爸田亮、石头和新爸爸王岳伦、Angela 和新爸爸张亮的相处和谐，Kimi 对新爸爸"郭涛"的抵触，Cindy 的哭闹和林志颖的无奈等。

三、叙事手法：纪实性拍摄与戏剧性制作

（一）纪实性拍摄

对于外景真人秀节目来说，除了没有台词剧本的设计，让叙事主体在规定情境下自我表现外，用纪实性拍摄的手段完整记录其内容，也是表现真人秀节目真实的要素之一。但《爸爸去哪儿》所用的纪实性拍摄手法和纪录片的纪实性拍摄手法并非完全一样。在纪录片中，长镜头的运用会较多，景别一般也多为中景和远景。而在《爸爸去哪儿》节目中，为了保证叙事的紧凑节奏，长镜头运用较少，近景和特写较多。因而，这种纪实性拍摄在某种程度上是一种非虚构的记录。为了保证全方位和多角度地真实记录孩子们和爸爸们的表现，节目组一共使用了 48 台左右的拍摄设备，包括肩扛摄像机、手持摄像机、小型监控摄像机、5D Mark2 和 GoPro，同时运用了飞行器、摇臂、魔术臂等辅助设备，并且采取24 小时连续拍摄的原则。这种拍摄手法保证了细节的完整记录。除此之外，《爸爸去哪儿》的镜头无论是构图还是从其他角度来讲都算不上完美，尤其是其中的很多跟拍镜头，摇摇晃晃，甚至有些时候叙事主体都不在画面内，如，Cindy 在路上奔跑，整个画面都是

摇晃颠簸的，但正是这种纪实性的镜头拍摄带给了观众更多的真实体验。

（二）戏剧性制作

一般来说，真人秀节目既要满足观众猎奇的需求，又要保证节目的娱乐性。因而，节目除了要客观呈现角色的真实状态外，还要将这种真实纳入具体的游戏规则下，让其所表现的内容更具戏剧性和冲突性。但是，《爸爸去哪儿》是一档温情的亲子类节目，和其他真人秀节目相比，情节显得相对平淡，细腻的人际关系和激烈的戏剧冲突在节目中并不多见。为了让故事"精彩鲜活"起来，节目组在后期进行了多重戏剧性的制作。

首先，蒙太奇的剪辑手法。蒙太奇是指通过镜头有目的、有逻辑的组接，从而使产生的意义要大于孤立镜头原有意义的创作手法。《爸爸去哪儿》总共拍摄了爸爸和孩子们三天两夜的旅行，共2期，每期节目大约90分钟。因而，节目组在剪辑的时候，并不是平铺直叙的展现，而是运用了大量的蒙太奇剪辑手法，对比剪辑、交叉剪辑、平行剪辑、快慢镜头、分割画面、比喻剪辑等方式频频出现，使节目呈现出戏剧性的张力。如，2分20秒的"分割画面"，五个爸爸惊诧的表情同时出现在一个画面中，强调了爸爸们同时对这个任务的意外；2分22秒到2分36秒的"积累剪辑"中，Cindy和林志颖、Kimi和郭涛、石头和王岳伦、天天和田亮、Angela和张亮分别出现在同一画面内，强调了情节，也引发了观众的联想，"不知这样的组合会带来什么新的意外或惊喜"，同时也强化了观众的视觉感受；33分38秒的"快镜头"中，孩子们陷入泥地，爸爸们紧急救援，快镜头的运用不仅了加快了节奏，也突出了事情的紧急；平行剪辑常用在爸爸们做饭的时候，展示爸爸们做饭的各种窘态等。

其次，幽默风趣的字幕和音乐引导。《爸爸去哪儿》节目中的字幕是最为观众称道的。它不仅解释了一些难懂的画面，同时将一些隐藏的笑料提炼出来，还在表现形式上和用词上诙谐童趣，被网友称为"神字幕"。如，Angela刚听到牛叫时惊慌失措，字幕为"害怕"、"我刚听到一个怪声音"，当画面转到牛在远处吃草时，字幕为"小朋友，你才比较吓人了"；田亮在帮天天洗完脚之后，剩下一盆无比浑浊的泥水，字幕为"……无比浑浊"，恰好画面晃动，字幕为"摄像大哥晕眩了"；田亮看着盆里的泥鳅自由自在地移动，字幕为"活泼，活泼"；Cindy去找石头借袜子，刚好石头脱掉裤子坐在床上，石头赶紧将被子拉过来，字幕为"赶紧捂住"、"故作镇定"等。当然，除了字幕外，一些特效音乐的运用也功不可没，二者配合让简单的故事也变得情景化、故事化。总之，爸爸和孩子们的动作行为、表情经过这些字幕的解读和特效音乐的引导瞬间达到令人捧腹的娱乐效果，奠定了节目轻松娱乐的氛围。

最后，"现场追述"手法的使用。虽然真人秀节目是真人具体的游戏规则下呈现的，但由于节目时长和具体表现力等因素的限制，仅仅靠真实记录的画面很难对情节做出完整的把握，同时对人物内心的状态很难把控，而"现场追述"手法的使用恰好弥补了这一点。它是真人秀节目的一种叙事手段，即利用节目的参与者在事后追述节目中曾经发生的事件，并穿插在事件当中，通过灵活的编辑结构故事。在《爸爸去哪儿》的节目中，"现场追述"的叙事手法基本上每期节目都有，但却不多，一般主要用于呈现爸爸们在某一个时刻的内心想法，并将整个故事串联起来。如，在《爸爸去哪儿·湖南平江（上）》一开始就是爸爸们的旁白，将之前的节目和现在的节目串联起来，有一种连贯性。

综上所述，《爸爸去哪儿》作为一档真人秀节目，虽然"秀"的成分居多，但"真实性"却永远是其朴素的内核。《爸爸去哪儿》通过叙事主体的选择、虚拟情境的设置、纪实手法的拍摄、戏剧性的制作让"真"与"秀"在节目文本里达到高度融合统一，满足了观众对真实的要求，让观众在高度的情感认同中思考节目所传达出的真正的文化价值。

（张　娇）

编导阐述

《爸爸去哪儿》：韩国模式中国设计，内容自创凸显人情
——专访总导演谢涤葵

东方早报记者　何源亭

东方早报：你当初怎么会选择《爸爸去哪儿》这个节目？

谢涤葵：这都是台里分配的，他们当初觉得我的团队特别适合拍这个节目，可能其中有个原因是我拍过类似形式的棚外真人秀《变形计》。

东方早报：邀请明星困难吗？韩国原版方给过什么建议？

谢涤葵：韩国原版方基本没给出什么可参考的建议，中国挑选明星相比韩国要困难很多。刚开始他们（明星）也不了解这是什么样的一个节目，突然让他们带着孩子来参加，因为隐私曝光等原因肯定会有所顾虑。而韩国这样类型的真人秀比较多，韩国的艺人大多住在首尔，大型电视台就只有三四家，所以韩国电视台相对是处在一个比较强势的地位，不像我们国内的电视台有很多，而且明星的身价被越抬越高，韩国在邀请明星方面自然要比我们简单很多。

东方早报：以什么标准去挑选爸爸和孩子的？

谢涤葵：尽量选择有差异性的，为人熟知的明星。不同的职业、不同的圈子、不同的性格，这样他们就能互补。比如田亮属于体坛，张亮是模特界的，王岳伦是导演，郭涛是演员，而林志颖的身份比较多元，还能代表台湾。孩子则是选择4~6岁，因为七八岁的小孩容易失去童趣；4岁以下的又太懵懂完成不了任务。此外，小朋友的搭配原则是男孩要比女孩多，韩国原版是四个男孩一个女孩，结果我们选到的两个女孩子意外地突出，给观众留下了很深的印象。

东方早报：节目的流程大致是怎样的？

谢涤葵：首先是踩点，我们有个踩点小组，把踩点的情况通过视频汇总上来，确定之后我们的编剧组和现场导演组根据拍摄地点设计详细的拍摄方案，然后在当地进行一周左右的准备工作后再进行正式的拍摄，工作人员达100多人。拍摄时，剧组会进行场记，把海量素材记录下来以后交给后期，后期再进行一系列专业制作，比如今晚就要开播了，我们的后期在这三天进行全封闭式的工作直到节目播出。开播前夜往往都要通宵，很辛苦。

东方早报：选择拍摄场地的标准是什么？

谢涤葵：不知名，但风景很美，有特色的原生态村庄，当然还需要符合拍摄要求，比如人员的调度和安排，以及当地的配合。

东方早报：随着四期的拍摄，孩子们已不像开始那样有陌生感和抵触情绪了，但是他们的入戏感会不会减少节目后期的好看程度呢？

谢涤葵：我觉得不会，我们的节目就好比一部电视连续剧，对观众来说就像周末剧，每周五看看这些孩子最近又在干嘛了，看到后面其实有一种递进感，看点会渐渐转移到爸爸之间的沟通以及孩子成长的过程。

东方早报：棚外和棚内的拍摄有什么区别？棚外会不会没有棚内那么精致？

谢涤葵：像《爸爸去哪儿》这样的棚外节目会受天气的制约，比如（今晚）即将播出的一期，我们拍的时候就时不时在下雨，有的镜头比如"放鸟"环节就会比较匆忙。孩子和爸爸们穿着雨衣雨鞋，道路又很泥泞，都会影响他们的表现，但棚外势必会比棚内来得更真实，贴近生活一些。棚外的制作费虽然没有棚内那么高，但是靠镜头设计、剪辑都能提升品质感，比如我们拍摄用的机位就有四五十个，还运用了航拍技术。

东方早报：《爸爸去哪儿》在模式引进的同时有何改进创新之处？

谢涤葵：很多。我们其实只是套用了它的大模式，而在环节的设计等都改进了很多，内容也完全是自创的。韩国的拍摄地点基本是离首尔 1~3 小时车程的小山村，而中国地大物博，天南海北都能选择；他们拍摄两天一夜，我们则是三天两夜；他们的整体风格还是偏综艺一些，我们拍的更像是纪录片，更真实，凸显人情。

东方早报：在引进韩国模式中，最受益匪浅的是什么？

谢涤葵：是他们的工业化制作流程，虽然节目的制作很复杂，但是他们的制作周期很短，比如一周内就能完成混音、剪辑等工作，效率很高，而且他们的分工很明确，团队也来自社会上各个行业，不像我们多数出自电视台。

7 数据新闻类作品

数据新闻导论

数据新闻（Data Journalism），又称数据驱动新闻（Data Driven Journalism），是大数据时代兴起的一种跨学科的新闻生产方式。"数据新闻奖"由非营利的民间组织"全球编辑网络"（Global Editors Network）主办，谷歌给予支持，是第一个专门为数据新闻报道设立的奖项。该奖项从 2012 年开始在全球颁布，旨在打破传统媒介和新媒体的壁垒，为未来新闻业创造全新的新闻理念和开放的工作模式。

当年参与评奖的作品达到 286 个之多，涉及全球 51 个国家和地区，最终评出了包括《卫报》骚乱报道在内的 6 个年度最佳数据新闻。提交参奖作品的既有机构也有个人，媒体是主体，共有 101 家媒体参奖，此外，自由撰稿人、广告机构、公司、社会组织、大学和政府机构也参评。参评的数据新闻作品制作团队平均由 3.96 人构成，人数最多的团队高达 30 人之多，作品耗时从 8 小时到 7 年不等，平均需要 5 个多月。从全球编辑网络对参评作品的上述统计，我们可以做出如下推断：①数据新闻的实践并不局限于上文提及的英美两国，而是在全球多个地区推行；②参与数据新闻制作的人员并不局限于媒体；③数据新闻制作多以团队为主；④优秀的数据新闻作品往往需要较长的制作时间。

2013 年，数据新闻奖共设置了四类奖项：数据驱动调查性新闻（Data-driven Investigative Journalism）、数据驱动性应用（Data-driven Applications）、数据报道（Storytelling with Data）、数据新闻站点或部门（Data Journalism Website or Section）。其中数据故事和基于数据的调查类新闻将小型媒体组织和个人的作品与大型媒体组织的作品分开来评奖。当年 4 月 27 日全球编辑网络在意大利 Perugia 国际新闻节上公布了 2013 年度入围数据新闻奖（DJA2013）的名单和作品，来自 19 个国家的 72 家机构入围，包括美国、英国、日本、中国香港、巴西、阿根廷等。入围作品由评审团从 300 多份参赛作品选出，它们有的来自大媒体集团，也有的出自地方性的报纸或研究机构，最终评出了七个年度最佳数据新闻奖。作品对蕴含在新闻背后的事件逻辑进行收集、挖掘，并以可视化形式展现数据新闻价值，使其成为大数据时代新闻生产的核心竞争力。

数据新闻的产生得益于计算机数据分析技术在新闻报道领域的应用，但采用统计量化方式生产新闻的理念与实践早已有之。从某种意义上说，从精确新闻到数据新闻的历史衍变是传统新闻业面临新媒体冲击而做出的转型努力。数据新闻为传统的"新闻鼻"和数据叙事技巧的强力结合提供了一种可能。传统新闻以文字为主、数据为辅或数据与文字相辅相成，强调用文字讲故事。数据新闻则是数据在先、文字在后，数据成为讲故事的新工具，在一定程度上改变了新闻的生产流程。

数据新闻生产流程包括数据搜集、数据处理和数据呈现三个阶段。数据搜集是数据新闻生产流程的第一个环节，也是最重要的一环，直接影响后续阶段的可信性和有效性。数据新闻大多采用网上公开、免费获取的数据，且搜集渠道多样：对同类新闻或不同时期的相关新闻数据进行归类统计、整合比较；对网络搜索引擎、社交媒体内容、用户数据进行深度挖掘，揭示个别、分散行为中蕴含的共同规律；从政府机构、企业等发布的公开数据中寻找可作为新闻背景的有用信息；通过网络观察、调查或众包的形式收集数据。

当搜集了足够多的数据之后，为了保证数据的质量和数据新闻的可信度，需要对数据进行全面谨慎的处理。数据处理环节包括数据清洗、情境化和综合三个步骤。其中，数据清洗通常有两种做法：其一是检查数据的一致性；其二是处理无效值和缺失值等。数据情境化主要是将搜集的数据置于特定的语境中解释，这必然要求记者在生产数据新闻时以问题为导向，弄清数据由谁收集、何时收集、为何收集、如何收集、有何意义。数据综合最常见的方法就是信息图表的糅合混搭。数据地图、时间线、交互性图表已成为不同时间、不同来源的数据信息整合的框架。通过对不同维度的数据叠加、比较、相互关联，我们可以看到每个数据更深层的含义，加深对新闻事实真相与意义的理解。

在数据呈现阶段，数据新闻可视化的呈现方式千差万别，其主要目标是帮助读者迅速定位对自己有用的重要信息，帮助读者更好地理解复杂的问题。目前，信息图表的制作主要有三大方向：一是数据可视化，将数据信息的量与关系等转变为直观的图形；二是看图说话，将文字信息变为形象符号；三是以图整合，在图表中集成多元信息。在此基础上，信息图表形成四大类型，即 Flash 动画型、信息查询型、问卷调查型和综合集纳型。

数据新闻推动了新闻报道形态的革新，加速了记者乃至整个新闻行业的角色转换。对于杰出的数据新闻而言，需要记者在新闻上的洞见和数字全能型技术知识的结合，需要新闻素养、艺术素养和技术素养的结合。对于数据新闻记者而言，分析和解释数据的能力直接关系到能否写出好的故事，能否选择最恰当的方式来叙述故事。

7.1　英国社会阶层计算器

获奖机构：英国 BBC 视觉新闻

类别：数据驱动性应用

项目描述：BBC 邀请社会学家领衔，进行了一项为期两年、对象超过 16 万人的社会调查（见图 7-1）。这是英国历史上规模最大的社会阶层调查，确立了新型社会阶层分类标准，并将社会阶级分为七大阶层。在传统上英国的社会阶层被划分为上流、中产和工人阶级三大类，这主要是以人们的职业情况为标准做出的划分，这与现代社会精细分工、多元发展的实际面貌并不符合。新型社会阶层分类标准在划分社会阶层时不仅注重人们的财产收入状况（经济资本），同时也将人们的社会交往情况（社会资本）和休闲娱乐方式（文化资本）等作为重要的分层依据。新的社会阶层分类标准将英国社会分为精英阶级、世家中产阶级、技术型中产阶级、新型富有工作者、传统型劳动阶级、新兴服务业工作者、不稳定型无产者七个阶层（见图 7-2）。

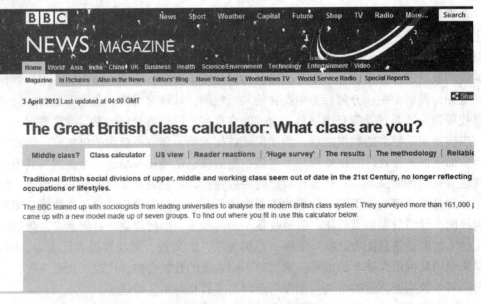

图 7-1　英国社会阶层调查问卷页面

BBC 对于这次社会调查的过程、结果、方法论、可信度、各方的观点、读者的反应等方面做了详实的独家报道。

BBC 的工作人员在原始调查的基础上开发了一个相当简易的个人应用：社会阶层计算器。这是社会学教授以及互动设计师联合开发的实时更新的新闻应用平台，也就是一个在社会调查基础上大幅简化的在线测试，包括调查个人经济资本的单选题三道，调查个人

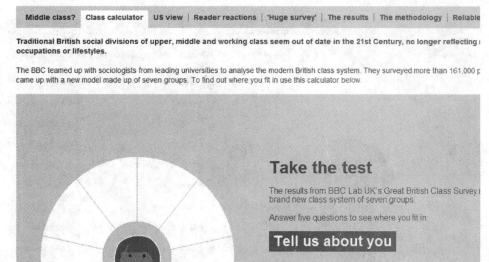

图 7-2 英国社会阶层调查问卷

社会和文化资本的多选题各一道，分列在显示屏的页面上（见图 7-3、图 7-4、图 7-5）。

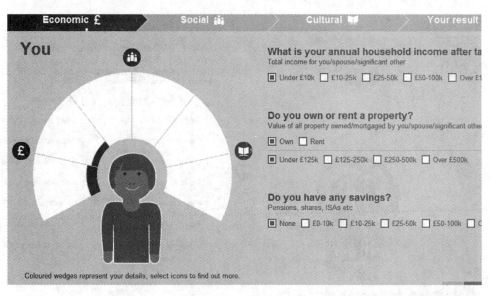

图 7-3 个人经济资本问题

图 7-3 所示为经济资本标准：个人财产收入状况（税后家庭工资收入、房产状况、存款状况）。

图 7-4 所示为社会资本标准：人们的社会交往情况（你熟悉哪些人？秘书、农场工人、护士、首席执行官、教师等）。

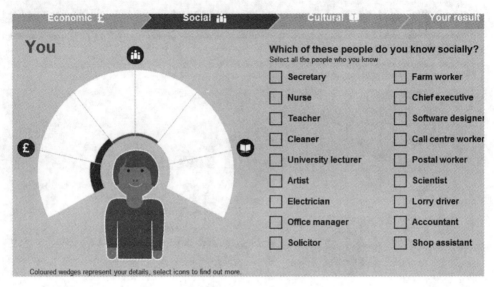

图 7-4　个人社会问题

图 7-5 所示为文化资本标准：休闲娱乐方式（你的业余活动有哪些？听歌剧，听爵士，看比赛、做手工艺术作品等）。

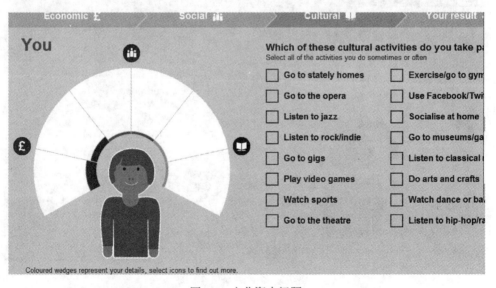

图 7-5　文化资本问题

如图 7-6 所示，参与者在一两分钟内就能完成，并可马上看到分类结果。这个问卷还搭配了一个扇形图，上亿鼠标点击量整合到坐标图中，直观标示出参与者在这三方面的资本是高还是低。读者点击鼠标可以看到根据经济资本、社会资本、文化资本等指标"标准化"之后的个人所属社会阶层，还可以将调查结果通过 Facebook 、Twitter 等社交媒体与朋友分享互动。

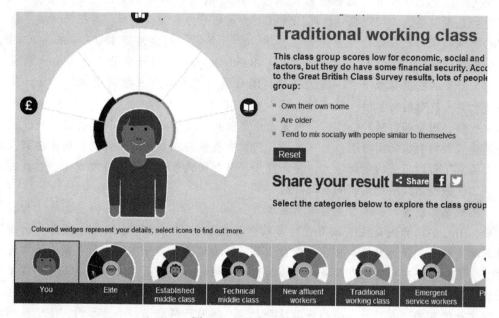

图 7-6 调查问卷结果

评析

跨界 互动 实用
——评 BBC 数据驱动性应用《英国社会阶层计算器》

大数据的出现和广泛运用催生出一种全新的新闻传播方式——数据新闻。在全球新闻界，数据新闻已经不再停留于一个新名词，它代表着新闻业正在进行的一系列全新的实践。西方主流大报和一些独立新闻机构（如 ProPublica'）设立了专门团队来设计一些新型的新闻应用，找到新的报道角度。"数据新闻奖"（Data Journalism Awards）为我们了解全球范围内数据新闻的发展前沿，提供了一个较好的观测窗口。由全球编辑网络（Global Editors Network）发起的数据新闻奖旨在鼓励新闻记者在大数据时代更加注重数据的挖掘和报道。2013 年全球"数据新闻奖"数据新闻应用类（大型媒体组）的获奖作品，英国广播公司（BBC）网站推出的专题报道《社会阶层计算器》，在短时间内就吸引了社会的广泛关注。网站专题上线仅一周时间，浏览量就达到了 480 万次，并收到大量反馈信息。关于社会阶层的话题，一时间成为人们聊天时的热门选择。这个专题报道不仅尝试解答数据新闻应用是什么、为什么的问题，还展示了国际主流媒体和社会研究机构跨界联合运营数据新闻的经典案例。

一、大型社会调查的数据应用创新

BBC 通过与社会学家的合作，进行了一项为期两年、对象超过 16 万人的社会调查，这是英国历史上规模最大的社会阶层调查。BBC 的调研摒弃了英国传统社会分层方式，即过去主要根据是人们的职业情况，将社会阶层划分为上流、中产、劳工三大类。而此次 BBC 的调研采用数据驱动型应用方法，综合估量英国人的经济资本（Economic Capital）、社会资本（Social Capital）、文化资本（Cultural Capital），将社会阶级分为七大阶层，并对七个阶层的特征都给予了一定的介绍。BBC 通过跨界合作及数据驱动型应用，使新闻报道既具有较高的科学性、权威性，又具有 BBC 独家发布的原创性，这是媒体与社会机构有机融合的典范。这种合作，一方面为媒体收集、处理数据信息提供智力支持，共同完成规模较大的数据新闻报道；另一方面，新闻主要机构在数据库与数据应用上的有机合作大大提高了新闻报道的创新能力，使新闻形态从封闭式告知话语向开放式平台过渡。

二、数据新闻应用系统的互动开放

在做原始调查时，每位参与者需要填答一份包括 140 多个问题的调查问卷，相当复杂冗长，BBC 的工作人员在原始调查的基础上开发了一个相当简易的个人应用：社会阶层计算器。社会阶层计算器是社会学教授以及互动设计师联合开发的实时更新的新闻应用平台，也就是一个在社会调查基础上大幅简化的在线测试，包括调查个人经济资本的单选题三道，调查个人社会和文化资本的多选题各一道，分列在显示屏的页面上。参与者在一两分钟内就能完成，并可马上看到分类结果。这个问卷还搭配了一个扇形图，上亿鼠标点击量整合到坐标图中，直观标示出参与者在这三方面的资本是高还是低。读者点击鼠标可以看到根据经济资本、社会资本、文化资本等指标"标准化"之后的个人所属社会阶层，这种互动应用，正是为了帮助每一个独特的个体找寻自己所属的社会阶层而设计，提高人们归类自身的准确性，以供更多的英国公众快速获知自己的社会阶层归属，体验、理解以及讨论调查结果数据对他们每个人意味着什么。

三、数据新闻的实用性与艺术性

这是一个对于新兴社会阶层调查的专题报道，报道中互动应用"社会阶层计算器"，依靠特殊的数据工具和技术对调查数据进行处理，把枯燥的社会调查变成全民互动性的新闻应用，从而将复杂、抽象、难懂的数据转化为简单、具体、生动的新闻报道。一方面，作品发掘出隐藏于宏观、抽象调查数据背后与个体的联系，让新闻报道和社会中的每一位成员都有密切关联，帮助他们尽快确定自己在社会中的位置。这种调查结果意义重大，使数据新闻报道和用户切身利益相关，具有较强的实用性。另一方面，整个报道可视性强，给人的第一印象是图片、图表多，看上去非常美观，非常吸引人，而且只有少量文字，读起来比较轻松。当然，这些都只是表面现象，报道的最大亮点还是其中经过精心设计的互动图表，操作简便，却包含了丰富的意义，读者能从开放且实时互动的图表中简单方便地找寻自己所属的社会阶层，提高人们归类自身的准确性，还可以将调查结果通过 Facebook、Twitter 等社交媒体与朋友分享互动。同时，也能够为公众创造近距离接触大数据的机会，让他们用另一种方式来体验社会结构的变迁。

总之，数据新闻是新闻业面对时代变化做出的积极应对，它既丰富了新闻报道的呈现形式，让受众从此类报道中感受到新闻之美，又促使新闻报道流程随之变革，使"众包新闻"这种合作共享式的生产方式得以在现实中成功运行，进而改变了专业媒体与社会科研机构、用户之间的关系模式。"数据新闻应用"（Data Journalism Application）兼具数据新闻的量化、数字新闻互动开放等特征，并将大数据思维内化到新闻生产实践及形态创新中。大数据和传媒相结合，不仅赋予社会学等科学研究以新的观察视角和方法工具，还使数据新闻的未来应用能够服务于政府部门科学决策，带来极具价值的公共服务。

（曹　霞）

7.2　逻辑化·可视化·故事化
——评数据调查报道《被夺走的家园》

2014年6月，《华盛顿邮报》凭借《被夺走的家园》（*Home for the Taking*）系列报道一举摘得第3届"全球数据新闻奖"①之数据调查报道奖。这是2013年《华盛顿邮报》被全球电商巨头亚马逊的创始人杰夫·贝索斯（Jeff Bezos）收购后，应用大数据和互联网思维的一大力作。大赛颁奖词写道：对于数据的深度调查和踏实充分的报道成就了这个细致入微的调查新闻②。本文以《被夺走的家园》为个案，重点分析数据调查报道在构建数据逻辑链、探索可视化呈现方式和讲好"人"的故事方面的理念与实践，进而考察相对于传统的调查报道而言，大数据时代的调查记者应该如何更新报道方式，并应坚持哪些共通的报道原则。

一、主体案例引述

"被夺走的家园"是《华盛顿邮报》记者合作完成的系列调查报道，详尽披露了对华盛顿特区业主产生重要影响的房产税抵押权交易黑幕，并促使监管部门采取行动。近几十年来，华盛顿特区实行极为严苛的房产税制度，并将欠税人的房产抵押权出售给私人投资者以追回欠税，但该制度却给了私人投资者攫取欠税业主房产的机会。他们通过增加欠税的利息和相关开支，逼迫业主偿还高额费用，并被迫丧失房屋的赎回权甚至产权，而这些投资者却从中获得丰厚利润。

《华盛顿邮报》记者花费10个月时间调查华盛顿特区房产税抵押权交易市场，尝试将叙事性新闻报道和相关房产数据有机结合，其获奖作品（见表7-1）③包括截至2014年3月有关华盛顿特区房产税抵押权交易黑幕的8篇新闻报道、5篇报道反馈、1个视频报道和3个信息图表。自2013年9月8日首篇报道发布后，随着《华盛顿邮报》记者的一步步揭露，华盛顿特区涉嫌房产税抵押权交易黑幕的投资者被绳之以法，税务部门在欠税

---

① 第3届"全球数据新闻奖"下设8个奖项，包括最佳单题报道奖（Best Story on a Single Topic）、最佳数据驱动调查报道奖（Best Data-driven Investigation）、最佳数据可视化作品奖（Best Data Visualization）、最佳个人作品展示奖（Best Individual Portfolio）、最佳团队（新闻编辑室）作品展示奖（Best Team or Newsroom Portfolio）、最佳小型新闻编辑室新人奖（Best Entry from a Small Newsroom Portfolio）、评委选择奖（Jurors' Choice）、大众选择奖（Public's Choice）。

② http：//infogr. am/＿/VBZI5WAXiaeMPEwbnqWf？src＝web，2015-04-21。

③ http：//www. globaleditorsnetwork. org/programmes/data-journalism-awards/，2015-05-22。

审核、账单投递等方面的漏洞被昭告天下，老弱病残等特殊人群的房产税抵押权保护措施正在稳步推进。

表 7-1　　　　　　　　　　**"被夺走的家园"报道篇目及信息图表**

Part 1	2013.9.8	一无所有
	2013.9.8	年老者的危机
	2013.9.8	信息图表：华盛顿特区被取消赎回房产抵押权的区域
Part 2	2013.9.9	可疑的竞拍
	2013.9.9	竞拍者的历史污点
Part 3	2013.9.10	错误让家庭岌岌可危
	2013.9.10	视频：因欠税44美元而失去家园
	2013.9.13	反馈：《华盛顿邮报》调查后取消欠税抵押权交易
	2013.9.17	反馈：联邦议会要求重新审核案件
	2013.9.19	反馈：联邦立法委员会呼吁展开全国调查
	2013.9.24	反馈：诉讼挑战华盛顿特区的欠税抵押权交易项目
	2013.10.11	蒙在鼓里
	2013.10.11	信息图表：哪些地区的错误地址让业主遭受取消赎回房产抵押权的威胁
Part 4	2013.12.8	追债机器
	2013.12.8	本地法难以保护业主
	2013.12.8	信息图表：欠税抵押权被出售的区域
	2014.3.18	反馈：为华盛顿特区业主的缴税权益建立开创性保护措施

"被夺走的家园"系列报道由《华盛顿邮报》的文字记者、摄影记者和数据可视化记者合作完成。其中，文字记者迈克尔·萨利赫（Michael Sallah）曾因调查公共住房腐败案而荣获2007年普利策新闻奖，而数据可视化记者特德·梅尼克（Ted Mellnik）在2012年美国总统竞选、波士顿枪击案等数据调查报道中名声大噪。《华盛顿邮报》的实践表明，杰出的数据新闻需要经验老到的记者在新闻业上的洞见和数字全能型选手的技术知识的结合，需要新闻素养、业务素养和技术素养的结合。①

二、构建环环相扣的数据调查逻辑链

与大多数由对事实的描述或引用当事人话语构成的传统新闻不同，数据调查报道通常对蕴含在新闻背后的事件逻辑进行搜集、挖掘，并用结构化的数据链展示数据与社会、数据与个人之间的复杂关系。"被夺走的家园"系列报道涉及房产税抵押权交易，是融合经

---

① 徐锐、万宏蕾：《数据新闻：大数据时代新闻生产的核心竞争力》，载《编辑之友》2013年第12期。

济关系和法律关系的复杂新闻报道。这类报道要想吸引读者、抓住事件的实质性内容，必须以问题为导向，构建明确的数据调查逻辑链。

1. 多种渠道搜集来源数据

《华盛顿邮报》记者主要通过三种渠道获得数据。其一，政府机构、企业发布的公开数据。《华盛顿邮报》记者共调查了 2005 年以来 854 个辖区总计 13000 宗已出售的房产抵押物，分析了几百份法庭卷宗、契约文书、合伙人土地登记和 200 份费用报表，试图揭露华盛顿特区最主要的房产税抵押权购买者操纵拍卖的劣迹，并借此调查投资者为攫取房产强加给业主的惊人费用。其二，新闻中的数据。《华盛顿邮报》记者引用《巴尔迪莫太阳报》、《赫芬顿邮报》、《亚特兰大宪法报》、《伯明翰新闻报》等媒体的相关涉案报道，将同类新闻或不同时期的相关新闻中的数据进行整合、比较，使新闻的揭示更为立体、深入。其三，深入采访各方当事人获得的数据。数据本身很难反映各种力量之间的暗中博弈或幕后交易，记者为获得有利于释疑解惑的素材，需要细致入微地调查采访。《华盛顿邮报》记者前后采访了饱受房产税抵押权交易之苦的普通民众、操纵竞拍的投资者、联邦特工、税务人员、大学教授、联邦法院立法者等形形色色的当事人，以丰富的消息来源保证报道的全面、平衡。

2. 以问题为导向处理数据

面对前期调查搜集的庞杂数据，如何去伪存真、理顺数据之间的逻辑关系？记者必须将搜集的数据置于特定的语境之中，以问题为导向，展现数据之间的因果联系。《华盛顿邮报》把历时半年的系列报道分成四个部分，形成逻辑严密的闭环。

第一部分，谁是房产税抵押权拍卖的受害者？2013 年 9 月 8 日的三篇报道，以两个古稀老人——74 岁的海军陆战队退役老兵贝尼·科曼（Bennie Coleman）和 86 岁患有阿尔茨海默症的老妇人海蒂（Hattie）的真实遭遇，讲述小债务是如何变成大问题的故事。文章配发的信息图表清晰地显示出，华盛顿特区被取消赎回房产抵押权的区域大多位于城市贫民区。

第二部分，谁是房产税抵押权拍卖的获益者？2013 年 9 月 9 日的两篇报道，揭露了 6 家公司在华盛顿特区及其他地区操纵房产税抵押权拍卖的累累劣迹，他们通过不规范的反复竞拍模式，获得价值 5400 万美元的数百个房产税抵押权，而这一切并未被管理部门发现。

第三部分，是谁造成了房产税抵押权交易的混乱？在美国实行了近 100 年的房产税制度，为什么现在成为少数人牟利的手段？2013 年 9 月 10 日至 10 月 11 日的 8 篇报道，回答了这个疑问：数千笔税款交上来，税务官员却不能对应正确的账户，错漏百出的产权记录导致账单和重要的通知难以送达欠税业主手中，正是税务局的混乱管理使得家庭陷入险境。文章配发的信息图表直观地展示出，错误地址让不同地区的业主遭受取消赎回房产抵押权的威胁。

第四部分，如何保护房产税抵押权交易中的业主权益？政府原本为了补偿欠税亏空而实行的房产税抵押权交易法案，现在已经演变成"债务追偿机器"，老弱病残等特殊群体的房产权益正被"掠夺性"地蚕食。2013 年 12 月 8 日至 2014 年 3 月 18 日的 4 篇报道，深入调查了华盛顿特区最主要的房产税抵押权买家——永旺金融幕后的神秘主使，其与政府之间千丝万缕的联系以及操控金融手段和法律手段牟利的内幕。2014 年 3 月 28 日的报道反馈中显示，政府正积极采取相应措施保护业主权益。

《华盛顿邮报》用数量庞杂的开源数据揭露了华盛顿特区的房产税抵押权交易黑幕，逻辑严密、环环相扣，帮助读者寻找复杂调查背后的真相。可见，一篇复杂调查报道涉及的事实往往与其他事情有着复杂、网络般的关系，还涉及过去、将来等不同时期、领域。读者不仅要面对事实真相，更要了解事实背后的意义，这就要求媒体在数据调查中建构清晰的逻辑链。

三、选择交互式的数据可视化呈现方式

数据新闻可视化的呈现方式千差万别，其主要目标是帮助读者迅速定位对自己有用的重要信息，更好地理解复杂问题。信息图表是为呈现数据、分析数据、解释数据服务的，依托数据调查逻辑链交互式呈现，并与文字报道补充印证，强化与读者的互动意识。《华盛顿邮报》在"被夺走的家园"系列调查报道中使用了 1 个流程图和 3 个信息图表。

1. 流程图：过程化展现交易环节

对于读者而言，要了解房产税抵押权交易过程中存在的种种黑幕，必须首先了解华盛顿特区欠税抵押权交易的全过程。《华盛顿邮报》为此制作了一个流程图（见图 7-7），简要介绍了这一过程。

Issues in the District's tax lien process

Small debts

Tax liens are often for small amounts compared to the value of the property at risk. For homes and apartments, they amount to a small percentage of property value.

Mistakes happen

Tax liens are sometimes sold by mistake. Taxes can go delinquent because of an improperly processed payment or other errors.

Owners may not know

The District mails delinquent tax bills and notices of a tax lien sale to an owner's last known address. The address may be invalid or out of date, but the sale goes on.

High court fees

When tax liens go to court, the owners are exposed to high legal fees, typically about twice the original debt, that must be paid to avoid foreclosure.

Loss of home equity

Even when a property was owned free and clear, and when it is worth far more than the tax debt, a foreclosure converts all owner equity into profit for the investor.

Disparate impact

Tax lien foreclosures fall heavily in the District's minority neighborhoods, and The Post found at least 30 foreclosed homeowners since 2008 who would have been in their 70s, 80s and 90s.

图 7-7 华盛顿特区欠税抵押权交易过程

不难看出，华盛顿特区欠税抵押权的交易要经过 6 个环节：业主产生小额欠税；因不恰当的支付程序而未能及时缴税；税务局错误邮寄欠税账单，导致欠税抵押权被出售给投资者；业主若不能在规定时间缴纳欠税、利息和法律费用，投资者将诉诸法庭要求取消赎回房产抵押权；因无力偿还相关费用，业主丧失抵押房产赎回权，房屋净值转化为投资者利润；欠税抵押权交易在华盛顿特区产生差异化影响（年老者受影响更大）。

2. 信息图表：互动化展现因果关系

信息图表是对文本型和数值型信息形象化、互动化的呈现，用以展示数据、提示要

点、梳理进程、揭示关系、表达观点等①。那么，华盛顿特区被取消赎回房产抵押权的区域分布在哪里呢？《华盛顿邮报》记者利用从特区高院、契约登记表和全美人口普查中获得的调查数据，以 Google 地图为蓝本绘制了一幅交互地图（见图 7-8）。

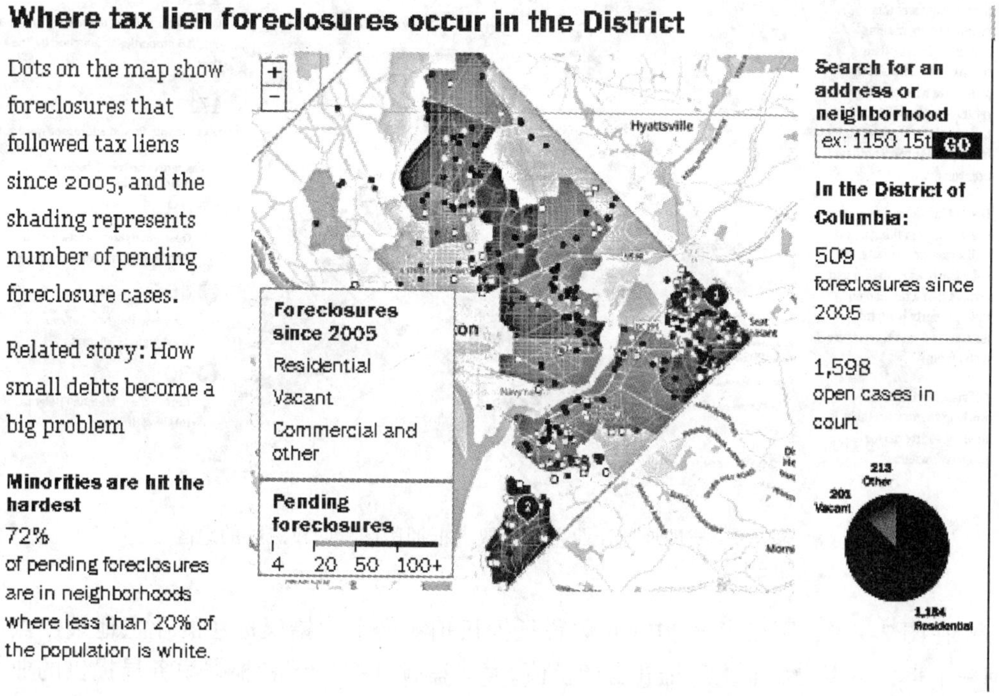

图 7-8　华盛顿特区被取消赎回房产抵押权的区域

在图 7-8 中，圆点代表 2005 年以来已被取消赎回房产抵押权的区域，阴影代表即将取消赎回房产抵押权的区域（阴影颜色越深代表数量越多）。当读者点击任意一个点时，会出现业主何时因欠税多少而失去价值几何的不动产。通常债务会滚雪球似的变成原始账单的数十倍，业主因无力偿付而不得不放弃房产。读者也可以点击地图右侧的搜索引擎，输入地名，会看到 2005 年以来该地区已经取消和即将取消抵押不动产赎回权的数量。图 7-8 显示，即将被取消产抵押权的区域大多是黑人聚居区，并用①和②标出数量最多的两个区域。其中，迪恩伍德、托灵顿、格兰特公园、林肯岗和费尔蒙特岗地区共有 149 个，国会山、贝尔维尔和华盛顿岗地区则有 141 个。

令人疑惑的是，是什么原因让业主面临被取消赎回房产抵押权的威胁？为什么即将取消房产抵押权的地区大多是黑人聚居区？带着这些疑问，《华盛顿邮报》调查发现，错漏百出的产权记录导致账单和重要通知难以送达至欠税业主手中，致使家庭陷入被取消赎回房产抵押权的险境。《华盛顿邮报》在搜集特区财税局相关数据的基础上，以 Google 地图

---

①　徐锐、万宏蕾：《数据新闻：大数据时代新闻生产的核心竞争力》，载《编辑之友》2013 年第 12 期。

为蓝本绘制了一幅交互地图（见图7-9）。

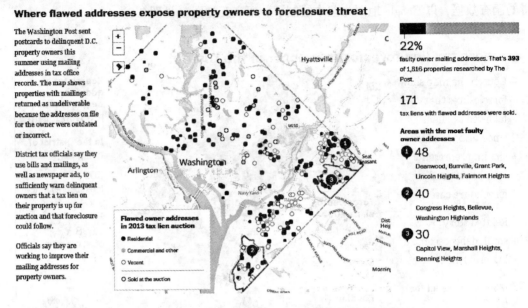

图7-9　错误地址让业主遭受取消抵押房产赎回权威胁的地区

在图7-9中，圆点代表2013年欠税抵押权拍卖会上被错误标注的业主地址，点击任何一个点，可以看到业主地址和房产价值。《华盛顿邮报》记者根据税务局提供的业主信息，向业主寄出1819份欠税账单，其中有393份因地址错误而无法送达，错误率高达22%。记者还在图中用①②③标出地址最容易出错的地区。如果将图8和图9对照来看，不难发现，欠税账单最容易按错误地址投递的地区，恰恰就是即将被取消赎回房产抵押权最多的地区。税务局的混乱管理几乎让欠税家庭陷入绝境，而这些地区大多属于贫民区，业主无力偿还因欠税而产生的高额债务，只得放弃赎回抵押权甚至房产。

那么，除了华盛顿特区，全国还有哪些区域正在进行房产抵押权交易？国家对业主权益有相应的保护措施吗？为此，《华盛顿邮报》根据一家全国欠税抵押权交易公司搜集的数据，以Google地图为蓝本绘制出一幅交互地图（见图7-10）。

2012年，全国共有160多万个欠税抵押权交易，半数以上的市县会定期售卖欠税抵押权，通常卖给私人投资者，而国家并未对交易过程进行监管。在地图中，记者用四种不同颜色的方块标注出2012年854个县的欠税抵押物交易数量。地图左侧列出欠税抵押权交易最多的城市排名，佛罗里达、新泽西和密西西比位列前三，而这恰恰也是爆出欠税抵押权拍卖丑闻最多的地方。由此，地方政府迫切需要出台欠税抵押物交易监管措施和业主正当权益保护措施。

当然，信息图表的使用不仅着力于"视觉化"，更强调与读者之间的互动。数据调查报道要选择合适的可视化呈现方式，尽量避免包含过多信息的信息图表，及与文本内容联系不紧密等情况的出现，以免读者难以捕捉核心内容。如果呈现形式过于复杂，读者看不

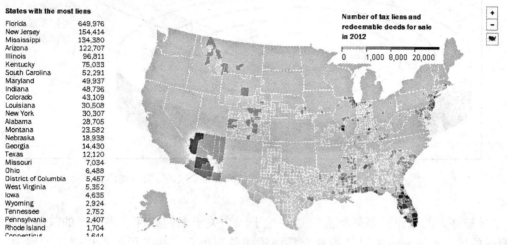

Where tax liens are sold

Many local jurisdictions have been selling tax liens for decades to recoup badly needed revenue from delinquent property owners. No government agency tracks the sales, but a Washington Post analysis of industry data found that last year, more than 1.6 million liens nationwide were put up for sale, usually to private investors. About half the counties in the country routinely sell tax liens, and this map shows data for 854 that did so in 2012. Other counties used other methods, including collecting the debts themselves.

States with the most liens

Florida	649,976
New Jersey	154,414
Mississippi	134,380
Arizona	122,707
Illinois	96,811
Kentucky	75,033
South Carolina	52,291
Maryland	49,937
Indiana	48,736
Colorado	43,109
Louisiana	30,508
New York	30,307
Alabama	28,705
Montana	23,582
Nebraska	18,938
Georgia	14,430
Texas	12,120
Missouri	7,034
Ohio	6,488
District of Columbia	5,457
West Virginia	5,352
Iowa	4,635
Wyoming	2,924
Tennessee	2,752
Pennsylvania	2,407
Rhode Island	1,704
Connecticut	1,644

Number of tax liens and redeemable deeds for sale in 2012

0   1,000 8,000 20,000

图 7-10　欠税抵押权被出售的地区

懂反而会误解文本内容。

四、数据调查报道仍需讲好"人"的故事

"数据新闻为传媒业带来了生机，它为传统的'新闻鼻'和数据叙事技巧的强力结合提供了一种可能。"① 但并不能简单地认为数据新闻就是图形或可视化效果。数据的大规模介入只是"讲故事"的方式，而不会取代故事本身。一个出色的调查报道应讲出关于"人"的好故事。

1. 在综合叙述语境中丰富报道视角

在调查报道中，涉及新闻事件的个人通常处在直接环境（如家庭、社区、团体）到间接环境（如宽泛的文化、政策、经济）的几个语境系统的中间或嵌套于其中。② 调查报道不仅要呈现一个故事过去如何开始、现在如何被揭露、今后又将如何发展的线性语境，还要以一种更加深刻、广博的形式表现出来，它包括人物的动机、外貌特征、个人经历和其他超越头衔和观点的特征，它发生在与人物个性、经历密切相关的地方。③ 在此，

---

① Howard, A. In the Age of Big Data. Data Journalism has Profound Importance for Society. http://strata. oreilly. com/2012/03/rise-of-the-data-journalism. html，2015-05-10。

② 黄超：《从多媒体呈现形态看调查报道的变与不变——以第95届普利策调查报道奖作品为例》，载《新闻记者》2011年第10期。

③ Lee Hunter, M. Story-Based Inquiry：A Manual for Investigative Journalists. 2009 (9), p. 186.

笔者借鉴调查报道呈现的线性与非线性综合叙述语境① （见图 7-11），考察新闻报道中个人与各个系统间的互动关系。

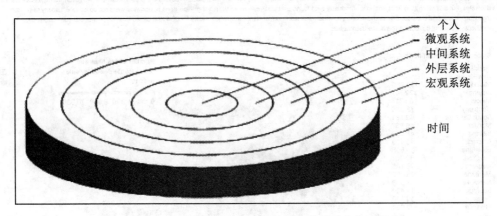

图 7-11 　调查报道多媒体呈现的线性与非线性综合叙述语境

《被夺走的家园》系列调查报道讲述了八个关于人们如何失去房产的故事。其中，报道的核心就是身陷欠税抵押权交易泥沼的普通民众。在欠税抵押权交易过程中，个人交往的直接环境就是房产、税债、投资者和法院诉讼等微观系统。而这些微观系统之间的关系也在调查报道中体现出来，比如业主欠税后投资者将购买其房产抵押权；投资者向法院提起诉讼要求取消业主房产抵押赎回权，借此抬高律师费和相关费用；业主因无法偿还高昂债务，而放弃抵押赎回权甚至产权。外层系统则是指那些民众并未直接参与但却对他们的状况产生影响的系统，比如欠税抵押物交易监管部门、房产税征收部门、被操纵的欠税抵押物拍卖会以及参与商业欺诈的神秘竞拍公司。至于宏观系统，报道中大量涉及华盛顿特区关于房产税征收的法律法规、保护欠税抵押物业主合法权益的相关措施、华盛顿特区欠税抵押权交易的地域分布图等都有详细披露。因此，在数据调查报道中，可列出如图 7-11 所示语境模式中各系统的所有相关项，按环环紧扣的数据逻辑链进行可视化呈现。这种新闻生产模式不仅可以丰富调查报道的呈现形式，而且能让读者多角度理解事实信息。

2. 数据调查不忘核实信源，坚守媒介伦理

大数据时代的调查报道仍要坚持"准确、平衡、足够的消息来源"原则，全面考察信源要素。对数据调查记者而言，必须核实所有信源，要有意识地将单个信源放到整个社会发展的大背景与大环境中考量，防止"局部真实"代替"整体真实"。在大环境的变动之中把握事件的走向，有效把控报道方向和基调。与此同时，"揭丑"的目的在于保障每个公民的财产、生命安全。不论任何时代，记者都应坚守媒介伦理底线和社会责任感。

（徐　锐）

---

① 　黄超：《从多媒体呈现形态看调查报道的变与不变——以第 95 届普利策调查报道奖作品为例》，载《新闻记者》2011 年第 10 期。

7.3 数据新闻交互美学的建构与重构

——以 2013 年全球数据新闻奖作品为例

在传统媒介技术条件下，受众的交互方式单一，由于受到时间、空间、技术等各方面因素的制约，传统媒体的交互性体验感弱。随着网络技术不断发展与应用，信息社会呈现出越来越纷繁复杂的形态，在这个信息爆炸的社会中给人们带来了全新的交互体验，通过交互活动产生的审美快感，给人们注入了新的活力。在这个信息爆炸的时代，人们获得信息的渠道越来越多，但却缺乏交互艺术美的信息。实际上，受众在享受网络技术带来的快捷、海量信息的同时，也同样希望通过数字化的交互过程满足其心理上的愉悦，由此，交互美学应运而生。

一、数据新闻交互美学的内涵论证

已有研究表明"新闻具备美学特质"，而"数据新闻"是"新闻"的一种新兴表达方式，交互美学又是一种特殊的美的形态。因此，依次推进分析，笔者大胆尝试将"交互美学"的概念引入到"数据新闻"研究中，这样的尝试具有一定的合理性，并非毫无根据。

在大数据时代，"数据新闻"领域已成为研究的"宠儿"，而关于"数据新闻"如何界定，目前学界尚无一个清晰而权威的概念出现。学者乔纳森·格雷等在《数据新闻手册》中，将数据新闻精辟地阐述为"用数据处理的新闻"。《纽约时报》阿伦·皮尔霍夫对数据新闻作出如下描述："数据新闻像是一个涵盖性的总称，包含了日益增长的一系列用于新闻叙事的分析工具、技术手段和方法。它几乎样样包含，从传统意义上的计算机辅助新闻报道（使用数据作为新闻'源'），到处于尖端前沿的数据可视化图表和运用程序，其统一的目标是用于新闻：提供信息和分析帮助我们知晓当天发生的一切重要事件。""数据"是数据新闻的核心，"数据"要经过搜集、统计、分析以及可视化处理之后，才能将其呈现在新闻报道中。

而"交互美学"的概念主要在产品设计中得到充分应用，例如，iPhone 手机产品的设计。有学者指出，"交互美学是研究人、产品与物质文化中的美学问题，它是以审美经验为中心，是不同于哲学、美学或工业设计理论，不仅仅停留在抽象的哲学观念上、局限于产品表象的描述与功能的说明上，而是从不同的层面，从抽象到具象，揭示出物质生活中的美和审美规律，从而推动设计观念的更新与发展。"[1] 交互美学重点关注在交互过程中所产生的美好体验，每个领域对于交互美学的表达形式有所不同。归结起来，交互美学探索基于人和物之间的交互内容及形式表达的美感，例如，平面设计师通过图形，文字的编排传达交互艺术美。另外，著名学者杜威，从美学经验主义的角度认为美感即经验，交互美学来源于身体与产品交互时产生的美好经验。身体通过视觉、听觉、嗅觉、触觉或其他感觉系统与产品发生交互而产生艺术美感。总之，对于一个产品、作品来说，交互美学不是仅仅停留在表面上的美，而是要考虑产品和用户、读者、受众沟通时的心理感受及所

---

① 董莎莉：《信息时代交互美学在产品设计中的应用》，载《科协论坛》2010 年第 10 期。

带来的美好体验。

交互美学是一种特殊的美的形态，具备三个层面的特点。第一，交互美学的多元化。艺术美需要每个人去发现和感知才能体会到，人们对美的感觉是丰富多彩的，可以通过视觉、听觉、嗅觉或其他心理的感觉系统等多元化的感觉方式去感知产品的美感呈现形态，例如漂亮的、可爱的、丑陋的等美感呈现形态。第二，交互美学的简约性。交互设计运用简化的方式，使人与人、人与物之间的沟通更加便捷、理解更加简易。第三，交互美学的互动性。"任何审美活动都是审美主体与审美客体之间的互动和沟通，当作为审美主体的人与艺术作品发生互动时，都会生成艺术美……作为审美主体的人与作为审美客体的物不再是被动的关系，而是一种相互依存、相互发展、相互成全的互动关系。"①

"交互美学"视角引入到"数据新闻"研究中具备一定合理性，主要表现在以下几个方面，首先，从概念的层面来说，数据新闻本身是一种文化层面的产品，即数据新闻产品，数据新闻的传播者就是产品的设计者，数据新闻最后呈现的作品也相当于一件信息"艺术品"。同时，受众与数据新闻在交互过程中产生了美好的体验，如可视化效果带来了感官享受，信息获得带来了内心满足。其次，从交互美学特点层面来说，综观 2013 年全球数据新闻获奖作品，作品的"外表"美已然为其获奖起到了锦上添花的效果，给受众带来了强烈的视觉刺激，信息内容以各种不同信息图表的形式展现，如图表、图解、表格、地图、列表等。另外，这些数据新闻作品设计者，并非将受众"囚禁"在有限的时间、空间里，传播者制作的内容也不再被看作是"注入受众静脉的针剂"，而是加入了更多迎合受众兴趣点及调动受众自我判断力的交互环节设计，使受众参与到信息传播的反馈渠道中去，交互环节的设计简化了信息的传播步骤与程序，这也使受众与信息的沟通更加方便、简单、快捷。

因此，数据新闻交互美学的内涵为：交互美学在数据新闻的表达过程中，不仅仅要追求新闻表面上的感官美，而更多要去考虑新闻信息产品给受众带来的心理感受。数据新闻的传播者通过受众与新闻产品及传播媒介相交互的经验转换为相应的物理和思想层面的愉悦，并将其反映在数据新闻的制作上。当数据新闻传播者制作的内容满足了这种"美"的要求，那么"美"的新闻也就随之产生。

二、交互美学在数据新闻中的表达

交互美学存在方式有三个方面的体现，分别是"交互形式、交互内容、交互意蕴"，交互美学在数据新闻表达中主要体现在内容和形式的层面上，交互意蕴是一种深层次的交互美学，表现在更为抽象的精神层面。在论述中，因研究对象数据新闻具备一定的特殊性，笔者将"交互意蕴"内涵嵌入到"交互内容"中进行阐述。

交互内容是指交互设计产品或作品到底要向用户传达或沟通什么内容。同时，技术美是人类活动的精神结晶，它是工业时代的产物。技术美中一般包括五种不同的审美，其中，功能美是技术美的核心。在产品设计领域，功能作用的发挥为产品设计的中心目标，同时，在不破坏实用性的前提下展现出设计的美感。换句话说，"产品设计是以人为出发点并以满足人们的实际生活需要为目的。这种目的就使得产品的设计和生产必须通过满足

---

① 邹攀宇：《交互设计的艺术美及其审美机制研究》，湖南师范大学 2011 年硕士学位论文。

人们的某种使用功能的需求才能体现其价值，才能让消费群体感受到产品的功能美。"①
从这个角度出发，用数据新闻调查类的数据新闻作品去审视"技术功能美"较为合适。
下面以 2013 年全球数据新闻奖的"数据新闻调查类"作品为例论证。阿根廷《民族报》
开发制作的数据新闻调查类专题项目——《阿根廷 2004—2013 年议院支出调查》，此项
目主要是对阿根廷 2004—2013 年议院支出进行调查的系列报道。其中在对"副总统兼参
议长布杜的开支数据"进行调查分析的过程中，撰写了三篇重量级的报道稿件，每篇稿
件都不同程度地披露出副总统兼参议长布杜存在的各种开支问题，尤其是第三篇对"布
杜 2012 年所报销开支的公务旅行"的披露极具新闻价值性。新闻报道中制作了一个互动
甘特表，"甘特表是用图表来衡量实际与预期生产记录之间关系的方法中所使用的图
表"②，受众可以通过这个互动甘特表，直观地了解布杜公务旅行报销开支的情况。横轴
表示时间，纵轴表示公务旅行的地点，用线条表示整个期间的旅行报销情况，受众可以点
击不同的公务旅行地点，相应的线条就会显示出来，其相关信息情况也一目了然。同时，
这组新闻报道取得了非常好的传播效果，如报道之后启动了专门针对布杜的司法调查，并
推动了阿根廷政府信息公开。此外，在另一个数据新闻调查类获奖作品中，即英国小型媒
体威尔士传媒所制作的《儿童关怀状况》专题项目，此项目主要是关于"儿童被送往的
安置点存在问题"的报道，其中安置点问题的严重程度、儿童安置点距离他们所来自的地
方有多远等信息内容，都运用了直观的数据进行报道，同时也制作了一项网上互动，使得
读者能够搜寻到有关机构将儿童送往何处，以及被送往威尔士的儿童来自于哪里等信息。
这个专题项目，首先是一则"人文关怀"性的社会新闻报道，具有极大的社会报道意义。
另外，通过制作网络的互动设计，也调动了受众的人文关怀及参与行动。归纳起来，两个
获奖专题项目的报道都从交互美学的角度设计，使受众不仅能够参与、了解调查专题的详
细内容，而且能够领悟到传播内容的社会价值，满足了受众对官员开支的监督权和知情
权，增强了受众对儿童的社会关怀意识等。

交互形式是交互美学的直观表达，是指交互设计以何种形式达到互动和沟通的效果，
主要包括视觉、听觉、嗅觉、触觉、味觉等感觉系统形式。通过研究发现，数据新闻通过
交互形式给受众带来的愉快体验感包括两个层面：视觉和触觉美感。

1. "视觉"刺激美

从"视觉"这个层面上来说，数据新闻交互美学判断表现在新闻作品物理外观的吸
引力上，即受众判断新闻作品外在呈现形式是否美观，能否给人愉悦的感官体验。而事实
上，数据新闻最先被感受的也就是视觉上带来的冲击，如形态、色彩等硬界面。另外，受
众在阅读过程中参与及体验的数据新闻效果也同样通过视觉感受反馈给受众。受众视觉接
受在数据新闻作品所赋予的技术基础上做出相应操作，而作品界面也给受众反馈所需要的
操作信息。在这个交互过程中，数据新闻作品所呈现的界面色彩简洁、操作简单，不易造
成受众视觉疲劳，且潜藏大量信息。在 2013 年全球数据新闻 7 个获奖作品中，每个作品
给受众的第一感觉都很"美"，运用图表、图解、图形、表格、地图、列表等形式的信息

---

① 董莎莉：《信息时代交互美学在产品设计中的应用》，载《科协论坛》2010 年第 10 期。
② 百度百科，2015-9-30。

图表将枯燥的信息与繁琐的数据转换成了美的、形象的、能给人深刻印象的图形，极具艺术美感，让人不得不去感叹一句"信息是美的"。数据新闻视觉美在"数据新闻叙事类"的数据新闻作品中体现较为突出，例如，2013年全球数据新闻奖中，视觉感上最抓人眼球的当属法国一家小型的网站"Jean Abbiateci and Ask Media"开发制作的"数据新闻叙事类"专题项目《艺术品市场傻瓜书》，是关于艺术品市场投资的报道，整个专题项目分为4个内容板块：全球艺术品市场的年产、艺术家投资价值排行、艺术品成交价格排行、艺术品市场的发展起落。每个内容板块都运用了图表、图形等形式去展示数据信息，其中，第二、第三内容板块信息设计在视觉感上又更胜一筹，不仅体现在硬界面的图片、图形设计上，而且体现在交互过程中动态美感的呈现上。如第二内容板块"艺术家投资价值排行"，其原始数据是2008—2012年作品市值最高的50位艺术家的名单。综合报道内容的分析，它的视觉美体现在两个方面：首先，硬界面上呈现的是每位艺术家用一张其代表作所绘制的小图标，小图标上标有艺术家名字及市场排名，硬界面由50个小图标组成，简洁美观；其次，为了抓住受众的体验兴趣，将50位艺术家的名单转化为一个可以按艺术流派搜索的互动图表。当点击某个流派时，如点击"抽象表现流派"时，属于"抽象表现流派"的艺术家们的小图标就会以"动画"形式汇集起来。另外，如第三内容板块"艺术品成交价格排行"，其原始数据是"2008—2012年成交价格最高的320件艺术品"，所有数据信息的展示通过一个支持互动的气泡动画图呈现，每件艺术品都用一个小气泡代表，有4种颜色的气泡。综合报道内容的分析，它的视觉美体现在两个方面。首先，五颜六色的小气泡就具有外在设计美感，且用"球状"小气泡来设计也具有一定的创新性。同时，每个气泡的大小、4种颜色又分别携带了价格高低、4种不同艺术种类的隐藏信息，如价格越高气泡越大，反之亦然；黄色代表绘画，深灰代表雕塑等，当鼠标放在气泡旁边时，其右侧就会出现被隐藏的信息，且信息用小图片显示。其次，这个图表总共支持9种不同的结果显示条件，任意点击后，都会播放气泡重新排列组合的小动画。当点选"城市排列"后，会显示6个大气泡群，其中纽约城市下汇集了绝大多数气泡，具有绝对数量。通过以上分析发现，此专题项目中这两个内容板块的信息表现不但简洁明了、形象生动，而且给人一种动态的视觉美感。

2. "触觉"体验美

数据新闻不仅能让受众享受到"视觉"上的盛宴，同时，还能让受众"触摸"它们，即触觉体验。触觉是指"接触、滑动、压觉等机械刺激的总称"。数据新闻"触觉"体验的实现主要是通过受众参与到作品的互动设计中去，强调受众的"参与性"。"触觉"设计也是数据新闻制作中一个重要环节，让新闻作品的呈现界面变得更加简洁，而受众只需要对交互设计进行操作就可以获得信息。值得注意的是，这时触觉感受随着交互时代的变化而变得更加简单，但数据新闻在传播的过程中，受众通过参与，不但要使其感受到新闻本身所富有的信息价值，而且还需要满足其心理触感需求，这样受众在参与信息的过程中才能体现出主体性价值。

数据新闻中受众的参与性主要通过数据新闻的交互性表达而实现。一方面是通过数据图表中的交互性设计，2013年全球数据新闻7个获奖作品中，信息的传播过程或多或少地加入了互动设计。如上文部分论述的法国"Jean Abbiateci and Ask Media"网站的《艺术品市场傻瓜书》专题项目，其有两处交互性设计：一是将 50 位艺术家的名单转化为一个可以按艺术流派搜索的互动图表；二是将 2008—2012 年成交价格最高的 320 件艺术品数据信息通过一个支持互动的气泡动画图呈现，受众可根据个人信息的需要在导航栏点击相关信息，点击的行为过程其实就是参与的过程，也体现出受众交互过程的个性化特点。另一方面是在数据新闻报道的制作中，向用户提供交互平台及渠道，鼓励用户参与新闻的生产式互动，调动受众的积极性。此种交互性设计在 2013 年全球数据新闻获奖的"数据新闻应用类"作品中运用得较为突出，例如，英国广播公司（BBC）网站上推出的专题报道《社会阶层计算器》，这是一个相当简易的个人应用。这个专题项目最后的完成少不了项目制作者前期对相关资料的搜集、调查、研究、分析，如 BBC 与一流大学的社会学家们进行合作，组织了超过 16 万人参与的一项大型的社会调查，得到了英国社会阶层划分的新标准，最后形成了七个新的社会阶层划分标准。因此，"社会阶层计算器"是在将大幅信息进行简化的基础上形成的在线测试，包括调查个人经济资本的单选题三道，调查个人社会和文化资本的多选题各一道，分列在三个显示屏大小的页面上，受众或参与者根据导航设计的三个问题参与作答，在选择的过程中，左侧设计了一个扇形图，直观标示出参与者在这三方面的资本是高还是低。在三个问题全部作答完成之后，最终会让受众或参与者得出自己属于七个社会阶层里面的哪个层次，以及自己所属的社会阶层占全国比例多少等相关信息。这个专题项目不仅调动了受众对社会阶层新标准、自己所属阶层等相关信息的关注，还让受众参与其中，实现了数据新闻的内容生产，即最后呈现出属于哪个阶层的信息就是个人自我参与过程中不断生产的信息内容，整个参与过程属于生产式交互。另外，根据自身情况对三个题目自由作答也体现出了受众交互过程的个性化特点。综合上述两个方面的交互性表达实现的参与性，虽然交互设计都简易且触觉感受简单，但受众心理触感需求依然得到不同程度的满足。

三、数据新闻交互美学的二维重构

数据新闻交互美学的呈现集合了许多的新型传播元素：数据挖掘和数据可视化的技术工具、媒介呈现平台等。不可否认，数据新闻作为一种新兴的新闻表达方式，备受追捧，而交互美学又为数据新闻表达添上了"亮丽"的一笔，但"亮丽"的背后依然存在令人反思之处，因此，为了进一步完善数据新闻的传播，试从"交互内容"和"交互形式"两方面提出相应的重构途径。

1. 优化交互内容的关联性和吸引力

数据新闻交互美学的实现与信息本身的吸引程度密切相关。受众对数据新闻进行阅读时，除非数据新闻的信息本身与受众日常生活密切相关，具备吸引点，否则会弱化受众对数据新闻的关注与参与。事实上，是否去关注这些数据新闻，主动权依然掌握在受众手中。受众主动性与传播者主动性的权力是相互牵制的，即受众主动性的提高，也就在一定程度上映射出传播者的主动性减弱，必然会弱化数据新闻的传播效果。尽管数据新闻的传播者通过各种手段力图"包围"受众，例如，运用可视化技术美化信息，运用多种形式迎合受众的媒介选择等。但数据新闻交互美学的实现依托于传播的双向性，如果受众选择不关注或不参与到数据新闻中去，也就无法建立传播关系，那么数据新闻交互美学能否实现值得商榷。

2. 优化交互形式的有效值

数据新闻中交互环节的设计是其信息报道的重要环节，目前国外运用较多，国内相对比较欠缺，还有待完善。我们知道，数据新闻的交互环节设计，可以更好地传播信息，但也在一定程度上限制了数据新闻的传播效果：人们通过层层点击的交互活动，可以较全面地了解某数据新闻报道的信息内容，但是了解得越全面，是否受众就会完全掌握新闻报道所传播的信息呢？这是值得质疑的。事实上，数据新闻信息表达得过于全面反而会给受众带来信息的迷失感，会遗忘或混淆信息的细节。而且由于交互环节的设计要求新闻报道界面简化，如果受众在某一环节出现信息接收问题，尽管可以选择返回再次进行信息阅读体验，但已在一定程度上降低了受众的体验感，这也就会弱化信息传播的有效值。因此，要优化信息互动形式带来的有效传播，应合理设计互动环节数量及互动技术的信息含量等。

无论数据新闻呈现形式如何"华丽"，最终的传播目的是以受众为中心，提供高质量的信息内容让受众接受。因受众作为一大传播主体及重要指向目标，可将其比喻成"上帝"的内涵，如若其不主动参与且接受，新闻传播失去关键环节，何谈新闻传播，何谈传播效果？但如何用美学概念和测量方法来确定什么样的数据新闻是受众乐于接受的，这个无法使用美学量化来衡量，需要数据新闻的传播者和受众共同参与。

且随着网络技术的不断发展，受众在接触信息的过程中，可以直接与传播者进行对话；传播者可以针对受众信息反馈，对新闻报道作进一步的改进。总之，受众不再仅仅只是信息的消费者，还可能成为信息的生产者，而数据新闻的表达方式又充分接近了受众的心理期望值，使其达到了一种审美体验。

（樊国庆）